国家哲学社会科学成果文库

NATIONAL ACHIEVEMENTS LIBRARY
OF PHILOSOPHY AND SOCIAL SCIENCES

数智环境下
社会网络舆情管理

梁循 著

科学出版社

内 容 简 介

本书以数智化背景下的社会网络舆情管理为核心研究内容，从舆情早期识别、舆情溯源分析、舆情趋势预测到系统集成实践，系统地展示了全流程的分析框架。基于用户身份识别、社区分析、知识管理、文本挖掘、知识图谱构建等多个视角，深入解析了社会网络中的舆情传播特征与管理方法。运用了社会网络分析的方法，结合自然语言处理和人工智能技术，探索了在海量网络数据中识别舆情趋势的方法，同时以知识图谱构建为基础，构建结构化的社会网络舆情信息，提升了舆情管理的系统化和精准度。

本书适合对数智社会舆情管理有深入兴趣的专业人士阅读，也可作为信息学、管理科学等相关学科的科研和教学参考。内容为研究人员与实践工作者提供了完整的解决方案，支持在不断演变的社会网络环境中应对复杂的舆情管理挑战。

图书在版编目(CIP)数据

数智环境下社会网络舆情管理 / 梁循著. -- 北京 : 科学出版社, 2025. 5. -- (国家哲学社会科学成果文库). -- ISBN 978-7-03-081771-6

Ⅰ. G206.2

中国国家版本馆 CIP 数据核字第 2025T07P49 号

责任编辑：邓 娴 / 责任校对：贾娜娜
责任印制：赵 博 / 封面设计：有道文化

科 学 出 版 社 出版
北京东黄城根北街 16 号
邮政编码：100717
http://www.sciencep.com
北京中科印刷有限公司印刷
科学出版社发行 各地新华书店经销
*
2025 年 5 月第 一 版 开本：720 × 1000 1/16
2026 年 1 月第二次印刷 印张：26 1/2 插页：2
字数：380 000

定价：258.00 元

(如有印装质量问题，我社负责调换)

《国家哲学社会科学成果文库》出版说明

为充分发挥哲学社会科学优秀成果和优秀人才的示范引领作用，促进我国哲学社会科学繁荣发展，自2010年始设立《国家哲学社会科学成果文库》。入选成果经同行专家严格评审，反映新时代中国特色社会主义理论和实践创新，代表当前相关学科领域前沿水平。按照“统一标识、统一风格、统一版式、统一标准”的总体要求组织出版。

全国哲学社会科学工作办公室

2025年3月

前　言

数字化时代推动了互联网及 Web 2.0 技术的革新，促使博客、微博等社交媒体平台迅速发展。这些新型媒体形式成为现代生活不可或缺的组成部分。这些在线社会网络应用扩展了人类活动的边界，实现了现实世界在虚拟空间的映射与延伸。通过这些平台，社会个体能够在虚拟的社会网络空间中进行通信、交流、分享和参与各种社会活动，从而显著扩展了社会互动的维度和范围。

舆情在当下社会网络环境中不仅塑造了公共观点，还深刻影响了社会态度，成为关键的研究与管理议题。舆情指的是针对特定社会事件的发生、发展和变化，在一定的社会网络空间内，大众所持有和表达的信念、态度、意见与情绪。社会网络作为一个自媒体平台，以其开放性、互动性和用户生成内容的特征，成为舆情起源和转化的重要舞台。而传统的舆情管理策略在应对社会网络上迅速发展和广泛传播的信息流时，逐渐显露出其局限性。这些信息流的速度和规模，以及其生成的复杂舆情，已超出传统方法以人工监测和定性分析为主的处理能力。传统方法在数据处理速度、精度和预测能力上难以满足现代社会对实时性和准确性的高要求。因此，整合前沿技术与人工智能手段，例如数据分析、自然语言理解以及机器学习等，成为应对这些挑战的必然选择。本书从这一新的视角出发，系统探索了运用信息技术进行高效的社会网络舆情管理，以适应和引领快速变化的信息环境。

本书全面探索了社会网络中舆情的生成、演变及其管理策略，分为四篇：舆情早期识别与数字社会监测、舆情溯源与舆情社区分析、舆情动态趋势分析与预测，以及系统集成与舆情管理实践，各篇分别针对舆情管理的不同阶段，提供了详细的理论和实践讨论。在舆情早期识别阶段，本书探讨了如何利用先进的监测工具和方法快速识别舆情初现的迹象，以便及时做出响应。在舆情溯源分析阶段，分析了舆情的根源和传播途径，强调了理解舆情形成的背景和条件的重要性。舆情趋势预测阶段则关注如何评估舆情的发展趋势和潜在影响，为制定应对策略提供依据。最后的系统集成实践阶段，着重于探讨如何将理论应用于实际操作，包括舆情管理系统的搭建和优化，以及实践中的案例分析和评估，从而提供一个从理论到实践的全面视角，帮助读者深入理解并有效管理社会网络中的复杂舆情。

本书的研究中应用了一系列人工智能方法和技术来深入探讨社会网络舆情多层次的问题。自然语言处理与文本挖掘技术在本书中承担了分析大规模互联网数据的重要任务，通过情感分析、语义理解、文本分类等方法，有效识别舆情事件的情绪倾向和主题内容。在舆情早期识别阶段，自然语言处理技术能够将海量非结构化文本转换为结构化的语义单元，从而捕捉和分析潜在的舆情信号。结合文本挖掘与情感识别技术追踪和理解公众对舆情事件的即时反应，能够为社会网络舆情管理的实时决策提供有力的数据支持，为舆情管理的智能化和高效化提供关键手段。

本书还广泛应用了社会网络分析的方法来深入探讨舆情在社会网络中的传播机制。社会网络中节点（如用户）和连边（如交互关系）的模式，揭示了信息传播的路径和影响力分布。社会网络的结构特征，如节点的中心性、社群发现、网络密度和路径分析等，为理解舆情的动态演化提供了重要的量化依据。社会网络分析技术在本书中起到了连接自然语言处理与知识图谱的桥梁作用，为全面理解舆情的产生、传播和影响提供了多维度的视角。

知识图谱在社会网络舆情管理中的运用展现了其将非结构化文本转化为结构化关系网络的能力，显著提升了舆情监测、分析与预测的准确性和效率。它通过分析社会网络中的实体关系，揭示了舆情的传播路径和影响结构，从而有助于早期识别潜在舆情风险并形成有效应对策略。技术进步和数据量的爆炸性增长使传统自然语言处理技术面临挑战，而知识图谱凭借其结构化数据处理的优势，改进了信息检索的质量和速度。在信息化迅速发展的当下，知识图谱的应用不仅促进了舆情管理的科学化和系统化，而且为社会网络舆情管理提供了更精准、高效的新途径。

本书各篇紧密结合了自然语言处理、社会网络分析和知识图谱等多项智能技术。无论是舆情的早期识别、溯源分析，还是趋势预测和系统集成，各项技术都相互融合，贯穿于整个研究和实践过程之中。通过自然语言处理，提取和理解大量非结构化的舆情文本；利用社会网络分析，揭示舆情在网络中的传播规律和结构特征；借助知识图谱，将分散的信息结构化，形成有机的知识网络。多项智能技术的交叉应用，增强了社会网络舆情管理的深度和广度，为读者提供了一个全面而系统的解决方案。

本书深入研究了数智环境下社会网络舆情的构建与管理，是一项多学科交叉的集成研究成果。融合了作者多年的研究经验和实践成果，本书不仅系统地探索了社会网络舆情管理领域，还发展了一整套完备的理论体系和创新模型。这些模型和理论已通过实际应用的验证，在社会网络舆情管理的实践中展现出显著的有效性和广泛的适用性。此外，本书建立了全面的舆情管理框架，提供了从理论到实践的详尽指导，旨在助力舆情研究人员和实践工作者深入理解并有效应对社会网络中的舆情挑战。通过这些集成的研究成果，推动社会网络舆情管理理论与实践的数智化创新和升级，提高对社会网络舆情动态的监测、分析与管理能力，为相关领域的专家提供资源和工具。

尽管本书提供了深入的理论和实践指导，但作者仍然意识到研究的局限性，恳请读者提出批评和建议。

目 录

第一篇　舆情早期识别与数字社会监测

第二篇　舆情溯源与舆情社区分析

CONTENTS

第1章
绪　　论

数智时代标志着数字化与智能化的紧密结合，它通过将数据置于核心位置，依赖先进的信息通信技术和人工智能来实现信息的深度整合和智能化处理。随着社会治理进入数智化时代，信息技术的快速演进，尤其是大数据、人工智能（artificial intelligence，AI）、区块链等尖端技术的广泛应用，正在深刻改变社会治理的传统模式。这些技术的应用不仅显著提高了数据处理效率和信息流动速度，也重新塑造了风险感知和决策流程，从而推动社会治理向更加精准和智能化的方向发展。

在这一发展背景下，社会网络（也称社交网络，本书统称社会网络）已成为信息传播和舆情形成的关键平台，其在社会治理中的作用日益重要。社会网络上的舆情动态快速变化，不仅对社会稳定构成挑战，也为治理实践提供了前所未有的机遇。随着社会问题和公众反应的即时可见性增加，政府和组织能够更快地响应公众关切，实现基于数据的决策支持。因此，掌握和利用这一平台的能力对于提升治理效果、预防和处理各类社会风险具有重要意义。

这种技术驱动的治理模式不仅要求政府和相关组织适应快速变化的技术环境，也要求他们能够有效地管理和利用海量数据，以便更好地理解和引导公共舆论，防范和解决可能出现的社会冲突。随着信息技术的进一步发展和应用，社会网络在未来的社会治理中势必将扮演更加核心的角色，为构建更加开放、智能化和包容的治理体系提供强有力的技术支撑。

1.1　社会治理的数字化转型

1.1.1　数智时代的社会治理变革

大数据、云计算、物联网、机器学习和人工智能等技术的深入应用，使社会治理模式经历了前所未有的转型。转型不仅体现在治理效率和效果的显著提升上，更在于治理理念、治理结构以及治理手段的深刻变革。数字技术的融入为社会治理带来了新的机遇与挑战，同时也对现有的社会风险管理提出了更高的要求。

在探讨数字技术与社会治理之间复杂而微妙的关系时，研究人员的观点大致可分为两大类。第一类观点强调数字技术的引入极大丰富了社会治理的手段和路径。数字技术改变了政府的职能定位，同时提升了公共服务的效率和质量，促进了社会参与和社区自治的深入发展。数字技术的应用强化了传统社会治理要素的功能，使得社会治理能够更加适应现代社会的复杂性和动态性。第二类观点则更加聚焦于数字技术本身为社会治理带来的根本性变革（这包括通过数据化手段提高社会行为的可视性和可测性，通过网络平台增强社会主体间的互联互通，以及通过智能化技术提升对社会复杂系统的理解和应对能力），认为数字技术是实现社会治理现代化的重要手段，是推动治理模式变革的核心动力。

从我国社会治理的实践来看，数字技术的确带来了至少三方面的增量变化。首先，数字技术通过网络化、平台化手段，提高了社会主体之间的连通性，为社会治理提供了新的公共空间和互动平台。其次，通过数据化手段实现了社会行为和社会现象的可量化、可追踪，为科学决策提供了可靠依据。最后，借助人工智能等先进技术，增强了对社会系统复杂性的认识和应对能力，为应对传统社会治理中的挑战带来了新的思路。

尽管数字技术对推动社会治理现代化起到了积极作用，但其在实践中的应用也暴露出了一系列新的问题和挑战。如何在保障数据安全和个人隐私的前提下充分发挥数字技术在社会治理中的作用，如何平衡技术发展与社会伦理的关系，如何构建适应数字时代特征的社会治理体系等，都是当前和未来社会治理转型中亟须深入探讨和解决的重要课题。本书将深入探讨数字技术革新背景下的社会治理模式演变，通过对现有研究成果的梳理和分析，揭示数字技术与社会治理深度融合的内在逻辑，评估其在实际应用中的成效与局限，从而为探索数字化时代的社会治理创新路径提供理论依据和实践方向。

1.1.2 社会系统复杂性对舆情管理的影响

在数智化时代的背景下，现代社会治理必须适应并利用社会系统的内在复杂性。作为一个典型的复杂适应系统，社会系统由众多具有自主性和目的性的个体组成，这些个体通过复杂的交互关系相互联系和影响，形成了丰富的社会现象和高度的不可预测性。在这种环境下，舆情的形成和传播也显示出相似的复杂特性，例如快速变化的舆论动态和难以预测的舆情爆发。社会系统，作为一个典型的复杂适应系统，具备多主体、自组织、非线性等特性，反映了其内部结构和外部环境的高度复杂性。这种复杂性不仅体现在社会个体和集体行为的多样性与不确定性上，还体现在社会系统与环境之间动态的、非线性的相互作用中。

社会系统的多主体性意味着系统由众多具有自主性和目的性的个体组成，这些个体通过复杂的交互关系相互联系和影响。这种多主体间的交互不仅产生了丰富的社会现象，也使得系统行为呈现出高度的不可预测性。自组织性是指社会系统能够在没有中心控制的情况下，通过个体间的局部交互自发产生有序结构和行为模式。这种自下而上的组织方式赋予了社会系统极大的适应性和创新能力，但同时也增加了治理的难度。非线性则意味着社会系统的输出不一定与输入成比例，小的变动有时会引起系统行为的巨大变化，甚至产生不可逆转的转折点。社会集群行为是社会系统复杂性的一个突出表现，它是众多个体通过简单规则的局部交互，在没有中心指挥的情况下共同产生的一种宏观行为模式。从舆论的形成到社会规范的建立，从时尚的流行到群体性事件的爆发，都是集群行为的例证。这些行为的涌现，展示了社会系统在内生机制驱动下的自我组织和演化能力。

随着环境的变化，社会系统会通过自组织产生新的结构和行为模式，以适应外部的压力和挑战。在这种自我调整和演化过程中，社会系统可能会经历相变和分岔，导致社会稳定性发生根本性变化。这对社会治理提出了极大的挑战：如何在维护系统稳定的同时，促进其健康演化和创新？如何在保证社会秩序的前提下，应对舆情和危机？

面对社会系统的复杂性，传统的中心化、等级化的治理模式显然已难以适应。引入数字技术（如大数据分析和人工智能）为理解这一复杂性提供了新的工具。这些技术有助于预测社会行为模式并优化治理策略。具体来说，通过收集和分析大规模社会数据，我们可以揭示个体行为和集体现象之间的复杂关系，这为制定基于证据的治理策略提供了支撑。同时，数字平台和网络技术也为社会主体提供了更多参与治理的渠道和方式，有助于实现更加开放、包容、动态的治理体系。社会系统的复杂性对社会治理提出了前所未有的挑战，但同时也为治理创新提供了机遇。在数字化时代，深入理解社会系统的复杂性，运用先进的技术手段，可以实现更加精准、高效、智能的社会治理，为构建和谐稳定的社会提供坚实的支撑。

1.1.3 当代社会网络治理的挑战与对策

随着社会系统的数字化转型，数据安全治理成了维护国家安全和社会稳定的关键环节。在全球范围内，数据泄露事件频发，给个人隐私保护和国家安全带来了前所未有的挑战。为应对这一挑战，国家层面出台了《中华人民共和国网络安全法》、《中华人民共和国数据安全法》和《中华人民共和国个人信息保护法》等多项法律法规，并持续推进“网络安全等级保护制度 2.0”、《信息安全技术　个人信息安全规范》、《数据安全治理能力通用评估方法》等标准的实施，将数据安全纳入总体国家安全观。数据安全的重要性不仅体现在合规监管上，更是各行业健康发展的基础。安全情报供应商 Risk Based Security（风险安全性）的报告显示，数据泄露事件及其所造成的影响日益严重，这不仅关系到企业的生存发展，也直接影响国家的安全与稳定。在这样的背景下，构建一个全方位、多层次的数据安全治理体系显得尤为迫切。

首先，需要从顶层设计和全局角度，构建数据安全的统一规划和统筹管理能力。这包括明确数据安全的法律地位和治理原则，设立统一的数据安全管理机构，制定全面的数据安全政策和标准。其次，数据资产的可量化、可归类、可评估追溯能力是保障数据安全的关键基础。通过对数据资产进行全面的梳理、分类和分级，建立数据资产清单和风险地图，为数据安全提供科学的管理和防护策略。此外，构建全场景的数据安全防护能力是保障数据安全的关键。这不仅需要对数据存储、传输、处理等各个环节进行全面的安全防护，还需要实施动态的数据流转监控和风险评估，以便及时发现和响应数据安全事件。在数据梳理、分类分级、风险评估、防护策略等工作的基础上，建立一个及时高效、可持续优化的安全防护和运营体系，是实现数据安全治理目标的核心。随着实践经验的积累和创新技术的应用，数据安全治理体系需要不断深化和完善。通过加强安全与业务的深层融合，实现数据资产在安全保障下的自由流通，最大化实现“安全保发展”的战略目标。

在数字时代，数据安全治理不仅仅是技术层面的挑战，更是一项需要政府、企业和社会各方协作的系统性工程。各方共同致力于构建一个安全、可靠且高效的数据环境，从而为社会治理与经济发展提供坚实的支持。

1.1.4 社会网络治理的国际研究动态

在全球范围内，社会治理的数字化转型已成为一个不可逆转的趋势。伴随着这一转型，对于社会系统的复杂性机理和治理机制的研究也变得尤为重要。数字化社会治理不仅关乎技术的应用，更涉及如何在数字时代优化治理结构、提升治理效能以及实现治理模式的创新。在这一过程中，我国与全球众多国家一样，正处于探索和实践的阶段。在国内，从社会治理转型的视角出发，研究聚焦于如何利用数字技术优化传统治理模式，加强政府职能转变、党建引领、社区居民自治以及社会组织参与等方面。这些研究强调了数字技术在推动社会治理现代化中的关键作用，但在探讨如何将数字技术融入社会治理体系，以及其在治理中能发挥的独特作用方面还有待深入。国外的研究则更加关注数字技术为社会治理带来的新机遇与挑战，探讨了数字化社会治理的局限性，并在理论与实践层面上寻求智能化治理的路径。这些研究揭示了社会治理在数字化转型过程中的底层逻辑，为我们提供了宝贵的视角和启示。在“信息-物理-社会”系统复杂性机理和治理机制方面，近年来的政府工作报告和政策文件中明确提出了提升社会治理的数字化、智能化水平的目标。这些战略部署不仅强调了数字技术在优化公共服务、提升治理效率方面的重要作用，也指出了构建数字政府、数字社会的迫切需求。此外，国内外的学者已经通过跨学科的研究，涵盖了社会学、政治学、管理学等多个领域，深入探讨了社会治理的数字化转型对于社会经济复杂性的应对策略。特别是在公共管理领域，分布式治理、自组织理论等新的治理模式和理念被提出，为我们理解和应对数字时代社会治理中的复杂性问题提供了新的思路和方法。

无论是国内还是国外的研究，都显示了社会治理数字化转型是一个多维度、跨学科的复杂过程。它不仅涉及技术的创新和应用，更关系到治理体系、治理能力以及治理模式的根本变革。因此，未来的研究需要更加深入地探讨数字技术与社会治理之间的相互作用机制，从而为实现更加高效、公平、智能的社会治理提供理论支持和实践指导。

1.2　社会网络风险的多维度分析

1.2.1　多源异构数据的观测、融合与演化分析

在探索社会风险的多维度分析中，我们首先面对的挑战是如何有效地观测、融合并分析社会网络的多源异构数据。作为信息传播的重要载体，社会网络的数据展现出异质性、动态性和复杂性。这些特性给社会风险的识别和评估带来了前所未有的机遇与挑战。社会网络中的信息传播呈现出多样化的特点，不仅包括结构化数据（如用户的基本信息、互动记录等），还包括半结构化数据（如帖子、评论），以及非结构化数据（如图像、视频等）。这些数据类型的多样性要求我们采用更加复杂和灵活的数据收集与处理方法，以实现对社会风险的全面洞察。

数据收集方式大体可以分为集中式和分布式两种。集中式数据收集依赖于数据中心的强大处理能力，将数据集中处理和分析，以提供高质量的数据服务。然而，这种方式面临着数据传输的资源消耗大、响应延迟等问题。相比之下，分布式数据收集则依赖于边缘计算等技术，将数据处理分散到网络的各个节点中，从而减少了对中心节点的依赖，提高了数据处理的效率和实时性。

在数据的存储与处理上，我们还面临着如何有效融合和分析这些多源异构数据的挑战。传统的数据分析方法往往难以应对社会网络数据的复杂性。随着人工智能技术的发展，许多新兴的数据分析方法应运而生，其中包括基于元路径的异质网络分析方法和节点级及语义级的注意力机制。这些方法能够有效捕捉异质网络中的结构和语义信息，为社会风险的识别和评估提供了新的视角和工具。此外，对于社会网络中的动态数据，我们还需要考虑如何捕捉和分析这

些数据随时间演化的特性。时变图数据的分析不仅可以帮助我们理解社会风险的发展趋势，还可以为预警和应对策略的制定提供重要的参考。

总之，在社会风险的多维度分析中，多源异构数据的有效观测、融合与演化分析是构建高效社会风险识别和评估系统的关键。通过深入研究和应用现代信息技术，我们能够更加精准地感知和应对社会风险，为社会稳定和发展提供有力的支撑。

1.2.2 社会网络风险感知和预测

在社会风险管理的核心领域，感知和预测社会风险成了一项至关重要的任务。这一任务的挑战在于如何准确捕捉并分析社会数据中的时间相关动态特征，从而预见并应对可能的社会风险。随着图神经网络等先进技术的发展（Wu et al.，2021；Lu et al.，2021），我们获得了更为强大的工具来应对这一挑战。

动态图神经网络作为处理时间序列（time series）信息的一种有效方法，已经成为社会风险感知和预测领域的研究热点。它通过将时间信息直接嵌入到网络模型中，使算法能够自然地处理随时间变化的社会网络数据。这种方法分为离散时间动态图和连续时间动态图两大类，各自适应不同的数据和应用场景。在离散时间动态图的处理中，研究人员通常会利用循环神经网络（recurrent neural network，RNN）结构来引入时间序列信息，以此来跟踪和预测社会网络中的状态变化。例如，通过将图卷积网络（graph convolutional network，GCN）与长短时记忆（long short-term memory，LSTM）网络（Hochreiter and Schmidhuber，1997）结合，可以有效地捕捉社会网络中随时间演化的复杂结构和动态关系。连续时间动态图的方法则尝试将时间信息作为模型的一个内在维度，通过时间编码或时间注意力机制来直接处理时间信息，从而实现对社会网络动态变化的细粒度追踪和预测。这种方法特别适合处理社会网络中的实时事件和快速变化的社会动态。

尽管这些方法在理论上有很大的潜力，但在实际应用中仍面临一系列挑战，特别是当处理未标注的社会风险数据时。为了克服这一挑战，无监督学习尤其是自监督学习技术提供了一种可行的解决方案。通过设计创新的数据增强技术和自监督任务，模型能够在没有人工标注数据的情况下学习到有用的表示，从而实现对社会风险的有效感知和预测。此外，为了保持模型对新数据的敏感性和实时更新能力，在线学习策略被引入到社会风险预测模型中（马宁等，2023）。这种策略允许模型不断地从最新的数据中学习和适应，从而实时地反映社会网络中的最新动态和潜在风险。

社会风险感知和预测是一个涉及复杂数据处理、先进模型设计以及创新学习策略的综合性任务。通过不断地研究和应用新兴的技术与方法，我们可以期待在未来实现对社会风险更准确、更实时的感知和预测，从而为社会的稳定和发展提供坚实的信息支持。

1.2.3 社会网络风险治理

在当前飞速发展的社会转型阶段，因政策变化、发展不均衡、人口基数大等原因，非常规舆情的频繁发生，加之网络的迅速传播，给社会风险治理带来了前所未有的挑战和压力。特别是网络的迅速传播加剧了这些社会风险的影响力和传播速度，如新冠疫情导致的医疗资源紧张和社会恐慌（Zhang et al.，2022a；Mahdikhani，2022；Arbane et al.，2023；许莉薇等，2023）。这些危机不断考验着我们的社会风险治理能力，突显了建立一个准确可靠的社会风险评估和预警体系的重要性。

在国内，我们已采取了一系列积极举措，通过技术创新和策略调整来加强社会风险管理。通过设计识别网络新词的算法、基于 HowNet 和网络情感词极性词典的人工作业方法，以及自动识别网络新词的技术，我们正在积极探索一种动态监测和预警社会风险的模型。这些技术应用不仅能够监控舆情的走向与热度，还为科学的风险识别与预测提供了依据，协助政府和相关机构及时采取有效措施，以减轻不利影响。进一步地，通过模糊综合评价法构建的网络舆情预警模型，以及利用混合赋权法确定的各指标权重，我们进一步提升了舆情监测的精度和适应性。这些模型和技术的结合，为社会风险治理提供了新的视角和方法，尤其在面对公共卫生危机等突发事件的应对策略方面。通过社会网络情绪分析和网络舆情预警机制的构建，以及大数据和人工智能技术的广泛应用，我们能够更准确地监测和预测热点事件，有效管理和化解社会矛盾。这种数智化的舆情管理不仅提高了治理效率，还保障了信息的透明度和公众参与度，帮助构建一个更为稳定和和谐的社会环境。

社会风险治理是一个涉及多方面知识和技术的复杂过程，需要政府、社会和科技的共同努力。通过建立与完善社会风险评估和预警体系，不断借鉴和吸收国内外的成功经验，我们可以逐步提升社会风险治理的科学性、有效性和预见性，为维护社会稳定和谐发展提供坚实的支持。

1.3　社会网络智能化风险感知与治理策略

1.3.1　“信息-物理-社会”系统的复杂性机理和治理机制

在数字化时代背景下，社会治理面临前所未有的挑战与机遇。信息技术的快速发展，特别是大数据与人工智能的广泛应用，正逐步揭示传统治理模式在应对复杂社会需求方面的局限性（郭毅可和吴超，2023）。因此，迫切需要探索与实施符合数字化趋势的新治理模式，即多元主体的合作共治。

多元主体合作共治模式的核心在于利用数字化工具和智能化解决方案，促进政府、企业、民间组织以及公众等各利益相关者的协作和协同。这种合作共治不仅增强了社会治理的透明度和公众参与度，也提高了政策制定和执行的效率与精确度，在大数据的支持下，可以实现对社会现象的实时监控和深入分析，从而使政策响应更加灵敏和精准。

例如，智能化技术可以帮助政府更好地理解和预测公共政策的社会影响，通过数据驱动的决策支持系统来优化资源配置和应急管理。同时，企业和民间组织可以通过数字化平台，有效地聚集和动员社会资源，使其参与到社会服务和公共事务管理中。公众的角色也由被动接受政策转变为积极参与政策的讨论和监督，这种从上到下及从下到上的双向互动极大地提升了社会治理的动态适应性和整体效能。这种多元主体合作共治模式不仅适用于日常的社会管理和服务，在应对突发公共事件和危机管理中也具有重要价值。通过构建开放的信息共享平台和灵活的响应机制，多元主体可以快速集结力量，形成有效的应对策略，共同推动社会治理现代化向更高水平发展。

在这一背景下，数字化社会治理代表了治理方式的重大转型，特别是在舆情管理和社会动态监控方面，数字化手段已成为提升治理效率和响应速度的关键工具。例如，“计算治理”作为一种新兴的治理模式应运而生，针对数字社会中“信息-物理-社会”强耦合的特征进行优化。这种模式整合了复杂性科学、控制论和社会科学等多领域知识，深入研究和构建基于大数据和人工智能技术的社会治理体系。

计算治理是一个结合了高级信息技术和复杂系统理论的前沿治理模式，它在实践中主要体现在以下三个方面。

（1）探索“信息-物理-社会”强耦合系统的演化与调控机理。这一方面的工作重点在于利用高级数据分析技术，包括舆情监测和社会网络分析，深入解析社会系统的复杂动态。通过构建详尽的数据模型来模拟社会行为和趋势，研究人员能够揭示社会现象背后的内在机制，如舆论形成和传播的规律、社会群体的行为模式等。例如，通过分析大规模的舆情数据，可以预测某一社会事件可能引发的公共反应，从而提前制定风险缓解策略，确保社会稳定。

（2）基于社会计算的社会问题态势感知和治理机制设计。在这一领域中，利用实时数据流和人工智能算法，研究人员能够快速感知并响应各类社会问题和舆情的变化。通过持续监控社会媒体和其他数字通信平台，AI 系统可以实时识别舆情的起伏，并通过预测模型预见其可能的发展趋势。这些信息帮助政策制定者和管理者设计出更为有效的应对策略，如调整公共资源的分配、发布权威信息以平息不必要的恐慌等。

（3）发展数字时代的社会治理人工智能和大数据支撑技术。随着技术的不断进步，社会治理的自动化和智能化水平也在不断提升。新开发的工具和系统，如自动化的舆情分析工具和智能决策支持系统，都是这一趋势的体现。这些工具可以处理和分析大量的数据，提供深入的见解，并促进快速决策。例如，自动化的舆情分析工具能够识别关键的舆情导火线和潜在的影响者，而智能决策支持系统则可以在复杂的决策环境中提供基于数据的建议，帮助决策者在多种可能的方案之间做出最佳选择。

智能化社会治理是一个跨学科、多技术的综合体，不仅需要深厚的理论支持，也依赖于先进技术的应用。通过多元主体的合作共治和计算治理的策略实施，我们可以构建一个更智能、更高效、更包容的社会治理新模式，有效应对数字化转型带来的挑战和机遇。

1.3.2 社会风险的智能感知与疏导策略

在数字化社会治理的背景下，社会风险的智能感知和疏导成为一项紧迫任务。党的十八大以来，习近平总书记多次强调做好党的新闻舆论工作。党的二十大进一步提出“巩固壮大奋进新时代的主流思想舆论”“加强全媒体传播体系建设，塑造主流舆论新格局”[①]。从多方位、多角度、多主体强调新闻舆论工作的重要性。在 2023 年 10 月全国宣传思想文化工作会议中，习近平总书记强

① 引自 2022 年 10 月 26 日《人民日报》第 1 版的文章：《高举中国特色社会主义伟大旗帜 为全面建设社会主义现代化国家而团结奋斗》。

调着力提升新闻舆论传播力引导力影响力公信力[①]，这是党对信息化时代新闻传播规律的深刻总结，明确了做好党的新闻舆论工作的原则要求和方法路径。

然而，社交媒体平台上充斥着大量未经验证的信息，这些信息的快速传播对社会稳定和国家安全构成了不同程度的威胁。近年来，一些热点事件在社会网络上引发了公众对女性安全等议题的高度关注，但也伴随着许多谣言和虚假信息的传播。这类信息的扩散往往会在短时间内引起公众情绪的波动，甚至引发社会恐慌和对立，严重影响社会的正常秩序。在这样的背景下，如何有效地构建社会风险的智能感知和疏导机制，成为提升国家治理能力的重要环节。

为应对社会网络中的信息"噪声"问题，迫切需要通过智能化手段快速监测、识别和阻止谣言的扩散。这一需求使得谣言监测、舆情分析和风险感知成为当前社会治理研究的核心课题。近年来，自然语言处理（natural language processing，NLP）和图神经网络（graph neural network，GNN）等人工智能技术的应用，逐渐展示了在处理海量信息、实时识别和分析风险事件方面的潜力。这些技术手段不仅可以通过情感分析、话题追踪、关键词监控等方法精准锁定潜在风险，还能结合历史数据和用户行为模式，预测信息扩散的路径与趋势（Hamidian and Diab，2015；Borge-Holthoefer et al.，2013；Chen et al.，2016）。

此外，随着深度学习和知识图谱（knowledge graph，KG）技术的发展，构建出能够自动识别舆论风险并及时报警的系统已成为可能（Alam et al.，2022）。通过对社会网络中的动态数据进行建模和分析，可以实现对信息传播的全程监控，识别出谣言扩散的源头、传播路径及影响范围，进而采取有效的疏导措施。具体而言，智能化的社会风险感知机制不仅可以提高谣言监测的效率，还可以根据不同类型的谣言和其传播规模，灵活调整疏导策略，从而有效地降低虚假信息对社会情绪和舆论导向的负面影响。

---

① 《习近平对宣传思想文化工作作出重要指示》，https://www.gov.cn/yaowen/liebiao/202310/content_6907766.htm，2023年10月8日。

在此基础上，建立完善的应急响应机制也十分关键。一方面，应通过多渠道及时发布权威信息，回应公众关切，防止谣言在信息真空中滋生蔓延；另一方面，应强化对虚假信息发布和传播者的管理和处罚力度，以法律和道德约束不实信息的传播。通过此类措施，逐步形成一个既高效又透明的社会风险感知和疏导机制，有效维护网络空间秩序，增强公众的安全感和信任感，为实现“清朗”网络环境提供有力支持。

1.3.3 复杂社会场景下的多源异构图网络数据分析

在数字技术广泛应用的背景下，社会治理面临前所未有的挑战和机遇，尤其是在复杂的社会场景中，如何有效感知和管理社会风险成为亟待解决的问题。本节旨在探索多源异构图网络数据在复杂场景中的观测、融合及动态演化，为社会风险的智能感知和疏导提供新方法。

多源异构数据的收集和存储对于获取准确、可靠的风险信息至关重要。在复杂的社会场景中，风险感知和疏导的前提在于构建基于多源、异构、动态数据的分布式自适应观测和信息融合方法。然而，这一过程中存在三大挑战：其一，当前风险监测多依赖单一数据源，难以获取多维度的信息；其二，技术上难以有效整合不同数据源中的结构与语义信息；其三，现有模型无法应对社会网络中风险信息的动态演化特性。因此，需要开发新的数据处理和融合策略，确保多源异构数据的有效利用。

具体而言，首先可以利用机器学习和人工智能技术，从丰富的文本、图像、音频和视频数据中提取有价值的信息，确保对不同数据源的多维度观测。其次，利用图网络分析技术，从包含复杂结构和语义的图网络中识别并分析风险信息的传播模式，从而揭示风险扩散的路径和特性。最后通过构建动态的社会风险感知模型，实时跟踪和预测风险信息的传播趋势，为及时、有效的风险疏导提供依据。

社会网络作为人与人之间的复杂社交空间，包括了丰富的社交节点（用户）、连接（用户间的关系）以及由节点和连接形成的社区（或称为丛、簇），如图 1-1 所示。这些网络中的信息传播呈现出多源、异质、动态、复杂等特点，给数据的观测、存储与信息融合带来了显著的挑战。首先，不同的数据源采用不同的数据获取方法，其次，所获得的数据类型极为多样，包括结构化、半结构化和非结构化数据。传统的信息获取、数据采集及存储手段已无法满足当前需求，急需开发新的技术来统一表达多源异构动态图数据，以打破数据孤岛、建立数据生态及挖掘潜在价值。面对社交媒体上散布的文本、图像及视频信息，需要考虑这些异构数据如何通过复杂的社会结构关系进行有效传播。

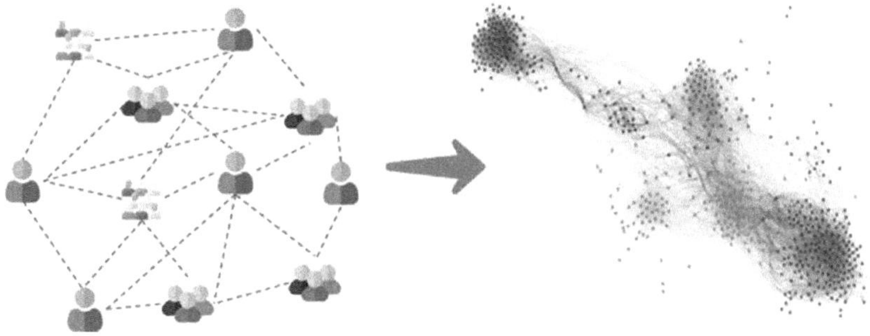

图 1-1 社会网络及其拓扑结构表示图

为了从结构和语义信息中提取有价值的知识，特别是感知谣言等传播带来的社会风险，本书探索了基于元路径的多源信息融合与异构网络嵌入方法。现有的社会风险监测方法往往仅关注单一信息维度，忽视了不同类型节点间多源信息的融合。因此，发展一种能够综合考虑异构数据的网络嵌入技术显得尤为重要。

为有效处理大规模异构动态图数据，本书提出了多样化的图采样、特征提取和编码方法。由于社会网络的高流动性，其规模在任意时刻都可能非常庞大，直接处理整个网络数据不仅会对存储造成压力，还会影响推理和计算的速度。针对这一挑战，实践中常用局部子图方法识别风险传播中的异常个体和路径。这种方法不仅能在局部范围内识别风险事件，而且能有效平衡数据类别，从而提升监测效率，为及时应对社会风险提供支持。

复杂社会场景下的多源异构图网络数据分析是一个复杂而紧迫的任务。通过深入研究和应用新的技术方法，不仅可以提高社会治理的效率，减少人力、物力成本，还可以显著降低社会风险事件的发生频率，为实现更加和谐稳定的社会环境提供坚实的技术支撑。

1.3.4 智能化社会风险态势感知与预警策略

在新时代的社会风险管理背景下，基于大数据和社会运行机制的风险态势感知与预测预警算法，以及社会风险传播和调控的理论模型研究显得尤为重要。本节旨在深入分析社会风险数据的特性，探索智能化的风险管理策略，以期在复杂多变的社会环境中实现对社会风险的有效感知、预测、疏导和管控。

社会风险数据的异构与动态特性要求我们在构建风险感知算法时引入创新的解决方案。为此，本书提出了基于异构动态图神经网络的方法。通过构建元路径处理异构图数据并引入时序注意力机制，该方法能够全面考虑时间特征在社会风险传播和预测中的作用，提升风险感知的准确性和及时性。

鉴于社会风险数据通常缺乏人工标注的支持，同时面临及时性需求的挑战，本书进一步探讨了无监督学习中的自监督学习方法。这一方法利用数据增强的对比学习，对风险图数据进行自适应优化，构建增强后的相似图表征，从而在标注数据稀缺的条件下实现模型参数的自动更新。

实时的社会风险感知依赖于对最新数据的响应能力。对此，本书提出了在线学习方法，其能够根据新增数据实时更新模型参数，使算法随时适应社会现状变化。这种动态调整的方式，使风险感知和预测更加高效、精准，为应对社会风险提供了及时的支持。

社会风险的智能化感知与治理是一个复杂而关键的任务。通过采用先进的技术手段和理论模型，不仅能准确感知和预测社会风险，还能为决策者提供实时、科学的支持，助力有效化解和疏导社会矛盾，增强社会治理的韧性。在不断变化的社会环境中，智能化的风险管理策略将为构建和谐社会提供坚实的技术与理论支撑。

1.3.5 国家与社会数据安全治理的智能化路径

随着大数据、人工智能和云计算等现代信息技术的快速进步，我们迈入了数字化法治文化的新纪元。这些技术的融合不仅促进了法治文化的数字化转型，而且为加强全社会的法治思想基础和法治精神的普及提供了强大的动力。数字技术赋能法治文化建设，为构建法治国家和社会提供了新的视角和手段。

在我国数字化改革的背景下，建设数字法治系统成了一项基础性工程。这不仅是数字化改革体系的一个重要组成部分，也是推动法治国家建设的重要举措。《关于推进实施国家文化数字化战略的意见》的发布，明确了到“十四五”时期末，基本建成文化数字化基础设施和服务平台，形成线上线下融合互动、立体覆盖的文化服务供给体系。展望 2035 年，我们将构建一个物理分布、逻辑关联、快速链接、高效搜索、全面共享、重点集成的国家文化大数据体系，使得中华文化全景展示以及数字化成果全民共享。

社会主义法治文化作为中国特色社会主义文化的重要组成部分，是社会主义法治国家建设的坚实基础。在此背景下，加快法治文化的数字化建设显得尤为迫切。这不仅是实施国家文化数字化战略的核心内容，也是建设社会主义法治国家的必然要求。通过数字化手段，我们可以更高效地传播法治文化，提高全民的法治意识和法治素养，为建设法治中国奠定坚实的文化和思想基础。在法治文化数字化转型的过程中，利用智能化技术推动法治教育和服务的创新发展是关键。通过建立线上法治教育平台，开发智能化的法律服务应用（吴骏等，2024），我们不仅能够使法治教育资源更加丰富多样，而且能够实现法律服务的精准化、个性化，从而有效提升公众的法律服务体验和满意度。

随着数字化时代的到来，国家和社会数据安全治理的智能化路径不断展开。通过构建数字法治体系，加速法治文化数字化建设，以及推动智能化法治教育与服务的发展，我们能够在新时代背景下有效增强法治文化建设的深度和广度，进一步巩固社会主义法治国家的基础，为实现全面依法治国目标提供有力支撑。

1.3.6 国家与社会数据安全治理的智能化升级

随着社会逐步进入深度数字化阶段，法治体系也正从信息化迈向智能化。这一转变不仅是技术的进步，更是社会治理模式的全面升级，尤其在舆情管理和法治响应方面展现出关键作用。数字化向智慧化的跃迁，是一个量变到质变的过程，涉及技术、人文、制度等多方面的深度融合与提升。

在舆情管理方面，数字化法治已实现数据的标准化和大规模信息处理能力，能够高效监控、分析舆情动态，及时预防和应对社会热点事件。然而，智慧化法治的目标不仅止步于此，更进一步地追求个性化的数据分析、智能化的决策过程，以及自动化决策与人类监督的有机结合。智慧化法治不仅依赖数据和算法，还特别强调智能算法背后的逻辑与决策过程的人性化调节，确保在处理舆情事件时既能有效管理风险，又能体现人文关怀，兼顾社会影响的广泛性与深远性。

智慧化法治的实现，需要技术、人力和制度机制的全面配合。这不仅需要先进的信息技术支撑，还需要法治人才的培养、智能决策机制的建立以及政治、经济、社会环境的匹配。因此，智慧化法治的推进是一个分步骤、分阶段的过程，需要根据实际情况有侧重地进行。智慧法院、智慧检察、智慧执法和数字政府等应用场景的出现，使得公众能够直观感受到数字法治带来的便捷和效率，同时提供了高效处理舆情的工具（余益民等，2019）。

例如，武汉市法院系统的探索和实践，通过数字化改革，实现了法治服务的线上线下融合，建立了集约化诉讼服务机制，极大地提升了群众的司法体验，并为法治化营商环境的优化提供了科技支持[①]。在舆情管理方面，智慧化法治通过实时监控舆情走向和公众情绪，能够及时应对可能引发的社会问题。

未来的智慧法治将更加注重技术与人文的融合，以技术为基础，以人为本，实现更加精准和个性化的法治服务。通过智能技术的应用，法治体系能够更好地响应社会需求，提升治理效率，同时保障公平公正，为构建和谐社会提供坚实的法治保障。国家与社会数据安全治理的智能化升级是一个复杂且长远的过程，它需要我们不断地探索和实践，结合国内外的先进经验，逐步推进法治体系的智能化，以期实现法治服务的高效、公平与智慧化，为社会主义法治国家建设贡献力量。

1.4　舆情动态与社会网络的时代挑战

在网络时代，舆情动态成为社会关注的焦点，反映了公众对各类社会事件的看法、态度和情绪，构成了网络上的公共舆论场。随着互联网技术的迅猛发展，网络信息的传播渠道多样、速度快捷、内容丰富，具有超越传统媒体的优势。微博、微信等新媒体平台，已成为人们分享观点、传递信息的主要场所，模糊了信息发布者与接收者的界限，使每个人既是信息的生产者，也是传播者。这种“虚拟社会”环境塑造了一个互动、开放的公共空间，也使得舆情动态具有了独特的传播特性。

舆情事件，特别是网络舆情，是指公众在网络上对社会生活中的各种问

---

① 《武汉江夏法院：“执破融合”改革实践探索，司法助力企业有效“救治”与高效“出清”》，https://law.cnr.cn/gzsp/20240813/t20240813_526850205.shtml，2024 年 8 月 13 日。

题，尤其是那些引发广泛关注的热点问题，所表达的公开意见或情绪反应。它们通常通过文字或视频形式在互联网上流传，展现了公众对某些重大社会议题的立场和看法。在这个过程中，知识图谱技术（Wang et al.，2023a）的应用极大地加速了对这些网络舆情的处理速度，增强了相关机构对突发公共事件的响应能力。因此，网络舆情已经成为观察社会态度和民意的重要窗口，其发展和变化不仅反映了公众对社会现象的关注程度，也对社会治理和决策提出了新的挑战和要求。随着社会对网络舆情的持续关注，构建有效的舆情监测和管理机制，成为维护社会稳定和谐的关键任务。

要深入分析网络舆情事件，需先明确其基本概念。作为现代社会舆情传播的核心平台，互联网赋予了舆情事件独特的传播特性。狭义上的网络舆情事件可以理解为，特定社会背景下围绕某些社会事件的发生、发展和变化，公众对网络信息管理者表达的态度和观点（Chen et al.，2022）。这一定义强调了公众情绪和态度对信息管理者的影响，也突出了民众态度在社会治理过程中的重要性。

一般来说，社会网络舆情事件是由个人及各类社会团体组成的公众，在特定时期内，对与自身利益相关的公共事务所展现的综合情绪、态度和意见的集合。这些事件通过网络平台，通常以文字、图像或视频的形式传播，汇集了大量公众对重大社会议题的关注和反馈，从而构成具有一定影响力和倾向性的集体意见（Cai et al.，2018）。新兴的网络平台通过公共意见表达社会关注，给舆情管理带来了新的挑战。通过分析网络舆情事件，可以洞悉社会态度的变化和民意的走势，为社会治理提供宝贵的参考。

在网络舆情事件的构成中，主要要素包括网络参与者、网络平台及网络言论。网络参与者是舆情事件中的个人、群体或组织，他们通过信息发布、评论等方式直接或间接地对公共讨论施加影响。每位参与者在网络舆情中充当信息节点的角色，根据个人的利益或兴趣发布信息。网络平台则是事件传播的重要载体，涵盖微信公众号、微博、抖音等社交媒体应用，极大地扩展了信息的传播路径和广度。网络言论是指参与者基于个人利益和理解，对公共事件所发表的意见，通常以文字呈现，并在社交圈中逐步扩散。由于年龄、地域、教育背景、兴趣偏好等因素的不同，网络参与者对同一事件的看法往往存在显著差异。同样，受众在解读这些言论时也会因个人经历和背景而形成带有主观情感的结论，这些主观性在网络环境下表现得尤为显著（Wang et al.，2021）。

网络舆情事件具有以下几大特征。首先是开放性与自由性，网络空间对所有人开放，每个人都可以在公共平台上自由发表意见，这为公共讨论提供了宽广的空间。其次是隐蔽性与偏差性，互联网的匿名性使人们能够更直接地表达真实情绪，但也导致部分人发布不负责任的言论，或过度宣泄个人情绪，甚至散布虚假信息。此外，网络舆情还具有多元交互性，信息内容丰富多样，涵盖政治、经济、文化、军事、外交及社会生活等多个方面。不同的观点（支持、中立或反对）在网络上激烈交锋，促进了思想的交流和碰撞。最后是突发性，网络信息传播速度极快，网络舆情事件形成的时间非常短暂。一个热点事件的传播和情绪化引导会迅速放大舆情事件的规模，难以控制（邢鹏飞和李鑫鑫，2020）。

网络舆情事件的热点通常涉及经济、社会民生、教育和文化、时事政治等多个领域。经济领域的舆情事件主要围绕公众对经济生活的普遍看法，涵盖宏观经济和微观经济政策的变动与评价。随着社会民主化的扩展，互联网行业变化尤其引发广泛关注，因为它与人们的日常生活息息相关，互联网公司和企业家因其显著的社会影响力而容易成为舆情焦点。社会民生方面的舆情事件涵盖新闻、金融、税务和企业动态，反映了民众对生活相关社会现象的情绪和思考。这些事件直接关系到个人生活，如住房、医疗、食品安全和税收等，往往触及人们的敏感神经，激发强烈的情绪反应（杜孟凯等，2023；Ausat，2023）。教育和文化领域的舆情事件则主要围绕文化冲突、知识产权保护及教育不公平等问题。这些议题涵盖广泛的教育内容，从幼儿园到高等教育的层级不等，特别是在涉及学生辍学、性骚扰、师生关系等问题时，因其重复性和高关注度，很容易成为媒体和公众关注的焦点。

在时事政治领域，网络舆情事件通常围绕政党及国家治理等议题展开，具有全天候、全媒介、即时性和多渠道传播的特性。在互联网和新媒体的影响下，时事政治类的舆情事件极易引发连锁反应，甚至导致二次事件的发生。意见领袖在这些事件中的作用尤为关键，他们通过自身的社会影响力引导舆论方向，有时能够将公众的关注引向更深层次的体制问题和机制探讨，从而推动舆情的进一步发展（Chen et al.，2022）。

1.5　社会网络舆情研究前沿

第一个研究视角是从社会网络理论角度出发进行的研究。社会网络理论认为，类似的观点往往在相互认识的人群中传播，导致这些人群在思考和行动上展现出相似性。社会网络不仅连接起彼此之间没有直接联系的行动者，也将行动者划分进不同的关系网络之中。研究关注于社会中的个体、群体和组织，分析由社会行动者形成的各种关系和联系，并将这些联系视作网络，以网络整体来解释社会行为。社会网络理论广泛应用于组织现象分析，涵盖宏观研究（如组织间关系、联盟及治理）和微观研究（包括员工关系、信息流通及领导力等）。

随着社会网络研究的深入和互联网的普及，人与人之间的关系变得更加复杂，社会网络也逐渐演化为复杂网络（Hu et al.，2013；Li et al.，2019）。社会网络分析研究行动者之间，以及行动者与其社会网络和其他网络之间的关系结构。一个典型的网络由众多节点和节点之间的连线组成，节点代表现实系统中的不同个体，连线表示个体之间的关系。网络中的相邻节点，即通过特定关系连接的节点，展现了网络的基本结构。社会网络分析的重点在于网络中的节点，这些节点可以是社会中的任何单位，如个人、组织或群体。节点之间的连接称为关系，节点及其关系构成了社会网络。通过对网络结构的分析，研究人员可探讨个体节点在网络中的位置（Borgatti and Everett，1992），如点度中心性、中介中心性和接近中心性等指标，以此反映个体在整体网络中的关系特征和重要性（Borgatti，2005）。

第二个研究视角聚焦于复杂网络理论，这一理论尝试从统计规律的角度解析舆情事件的传播动态（Liu et al.，2013）。在社会生活中，各式各样的社会关系可通过网络模型进行描述，类似地，在自然界和社会领域内广泛存在的复杂系统也可用网络结构来表示。复杂网络特指那些具备自组织、自相似、吸引子、小世界和无标度等一个或多个特性的网络结构。在复杂网络中，最广为人知的两类模型是小世界模型与无标度模型。简而言之，小世界模型展示了即使是节点之间的直接联系数量有限，也能够通过较短的路径相互连接的现象，这反映了在社会网络中，尽管人与人之间的直接认识关系可能较少，却能够通过有限的步骤联系到社会网络中的其他远端个体。而无标度模型揭示了网络中节点的重要性并不均等，类似于社会组织中每个人的角色和地位的多样性，网络中存在少数但极其重要的节点，这一模型常用于研究如病毒传播等现象。现实社会中的意见交换具有复杂网络的特性，如小世界和无标度特性。选择符合这些特性的模型对理解舆情传播至关重要，为研究带来新视角。这一现象并不难理解，因为复杂网络理论的发展初衷就是为了模拟和理解真实社会网络环境，尤其是人际关系网络。

第三个研究视角关注于从网络用户群体的行为进行分析。群体行为理论主要研究非正式组织和人际关系中的各种问题，例如群体的目标、结构、规模、规范、信息交流方式以及群体意见中的冲突等。该理论涵盖群体动力学理论、信息传播理论和群体关系理论等方面。伯纳德·贝雷尔森和加里·斯坦纳在其1964 年的著作《人类行为：科学研究成果概览》中，概括了人们在信息交流中呈现的十种行为模式。这些行为包括人们倾向于接触与自己观点相似的信息，而且不同的人可能会接触到与其原先倾向相反或不相关的信息；信息的传播倾向于增补性而非互补性；人们根据自己的教育程度倾向于不同的信息交流媒介；对于劝导性信息，人们往往根据自己的思维模式和倾向性进行理解，可能主观甚至错误地曲解信息；信息发布者如果被视为值得信赖、可靠或有权威，其信息更容易被接受；群体意见通常比专家意见更具影响力；个人的自尊心水平会影响其对信息的接受程度等。

舆情事件的信息传播一直是社会传播学、数学、互联网挖掘和人工智能等交叉领域的关键研究对象。随着网络虚拟世界与现实生活的日益融合，网络不仅成为现实生活的一部分，也重塑了社会网络信息的生态环境，形成了全新的网络信息场。社会网络作为传播网络信息的主要平台，囊括了以人际社交为核心的所有网络服务形式，构成了一个拥有共同兴趣爱好的庞大用户群体，他们通过互联网发表和讨论感兴趣的话题。在此背景下，数学和计算机专业人员通过建模方法对这些现象进行了深入的分析。

1.6 社会网络的结构与治理机制

互联网的迅猛发展极大地推动了社会网络的爆发式增长。各类网络平台，包括移动端平台，如 Facebook（脸谱网）、X [原 Twitter（推特）]、新浪微博、微信和网易新闻等，已经吸引了大量用户。国际广告公司 We Are Social（维奥思社）发布的《2023 年全球数字报告》的调查显示，社会网络用户已占互联网用户总数的 59.4%，通过社交媒体平台进行查询、获取或发布信息，充分体现出平台的高活跃度。社会网络不仅成为人们日常生活的一部分，也逐渐成为获取信息的重要渠道之一。

社会网络由个体成员间的互动构成，是一个相对稳定的关系系统。在这样的网络中，人们基于共同的社交需求和兴趣形成了不同的社交圈和兴趣圈。狭义的社交圈指我们在日常生活中与朋友、同学、同事等建立的关系网络，而广义的社交圈则可以理解为涵盖每个人生活的更广泛的社交环境。

社会网络计算是一个跨学科的研究领域，旨在探索如何“用社会化方法计算社会”的概念。这里的社会化方法指的是以普通用户为中心，并依靠用户的协作和群体智慧的方法，反映了从个体到整体、从微观到宏观的思维方式。许多社会事件从无数网民的简单交流和微小行为逐步演变成重大的社会事件，这也从侧面展示了社会计算作为群体智能计算模式的价值。因此，社会网络计算的核心在于对社会网络中的大数据进行智能化分析，以揭示和理解网络内部的复杂关系及动态变化。

社会网络计算的研究领域聚焦于社会的广泛层面，涵盖了物理社会（如国家或地区）和基于 Web 的虚拟网络社会。尽管社会可以划分为物理社会和虚拟网络社会两大类，但二者之间存在紧密联系。虚拟网络社会反映了物理社会中的各种现象，对虚拟网络社会的研究归根结底是为了更好地服务和管理现实中的物理社会。

社会网络计算特别关注如何增强用户之间的互动，以及如何通过用户互动来分析其在社会中的影响力。

用户交互性研究：无论是 Web 2.0 理念还是 Facebook、X 等社交平台，其显著特点在于强调用户之间的互动，实现人与人之间的连接。随着 Web 2.0 理念的推广，交互的重心从人机交互（human-computer interaction，HCI）转向人际交互（human-human interaction，HHI）。不同于传统的 HCI 主要通过设计优化软件界面以提高系统的用户友好度，HHI 更关注如何促进人与人之间的连接、信息交换和知识共享。

用户影响力研究：用户互动不仅构建了影响关系网络，也形成了用户在社会网络中的不同影响力层级。用户影响力研究着眼于基于用户互动活动水平来探讨用户之间的相互影响及其在社会网络中的影响力大小。影响力分析既涉及影响关系的划分，也包括衡量用户在网络中的重要性。目前，研究人员通过分析用户在博客、论坛中的行为（如发帖、评论等），并采用网络挖掘和语义分析的方法来研究用户的影响力。用户影响力的度量模型主要分为基于最小路径的方法（如距离中心度和中介中心度）和基于网络拓扑结构的方法[如PageRank方法、HITS（hyperlink-induced topic search，超链接诱导主题搜索）]模型等。

1.6.1　社会网络及其分析

社会网络构成了个体成员通过互动而建立的相对稳定的关系体系。在这一网络中，人们基于共同的兴趣或社交活动形成了各类社交圈和兴趣圈。简单来说，社交圈涵盖了我们日常生活中与朋友、同学、同事等建立的各种人际关系网络。更广泛地讲，社交圈也可以被视为个人生活的延展圈层。

社交圈的构建为营销者带来了巨大便利。例如，在 LinkedIn（领英）这类平台上，绝大多数用户是来自不同领域的职场人士，即便工作和生活环境发生变化，这些牢固的同事关系依然存在。在以年轻用户群体为主的 Instagram（照片墙）平台上，尽管用户的兴趣和社交圈可能随时变动，但他们依然通过个人品牌和兴趣爱好维系着稳定的网络。互联网上社交圈的形成与发展，也依赖于社交网站用户间的互动方式。在这些社交圈中，用户因身份不同而具有不同的影响力。

随着互联网技术的进步，社会网络已成为庞大的数据来源，形成了大数据现象（Su et al.，2016a）。大数据最初用来描述处理大规模数据集所需的批量处理或分析技术。随着 Google（谷歌）的 MapReduce 和 Google File System（谷歌文件系统，GFS）等技术的问世，大数据的概念已扩展至数据处理的速度与方式。

社会网络分析是一个涉及多学科的研究领域，它还没有一个统一的定义。一般认为，社会网络分析是一种结合现代计算方法和社会科学的跨学科研究，旨在理解和分析社会中的个体、群体和组织之间的复杂关系。

社会网络分析不仅关注虚拟网络和物理社会之间的联系，而且致力于通过分析这些关系来揭示社会的动态特性和运行规律，进而为政策制定和社会管理提供科学依据。

社会网络分析的角度既包括计算科学，也包括社会科学。从计算科学的角度看，它关注计算机和信息科学如何应用于社会，从而影响传统的社会行为。从社会科学的角度看，它依托社会科学的理论和方法学，利用现代计算模型来提高社会活动的效率和水平（周涛等，2022）。

在实际应用中，促进用户之间的交互，特别是在如微博这样的平台上，用户交互方式的多样性，如关注、评论、转发等，成了社会网络分析研究的一个重要方面。目前，一些学者已经开始从信息系统行为的角度探究社会网络中的信息交互模式、基于 Web 2.0 的信息生成模式，以及在 Web 2.0 环境下的知识共享问题。

1.6.2 社会网络中的关键节点分析：核心人物和组织的画像分析

随着互联网成为我们生活和工作不可分割的一部分，网络上也汇集了海量的人物信息。这些信息来源广泛，包括对知名人士、网络红人的新闻报道，论坛和微博上的讨论评价，以及个人简历、简介等。在日常生活和工作中，人们对于教师、明星、律师等各界人士的信息需求日益增长。此外，网络信息管理、情报分析和社会调查等领域，也都需要大量的个人信息。研究显示，在网络搜索中，约 11%到 17%的查询关键词是人名，说明人物信息是网民普遍关注的内容之一。

然而，在搜索引擎查询人物信息时，用户经常面临不尽如人意的结果。一方面是由于网络上人物信息的碎片化、冗余和混乱，另一方面是因为网络上充斥着虚假和垃圾广告信息，有价值的信息难以被发现。用户不得不逐个浏览网页结果，通过人工方式筛选自己感兴趣的人物信息，既费时又费力。

对于人物信息的整理，传统方法往往依赖于人工编辑，虽然准确率较高，但效率低下。用户迫切需要一种简单快捷的方式来获得目标人物的全面信息。如果能够自动地从互联网上抽取并整理人物的全面信息，将零散、片面的数据汇总成完整的人物画像，并以结构化的形式存储，这将极大提高获取人物全貌信息的效率，为人们的工作和生活带来极大的便利。

除了搜索引擎，用户也可以通过专门的人物搜索系统来获得信息。目前市场上较为成熟的人物搜索引擎，如雅虎人物搜索、微软人立方等，这些系统主要提供人物的基本信息，如性别、年龄、籍贯等，但缺少对人物活动轨迹的记录，即网络上关于该人物参与的新闻事件的报道。在了解一个人物时，人们不仅希望获得基本信息，更希望了解该人物参与的具体事件、时间、地点、相关人物以及网络上的情感评价和人物热度，从而全面掌握一个人物的信息。

1.6.3 社会网络中的关键节点分析：网络结构的影响力分析

在数字化时代，微博等社会网络平台已成为重要的信息传播渠道，对社会产生了深远影响。因此，分析并挖掘微博社会网络中信息传播过程的关键节点成了具有重要理论意义和应用价值的研究方向。关键节点及其传播规律的研究在信息传播模型构建、用户行为分析等多个方面显示出其独特的价值（Li Y M and Li T Y ，2013；Han et al.，2015）。

随着科技的进步，已经开发出多种方法来分析微博数据，包括基于社会网络特性的改进 PageRank 算法（Berkhin，2005；Ding et al.，2009）、基于随机网络理论的数据挖掘技术和启发式的社会网络节点影响力计算方法等。这些研究方法通过有效的数据预处理和特征值抑制机制，有效地过滤数据，提升了数据处理的效率。尽管这些研究在提高模型处理效率方面取得了一定成果，但仍存在无法充分体现社会网络节点及其连接的社会属性等问题。

对社会网络中关键节点影响力的评估（Liu et al.，2015a），既有定性的方法（如问卷调查和效益评估），也有定量的方法（主要基于网络计量学的指标进行）。目前，大多数关于网站影响力评价的研究采用定量方法，利用相关工具收集数据，并通过网络计量学方法对影响力进行评估。

超文本链接作为互联网的基本特性，通过分析网站间的链接关系来评估其影响力。链接分析方法依据网站被链接的频率来评估其影响力。借鉴期刊影响因子的计算方法，网络影响因子通过计算指向特定网站的超链接总数与该网站内所有页面总数的比值来衡量。网络影响因子越高，网站的影响力越大。

网站流量是网络营销中衡量网站访问量的关键指标，反映了网站在一定时间内吸引访客的能力。网站的访问量、点击率和平均停留时间等指标能够客观地反映网站的影响力。因此，网站流量成为评估网站影响力的重要指标之一。网站影响力的评估维度多样，主要包括流量指标、网络链接指标和网站可见度指标。针对特定领域网站的特点，研究人员还制定了相应的领域性影响力评价指标。

1.6.4　社会网络中的关键路径分析

社会网络中的关键路径分析着重于识别和解释影响信息传播的主要途径与关键节点。这一研究领域结合了网络理论和复杂系统的分析方法，以探究信息如何在网络中流动以及这些流动如何受网络结构和个体行为的共同影响。

在探讨网络信息传播的过程中，一些研究如 Sznajd 模型提供了简化的视角，该模型通过模拟个体在群体中的行为来理解意见的形成和传播机制。它基于一个基本假设，即在一个简单的社会网络中，个体会受到其邻居的直接影响，并且这种影响是同质的，即人们倾向于与他们有直接联系的人持相同的观点。这种模型的结果显示，在网络中，即使是初始的意见分歧也可能随时间发展而消失，最终形成共识。

另外，小世界模型的应用则从网络的拓扑结构出发，强调了即使是非常小的局部改变也可能对整个网络的信息传播产生重大影响。这种模型通过插入短路连接来模拟现实世界中的社会联系，即个体之间通过很短的连接就可能相互影响，加速信息的传播速度和范围。部分研究进一步指出，网络的异质性，如节点的不同连接密度和中心性，可以显著影响信息传播的过程。研究发现，在一个异质性较高的网络中，少数派的观点更容易在信息传播过程中占据优势，而网络中的连接密度越低，观点的极化和分裂的可能性也就越大。

通过对即时通信工具 QQ 上的病毒式营销进行仿真研究，研究团队揭示了网络结构特征（如度中心性和紧密度中心性）和信息传播激活概率对信息传播速度和范围的影响。这些研究结果（Zaman et al.，2014；Rodriguez et al.，2014）不仅对于理解如何有效地利用社会网络进行信息传播至关重要，而且对于制定应对网络谣言和不实信息的策略也具有指导意义。

社会网络中的关键路径分析通过揭示信息如何在复杂的网络结构中流动，提供了一个理论框架和实证方法集，以分析和优化信息在网络中的传播效率。这些研究通过引入不同的理论模型和实证研究方法，不仅增强了我们对社会网络信息动态的理解，而且为实际操作中的信息管理提供了实用的参考和工具。

1.7 知识管理与社会网络舆情管理

对社会网络中的舆情管理已成为互联网时代重要的社会治理工具。通过计算机智能模型，可以将大量的人类情绪转化为量化数据，为情感倾向分析提供系统化的研究方法。情感分析的研究最早始于对电影评论文本的情感分类，无论采用监督学习还是无监督学习，目的都在于识别文本中的情感倾向。情感倾向分析（也称情感分析、文本意见挖掘或观点挖掘）融合了自然语言处理、信息检索和数据挖掘等多个研究领域，并进一步细化为文档级和句子级的观点挖掘，涵盖从简单的情感态度（如赞同、反对、中立）到对特定对象的态度强度，甚至具体观点与态度。在在线评论领域，情感倾向分析已取得显著进展，目前在基于在线评论的文本情感分析中，准确率可达到95%以上。依靠自然语言处理、机器学习和文本挖掘等智能技术，可以自动识别网络文本中的情感倾向。

随着网络表达的普及，人们通过转发、评论等方式参与讨论，舆情的影响力随之扩大，传播范围扩大且舆情发酵的时间缩短，使得网络舆情管理更加复杂。传统上，企业通过用户问卷调查来收集信息，这种方法不仅消耗人力资源，还因为样本量有限和问卷设计的局限性而影响有效性。若能通过对网络文本（如网页、聊天室和新闻文本）的自动分析来探测特定话题的“喜好度”，即可有效识别在线文本中的自然评价。

网络舆情可以理解为社会舆情的一种特殊形式，是公众在互联网上对某些现象、问题或具体事物所表达的具有影响力和倾向性的观点集合。进一步细化到企业层面，企业网络舆情则限定为与特定企业及其产品、经营和管理相关的舆情内容。因此，企业网络舆情可以定义为：在特定的时期和社会网络空间内，个体和社会群体就特定企业及其产品、经营和管理，通过网络表达的各种情绪、意愿、态度和观点的集合。

在现代社会网络的广泛环境下，社会网络舆情的主要传播渠道涵盖了网络新闻媒体、博客、微博、微信、QQ 以及在线商品销售平台。这些渠道的特性与舆情的传播特征紧密相关，主要包括以下几个方面。

（1）虚拟性。网络空间的虚拟特性打破了传统的物理界限，形成了一个无边界的信息空间。例如，在网络上，人们可以在匿名或半匿名的情况下发表观点（Zhou et al.，2016），从而使信息的发布者、传播者和接收者之间的角色界限变得模糊，共同构建了一个既真实又虚拟的交流系统。这种虚拟性使得网络信息具有较强的传播力和影响力，因为信息可以迅速跨越地理和文化界限。

（2）实时性。舆情的实时性主要体现在信息传播的速度上。例如，重大新闻事件发生后，相关信息可在几分钟内通过 X、Facebook 等社交媒体平台迅速传播到全球各地（Akritidis et al.，2011）。现代通信工具和移动设备的普及，加上推送功能的强化，使得在社会网络中传播信息的成本大大降低，传播速度极大加快。

（3）交互性。网络舆情的交互性指的是参与者通过互联网实时互动传播各种信息的能力。例如，用户可以在社交媒体上对新闻报道进行评论，与其他网民进行互动讨论，甚至直接与新闻发布者交流（Wlezien，2024）。网络用户表现出强烈的参与意愿，能够跨越时间和空间限制进行交流。

（4）易感性。在网络社会中，人们在观点上感到孤立可能意味着在其他方面也感到孤立，导致羊群效应的出现。例如，一条关于某名人的不实信息如果未经验证就被广泛传播，可能迅速引发大量网民的盲目跟风。网络空间的广阔使人们总能找到拥有相同价值观、兴趣的人群，这就是舆情的易感性。

（5）丰富性。网络舆情的主题极其广泛，话题自发且随意。从内容看，涉及政治、经济、文化等各个方面；从来源看，任何人都可以在网上发布言论，经评论和转发形成广泛讨论。例如，一则关于环保的博客文章可能激发起关于气候变化的全球讨论（Bergquist et al.，2022；Bayes et al.，2020）。

（6）开放性。互联网的开放结构使得舆情传播平台也具备开放性，提供了信息共享和互动的渠道，打破了交流的时空限制，扩大了信息共享的范围。这使得即使是在偏远地区的人们也能参与到全球范围内的讨论中。

（7）突发性。网络信息的迅速形成是传统媒体无法比拟的，热点事件加上情绪化的引导可以迅速引发广泛讨论，迅速形成强大的舆论场。例如，社交媒体上某个突发事件的热议可以在几小时内达到高潮，影响公众意见和政策制定。

通过这些传播特性，社会网络舆情能够快速影响公众意见，成为现代社会不可忽视的力量。对于政府和企业来说，理解并有效管理网络舆情是维护社会稳定和企业声誉的关键。

由于舆情主题和参与者类型的多样性，政府和企业在管理舆情时面临着不同类型的挑战和知识需求。构建的舆情知识图谱虽然为实体及其关系提供了基础框架，但鉴于舆情的持续动态变化，为了满足深入的管理需求，需要进一步完善和挖掘这些基于实体关系的知识，实现更深层次的知识挖掘和更广泛的知识拓展。

1.7.1　社会网络舆情事件

社会网络的快速发展带来了信息传播方式的深刻变革，网络平台（如博客、社交媒体、在线讨论区等）成为公众表达意见、交流思想的重要场所（Lazer et al.，2009）。这些自媒体平台的兴起，不仅改变了信息的流通路径，也对社会舆论场的形成产生了重要影响。由于社会网络的普及，舆情事件的传播更为复杂，对于企业和组织而言，管理和应对舆情事件面临着前所未有的挑战。

近年来，紧密相连的舆情事件频繁出现，展示了舆情事件之间可能存在的三种交互作用：正向激励、反向抑制和无关作用。研究人员通过分析典型的舆情案例，如某知名人物的相关事件，以及其他几起事件，深入探讨了舆情事件在时间上紧密相连时的交互机制，并提出了相应的管理建议。对于社会网络背景下舆情事件的研究，学者进行了全面的梳理，从舆情文本的情感分析、图像内容识别到社群发现和个性化推荐等多个维度，探讨了舆情管理的现状与方法。在新时代的舆情管理中，把握社会网络的结构、内容和用户三大核心要素至关重要，以推动舆情管理的进步和创新。研究人员通过案例分析，深入探讨了舆情事件传播的过程，分析了政府、网民和企业在舆情传播过程中的角色和影响，并对如何更有效地管理舆情事件提出了具体建议。以特定地区的舆情为例，研究了舆情信息在事件中的动态传播规律，提出了事件传播的不同路径，并对每一种传播路径的特征进行了分析，从而提出了对舆情传播进行管理和引导的建议。此外，有学者从社会网络中谣言传播的角度出发，对谣言的基本概念、特性进行了探讨，分析了谣言监测研究的基本问题，并总结了谣言监测和来源追踪的方法，为理解和管理网络谣言提供了重要的研究基础和技术支持（Borge-Holthoefer et al.，2013；Tian and Liu，2014；Yang et al.，2016；Wu et al.，2015；Sun et al.，2013；Shah and Zaman，2011，2012；Ma et al.，2015；Liu et al.，2015b）。

综上所述，社会网络时代对舆情事件的管理和研究，不仅需要深入理解社会网络的特性和舆情的动态变化，还需要结合现代信息技术，采取多维度的分析和综合性的管理策略，以有效应对和管理网络舆情（Zhou et al.，2024）。

1.7.2 社会网络与舆情事件管理

在社会网络与舆情管理方面，社交平台 Facebook 于 2013 年推出的 Graph Search（图谱搜索）产品是一个典型案例。此工具通过构建知识图谱，将人、地点、事件等多种元素相互联系起来，并支持用户通过自然语言直观地查询相关信息。Graph Search 的引入不仅更贴近用户的日常生活，满足了用户发掘知识和寻找相关性人物的需求，还为舆情管理提供了新的视角和工具。

在信息流动和社区相似性分析方面，研究人员基于信息在社会网络中的传播模式，提出了 *k*-path 共社区邻近相似性概念及其计算方法。这种方法有效地衡量了同一社区中节点的相似度，并开发了将有向图转换为带方向权值的无向图的策略。这不仅提高了社区节点的聚合效果，而且为发现网络中的重叠社区提供了有效的工具，从而支持舆情管理中社区动态的监控和分析。

在网络结构特征分析方面，受深度学习在语言模型中的成功应用启发，李志宇等（2016）提出了 LsNet2Vec 模型。通过大规模无监督学习，该模型将网络节点的结构特征映射到一个固定维度的向量空间中，极大地提高了计算网络节点间相似度的效率。在多个数据集上的应用显示，LsNet2Vec 在进行链接预测时的效果优于现有的方法，对舆情管理中的网络关系和影响力分析具有重要的应用价值。

角色识别的研究（McCallum et al.，2007）也是社会网络分析中的一个重要方向。社会网络中的每个成员都扮演着特定的角色，这些角色根据用户间的互动水平定义，并随着时间的推移而演化。角色识别的研究不仅有助于分析和理解社会网络的结构，也对预测用户行为、研究用户之间的关系和互动过程具有重要意义。尤其是在新兴的社交媒体平台上，角色识别的研究为舆情管理提供了新的视角和方法。

以上各方面的研究和实践表明，社会网络与舆情管理在当今互联网时代具有重要的意义。深入分析社会网络的结构特征、社区相似性、信息流动模式和角色识别等方面，可以为舆情的有效监控和管理提供科学的方法与技术支持。此外，利用先进的分析工具和技术（如机器学习和大数据分析），进一步增强对社会网络中信息传播规律的理解，将极大提升舆情监控的精确性和预测能力。

1.7.3 社会网络下的知识管理、知识共享模型与舆情管理

在社会网络环境下，知识管理与知识共享对舆情管理具有不可忽视的影响。通过深入分析和建立社会网络中知识共享行为的影响因素模型，我们不仅能够更加深入地了解社会网络中知识的流动和更新，而且能够有效提升对舆情事件的管理效率和响应速度。在大数据时代，信息量的激增给社会各领域带来了前所未有的挑战和机遇。信息的海量化要求我们不仅要能从中提取有用的数据，更重要的是要将这些数据转化为具有指导意义的知识。信息转化为知识的

过程是知识管理和知识共享的关键，这对于理解和利用社会网络中的信息流动具有重要意义。正如管理学家彼得·德鲁克所强调的："知识将取代土地、劳动、资本等传统生产资料，成为最重要的生产要素。"在知识经济时代，知识不仅是个人进步和组织发展的关键，更是提升社会整体竞争力的核心资源。因此，如何有效地管理和共享知识，特别是在社会网络环境下，成了推动社会发展的重要议题。

知识管理首次由卡尔·维格于 1986 年提出，它被定义为组织有意识地采取的策略，旨在确保在最需要的时候将最重要的知识传递给最需要的人。知识共享是知识管理过程中的核心环节，是连接知识所有者与知识需求者的桥梁。它涉及组织内部或跨组织的知识交换和讨论，旨在扩大知识的应用范围、促进知识的创新，并生成知识的价值。有效的知识共享不仅可以提高知识的利用率和促进知识的流动性，还有助于知识的应用和创新，从而构建组织的知识优势，提升组织的核心竞争力。

社会网络的普及为知识共享提供了新的渠道和平台。社会网络的参与性、公开性、交互性和社区化特性使其成为知识共享的有效渠道之一。通过社会网络，知识可以超越时间、空间和社会限制，以多种形式在个体间进行分享和传播，从而激发知识共享行为，提高知识共享的频率和效率。

在社会网络环境下，和谐的知识共享对于管理和应对舆情具有重要的作用。合理优化的知识管理可以有效避免或应对社会网络中的舆情事件，使组织能够更好地管理和掌握社会网络中的敏感信息，从而有效完成舆情管理任务。此外，组织成员之间的有效知识共享还能增进彼此的沟通，促进知识的创新，提升个人和组织的竞争力，同时构建一个学习型的组织文化，增强组织的凝聚力和创新能力。因此，知识共享是知识管理的核心，对于舆情管理具有深远的影响和重要的价值。

1.7.4 基于社会网络内容的舆情管理

情感分析在社会网络中的应用不仅为理解用户对于产品或服务的感知提供了一种有效途径，而且在指导企业的品牌建设、产品优化和质量控制等方面发挥了重要作用。通过运用计算机智能技术，如自然语言处理、机器学习、文本挖掘等，可以实现将大量由用户在社交平台上发布的情感载体文本转化为定量数据，进而分析其情感倾向。

情感倾向性分析旨在自动识别文本中所表达的情感色彩，将其分类为积极或消极等明确的倾向。此类分析通常依赖于各种机器学习算法，如朴素贝叶斯、最大熵模型（maximum entropy model）、神经网络和支持向量机（support vector machine，SVM）等，这些方法能够有效处理并分析大规模文本数据，提取出用户的情感倾向。

在应对社会网络中的舆情管理时，情感倾向性分析的应用尤为关键。通过对社交媒体上的情感文本进行分析，管理者不仅能够把握公众对于某一事件或话题的总体情感态度，还能据此做出更加精准的管理决策。例如，通过将文本信息中的情感倾向性定量化，管理者可以获得一个事件在社会网络中的情感测度值，以此来判断一个事件对社会网络造成的影响是正面还是负面。

实现情感倾向性分析的过程中，首先需要对文本进行分词处理，将连续的文本分解成有独立意义的词汇单元。其次，依据预先构建的正面词典和负面词典，结合词典中的词汇强度值，计算文本中每个词汇的情感倾向性值。在此基础上，还需考虑词汇前后的否定词和修饰词的影响，通过综合考量这些因素，最终得出整个文本的情感倾向性值，以反映用户评论的整体情感倾向。在社会网络中，情感分析技术的应用极大地促进了知识的积累和传播，为舆情监控和管理提供了新的视角与方法。通过对网络情感文本的深入分析，不仅可以及时发现并应对可能的舆情危机，还可以深挖用户需求，为产品和服务的改进提供有价值的指导。因此，情感倾向性分析在社会网络舆情管理中发挥着至关重要的作用。

在处理社会网络中的舆情信息时，我们不可忽视网络评论中存在的大量无关或垃圾信息，这些信息可能会干扰舆情分析的准确性。同时，网络评论所表达的情感通常是多维度的，不仅仅限于正面和负面，还应包括情绪的强度和具体类型。针对这一点，舆情分析中的情感分类应当更为精细，以更好地捕捉和理解公众情绪。

社会网络中的文本具有其独特性，如微博等社交平台上的文本往往篇幅短小，信息量密度高。面对这种短文本信息，传统的文本分析方法可能不再适用，因此，研究人员提出了专门针对短文本的分析方法。短文本分析成为社会网络舆情分析中的一项重要研究方向，涵盖了短文本的建模、相似度计算、话题挖掘和情感分析等多个领域。

短文本情感分析在社会网络舆情监测中扮演着关键角色，它涉及从用户对产品、服务、社会事件等的评论信息中抽取主观意见和情绪态度。尽管短文本的字数有限，信息量相对较少，但其中蕴含的情感信息却非常丰富和直接。短文本情感分析的挑战之一是如何克服信息稀疏性的问题，即在特征向量中，每个样本仅有极少数维度有值，这大大增加了情感倾向判断的不确定性和困难。为解决这一问题，研究人员从降维和信息增强两个方面入手，运用信息增益、卡方检验方法、互信息方法和潜在语义索引等技术减少特征向量的维度，同时增加信息的丰富性。在处理非常规的网络舆情事件时，我们面临着特殊挑战，特别是当事件的关键词未被预先定义在现有的字典中时。为应对这一挑战，采取的策略包括从社交平台（如微博）中抓取信息，对信息进行分词处理，并通过特定规则识别出每条信息中的关键词。这些关键词若未出现在预定的“舆情字典”中，则认为它们可能关联着新的舆情事件。通过对这些新词进行频率排序和共现分析，揭示出新舆情事件的关键特征和内在联系，进而有效地管理和响应这些事件。通过综合利用社会网络平台的数据采集、自然语言处理技术以及数据挖掘方法，我们可以更有效地识别和分析网络中的舆情动态，为决策提供科学依据，同时增强对潜在网络舆情事件的预警能力，确保社会信息环境的健康和谐。

1.7.5 基于社会网络结构的舆情管理

社会网络环境下的舆情管理需要深入探究用户之间形成的复杂网络结构。社会网络的结构分析不仅关注个体用户发布的内容，还包括用户之间的关系网，例如用户的关注行为所形成的社交圈子（图 1-2）。舆情事件在社会网络中的传播特征表现为从单一用户出发，逐步形成多个传播中心，结合线性和层级传播方式，展现出全面、网络化、立体化、动态和综合性的特点。舆情事件的发展会经历三个主要过程：事件发生和发展的流程、观点的汇聚过程以及信息的扩散阶段。一个网络热点或议题在传播过程中会不断扩展，有可能随时终止，同时也可能衍生出新的热点或触发新的事件。

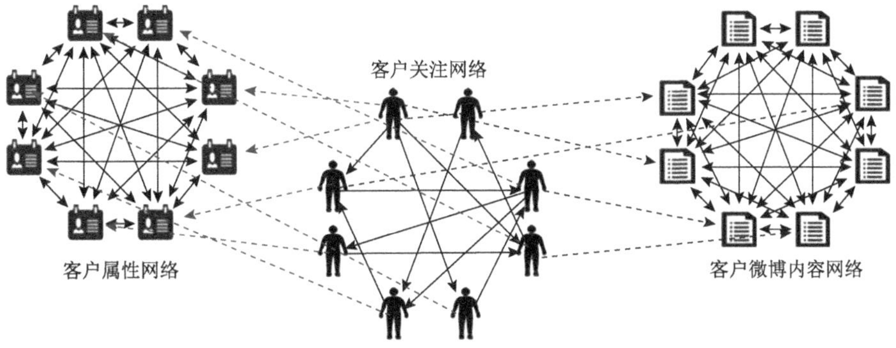

图 1-2 微博用户网络

舆情事件的传播一般经历五个阶段。第一个阶段是事件发生期，此时事件刚出现，社交媒体（如个人主页、论坛）上开始出现相关报道，但相关帖子数量较少。第二个阶段进入事件发展期，事件通过发布者的社交圈开始传播，逐步扩散，部分用户开始转发和评论，此时尚未吸引大量网民注意，也未形成显著的网络舆情。第三个阶段是高潮期，拥有众多粉丝的知名博主或传统媒体开始关注事件，成为引发更广泛关注的关键，导致信息迅速爆发。第四个阶段是震荡期，随着事件继续发展，媒体进行更深入的报道，官方也会展开详细调查并及时发布结果，网络信息随着媒体报道出现波动，这一时期长度不定，管理得当可缩短。第五个阶段是消散期，当事件得到妥善处理或新热点出现，原事件引发的网络关注开始逐渐减弱，公众的焦点转移到新的议题上。

此过程反映了在社会网络中舆情管理的复杂性和动态性，强调了对社会网络结构和用户互动模式的理解对于有效舆情管理的重要性。通过深入分析社会网络的结构特性和舆情传播机制，可以提高对网络舆情动态的敏感度，增强舆情事件应对的策略性和系统性，从而在信息海洋中有效管理和引导网络舆论，保障信息环境的健康稳定。

在社会网络中，紧密内聚而与外界联系较少的用户群体形成了社区。社区在不同应用背景下代表了各种实体关系的集合。社区发现（Seth et al., 2014），即从庞大的社会网络中识别这些社区的过程，是社会网络分析的一个重要方向。

社会网络通常用图结构来表示。对于无向且无权重的网络，一个经典的社区发现方法是 Girvan 和 Newman（2002）提出的 GN 方法，该方法基于边介数（edge betweenness）的概念，通过逐步移除边介数较高的边来揭示网络的社区结构。然而，GN 方法在处理数万甚至更多用户的大规模网络时，因计算量庞大而受到限制。

在社会网络中进行个性化推荐主要基于用户之间的关注关系，因而这种推荐机制被视为网络结构的一部分。个性化推荐是舆情引导和管理的关键手段，其基本原理是具有相似兴趣的用户倾向于对同一产品或内容表现出相似的偏好。要实现个性化推荐，首先需要确定用户的“邻居”（即与其兴趣相似的其他用户），然后综合这些邻居的偏好进行推荐。因此，对某个用户的推荐实际上依赖于其他用户的偏好，形成了一种自助和协作的推荐模式。

相较于传统的基于内容的推荐方法，社会网络中的个性化推荐无须依赖用户偏好信息的直接匹配。基于内容的推荐方法通常需要先对用户和推荐对象进行建模，然后将用户与产品进行匹配（李世宝等，2021）。通过研究社会网络用户的行为模式，并利用计算机技术收集用户对推荐的反馈数据，可以为舆情管理的理论和实践方法提供更多支持。

在信息爆炸的网络时代，Web 已成为获取信息的主要渠道。然而，信息过载的问题使用户难以在众多信息中找到所需内容，个性化推荐系统正是为了解决这一“信息迷失”问题而设计的。个性化推荐的核心在于建立用户与信息资源之间的联系，通过收集和分析用户信息来挖掘用户的偏好和行为模式，构建个性化的用户模型，并根据该模型向用户呈现所需的信息。目前，个性化推荐方法包括基于内容过滤、协同过滤、关联规则、社会化标签和社会信任等多种方法。

（1）基于内容过滤的个性化推荐。该方法利用机器学习技术（如决策树和神经网络）获取和更新用户偏好信息。系统通过特征空间对每个信息项和用户进行描述，信息项用一系列特征描述，用户偏好则由另一组特征表征。基于这些描述，通过计算用户偏好与信息资源的相似度来推断用户对特定资源的喜好。相似度计算常用矢量空间模型和余弦相似度度量。基于内容过滤的推荐方法简单有效，但难以捕捉资源的深层质量和风格，因此推荐的内容往往局限于相似的信息，难以帮助用户发现新的兴趣点。

（2）基于协同过滤的个性化推荐。协同过滤是个性化推荐中最流行、应用最广泛、最成熟的方法之一（Lin et al.，2022）。它基于用户间的相似性进行推荐，典型的用户偏好通过评分值和信息项形成的向量表示，随着用户与系统的互动，这一向量不断得到扩充。

（3）基于关联规则的个性化推荐。这种推荐方法通过设定的规则向用户推荐信息。规则既可以是用户自定义的，也可以通过数据挖掘技术，如关联规则挖掘，自动发现。这种方法的缺点在于，随着规则数量的增加，系统管理难度加大。此外，制定规则的过程可能耗时较长，影响系统的响应速度和实时性。

（4）基于社会化标签的个性化推荐。社会化标签系统允许用户对各类资源（如博客、文章、音乐、电影、图片和产品等）进行标注并共享。标签不仅反映了用户与资源之间的关系，还揭示了用户之间的相互作用，因而成为理解用户偏好和实施个性化推荐的重要手段。通过分析用户的标签使用习惯，可以更好地理解其兴趣和偏好，从而提供更加准确的个性化服务。

（5）基于社会信任的个性化推荐。在社会网络中，用户间的互动频率可以视为反映两者关系强度的一个维度，这种关系强度进一步关联到信任度。频繁的正面互动不仅增强了用户之间的联系，还提升了彼此的信任程度。因此，基于社会信任的推荐方法考虑了社会网络中的用户关系和信任度，为用户提供更加精准和符合其信任偏好的推荐。这种方法利用用户之间的信任关系来改善推荐质量，尤其在推荐系统中处理稀疏性问题和提升推荐的可信度方面表现出其独特优势。

1.7.6 社会网络舆情管理的预警

随着社交应用的普及，数字化社会网络在促进用户互动和信息交流方面发挥着日益关键的作用。例如，社会网络中的用户可以被视作网络节点，用户间的互动（如加好友、关注等操作）构建了节点间的联系，而用户阅读和转发信息的行为则体现了信息在网络中的流动。这为社会网络中的舆情动态提供了一个全新的分析维度：深入探讨网络中不同角色在舆情形成和演变中的作用，以及网络结构对舆情传播和发展的影响，从而为特定网络结构下的舆情管理设计出有效策略。

传统的舆情研究往往基于假定的社会网络结构和影响机制，通过模型和模拟实验来分析舆情的演变和结果。然而，随着在线数据的可获取性提高，之前的理论模型得以通过实证研究进行验证，同时也为基于实际情况的新模型提供了研究基础。

舆情分析与预警是通过收集和分析网络中的舆情态势信息（如基于内容的情绪倾向），运用机器学习和自动推理模型，对舆情可能造成的影响进行定量评估，从而预测舆情的警报级别并进行可视化表示。这些研究通常会分析影响舆情传播的主要因素，如话题的重要性、情绪倾向、话题关注度、参与公众数量和传播速度等，构建一套舆情分析指标体系，并通过模糊逻辑推理自动判断舆情的警报级别。

成功的舆情危机预警能够有效地从每日海量的网络信息中筛选或分析出潜在的舆情风险点，这包括对情绪倾向性的快速识别和分析（Bai，2011）。在舆情的发生和演变过程中，舆情往往会展现出一系列的特征，因此，许多研究人员在分析了舆情的基本特征后，遵循科学原则并采用合理的方法来界定舆情的关键指标和量化指标，建立起一套舆情危机预警的指标体系。然后，应用数学和统计方法构建预警模型，以实现对网络舆情的有效预警（惠志斌，2012；彭程等，2020；田世海等，2023）。

1.8　社会网络中的信息挖掘

文本挖掘是从文本数据中提取有用信息和知识的技术，它通过对自然语言文本的分析，来实现信息的自动提取和处理，属于数据挖掘的一种。在进行社会网络中的舆情文本挖掘时，关键在于将人类可理解的文本通过形式化或数学描述的方式进行表达，从而使得计算机程序能够有效处理，这是后续文本信息提取的基础。

知识图谱最初由 Google 于 2012 年提出，旨在通过构建一个全面的信息网络，来提升搜索引擎的智能化水平和搜索的精确性（Zhu et al.，2022；Zhu et al.，2023a；Zhu et al.，2023b；Wang et al.，2017）。知识图谱通过形式化描述实体之间的多种关系，构成了一个丰富的语义网络，它不仅能够表现出实体之间的关联，还能描述实体、概念、事件及其相互之间的联系。实体代表了具体的对象，概念则是对事物的抽象理解，事件是指发生的具体情况，而关系则用于表达这些元素之间的联系。知识图谱通过图形网络将知识库中的知识以“实体-关系-实体”的三元组形式组织起来，其中每个节点表示一个实体（如人名、地名、机构名或概念等），连边则表示实体间的关系。在知识图谱中，每项知识都可被拆解为一个个三元组，形成清晰的知识表示。例如，将“小米是雷军创立的公司”这一信息以三元组形式表达，即为（小米-创立者-雷军）。知识图谱采用 RDF（resource description framework，资源描述框架）模型来描述实体及其相互关系，从而在头实体、尾实体和关系之间形成结构化的知识表示。

Google 的知识图谱口号“Things, Not Strings”精准捕捉了知识图谱的核心理念，即重视背后的实体和事物，关注真实世界实体之间的联系，而非仅仅是文本字符串本身（冯新翎等，2017）。知识图谱通过提供结构化的描述，使得即便在搜索条件模糊的情况下，也能有效地组织和归类各种可能的搜索结果，从而迅速找到正确答案。

基于翻译模型的知识图谱填补方法，其核心思想在于将实体和关系嵌入到低维的连续向量空间中。这种方法通过将每个实体表示为向量，并计算这些向量之间的关系，从而揭示实体间的联系，实现知识图谱的完善。

根据覆盖的知识范围，知识图谱（Peng et al.，2023）大致分为通用知识图谱（Long et al.，2024；Zhang et al.，2023a；Zhang et al.，2022b；Wang et al.，2023a；Wang et al.，2023b；Sadeghian et al.，2021；Pan et al.，2023）和领域知

识图谱（Zhao et al.，2023a； Zhang et al.，2024；Mitropoulou et al.，2024）。通用知识图谱旨在尽可能广泛地涵盖多种知识，但因此可能会牺牲一定的准确性；而领域知识图谱则聚焦于特定领域的知识深度和精确性，适用于医疗、中药、金融、电影等领域。通过结合数学、图形学、可视化、计量学、引文分析和共现分析等方法，知识图谱不仅展示学科结构和发展趋势，还促进了学科间的融合。

知识图谱通过其独特的结构化特点，描述物理世界中的实体及其相互关系，构成了一个丰富的语义网络。这一网络不是实体间的简单连接，而是通过“实体-关系-实体”的三元组及实体的属性-值对来详细描绘实体间的复杂语义联系。基于此，知识图谱揭示了三个重要层面：首先，知识图谱本质上是由关系链接的实体构成的网络知识库。从图论的角度看，它形成一种概念网络，其中节点表示实体或概念，而边表示这些实体或概念间的多种语义关系，是对现实世界的一种符号化再现。其次，知识图谱作为覆盖在当前网络上的知识层，通过在页面间建立概念链接，有效组织网络信息，使其成为可用的知识资源，这显著降低了组织和利用信息的成本。最后，知识图谱的应用价值体现在信息检索的变革上，能通过推理实现概念检索，并以图形的方式向用户呈现结构化关系网络，减轻了用户手动筛选网页的负担。

尽管知识图谱的三元组表示法被广泛采用，但其在计算效率和数据稀疏性方面面临挑战。深度学习技术的发展为解决这一问题提供了新的方法：通过将实体的语义信息表示为紧凑的低维实值向量，实现了在低维空间内高效计算实体和关系之间的复杂语义联系。这种分布式表示方法，借鉴了人脑的工作机制，通过向量综合来捕捉实体的语义信息，在知识图谱的构建、推理和应用等方面展现出重要价值。然而，大规模知识库遵循长尾分布，长尾部分的实体和关系因数据稀疏性导致语义和推理计算的准确性较低，这是知识图谱研究和应用中需重点关注的问题。

知识图谱的架构分为数据层和模式层两部分。数据层主要存储具体的知识事实，这些事实以图数据库的形式保存，例如开源的 Neo4j。模式层位于数据层之上，是知识图谱构建的核心，存储的是提炼和抽象后的知识，通常使用本体库来管理模式层的内容。本体库通过定义一套严格的公理、规则和约束条件来规范实体、实体间的关系，以及实体的类型和属性，确保知识的逻辑一致性和严密性。在知识图谱的构建过程中，本体库类似于知识库的框架，帮助减少冗余知识，提高知识库的准确性和效率。

知识图谱的构建架构涉及从底层数据到高层知识的转化过程，如图 1-3 所示，这一过程包括从原始数据中抽取知识元素，进而整合和加工这些元素，形成一个结构化的知识库。整个过程是迭代且动态更新的，包括以下几个核心阶段。

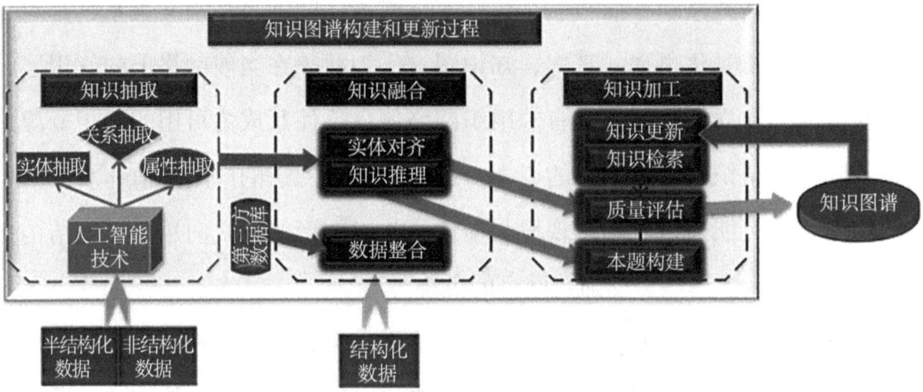

图 1-3　知识图谱的体系架构

知识抽取：这一阶段主要运用人工智能技术，从原始数据中识别并提取关键的知识元素，包括实体、关系和属性。通过这种方式，原始数据被转化为可操作的知识表达形式，并将抽取的知识元素转化为计算机可理解的形式。实体和关系通过转化成稠密、低维的向量，在低维空间内有效表达它们之间的语义联系。

知识融合与加工：面对来自不同来源的知识可能存在的质量不一、重复或表达不明确的问题，此阶段通过综合整合和消歧等手段，优化和提升知识的质量和可用性。这一过程不是简单的数据合并，而是在统一的知识架构下，进行深层次的知识整合和逻辑推理，以形成高质量的、一致的知识体系。

知识更新：鉴于知识的动态性和人类认知能力的发展，知识图谱需要定期更新以反映新的发现和变化。这一过程包括新增知识的抽取和表示，已有知识的修正和扩充，确保知识图谱持续保持其时效性和准确性。

通过这一系列的过程，知识图谱不断地丰富和完善自身的内容，形成一个动态更新、能够支持复杂查询和推理的知识体系，为各种应用提供强大的知识支持。

知识图谱的构建方法主要分为自顶向下和自底向上两种路径。自顶向下的方法首先明确知识图谱的本体和数据模型定义，然后逐步向知识库中添加相关实体。这种方法通常依赖于已有的结构化知识库，例如，Freebase 就是基于从维基百科中提取的数据构建的。自底向上的方法则从开放的链接数据中提取实体，选择置信度较高的数据加入知识库，之后再构建顶层的本体模型。目前，许多知识图谱的构建工作主要采用自底向上的策略。

知识图谱的发展经历了几个不同的阶段：初期的手工编辑阶段、随后的众包协同编辑阶段，以及利用人工智能技术的自动和半自动抽取阶段。在手工编辑阶段，知识的录入直接依赖于人工编辑，或通过特定软件辅助完成，如将“刘备是《三国演义》中的一个主要人物”编辑为一个（刘备，人物）的形式。这个阶段的编辑主要是领域专家，虽然数据的精度非常高，但是由于人力成本和时间成本较大，因此知识库规模相对较小。

进入互联网时代后，知识图谱的编纂逐渐转向众包协同编辑，主要参与者为广大网民。这种模式大幅度降低了成本，扩大了知识库的规模，同时保持了较高的数据精度。随着人工智能、自然语言处理等技术的发展，自动和半自动抽取方法减少了人工参与的需求，进一步降低了成本，极大扩展了知识库的规模。

不过，这种方法的缺点在于数据的精度相对较低，需要后续的校对和优化工作。

平移模型的出现以其简单且准确的特性成了目前知识图谱补全的主要研究方向。TransE 是基于平移的模型中的先驱模型，研究人员受到词向量空间对于词汇语义与句法关系存在平移不变现象的启发，将关系看作头实体到尾实体的线性相加的平移操作，用 $h+r\approx t$ 表示头实体 h 、关系 r 和尾实体 t 之间的关系。

模型内全部关系与实体都需按条件进行随机初始化处理，每次迭代之后就需要归一化处理向量，训练模型就是由随机梯度下降方法（stochastic gradient descent，SGD）实现的，验证集中的性能表现决定了方法是否终止。TransE 训练可以得到关系与实体的向量表示，之后针对测试数据集展开与补全知识图谱有关的试验。

1.9 知识图谱与网络舆情

舆情知识图谱借鉴了知识图谱的概念，着眼于社会网络中舆情资源的特点：数据量大、更新频繁、信息维度多样。从提取网络舆情大数据的新方法和工具出发，针对社会安全、舆情预警等特定领域和需求，构建以大数据为驱动的舆情知识图谱成为研究的起点（惠志斌，2012）。

舆情知识图谱基于大规模社会网络舆情数据采集，并通过对这些数据进行语义抽取和标注，形成了一种有效的舆情信息处理方法体系。它旨在构建理论方法和模型，创建涵盖广泛舆情事件和实体间语义联系的网络，这不仅支持对舆情数据的收集和主题图谱的建立，而且能对现实中与舆情相关的各种事物及其相互关系进行系统化的描述。基于此，研究在网络舆情知识图谱支持下的舆情分析和推理方法变得可行，并且可以从舆情事件、舆情链路、舆情主题和全局等四个层次探讨网络舆情知识图谱的管理策略，以实现对社会网络舆情的有效管理和监控，为政府部门和组织提供决策参考并编制舆情研究报告。

舆情知识图谱基于社会网络中大规模采集的舆情数据并对其进行语义抽取和标注构建而成，涵盖了大量舆情事件和实体的语义关系。通过系统化地收集舆情数据并建立主题图谱，为深入挖掘网络舆情提供了科学的基础和支持，使得对与现实舆情事件相关的各种事物及其相互之间的关系进行形式化描述成为可能。

舆情知识图谱作为舆情信息处理的一种有效体系，旨在通过大数据技术推动社会网络中舆情事件知识图谱的理论、方法和模型的构建。基于此，进一步研究基于网络舆情知识图谱的舆情事件分析和推理方法，从而在舆情事件的具体表现、事件之间的联系、主题发展及其全局影响等多个维度上，探讨网络舆情知识图谱的管理和调控策略。这样的方法不仅有助于社会舆情的有效管理和监测，还为编制舆情研究报告、为政府和组织提供决策支持提供了有力工具。

知识表示学习的代表模型，如距离模型、单层模型、神经张量网络模型等，为理解和处理知识图谱中的信息提供了多样的方法。尤其是 TransE 模型及其衍生的 TransX 系列模型，通过较少的模型参数和较低的计算复杂度捕捉实体间复杂的语义关系，简单且高效。这些模型的提出和应用，不仅为知识图谱的构建和扩展提供了新的视角和工具，也为网络舆情的分析和处理提供了新的可能性。

通过构建舆情图谱，进行网络舆情的有效预测，对于政府及时响应和管理网络信息危机至关重要。网络舆情的演变通常经历潜伏、爆发、持续和消退四个阶段。对网络舆情进行准确的获取、分析、统计和预测，有助于政府准确判断舆情走向，从而制定出有效的应对策略。

网络舆情预测对于各个阶段的舆情危机管理均有重要价值：在潜伏期，预测有助于预警和预防；在爆发期，预测有助于应急响应和干预；在持续期，预测有助于信息的深入分析与研判；在消退期，预测有助于后续的信息跟踪与反馈，确保舆情得到妥善处理。

灰色理论模型在处理数据序列较短且数据呈现明显上升趋势的情况下，能够实现较好的预测效果。然而，对于原始数据波动较大或受到强烈干扰的情况，其预测精度可能不够理想。马尔可夫链模型作为研究随机动态系统的工具，在处理变化幅度大的数据时表现出较好的效果。将灰色理论模型与马尔可夫链模型结合，形成的灰色-马尔可夫预测模型既能充分利用历史数据中的信息，又能有效提高对随机波动较大的数据序列的预测精度，为网络舆情管理提供科学的决策支持。

现有的网络舆情预测分析，主要是在时间序列模型分析的基础上，采用数学方法建立预测模型，它是一种定量分析的方法，图 1-4 是网络舆情预测遵循的主要路线。

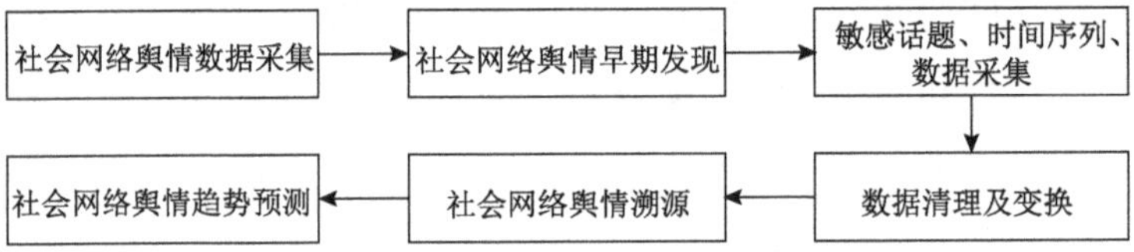

图 1-4　网络舆情预测路线图

网络舆情预测相关数学模型分为两大类：一是基于传统统计学的预测模型；二是基于智能机器算法的预测模型。对这两大类预测模型进行整理归纳分类，如图 1-5 网络舆情预测模型所示。

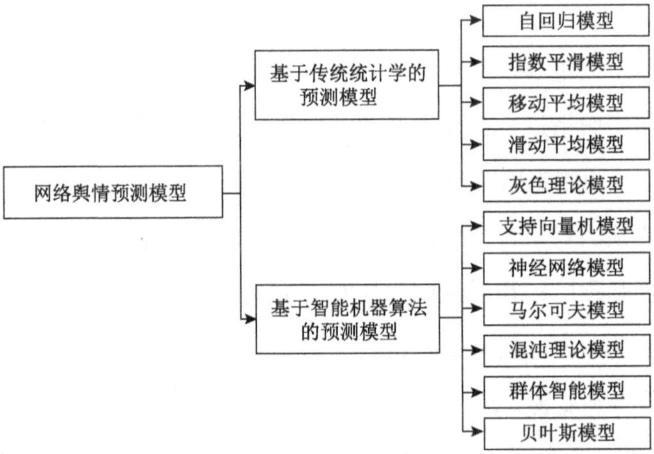

图 1-5　网络舆情预测模型

第一篇　舆情早期识别与数字社会监测

第 2 章
数字社会的社会网络结构解析

随着互联网技术的飞速发展和移动互联网的普及，社会网络已成为现代人社交、信息获取和传播的主要渠道。社会网络的形成和演化提供了观察与分析社会联系建立和断裂的独特视角。通过社交平台（如 Facebook、X 和微博），个体可以超越地理和文化界限建立联系。这些平台使用算法优化传播路径，显著加速信息流动。社会网络改变了信息传播的动态并重新定义了影响力的构成。在这些网络中，除了明星和公众人物外，普通个体也可能通过“病毒式传播”迅速获得广泛关注。这表明在数字社会中，影响力可以快速从一个节点扩散到整个网络，对公众意见和趋势产生重要影响。

社会网络的分析揭示了复杂的群体行为和社会结构。通过网络分析工具和模型（如网络中心性分析、社区检测算法等），研究人员可以识别网络中的关键个体、群体及其相互关系，从而更好地理解信息如何在网络中流动，以及这些流动如何塑造社会观念和行为。社会网络不仅改变了个人和集体的互动模式，也对社会的功能和结构产生了深刻影响。在数字化转型的背景下，这些网络不仅是技术的产物，也是社会结构的重要组成部分，它们在塑造公共舆论、政治动态乃至市场趋势方面扮演着日益重要的角色。因此，了解和分析社会网络中的结构特征及其对个体和集体行为的影响，对于理解现代社会的运作机制及其在数字化转型中的演变具有重要意义。

2.1　社会网络与社会结构理论

在数字化时代背景下，微博、微信等在线社交媒体的迅猛发展，不仅极大地满足了人们对于即时通信和信息分享的需求，而且催生了更为广泛和复杂的社会网络结构。这一进程伴随着互联网技术的不断进步和移动互联网络的全面普及，促使越来越多的个体加入到“网民”这一庞大群体中。在这个过程中，网络用户与互联网的互动呈现出主动和被动的双重特性：一方面，用户主动通过移动设备接入互联网，积极获取新闻、知识等信息资源；另一方面，用户在社会网络中扮演着特定的“网络角色”，被动地接收来自各方的热点信息和社交动态（Klemm et al.，2012）。

在线社会网络的高速扩展，不仅使信息接收渠道日益丰富，也显著提高了社会舆情的传播效率，扩大了其传播的深度和广度。以 X 为例，该平台平均每天的新推文量达到惊人的 50 亿条，内容涵盖范围极广。在这样的社交平台上，用户不仅分享个人见解和日常生活点滴，也参与到社会热点事件的讨论中。商业领域也利用这种传播机制，通过与有广泛影响力的网络用户合作，推广其新产品或服务。从国际视角看，X 作为早期的微博平台之一，以其简洁、快速、广泛的信息传播特性迅速在全球范围内流行，其影响力从网络社交逐渐渗透到社会经济领域。而在中国，新浪微博作为 2009 年推出的中文社交媒体平台，快速成为中文网络社交的标杆，其运营模式也逐渐趋于成熟。新浪微博不仅承载着海量的消息和用户数据，更展现出了其强大的即时分享和信息爆炸式扩散能力，这对微博影响力的挖掘、话题发现和信息传播的管理等方面提出了新的挑战。

社会网络是由个体和组织形成的关系网络，这些主体及其相互之间的联系共同构成了网络的结构。根据维基百科的定义，社会网络是由成员之间的互动而形成的一种稳定的社会关系结构。它重点关注个体间的相互作用和联系，这些社会互动影响着人们的行为和社会活动。

社会网络不仅揭示了由人与人之间的相互关联构成的复杂社会结构，它还体现了这些联系的多样性和深度。这些联系可能反映现实世界中的实际社会关系（如朋友、同事、家庭成员等），也可能是网络互动产生的虚拟联系（如粉丝、关注者、共同兴趣的团体等）。这种网络结构的双重性体现了社会网络的独特性，即其能够在现实世界与虚拟世界之间搭建桥梁。

在社会网络中，用户的角色极为特殊，他们既是信息的生产者，也是信息的消费者。这种双重身份使得每个用户不仅能够通过发布状态更新、图片、视频等内容来表达自己，还可以通过评论、点赞、分享等互动行为参与到更广泛的社交活动中。例如，一个普通的社交平台用户可能发布一张与朋友的聚会照片，这个动作不仅保持了与现实生活朋友的联系，同时也可能吸引网络中其他用户的注意，引发进一步的交流和互动。社会网络上的每一次互动都可以视为一次社会关系的微观映射。这些映射不仅显示了用户之间的直接联系，如直接对话或回复，还能通过共同参与的讨论主题、群组或活动来展示间接联系。例如，两个用户可能因为参与同一个热门话题的讨论而开始互动，即使他们在现实生活中从未相遇。

此外，社会网络的这种互动模式还为研究人员提供了观察和分析人类社会行为与关系的宝贵窗口。通过分析用户如何在网络上形成群体、分享信息、形成意见领袖等，研究人员可以更深入地理解社会运作的微观机制。这些研究结果不仅对社会科学领域有重要意义，也对市场营销、公共政策制定等多个领域产生影响。社会网络展示了现代社会结构的一个生动缩影，其复杂的人际关系和用户行为是理解当代社会动态的关键。通过这些网络，我们可以观察到从个人层面到群体层面的各种社会现象，这些现象在数字社会中的表现为我们研究和解析真实世界提供了新的视角与方法。

因此，社会网络被视为复杂网络的一个典型例子。在这些网络中，节点不仅代表个体用户，还可能代表组织、公司或国家，而边则代表这些实体之间的各种社会关系，如友谊、合作、竞争等。这种丰富的节点属性和多样的关系类型使得社会网络成为分析复杂人际交往模式的理想平台。由于其规模庞大和高度动态的特性，社会网络能够生成与传统数据集截然不同的大数据类型。这些数据不仅包括结构数据（如用户连接模式），还包括非结构的交互内容（如文本、图片和视频等）。这使得社会网络成为研究人类行为和社会现象的宝贵资源，研究人员可以通过这些数据观察和分析从个体行为到群体动态的各种社会现象。

社会网络分析帮助学者揭示了信息传播的机制、群体行为的形成规律以及社会影响力的分布特性。例如，通过研究信息如何在网络中迅速传播，学者可以了解哪些因素会影响信息的扩散速度和范围，如网络结构、节点的影响力以及信息本身的吸引力。此外，通过研究社会网络中的群体行为，能够揭示出集体决策的过程以及如何形成广泛的社会共识。社会网络的研究不仅限于理论探索，它还具有实际应用价值。在政治领域，政策制定者利用社会网络分析选民的行为和偏好，优化竞选策略；在商业领域，企业通过分析消费者的社交互动来优化市场营销策略，提高品牌影响力；在公共健康领域，公共卫生机构可以通过监测社交媒体上的健康信息传播，在疫情等公共卫生危机中快速响应，有效管理和缓解公众的恐慌情绪（胡峰，2020；Liu et al.，2022）。随着计算技术的进步，特别是机器学习和人工智能技术的发展，社会网络的数据分析方法和工具也在不断进步。现代社会网络分析工具能够处理更大规模的数据集，提供更深入的见解，并且可以实时地监测和预测社会网络中的变化趋势。这些技术的进步为理解和利用社会网络结构提供了更强大的支持，使得社会网络分析成为一个不断发展和深化的研究领域。

新型媒体的发展催生了多样化的网络平台，包括社交性网站（如 Facebook

和 Myspace）、媒体共享网络（如 YouTube 和 Flickr）、社交媒体（如 X），以及即时通信网络（如 MSN 和微信）。这些平台共同构建了一个与现实世界平行的虚拟社会，这个虚拟社会不仅是现实社会的反映，也成了一个全新的社会存在形态。在这个虚拟社会中，人们以及人际的互动构成了所谓的虚拟社会网络。这些网络展现出与现实社会相似的行为模式和社会特性，为研究人类的交互行为和集体行为提供了独特的视角和研究平台。

随着虚拟社会网络用户数量的不断增长，网络规模的扩大，以及节点信息的丰富化，全球对社交媒体的依赖程度显著提高。截至 2017 年，全球约有 25 亿人使用社交媒体，到 2020 年这一数字增至约 38 亿人，超过了全球人口的一半。社交媒体的平均日使用时长从 2012 年的 90 分钟上升至 2019 年的 142 分钟，增长了 57.8%。Facebook 作为一个广受欢迎的平台，到 2020 年底月活跃用户达到 28 亿人，每日都有成千上万的新用户加入，发布和交流各类信息。X 自 2006 年上线以来，日活跃用户达到 1 亿人，平均每日发布推文 1.4 亿条。同时，YouTube 平台的日均视频播放量达到 50 亿，访客的日均使用时长为 40 分钟。

政府机关、企业、官员、明星等特色用户在虚拟网络中扮演着重要角色，为公众参与社会问题的讨论开辟了新视角。例如，在 2016 年美国总统选举期间，唐纳德·特朗普将当时的 Twitter 作为其主要的政治传播渠道之一，通过发布标签话题“Make America Great Again”（让美国再次伟大），触动了公众情绪，通过开放和透明的互动方式引起了集体的关注，并通过有效的沟通策略影响了选民的决策。这些实例清楚地展示了社会网络在现代人生活中的核心地位，在信息获取、思维方式及生活习惯等方面产生了深远的影响。

随着社会网络的不断扩张和复杂化，对其进行有效的分析和处理变得愈发具有挑战性。社会网络的特征之一是其庞大的数据规模以及网络信息的动态和复杂性，这些特征使得找到普遍适用的规律变得困难。无论是采用数学方法还是网络拓扑分析方法，达到理想的研究效果都不是一件容易的事。传统分析手段，如图论和度的计算等，虽然提供了一定的分析框架，但在处理复杂社会网络时，无论是在运算效率还是结果的准确度上都难以满足当前的需求。然而，这并不意味着我们对于社会网络分析无计可施。一种可行的方法是通过构建一个缩小版的网络模型进行间接研究，其中用户角色间的关系替代了节点间的直接联系。此外，通过多样化的分析方法寻找并应用符合特定定义的社会用户，也被证明是一种有效的社会网络分析策略。

为了更有效地分析社会网络，常用的做法是提取网络中的关键特征，即将一个大型网络简化为一个较小的，但仍然能够保留原网络重要特征的简化模型。在社会网络分析中，这一方法主要通过两种途径实现：一种方法是通过识别并表征用户群体之间的关系来实现社区发现；另一种方法是识别网络中结构相似、位置相同、功能相似或扮演相同角色的节点，通过构建一个以角色间关系为基础的缩小网络模型，进行角色识别或用户身份识别。这些方法不仅为理解和分析庞大且复杂的社会网络提供了新的视角，也为社会网络的研究和应用开辟了新的道路。

2.2 连接模式与社交动态：社会网络特性解读

在社会网络分析领域，网络的连接模式与社交动态是理解网络行为和传播机制的核心内容。通过深入研究网络结构，Watts（沃茨）和 Barabási（巴拉巴西）等学者揭示了多项关键网络特性，这不仅丰富了我们对个体行为和群体动态的理解，也为社会网络分析的实际应用和理论发展奠定了基础。

其中，小世界（small world）理论是理解复杂网络特性的重要里程碑。Watts 和 Strogatz（1998）提出的小世界理论，通过一个启发式模型展示了多数真实世界网络的共性：高局部聚集性与短平均路径长度。这种看似矛盾的特性说明，在社会网络中，尽管个体之间的直接联系可能局限于一个相对较小的社交圈，但通过极少数的中间联系，任意两个个体之间都能够通过较短的路径相连接。此外，Barabási 和 Albert（1999）的无标度网络（scale free network）理论进一步深化了我们对网络连接模式的理解。他们发现，许多网络中节点的连接度分布呈幂律分布，即少数节点（称为“枢纽”节点）具有异常高的连接度，而大多数节点则只有少数连接。这一发现对于理解信息在网络中的传播模式尤为重要，因为这些高度连接的节点可以极大地影响信息的扩散速度和范围。

结合这些理论有助于解读社会网络的连接模式和社交动态。小世界性质促进信息快速传播，而无标度特性暴露了网络的潜在脆弱性，高连接度节点一旦受到攻击，可能严重阻碍信息流。综合这些理论，我们不仅能更深入地理解社会网络的结构特性，还能在此基础上设计更有效的网络舆情监控和管理策略，以应对快速变化的社会动态。这些理论和模型的应用范围广泛，从社交媒体的舆情分析到公共卫生的疫情跟踪（涂贵宇等，2023；王英杰等，2021），都能找到它们的实际应用价值。

2.2.1　早期舆情识别中的小世界分布特性

小世界网络效应，又被广泛称为六度空间理论或六度分隔原理，提供了对社会网络普遍现象的深刻洞察：任何两个个体之间仅需通过六步中介就可建立联系。这一理论揭示了一个引人注目的社会结构特征，即尽管个体间的直接联系可能局限在一个较小的社交圈，但他们可以通过很少的中间步骤与任何其他人建立联系。这一理念最初由社会心理学家 Stanley Milgram（斯坦利·米尔格拉姆）在 1967 年的一个著名实验中提出，他通过追踪信件传递的路径发现，信件在传递过程中平均通过 5.5 个人就能达到指定的接收者，这一发现后来被广泛认为支持了六度分隔的观点。

小世界模型的关键特征在于其高度的聚集性与较短的平均路径长度。这种网络结构特性意味着网络的局部节点高度聚集，形成紧密的群聚，而从全局来看，任意两个节点之间的连接路径都相对较短。这种独特的结构特性使得小世界网络既保持了规则网络的高聚集性，也展现了随机网络的高效连接特点。小世界网络的存在对于理解社会如何通过复杂且看似随机的连接维持高效和紧密联系具有重要意义。例如，在紧急情况下，信息需要快速且广泛地传播，小世界网络结构可以使信息在短时间内跨越较大的社会距离。同样，在疾病传播、社会动态观察、信息传播，甚至是网络营销等领域，小世界理论提供了一个框架，以理解和预测这些现象如何在社会尺度上迅速发生。此外，小世界网络的研究（Newman and Watts，1999）也促进了网络科学在多个领域的应用，包括计算机科学中的算法设计、电力网的稳定性分析、交通流的优化以及公共卫生策略的制定。通过模拟和分析具有小世界特性的网络，研究人员能够更有效地设计和优化这些系统的性能。

小世界网络效应对舆情管理和早期识别至关重要，它提供了快速响应和有效管理的理论基础。在庞大且复杂的社会网络中，小世界网络的结构特性使得舆情信息能够在非常短的时间内跨越大量中介节点迅速传播。例如，一条关键的新闻或公共事件的信息可以在几小时内从一个网络节点扩散到全球范围，这种快速传播对于公共安全事件的应急响应或舆论导向具有重要价值。

在分析这类网络时，我们通常关注以下几个核心概念。

（1）节点间距离。这是衡量复杂网络中任意两个节点之间联系紧密程度的基本指标，表示为最短路径长度。在舆情传播分析中，节点间的短距离可以说明信息传播的速度和效率。

（2）网络直径。这一指标反映了网络的最大距离范围，即网络中任意两个节点之间最长的最短路径。网络直径的大小直接影响网络的信息覆盖速度和广度，尤其是在处理突发事件时的信息扩散能力。

（3）网络平均路径长度。这是一个反映整个网络紧密程度的重要指标，通过计算网络中所有可能的节点对之间路径的平均值得到。较短的平均路径长度通常意味着网络内部的信息传递效率高，社交动态响应快。

小世界网络的这些特性表明，即使是在节点数量庞大的网络中，信息也能通过较少的中介步骤进行高效传播。例如，在政治选举、公共健康危机或企业品牌危机管理中，舆情的快速传播可以帮助相关组织或个人迅速采取应对措施，从而有效地控制或利用舆论趋势。此外，小世界网络模型不仅为理解信息如何在社会网络中传播提供了框架，还强调了网络中关键节点（如影响者或关键意见领袖）的作用。这些节点由于在网络中的位置优势，可以极大地加速信息的传播过程，对舆情的形成和变化起到决定性作用。

小世界网络的研究为舆情监控、危机管理和信息策略制定提供了理论依据与实际操作指南，使得舆情分析和管理在社会网络中更为科学与系统。

2.2.2　无标度分布：探索社会网络的异质性连接

在探索复杂网络的本质时，研究人员发现许多实际网络呈现出一种特殊的连接度分布模式，这种模式被称为无标度分布。这一发现对于理解各种网络系统，如社会网络、互联网基础设施、生物网络等，都具有重要意义。无标度网络的一个关键特性是其节点连接度的分布遵循幂律分布，即少数节点具有极高的连接度，而大多数节点的连接度则相对较低。通过深入分析如 YouTube、Flickr 等网络平台上的数据，学者发现这些平台的网络结构典型地体现了无标度分布的特点。例如，在 YouTube 上，极少数的视频内容（如“病毒视频”）能够吸引大量用户观看，而绝大多数视频的观看次数却非常有限。同样，在 Flickr 这样的图片分享网站上，某些热门图片由于被大量用户浏览和分享，成为连接网络中极为重要的节点。

这种幂律分布的特性指出，网络中的重要节点，即那些连接数非常多的节点，在网络的结构和功能中起着至关重要的作用。例如，这些节点可能是关键的信息传播者（Kitsak et al.，2010；Klemm et al.，2012），能够极大地影响网络中信息的流动和扩散。因此，无标度网络的研究不仅有助于我们理解这些网络如何形成和发展，还有助于我们设计更有效的信息传播策略，优化网络结构，甚至预防网络攻击。在无标度网络中，由于节点的连接度高度集中，这使得网络对于有针对性的攻击非常敏感。如果攻击者能够瘫痪或移除少数几个高度连接的节点，则整个网络的功能可能会受到严重影响。反之，随机攻击或随机故障通常不会对网络造成太大的影响，因为绝大多数节点都不是高度连接的。这种特性在设计网络安全措施时是一个重要的考虑因素。

在无标度网络中，我们可以通过计算网络中所有节点的连接数（度）的平均值来得到网络的平均度，这是评估网络整体连接密度的一种方式。同时，度分布函数则用于描述网络中不同度值的分布情况。在无标度网络中，这种分布遵循特定的幂律形式，即网络中的绝大多数节点具有较低的连接度，而仅有少数节点显示出较高的连接度。

通过识别并理解无标度网络的这一特性，研究人员能够更深入地洞察网络结构的本质，以及网络中的关键节点是如何影响整个网络的信息流动和稳定性的。这不仅对于理解社交媒体网络的动态有着重要意义，而且对于设计更加有效的信息传播策略、提高网络的鲁棒性和效率等方面提供了重要的指导。

2.2.3　社会网络的社区结构

复杂网络中的节点往往呈现出集群特性。Girvan 和 Newman（2002）的研究指出网络中存在这样的子图，子图内个体之间的关系紧密而子图间个体的关系稀疏，并把这种子图结构称为社区。从宏观角度来说，网络社区结构可以看作由若干个团组成，团与团之间的相似度相对比较低。从微观角度来说，社区内节点之间的相似度要远大于社区之间的节点相似度。人们更倾向于与一个团体中的人交往，而与团体外的人的交往相对较少，这是社区发现研究的基础思想。

在基于模型的基础上，下面根据参考文献概括了网络社区结构不同的定义，主要介绍如下。

（1）基于节点中心性。这种社区结构定义还包括网络节点的可达性、k 核或者 k 丛等，需要社区中的每个节点满足一定的条件，如在社区内部的节点具有完全的连接关系，从而形成一个全连接的簇。由于簇的要求过于苛刻，因此在真实的复杂网络中很少能够发现那种大规模的簇结构。另外，簇结构具有不稳定性，会使网络中某条边被删除后其结构发生改变。

（2）基于聚簇中心性。以聚簇为中心的社区结构意味着不用考虑网络中社区之间的关系，仅考虑社区本身是不是符合特定的条件，如一个聚簇是否满足局部模块度、准团或者 γ 密度条件等。每个聚簇的这种自私属性使得不同社区往往拥有相同的节点成员，从而导致网络社区结构出现重叠性。

（3）基于网络中心性。以网络的全局拓扑结构作为研究对象，在整个网络被划分为若干个社区之后必须满足一定的条件。这种社区结构定义要求把网络作为一个整体进行优化处理，而不是基于某个聚簇的优化。

在社会网络中发现一个社区，就是识别一个节点的集合，根据元素之间的某种关系，将集合划分为若干社区（可交叉的子集）的过程，使得集合内节点之间的相互作用比它们与集合外节点的相互作用更强。通过社区发现，能够更加清楚地分析网络的拓扑关系，能够对网络中人们的行为分析和建模，能够更进一步研究网络的社区结构的演化。近些年的众多研究表明，复杂网络中的社区发现具有很高的理论研究价值，如社会网络分析、数据挖掘、统计学、机器学习、市场营销和生物学等方面的研究。

目前互联网上的信息数据规模日益膨胀，如何对其内容进行分析从而挖掘出人们所需要的内容这一问题亟待解决。社区发现模型可在一定程度上解决这个问题，不仅节省了用户的时间，而且提高了分析的效率。通过优化社区的描述规模来确定社区的大小，通过相似结构或特征的节点的内聚来缩小处理数据的范围。此外，社区发现（Tang and Liu，2010）可以实现数据尺度的提升，从而为一些网络数据的应用创造了条件。所以，社区发现研究在理论上具有重要的价值（Qin et al.，2020）。

事实上，从复杂的社会网络中识别出不同的社区结构也具有很强的实践意义。通过调研发现，社会网络中的用户更愿意和与自己在背景、态度、行为等方面相似度高的用户进行交流，从而形成特定的社区结构（Red et al.，2011；Mucha et al.，2010）。比如，对于线上购物来说，社区便于商家快速定位到最具潜在购买力的客户，对客户群体合理分类；对于广告投放来说，社区可有效定位能最大化发挥广告效力的投放群体；对于舆情管理来说，社区有利于快速发现舆情生长和传播的趋势；对于信息分享来说，社区能最快定位到品味相投的兴趣群体。因此，如何从浩瀚的社会网络中快速有效地发现群体结构对于研究社会网络具有重要的作用。

2.3 关系网络与紧密程度：社会网络中的关联密度分析

我们以新浪微博为例，研究微博动态传播规律（王怡等，2016）。

数据集 A 以用户联系为基准，基于新浪微博开放平台提供的 API（application program interface，应用程序接口），设计了一个广度优先的爬虫程序来采集实验所需数据。首先从微博用户中随机选择 4 名用户作为种子用户，以他们为起点分别抓取他们的关注列表以及最近发表的 200 条微博，并将列表中的用户添加至待爬取队列。结束一个用户的处理后，则对队列中的第一个用户开始同样的操作，循环进行。通过这种方式，共得到 29 261 名用户所发布的 4 883 345 条微博及相关信息。

数据集 B 则是为了分析微博完整的传播路径和规律，这一部分我们利用北京大学 PKUVIS 微博可视分析工具，以 500 为单位获取转发量在[50, 15 000）的 80 条微博的完整传播路径及相关的用户、文本等信息，每个区间长度内至少包含 3 条微博。

用户之间的关注关系是消息传播的主要途径，对于关注网络的研究有助于分析消息的传播过程。实验对用户关注数目与用户集规模之间的关系分别用二次函数和线性函数进行拟合，并通过分析现实网络的组成结构，对实验的结果进行解释。

2.3.1　用户关注模式与网络规模的关系

将用户之间的关注关系形成有向的用户关注网络，其中用户作为节点，用户之间的关注关系作为有向边。对于拥有 k 个节点的连通图，有向图应该含有 $A_k^2 = k \times (k-1)$ 条边；同理，对于拥有 k 个用户的网络，若全部有联系，则应该有 $k \times (k-1)$ 个关注关系。因此尝试使用二次函数 $y = ax^2 + bx + c$ 来对关注数目与用户集规模的关系进行拟合，其中 x 代表用户集规模，y 代表关注数目。以用户集规模为 29 718 的数据为例做出图形如图 2-1 所示，整条曲线拟合成 $y = 0.0002x^2 + 7.7928x - 13\ 227$ 时，拟合优度 $R^2 = 0.9859$，说明二次函数可以较好地描述关注数目与用户集规模的关系。同时发现，当数据集较小时，存在于集合内的关注数目也很少，网络很稀疏，孤立节点众多；而当用户集里面的用户数目达到 1000 时，关注数目急剧增加。

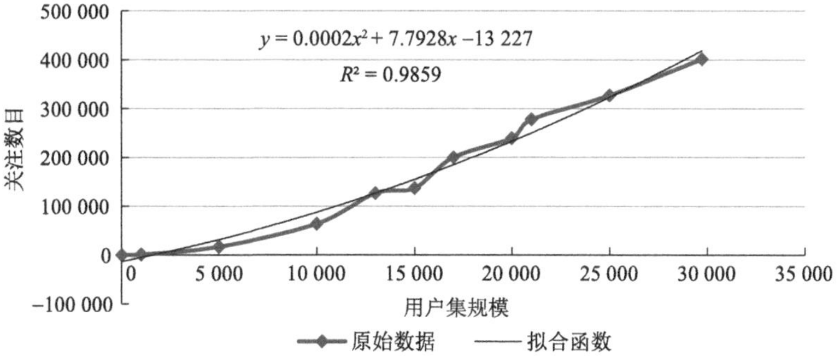

图 2-1　关注数目与用户集规模的二次拟合函数

再研究数据集上用户关注数目随用户集规模的变化规律，将不同规模下的数据进行对比，形成表 2-1，容易看出平均关注数目随着用户集规模的扩大而增加。对于方程 $y = ax^2 + bx + c$ ，导数 $y' = 2ax + b$ 代表了 y 随 x 增长的速度，二次导数 $y'' = 2a$ 代表了速度变化的快慢，当 a 的值趋于无穷小时，在一定范围内，可认为增长速度不变，也就是说接近线性。表 2-1 中拟合曲线中 x^2 的系数随着用户集规模的增大而缩小，并逐渐趋近于 0，说明当用户集规模增大时，用户之间关注数目增长的趋势会放缓，甚至会趋于线性增长。

表 **2-1** 不同用户集规模下的二次拟合函数

用户集规模	关注数目	平均关注数目	二次拟合函数	决定系数
0	0			
300	85	0.283		
1 000	872	0.872		
5 000	22 782	4.556		
9 000	64 775	7.197	$y = 0.0007x^2 + 1.2599x - 408.35$	$R^2 = 0.9998$
13 000	126 561	9.735	$y = 0.0006x^2 + 1.4654x - 509.94$	$R^2 = 0.9999$
17 000	200 427	11.790	$y = 0.0006x^2 + 2.2036x - 1041.1$	$R^2 = 0.9997$
21 000	278 496	13.262	$y = 0.0005x^2 + 3.4237x - 2238.8$	$R^2 = 0.9990$
25 000	344 542	13.782	$y = 0.0004x^2 + 5.5119x - 4897.3$	$R^2 = 0.9964$
29 000	404 211	13.938	$y = 0.0002x^2 + 7.6281x - 8259.9$	$R^2 = 0.9941$

2.3.2 用户关注行为与网络扩张的关联

在二次函数拟合实验中，由于用户集规模越大，x^2 的系数越小，体现出趋于线性的特点，因此尝试用一次函数 $y = kx + b$ 进行拟合。此时，x 代表用户集规模，k 代表用户的平均关注数目，而 b 则是对函数的一个修正。

从表 2-2 可以看出，在用线性函数进行拟合时，拟合优度 R^2 的值虽然不如二次函数大，但均超过 0.95，拟合度也比较可观；且随着用户集规模的扩大，

R^2 的值逐渐趋于 1，再次说明了线性增长的趋势。

表 **2-2**　不同用户集规模下的线性拟合函数

用户集规模	关注数目	平均关注数目	线性拟合函数	决定系数
0	0			
300	85	0.283		
1 000	872	0.872		
5 000	22 782	4.556		
9 000	64 775	7.197	$y = 7.0834x - 3972.4$	$R^2 = 0.9604$
13 000	126 561	9.735	$y = 9.3167x - 8097.9$	$R^2 = 0.9505$
17 000	200 427	11.790	$y = 11.258x - 13\ 498$	$R^2 = 0.9510$
21 000	278 496	13.262	$y = 12.805x - 19\ 374$	$R^2 = 0.9567$
25 000	344 542	13.782	$y = 13.728x - 23\ 869$	$R^2 = 0.9673$
29 000	404 211	13.938	$y = 14.224x - 26\ 842$	$R^2 = 0.9763$

2.3.3　社会网络中的用户关系动态分析

网络密度在一定程度上表征着这个网络中关系的数量与复杂程度。在有向图的拓扑结构中，有 k 个节点，实际存在的边与完全图应有的边的比值则称为密度。从表 2-3 中可以看出，用户集规模越大，对应的网络密度就越低；在更大的用户集规模上，网络密度收敛于 10^{-5} 数量级。这说明对于整个网络来说，紧密程度并不强。

表 **2-3**　不同用户集规模下的网络密度

用户集规模	关注数目	平均关注数目	网络密度
0	0		
300	85	0.283	0.000 947 60
1 000	872	0.872	0.000 872 87
5 000	22 782	4.556	0.000 811 46
9 000	64 775	7.197	0.000 799 78
13 000	126 561	9.735	0.000 748 94

续表

用户集规模	关注数目	平均关注数目	网络密度
17 000	200 427	11.790	0.000 693 56
21 000	278 496	13.262	0.000 631 54
25 000	344 542	13.782	0.000 551 29
29 000	404 211	13.938	0.000 480 65
829 222	27 608 171	33.294	0.000 040 15
1 935 391	137 284 538	70.934	0.000 030 00

在数据集 *A* 中，平均聚类系数为 0.261，网络直径为 17，平均路径长度为 5.558。从数据集 *A* 中抽出部分用户关系对现实网络进行说明：由于用户的聚类系数是以节点为对象进行分析的，而对于一般的用户账户来说，大部分是熟人网络，彼此之间形成联结的可能性较大，所以局部聚类系数较高。

以往的研究表明，用户的入度呈现幂律分布，而出度则分为两阶段的幂律分布，即大部分节点的度都比较小，属于一般用户，局部聚类系数较高。但是网络中还存在一些度很大的“中枢”节点，联结的节点关联性很小，具有的局部聚类系数也很小；不过由于本身数量小，因此对全局的平均聚类系数影响并不大。这就解释了高聚类系数的形成。对于以用户集全体为对象进行描述的网络密度来说，虽然大部分普通用户之间的联系较强，但是仅局限于一个个小团体；对于不同的团体来说，它们彼此之间的联系则很弱，只依赖于少数“中枢”节点的联结，甚至是没有交集。因此，作为一个整体来看，新浪微博用户之间的联系又很弱，导致网络密度远小于平均聚类系数。综合说明新浪微博是一个典型的小世界网络。

为描述关注网络的紧密程度，我们新增了两个网络测度并定义如下。

二阶关联密度：若用户之间的关注数目与用户集规模之间的关系符合一元二次函数的形式，则称关注网络具有二阶关联密度。

线性关联密度：若用户之间的关注数目与用户集规模之间的关系符合线性函数的形式，则称关注网络具有线性关联密度。

用小世界特性的相关理论来解释新浪微博上用户之间的关注网络结构。基于纽曼-瓦茨模型，对于 N 个用户，开始时每个用户平均与 k 个熟悉的用户产生关注联结，接着以 p 的概率与较远的用户产生新的联结；因此，关注数目与用户集规模之间的增长关系会比线性函数的增长关系要快，可以用二次函数来拟合。而瓦茨-斯特罗加茨模型则可以解释线性函数，同样，对于 N 个用户，开始时每个用户平均与 k 个熟悉的用户产生关注联结，接着以 p 的概率断开现有联结并与较远的用户产生新的联结，即以 p 的概率发生重连，因此用线性函数拟合。当 p 较小而 N 很大时，两个模型之间的差异性很小，且更符合线性函数的特征。所以，从我们使用的数据集来看，新浪微博社会网络的紧密程度并不强，只有线性关联密度。

2.4　行为模式与社会影响：社会网络中的用户行为

对微博传播特性的把握，能使消息的传播更好地受到引导，趋利避害。本节从微博的传播行为、转发的关键节点两个方面对新浪微博中消息的传播规律进行分析和总结。

2.4.1　传播行为的多维对比：原创、转发、评论与点赞

新浪微博作为中国领先的社会网络平台，提供了一个丰富的互动环境，用户不仅可以分享信息，还能参与游戏和其他多种社交活动。本节将重点讨论微博上的信息传播过程。用户在微博上的行为模式多样，包括原创发布、转发、阅读、回复、评论、点赞和收藏等多种形式。值得注意的是，阅读行为虽然表明用户已接触信息，但因不涉及信息的生产，其直接影响力较难量化。同时，

由于收藏数据通常只对原用户可见，因此本书不将其纳入考量范围内。

原创微博是信息传播的起点，具有最初的信息创造价值，是整个传播过程中最为关键的一环。转发、评论和点赞等行为则是在原创内容的基础上发生的，它们扩大了信息的影响范围，并为原始信息提供了附加的观点和反响。这些互动行为不仅增强了信息的可见度，也促进了信息在更广泛用户间的流动和讨论，从而在社会网络中形成了复杂的信息传播链条。通过分析这些行为，可以深入理解信息在社会网络中的传播动态及其影响因素，为研究社会网络中的信息扩散机制提供实证基础。

在选取的数据集 A 中，涵盖了一段特定时间内的部分活跃数据，其中原创微博共计 2 069 459 条，转发微博数量为 2 813 886 条，显示转发行为占全部微博数量的比例高达 57.6%，原创微博数量虽然较少，但每条原创微博都可能触发一系列的转发行为，从而产生大量的转发微博。这一数据反映出，在新浪微博平台上，信息通过用户的互动行为而广泛传播，转发作为扩大网络影响力的主要方式，其数量超过了原创微博，展示了社会网络在信息扩散过程中的独特机制和用户行为模式（Gyarmati and Trinh，2010）。

在图 2-2 的概率分布图(a)、(c)、(e)中，横轴代表微博被转发、评论、点赞的次数，纵轴代表转发、评论、点赞 x 次的概率，由图可知，微博的转发、评论和点赞次数均服从幂律分布。而对应的累积分布图(b)、(d)、(f)中，纵轴 $p(X\leqslant x)$代表转发、评论、点赞数 $X\leqslant x$ 的概率累积和，从转发累积分布图中可以发现，近 72%的微博转发量在 100 次以下，近 87%的微博转发量在 1000 次以下，转发量在 10 000 次以上的不足 2%；在评论累积分布图中，84%的微博评论量在 100 条以下，评论量在 1000 条以下的占 95%以上；在点赞累积分布图中，近 91%的微博点赞次数在 100 次以下，点赞次数达 1000 次的不足 5%。对比转发、评论和点赞的数量规模，转发行为发生最为频繁，评论次之，点赞最末。

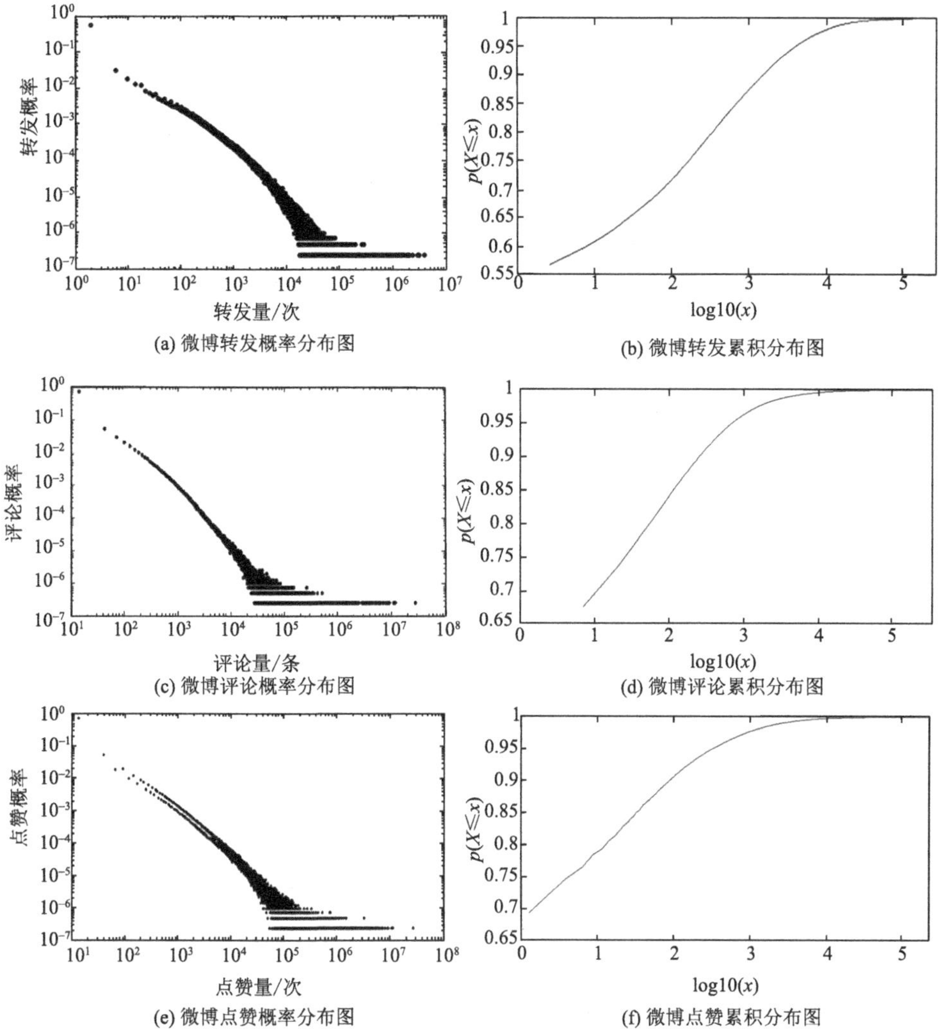

图 2-2　微博主要行为的概率分布图与累积分布图

再对转发、评论和点赞三种类型的行为进行相关性分析，表 2-4 的数据显示：转发和评论的相关性高达 0.7372，呈现显著相关关系；而转发与点赞、评论与点赞的相关性系数则很小，无相关性。

表 2-4 用户行为的相关性系数

用户行为	转发	评论	点赞
转发		0.7372	0.1169
评论	0.7372		0.0768
点赞	0.1169	0.0768	

在社会网络信息传播的过程中，不同类型的用户互动行为有各自独特的影响力和作用。转发行为由于能够生成新的微博，使得原本仅是信息接收者的用户转变为信息的传播者，这一转变极大地扩展了信息的影响范围。因此，转发不仅仅是信息复制的简单行为，它实质上在社会网络中扮演了桥梁的角色，将信息从一个节点扩散到另一个节点。评论行为则提供了一个平台让用户表达个人观点，增加了信息的互动性和讨论的深度。评论可以触发更多的用户参与讨论，从而形成关于某一话题的广泛社会对话。此外，评论中的观点和信息可以影响他人的看法，甚至可能改变某一事件的公众情绪。点赞行为通常被视为对内容的简单认可，它是用户与内容创建者之间最直接的积极反馈形式。虽然点赞的影响力相对较小，但它可以作为衡量内容受欢迎程度的一个指标，对于内容创建者来说是一种鼓励。

综上所述，虽然点赞和评论各有其社会功能与网络影响力，但在信息传播的核心机制，即信息的广泛扩散方面，转发无疑是最为有效的行为。因此，在本书中，我们将主要关注转发行为，以此作为评价社会网络中信息传播效率和广度的基准。专注于转发行为，不仅可以简化研究的复杂性，还能更准确地描绘出信息在网络中的传播路径和影响范围。

2.4.2 微博传播的 10-90 规律：从参与度到影响力的解读

在微博传播的分析中，我们观察到了一种显著的现象，即 10-90 规律，其中 10%的关键节点可以影响至少 90%的信息传播过程。这一规律指出，在微博社会网络中，少数关键用户的影响力极大（Gunasekara et al.，2015），能够触达并动员大多数用户参与到信息的进一步传播中。通过深入研究和数据分析，我们发现，这些关键节点通常拥有较高的社交地位、更广的人脉或更有效的传播策略，使得他们在网络中的信息传递效率远高于普通节点。

对数据集 *B* 中的微博数据的分析进一步证实了这一点，我们发现对于单条微博的传播，占比极小的少数节点能够引起大部分用户的传播，将这些节点称为关键节点，则关键节点的出度明显高于普通节点；而直接从关键节点处转发此微博的用户称为关键节点影响用户，从非关键节点处转发微博的用户称为非关键节点影响用户；定义关键用户影响比例=关键用户影响数目/传播次数，非关键用户影响比例=2–关键用户比例–关键用户影响比例，则非关键用户影响比例越趋近于 0，关键用户的影响范围越大（张绍武等，2015）。

图 2-3 表明，当关键用户比例一致时，若微博传播次数大于 1000 次，则非关键用户影响比例接近于直线，基本无差异；而传播次数小于 1000 次时，虽然非关键用户影响比例相对较高，但与众数的差值小于 0.01；因此曲线是相关光滑的，关键用户的影响力与微博传播次数无明显关联。

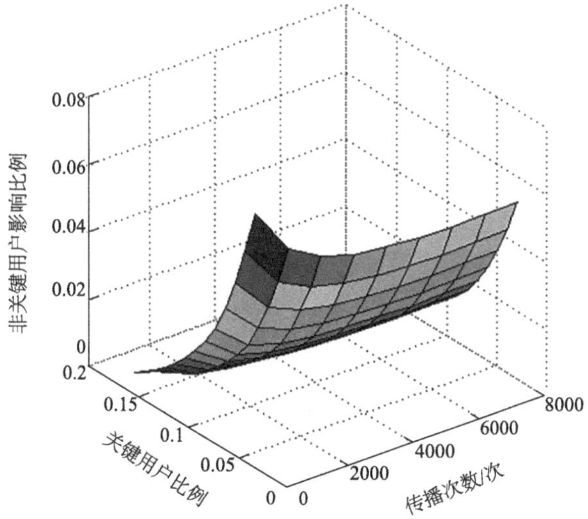

图 2-3　关键用户比例、传播次数与非关键用户影响比例对应图

对于相同的关键用户比例，对不同传播次数下非关键用户影响比例求均值，绘制成如图 2-4 所示的关键用户比例与非关键用户影响比例对应图。随着关键用户比例的增加，非关键用户影响比例逐渐减少，说明关键用户越多，其影响的比重越大。当关键用户比例达到 10%时，非关键用户影响比例略高于 0.01；当关键用户比例为 11%时，非关键用户影响比例已小于 0.01。以 0.01 的误差作为判断是否可以接受的临界值，则可认为 10%的用户影响了 90%的传播。

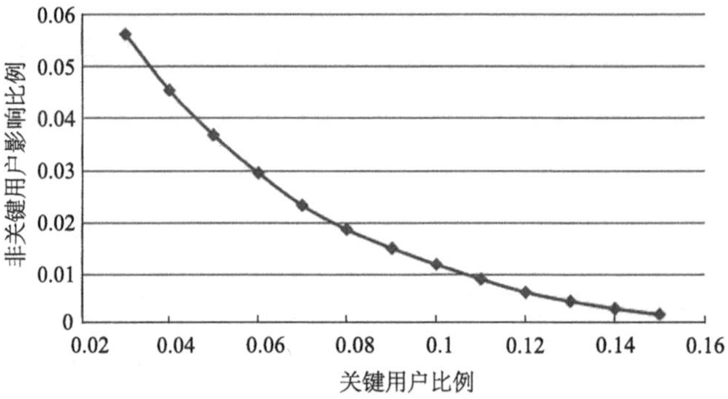

图 2-4　关键用户比例与非关键用户影响比例对应图

图 2-5 显示了关键用户比例占 10%时的具体数据，横坐标轴上的每一点代表一条微博，左侧纵坐标轴代表其传播次数以及关键用户影响数目，右侧纵坐标轴代表关键用户节点所影响的用户数占传播次数的比例。从图 2-5 中可以看

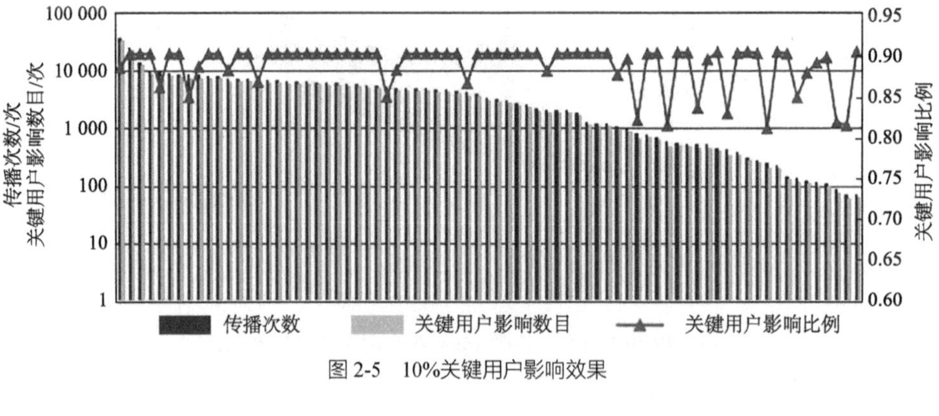

图 2-5　10%关键用户影响效果

出，对于传播次数在 10 000 次以上的微博，10%的用户能影响剩余 90%的用户。而对于转发量在 10 000 次以下的大部分微博，虽影响率曲线波动比较明显，但平均值依然服从此分布规律。

当前，微博已经成为非常广泛的社会网络，不仅覆盖了庞大的用户群体，而且能够包含几乎所有的热点事件。信息传播的影响因素多种多样，如粉丝人数、用户 PageRank 值、用户的转发活跃度、与上游用户的交互强度、微博内容与用户的历史兴趣之间的相似性，以及转发路径上上游用户之间的兴趣相似性等。统而言之，相关因素可以总结为传播时间因素、信息内容因素、用户参与度因素、用户关注度因素等（Gu and Ye，2014）。

与此同时，社会网络也融入了人为干预的特点，这种干预既影响了人们对信息的获取，又影响了信息本身的自然扩散规律。例如，通过证明宣传使得“负面”微博快速减少，账号注销使得原始微博无从考证以及各种“删帖”事件等。人为干预微博的信息传播，虽然是在破坏正常的传播规律，但出发点还是为了管理敏感信息，减少信息带来的负面效果。这需要更好的理论指导，才能有针对性地进行舆情管理，如何确定干预的时间，干预哪些节点，应该采取何种干预措施等都非常关键，对于提高效率并达到满意的效果，起着十分重要的作用。

第 3 章 数字社会监测中的文本分析与舆情识别

舆情监测对理解公众意见、预测社会趋势和提前应对危机至关重要。作为这一过程中的核心技术，文本分析通过自然语言处理技术，使得机器能够理解、处理和分析大量的文本数据，从而提取有价值的信息和见解。本章深入探讨文本分析技术的演进，从基于规则的初期系统到现代依赖统计和机器学习的自然语言处理技术。我们将详细介绍这些技术的逐步完善及其在早期舆情监测中的广泛应用，特别是捕捉舆论动态、分析情感倾向和识别关键观点的能力。

本章也将展示文本分析技术在实际舆情监测中的应用示例，包括如何通过分析社交媒体、新闻报道和公众评论等来源的文本来识别与评估公众对特定事件或话题的反应。通过这些应用案例，读者将了解到自然语言处理技术不仅能够支持舆情的基本监测，还能深入分析舆情的构成要素，提供更为深刻的洞见。本章还将探讨自然语言处理在舆情监测中的未来趋势与挑战，并强调持续创新在提升监测效率和准确性中的重要性。这将为数字时代下的舆情监测和管理提供一套更加科学与系统的方法论框架，旨在通过技术进步更好地服务于社会管理与决策。

3.1 早期舆情监测的文本分析方法

自 20 世纪 70 年代以来，互联网的迅速发展为自然语言处理领域带来了丰富的语料资源和持续进步的硬件支持，促使该领域的研究方法从理性主义向经验主义转变。在这一转变过程中，基于统计的方法开始取代传统的基于规则的方法，为自然语言处理技术的进步和应用开辟了新路径。贾里尼克及其在 IBM 华生实验室的团队通过采用统计方法，显著提高了语音识别的准确率，从而证明了基于统计的方法在实际应用中的有效性。

进入 21 世纪，尤其是自 2008 年以来，深度学习技术在图像识别和语音识别领域取得的突破性成就，也激励了人们将深度学习技术引入自然语言处理研究中。从最初的词向量模型到 2013 年的 Word2Vec 技术，深度学习与自然语言处理的结合不断深入，推动了机器翻译、问答系统、阅读理解等多个领域的发展。深度学习通过多层次的神经网络将输入经过一系列复杂的非线性变换后输出结果，实现了从端到端的训练和预测过程，大大提高了自然语言处理技术的效能和应用范围。

自然语言处理旨在使计算机能够理解和处理人类的语言，涉及信息检索、机器翻译、文档分类、问答系统、信息过滤、文本挖掘、语音识别等多个研究领域。在舆情管理中，文本信息是重要的数据来源之一，因此，自然语言处理技术在早期舆情文本的分析与处理中扮演着至关重要的角色。

文本分类（Xu and Tan，2020）作为自然语言处理领域的一项核心任务，在垃圾邮件过滤、知识问答、语言辨识、主题分类、流派分类（包括早期舆情文本）以及情感分析（如健康评价监测等）等多个现实场景中有着广泛的应用（Forman，2003）。目前，用于文本分类的算法众多，包括支持向量机、朴素贝叶斯以及 Facebook 开源的 FastText 等，这些算法不断地为早期舆情识别和分析提供强大的技术支持。随着技术的不断进步，自然语言处理不仅在学术领域取得了显著的成就，其在实际应用中的作用也日益凸显，特别是在早期舆情的识别和处理中，展现出了巨大的潜力和价值。

3.1.1 早期舆情监测的文本挖掘研究

1. 文本挖掘

文本挖掘是一种计算技术，专注于从文本数据中提取有价值的信息和知识，它是信息挖掘领域的一个重要分支。通过应用机器学习、深度学习、信息抽取、统计学等多种方法，并结合自然语言处理技术，文本挖掘对非结构化文本数据（如文档、电子邮件、网页内容等）进行深入分析，以识别关键词、提取重要信息、探究文本事件和概念间的关系，最终实现文本的有效分类和知识的获取（Nigam et al.，2000）。

在舆情早期识别的场景中，文本挖掘尤其关注敏感信息的发现和处理。这一过程包括运用特征表示、文本分类、聚类、关联分析、语义分析及趋势预测等技术，旨在从大量数据中迅速准确地识别出可能影响舆情的关键信息。其中，文本分类和聚类是文本挖掘的基础任务，前者通过已知特征的样本数据训练模型，以判别新样本的类别；后者则侧重于发现数据内在的分布结构，自动将文本分为一个或多个类别，为深入的分析和后续处理提供基础。

随着互联网信息的爆炸式增长，传统的文本挖掘方法面临着处理速度慢和挖掘信息价值不明确的挑战。为了应对这些问题，基于大数据技术的文本挖掘方法被提出，旨在提供更有效的模型支持，以便更快速、准确地处理和分析大规模文本数据，尤其是在早期舆情监测和管理中，这些技术展现出了巨大的潜力和价值。这些先进的文本挖掘技术能够为舆情分析提供更深入的见解，帮助及时识别和响应社会舆情的变化。

2. 深度学习

深度学习作为机器学习的一个重要分支，近年来在敏感信息舆情管理的研究中得到了广泛应用。它受到人脑神经元结构的启发，通过构建多层次的神经网络模拟人脑的处理机制，实现数据的高层次抽象和拟合。这种方法能够通过线性变换和层间非线性变换，处理和分析复杂的数据结构，从而在图像识别、语言处理、预测分析等多个领域取得显著成果。

深度学习的灵活性和可移植性极高，得益于 TensorFlow、Caffe、PyTorch、Keras 等多种框架的发展，这些框架不仅应用广泛，而且具有很好的平台兼容性。然而，深度学习模型的训练需要依赖大量的数据，并且随着模型复杂度的增加，对计算性能的需求也随之提高，这限制了其在计算资源受限的移动设备上的应用。

设计和开发新的深度学习神经网络架构、函数和模块通常需要巨大的前期投入，因此许多开发者和研究人员倾向于对现有的算法模型进行微调，以适应特定的应用需求。尽管深度学习技术在处理复杂问题上具有显著优势，但它的可解释性较低，其决策过程和结果往往难以直观理解，这在一定程度上限制了其在一些需要高可解释性的领域的应用。

此外，深度学习模型的训练过程中如果数据不平衡（Datta and Das，2019），可能会导致模型偏见，从而引发社会伦理和道德问题。因此，在应用深度学习技术时，需要细致考虑数据的代表性和多样性，确保模型的公平性和客观性。

3. 分布式表示

分布式表示是自然语言处理领域中一种描述词义的方法，它基于一个核心假设：词义可以通过其上下文来定义。这种方法通常利用共生矩阵来实现，即通过分析词与其周围词的共现关系来捕捉词义。与此相对，传统的独热编码（one-hot encoding）方法虽然简单，但是产生的是高维稀疏向量，无法有效表达词之间的语义关系。

分布式表示通过将词嵌入到低维的连续向量空间中，使得每个维度都能携带一定的语义信息，而且这些向量能够反映词与词之间的相似性。相比高维稀疏的词袋（bag of words，BoW）模型，分布式表示能够以更加密集的形式存储信息，有效地捕获词之间的微妙语义差异。

在深度学习的框架下，不再依赖于人工设计的特征，而是通过训练神经网络模型来自动学习文本的特征表示。这种方法以文本的向量化形式作为输入，通过模型的训练，可以捕获到复杂的语义信息，如情感倾向、文本分类或实体识别等。这种自动学习特征的方法极大地简化了特征工程的工作，同时也提高了模型处理文本任务的能力。

然而，深度学习模型在提供更高的准确率的同时，也有其局限性，特别是在计算资源有限的情况下，其训练速度较传统机器学习方法慢得多。这是因为深度学习模型通常需要大量的数据和复杂的网络结构来学习有效的特征表示。

尽管存在挑战，文本向量化作为 TF-IDF（term frequency-inverse document frequency，词频-逆向文档频率）中的特征工程仍是研究人员不断探索的重点。无论是传统的离散型特征，如独热编码、词袋模型、TF-IDF，还是基于深度学习的词向量表示（表 3-1），其最终目标都是为了更准确地捕捉文本的语义信息，从而提高机器学习模型在各种自然语言处理任务中的表现。随着技术的不断进步和新方法的不断涌现，文本向量化的技术和应用将继续在自然语言处理领域中发挥关键作用。

表 **3-1** 独热编码与分布式表示对比表

对比	独热编码	分布式表示
稀疏/稠密	稀疏	稠密
语义表示	高维向量中只有一个维度描述了词的含义	语义分布式地存储在向量的各个维度中
新种类	需要添加一个新的维度	可能不需要添加新维度就能够表示

在深度学习的范畴内，对文本进行离散型统计特征表示的传统方法，如独

热编码、词袋模型和 TF-IDF 等，已经被一种更为动态和自适应的方式所替代。在这种新的处理模式中，词或字的特征表示规则不再是由设计者直接定义的静态规则，而是通过设计神经网络的结构、确定损失函数以及制定参数更新规则间接形成的。这一转变不仅使得特征表示的精度不再受限于设计者在非计算机领域的专业知识，如古汉语研究等，而且极大地拓展了自然语言处理研究人员的创新空间，带来了在实际自然语言处理任务中更为精准的性能表现。

通过这种方式，文本特征提取的过程被内嵌到自然语言处理系统的后端，而具体的分类、回归等任务则置于应用场景的前端。这样的前后端分离策略允许在各自领域内实现最优化，通过一个统一的向量接口将预训练阶段的成果与后续应用场景的需求快速、高效地连接起来。这不仅提高了自然语言处理技术在人工智能领域中的应用效率和便捷性，也推动了自然语言处理技术在更广阔的范围内的发展和应用。

在现代深度学习的应用场景中，词嵌入技术几乎成了情感分析、机器翻译、阅读理解等多种自然语言处理任务的标配。词嵌入技术的核心在于将自然语言中离散的文字转换为连续空间中的向量表示，建立了自然语言与神经网络模型之间的桥梁。这一技术不仅是深度学习模型处理文本数据不可或缺的一部分，更是连接自然语言和计算机理解之间的关键纽带，为深度学习在自然语言处理领域的应用提供了强大的动力和广阔的可能性。

3.1.2　早期舆情文本的向量化特征

对文档进行离散式表示在多年前早已发展成熟，早期的文本挖掘分类在如垃圾邮件的分类中已有所运用，但受限于上下文语义信息并未嵌入这些离散式的文本向量，对于让计算机理解人类语言来说欠缺了极为关键的核心智能，即理解文字背后的意义，因此早期的文本挖掘尚且处在计算机的传统擅长领域（统计和计算），缺少像人一样思考的算法核心。

得益于硬件的迭代发展，文档的分布式表示应运而生。文档的分布式表示尚在不断推陈出新，从它的发展历程可以看出，随着深度神经网络越来越趋于大型化、复杂化、精密化，嵌入这些分布式表示文档向量中的上下文语义信息越来越丰满，使得让计算机理解人类语义前景越发光明，最新的应用场景如聊天信息智能分类、社交动态自动拦截、广告直播精准投放等已在大型科技公司和前沿新潮初创企业中得到运用。

文本向量化从最初的离散型文本表示独热编码、词袋模型、TF-IDF，到后来的分布式文本表示 *N*-Gram（*N* 元模型）、共现矩阵（co-occurrence matrix，共现矩阵）、Word2Vec（词向量模型）、GloVe（global vectors for word representation，全局词向量表示）、ELMo（embeddings from language models，语言模型嵌入），再到 BERT（bidirectional encoder representations from transformers，双向编码器表示来自变换器）和 GPT（generative pre-trained transformer，生成式预训练变换器）等模型。这一演进过程体现了文本表示方式由粗粒度的词典统计，向更加精细、语义表达能力更强的向量化表示转变的趋势。在这一过程中，深度学习技术被广泛应用，所依赖的神经网络结构也日益复杂。总体而言，文本的向量化表示可分为离散式和分布式两大类。

1. 典型的离散式文本表示

离散式文本表示是自然语言处理中将文本数据转换为可被数学模型处理的形式的基本方法。本部分将介绍三种典型的离散式文本表示方法：独热编码、词袋模型和 TF-IDF。

独热编码：最基础的文本表示方法之一。每个词（或字）被表示为一个长向量，向量的长度等于词汇表中词的总数，向量中只有一个元素为 1，其他元素均为 0，该元素的位置对应该词在词汇表中的索引。尽管独热编码实现简单，但存在显著缺点：首先，生成的向量维度很高，导致存储空间浪费；其次，向量高度稀疏，计算资源的利用率较低；最后，独热向量无法表示词间的相似性，无法保留词在句子中的位置和语义信息。

词袋模型：通过统计每个词在文档中出现的频率，词袋模型生成文本的向量表示，且不考虑词语顺序（即忽略语序）。与独热编码相比，词袋模型在向量维度上有所优化，但仍无法捕捉词间的依赖关系和语义信息。例如，句子“我爱你”和“你爱我”虽然字面上相似，但由于语序不同表达的情感截然不同，词袋模型无法分辨这种差异。

TF-IDF：一种评估字词对文本集合中文档重要性的数值统计方法。该方法认为，字词的重要性与其在文档中的频率成正比，但同时与其在整个文档集中的出现频率成反比。通过这种方式，TF-IDF 能够减少常见词的影响并提升罕见词的权重，从而更有效地区分文档内容。尽管 TF-IDF 在某种程度上改进了词袋模型，但它仍然无法完全解决词序和语境带来的语义变化问题。

这些传统的文本表示方法虽然在历史上对早期的自然语言处理系统有重要的贡献，但在处理复杂的语义关系和词语依赖方面存在局限。随着深度学习技术的发展，更先进的文本表示方法如词嵌入（word embedding）和上下文嵌入（contextual embedding）已经被提出，这些方法能够更好地捕捉语言的深层语义特征，并在多种自然语言处理任务中展示了卓越的性能。

2. 典型的分布式文本表示

N-Gram：给定一串字词，预测下一个最可能出现的词语是什么。*N*-Gram 基于一个假设：第 N 个词出现与前 $N-1$ 个词相关，而与其他任何词不相关（这也是隐马尔可夫当中的假设）。整个句子出现的概率就等于各个词出现的概率乘积。这种模型可以用于判断一句话是否为自然的人类表达。但是随着 N 的增大，词表扩张，也会出现稀疏性的问题。

这些方法在一定程度上都能表示文本中的信息，但是无法用于衡量词向量之间的关系，且序列或者维度会根据语料库的增长而迅速扩张，同时丢失了文本中的很多信息。这些表示方法仅对词语进行了统计和计算，并没有考虑文本上下文的信息和词语本身的含义。分布式文本表示引入了文本中的语序和语义信息。新的思路是用一个词附近的其他词来表示该词。

共现矩阵：在指定窗口大小内，词典（或字典）的长度的矩阵上统计窗口内词（或字）共同出现的次数，共现矩阵为对称矩阵，按行或按列取出即为对应的词（或字）的向量。

Word2Vec：一种词表征的向量化方法。Word2Vec 模型中从大量未标注的普通文本数据中无监督地学习得到一种有单层隐藏层的神经网络语言模型，神经网络输入一个语句中的某个单词，检查这个单词周围的单词并在其中任意挑选另一个单词，网络输出在建立好的词汇列表中选择的词是前一个词“附近词”的可能性。输出的概率与在我们的训练文本中这个输入词的邻近找到其他每个词汇的可能概率有关。

GloVe：一种无监督学习算法，用于获取词向量表示。它结合了全局矩阵分解与局部上下文窗口的优点，构建共现矩阵以记录词与词在特定窗口大小内的共同出现次数，并通过这些统计数据来学习词向量。这种方法既能保留大规模语料库中的全局统计信息，又能捕捉词汇间的语义和语法关系。

ELMo：一种基于深度学习的词向量表示方法，通过动态调整词向量以适应不同语境下的多义性问题。ELMo 使用双向长短时记忆（bidirectional long short-term memory，Bi-LSTM）网络，能够根据词在具体句子中的上下文生成词的表示，这意味着同一个词在不同句子中的向量表示可以有所不同。通过这种方式，ELMo 为词提供了丰富且特定于上下文的语义信息，显著提升了多种自然语言处理任务的效果。

BERT：基于 Transformer 架构的预训练深度学习模型，通过双向训练语言模型来学习文本的深层次表征。BERT 的关键创新在于训练时同时考虑左右两侧的上下文信息，从而能够捕捉更复杂的语言模式。一旦预训练完成，BERT 可以通过简单的微调来适应多种任务（如情感分析、问题回答等），展现出卓越的适应性和效果。

词（或字）向量配合文本上下文滑动窗口，能够快速、便捷地构建句子（或文本）的向量矩阵，这使得计算机能够通过一个数学矩阵理解和处理该句子（或文本）。

最终，文本向量化能够将词（或字）表示为基于它们与其他词（或字）的关系的固定长度的向量，这使得具有相似含义的词（或字）将具有相似的向量，而不具有相似含义的词（或字）之间的向量距离较远或向量差别较大。这种向量化的好处如下。

（1）将前期预训练与后期自然语言处理任务进行前后端分离，如同网站编程一样，自然语言处理将词（或字）向量的训练与句子（或文本）的处理任务分开，通过向量这个接口能够很好地做到高内聚、低耦合，这样在自然语言处理的下游任务中，能够节省很多计算并可以构建自然语言处理基础服务层以对上层任务进行支持。

（2）便于计算机理解这些词（或字）背后含义的同时，也极快地加速了计算机对文本的处理速度，通过使用如 NumPy 形式的向量矩阵，计算机能够飞速地处理原来难以理解的文本，大大提升了计算效率。

3. 特征向量维度的选择

在文本挖掘中，字、词、句和文本向量化时，在使用深度学习神经网络训练的时候，都不可避免地面临神经网络层数这一基本的超参数的选择，如何为词向量的训练选择合适的神经网络层数，即训练得到的向量的维度，国际上已经有了相关的研究成果，但限于文档的种类、长度、语种的不同，文档向量的训练缺乏合适的维度选取标准和科学的选取方法。无论是过小还是过大的文档嵌入维度都不能很好地完成文档的数字化、矢量化，并会在下一步的文本分类、聚类和内容分析上表现不佳（叶瑾玫和程科，2022）。

1954 年 Harris（哈里斯）提出“分布假说”，上下文相似的词语义也相似，1957 年 Firth（费尔斯）进一步明确词的语义由其上下文决定。分布式表示的语义信息表征强于离散式，每维 k 个值的 n 维向量，分布式向量空间可以有 k^n 个向量，分别表征 k^n 个概念。

2003 年 Bengio（本吉奥）提出一个大规模的深度学习模型用于自然语言处理，该模型能够通过学习词（或字）的分布化表示来获取上下文的隐含信息。使用深度学习方式训练的目标仍然是将词（或字）的上下文的隐含信息数字化（向量化）表示，并试图对上下文的隐含信息与该词（或字）之间的语义关系进行数学建模。

相比于独热编码，词（或字）的分布式表示将词（或字）向量的每一维数的计算机储存格式由整型（int）改为浮点型（float），使得词（或字）为整个实数范围的表示，词（或字）的向量空间更加“充盈”，分布式训练更是压缩了独热编码所需的文本词典维度，使得词（或字）向量由高维的整型稀疏矩阵压实为低维的浮点型实数矩阵。

2013 年，Mikolov（米科洛夫）等提出了 Word2Vec 算法，包含两种训练方式：CBOW（continuous bag of words，连续词袋模型）和 Skip-gram，分别对应通过给定上下文预测词语和通过给定词语预测上下文的神经网络模型。该算法还引入了负采样和层次损失函数，以优化训练效率。随后在 2014 年，Le 和 Mikolov 提出了文本向量的深度学习算法 Doc2Vec 模型，用于文档嵌入。

在训练词向量或文档向量时，嵌入维度是关键参数之一。研究表明，维度过小会导致信息丢失，造成偏差较大；而维度过大则可能引入噪声，增加模型方差，甚至导致过拟合。一些学者通过平衡损失函数的偏差与方差，提出了用于确定 Word2Vec 最优维度的理论框架。

尽管词嵌入和文本嵌入在神经网络结构上类似，但文本嵌入通常包含文档ID，且最佳嵌入维度受到文本集平均长度和长度方差的影响。因此，在不同类型文本集上，应根据数据特性灵活调整维度。

此外，尽管更高维度可能提升表达能力，但也会显著增加训练时间和计算资源开销。在实践中，应在表达能力与计算效率之间权衡。通常，文本越长，所需嵌入维度越高；而滑动窗口的大小则与句子平均长度相关，常设置为该平均词数。

3.2　早期舆情文本风格识别与分析

每位作者的生活经历和实践不仅为创作提供了丰富的素材积累，还赋予了他们独特的情感体验。这种基于生活实践的情感体验直接影响了作者的创作风格，形成了与他人不同的个性化表达。

此外，世界各地的不同民族生活在特定地域中，拥有各自独特的经济生活、社会风尚、语言习惯和文化传统，逐渐形成了特定的心理特质。各民族作者的创作素材、思维方式、语言习惯和社会心理都带有民族特色。作品的风格往往受到其民族语言、地域环境、经济生活和文化心理的影响，从而展现出明显的民族性。因此，人们能够从作品风格中辨认出作者的文化背景，例如识别出是意大利人或法国人的作品。

正如每个人的表达方式不同，各位作者在创作中也有自己独特的写作风格。俗话说“见字如面”，意指从文字内容中仿佛看到了作者本人。作者的写作风格与其创作的时代、地域、语言表达方式以及作品体裁息息相关。因此在词汇、句子结构和特殊词语的运用上，每位作者都有自己独特的表达方式。

3.2.1 早期舆情文本中的风格多样性

在早期舆情文本分析领域，识别作者身份及其独特的写作风格，尤其是那些使用多个笔名的作者，始终是一项复杂的任务。过去的作者识别方法主要依赖于词汇使用频率的统计分析和句子结构的细致研究，这些方法在揭示写作个性上取得了一定进展，但在深层语义理解方面却存在局限。

随着技术的进步，特别是深度学习的发展，数据驱动的文本分析方法为识别细微的风格特征提供了全新的可能。与传统依赖统计方法的方式不同，深度学习模型能够捕捉文本中的复杂模式。例如，文档嵌入技术可以将文本转化为概括性向量，简化分析的同时保留语义信息，从而在文本风格识别中表现出显著优势。

在早期舆情文本分析中，文档嵌入模型（如 Doc2Vec）可以有效地识别出多笔名作者的写作风格，从而弥补传统方法的不足。这一过程依赖于深度神经网络模型将文本转化为词向量，并在此基础上挖掘不同文本间的风格差异。通过这些深度学习方法，研究人员可以更精确地辨别出作者的独特风格，这为复杂舆情文本分析提供了有力支持。

基于深度学习的文本分析方法不仅拓展了自然语言处理的研究领域，也为早期舆情文本的识别和分析提供了新的思路。通过自动化的文档嵌入和风格识别技术，研究人员可以更准确地捕捉作者特征，并将这些技术应用于更大规模的文本集合中，从而推动舆情分析的智能化发展。

3.2.2 构建早期舆情文本风格判断模型

在构建早期舆情文本风格判断模型的过程中，图像特征提取中的深度学习技术为文本风格识别提供了重要的启示。深度学习通过构建深层神经网络结构，将图像从原始像素逐层抽象到高级特征，这不仅大大提高了图像识别和分类的精度，也为文本数据的处理带来了新的思路。在敏感信息文本分析中，借鉴图像处理的经验，可以将文本内容中的关键信息编码成“文本词组”，如同图像中的“视觉词袋”特征，从而优化大规模文本数据库的检索效率。这一过程通常涉及对文本特征的量化处理（Handcock et al.，2007），通过聚类算法构建一个大型“词典”，并借助全文检索技术实现高效的检索。通过深度特征的分析，还能实现更加精确的检索结果排序，从粗略到细致地完成文本识别和分类。

在实际应用中，图像中的文字检测与识别技术为敏感信息文本的分析提供了参考。借助累计边缘图生成和彩色边缘聚类等技术，可以高效定位图像中的文字区域，而自适应颜色分量选择的二值化方法能够将复杂背景下的图像文字区域转化为便于 OCR（optical character reader，光学字符阅读器）识别的二值图像。这些多媒体处理方法为文本分析带来了更高的效率和准确性，丰富了敏感信息文本的自动识别与分类手段。由此可见，跨领域技术的融合能够为自然语言处理领域带来显著的创新，尤其在应对复杂敏感信息文本问题上展现出巨大潜力。

在文档嵌入技术的应用中，一个创新做法是在神经网络模型的输入中加入文档的唯一标识，即文档 ID，使模型不仅能捕捉文档中词汇的使用习惯，还能捕捉到文档的主题信息。这一方法将文档转化为一个多维向量，每一维代表文档的某种隐藏特征，综合反映了文档的写作风格及其语义主题。最终生成的嵌入结果是一个 $N \times D$ 的矩阵，其中 N 表示文档数量，D 表示每个文档向量的维度。借助文档嵌入算法，可以基于向量的相似性和聚类特性执行更深入的语义分析。文档嵌入向量的聚类特性尤为突出，相似文档在向量空间中距离较近，倾向于形成独立的群体。

文档嵌入向量的酉不变性是其一大重要特性。即使在向量经过旋转或对称变换后，文档之间的相对位置和几何属性依然保持不变。从语义角度而言，变换后的文档嵌入向量与原始向量等价，这为分析过程提供了稳定性和可靠性。在本章中，我们探讨了文档嵌入技术在文本分类中的应用，包括固定窗口和变尺度窗口下的分类方法，采用变尺度滑动窗口对不同内容进行分类（薛扬等，2020），以期找到最佳分类区间，从而更加准确地理解和分析文本的主题与风格。

为了进一步处理和分析高维空间中的文档嵌入矩阵，我们使用流形学习方法进行非线性降维，以保留原始数据的关键特征。这一方法允许我们将高维数据降至低维空间，便于数据可视化和分析。具体而言，将高维数据视为服从高斯分布，将降维数据视为服从 t 分布，通过梯度下降法进行迭代优化。这一过程不仅减少了数据维度，还扩大了数据簇之间的距离，有效解决了数据拥挤问题，实现了聚类和降维的双重目的。

在敏感信息文本分析中，不同作者的文本通常围绕不同的核心人物展开，且这些人物在文本中频繁出现。基于此，我们通过聚类分析主要人物，以期在不同作者的文本间区分写作风格。为验证人名对文本风格识别的影响，我们设计了一个实验：将不同作者文本中的人名统一替换为相同的名字。如果在统一人名后依然能通过聚类区分这些文本，则说明人名并非文本风格区分的关键因素；反之，如果不能区分，则需要重新考虑人名在文本分析中的作用。通过这一实验，我们期望排除人名对敏感信息文本分析的潜在干扰因素，从而更准确地识别和分析不同作者的写作风格。结合先进的文档嵌入与聚类技术，我们能够在剔除人名变量后，深入理解文本主题与作者风格，并验证这些技术在不同作者文本区分中的有效性和可靠性。

在统一处理敏感信息文本中的主要人物名字后，我们进一步探讨了如何通过文档嵌入技术进行深入分析。首先，构建了一个文档嵌入模型，并通过实验确定了最优向量维度与窗口大小，以生成每篇文档的嵌入向量。其次，对嵌入向量进行归一化，形成一个标准化的文档嵌入矩阵，为后续的文本分类和风格识别提供坚实的基础。

为了更直观地理解和分析这些文档之间的关系，我们采用了流形学习中的

t-SNE（*t*-distributed stochastic neighbor embedding，*t*-分布随机邻域嵌入）方法（van der Maaten and Hinton，2008）对归一化后的文档嵌入向量进行降维处理，并将高维数据转换为二维向量组。这一步骤的目的是将复杂的高维数据简化为二维数据，从而便于我们通过散点图的形式对其进行可视化分析，更直观地比较文档相似度。*t*-SNE 作为一种深度学习方法，不仅能够有效地进行数据降维，还具有将相似数据自然聚集到同一簇中的特性，这与传统的线性降维方法相比，能够更准确地反映出不同文档之间的关系。

薛扬等（2020）通过对三本具有不同写作风格的敏感信息文本进行聚类和可视化分析，得到相应的散点图（图 3-1）。从这些散点图中可以清晰地看出，不同来源的文档在向量空间中被有效地区分开来，形成了不同的聚类簇。这一结果进一步证明了文档嵌入方法在区分不同敏感信息文本的写作风格方面的有效性。通过这种方式，我们不仅能够深入理解每个文档的内容特征，还能够基于这些特征识别出文本的作者风格，为敏感信息文本的分析提供了一个强有力的工具。

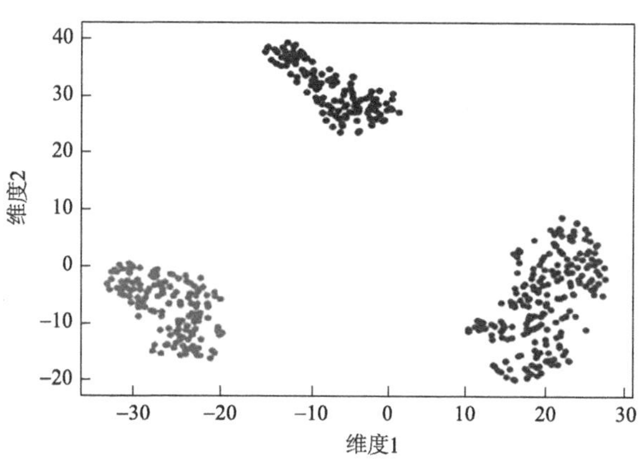

图 3-1　向量化后文档聚类可视化图

为了更清晰地查看不同维度对文档嵌入效果的影响，研究人员构建了在模型维度为 1080 维和 1084 维时来自两个不同作者的敏感信息文本的散点图，为了能够更直观地看出模型的可视化结果，在可视化降维过程中选用了主成分分析（principal component analysis）的方法，图 3-2(a)为 1080 维的结果，图 3-2(b)为 1084 维的结果，可以看出从 1080 维至 1084 维，图中的点在逐渐向聚类中心靠拢，处于一个逐渐聚拢的过程，这进一步佐证了文档嵌入最优维度模型通过选择更好的嵌入维度，使得不同敏感信息文本的风格区分更加清晰。

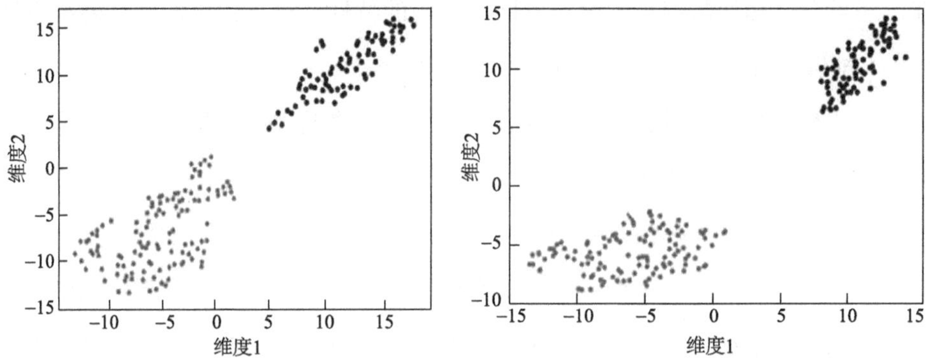

(a) 1080维　　(b) 1084维

图 3-2　1080 维和 1084 维降维可视化对比结果

3.2.3　早期舆情文本同义词识别方法

在中文信息处理的研究领域，早期舆情文本中的同义词识别是一个尚待深入探讨的细分方向。本章旨在为这一专题做出贡献。从更广泛的视角来看，同义词识别与中文命名实体识别（named entity recognition，NER）在某种程度上是相似的，尽管它们在目标和方法上存在差异。命名实体识别专注于从文本中辨识出具有特定含义的实体，如人名、地名和机构名等。虽然中文命名实体识别的研究已经取得了进展，但这些成果主要集中在识别人名、地名、机构名、时间、日期、货币和百分比等方面，对于同义词识别的研究则相对较少，尤其是将同义词与特定实体名对应起来的研究几乎没有。

在中文信息处理领域，同义词识别可以视为信息抽取和命名实体识别的一个重要分支。信息抽取的目的是从大量数据中准确而迅速地提取目标信息，以提高信息的可用性。信息抽取的关键任务包括命名实体识别、指代消解、关系抽取和事件抽取等。相比于英文，中文命名实体识别面临着更多挑战，如汉字边界的确定性与词边界的模糊性，以及语言中存在的嵌套结构、缩写和简称等复杂性。虽然国内外许多学者在自动分词和命名实体识别领域投入了大量的研究，但从实际应用的效果来看，仍存在诸多不足。这主要是因为，通用的处理方法在特定领域下往往无法实现准确地识别，因此，对于特定细分领域的命名实体识别，需要采用更为精细化的方法。

在命名实体识别的研究领域中，将命名实体识别任务视作一种序列标注任务已成为近年来的主流方法。这种方法通过对文本中每个字符进行分类标注，来确定命名实体的边界和类型。在这一框架下，字符被标注为 S（独立实体）、B（实体开始）、E（实体结束）或 O（非实体部分），以便于识别和分类实体。

序列标注任务通常采用多种机器学习方法，包括有监督学习、半监督学习和无监督学习等。其中，有监督学习方法如支持向量机、最大熵模型、隐马尔可夫模型（hidden Markov model，HMM）、条件随机场（conditional random field，CRF）和决策树（decision tree）等，因其在提供充足标注数据的情况下表现出色而广泛应用于命名实体识别任务（Augenstein et al.，2017）。

早期，基于规则的方法是命名实体识别研究的一个重要方向，尤其是在MUC（message understanding conference，信息理解会议）之后。基于规则的方法通过定义一系列决策规则来识别命名实体，如 Collins（柯林斯）等研究人员所采用的迭代生成新规则的方法，在人名、地名和机构名的识别上取得了高达91%的准确率。此外，结合规则和统计模型的方法也显示了在不依赖地名词典的情况下识别地名的潜力。然而，基于规则的方法需要不断添加新规则以提高识别准确率，这限制了其普适性和扩展性。

近年来，深度学习技术的兴起为命名实体识别领域带来了新的研究热点。

利用词向量作为特征表示，深度学习方法使不同风格和结构的文本可以通过统一的特征表示进行处理。除了使用词向量，研究人员还探索了 LSTM 网络、深度神经网络（deep neural network，DNN）和混合神经网络（hybrid neural network，HNN）等先进的神经网络模型来改进现有的特征表示方法和模型结构。例如，Lample（兰普尔）等提出的结合 LSTM 和基于注意力机制的神经网络模型，在多语言命名实体识别任务上取得了卓越的效果。

识别同义词并将同义词与真实人名对应起来可以算作一类命名实体识别和中文信息分析相结合的任务，但与之前识别人名、地名、机构名、时间、日期、货币和百分比等实体还是有不同的地方：第一，同义词不独立，必须与真实人名联系起来；第二，同义词识别过程中会出现不唯一性，同一个真实人名可能存在一个或多个同义词，这也增加了同义词识别的难度；第三，以上几类中文命名实体的识别已经有很多相关数据集及标注集，但同义词识别在国内尚未有深入研究。

本章提出的同义词查找方法：第一步是通过未登录词扩展识别筛选方法并引入敏感信息文本高频词典和低频指示字典来对命名实体进行筛选；第二步是通过 FSP（fixed sentence principle，固定句式法则）对同义词再次查找并与之前的命名实体取并集确定识别的同义词（表 3-2）。表 3-2 中 M、B、E 通常代表命名实体识别中的标记，表示不同类型的实体或标记。B（begin）表示实体的开始词，M（middle）表示实体的中间词，E（end）表示实体的结束词，三者共同帮助模型准确识别和界定命名实体的边界。

表 3-2 同义词实体识别扩展搜索示例

潇	湘	夜	雨	莫	大	先	生	显
			E					
	B	M	E					
B	M	M	E					
M	M	M	E					

未登录词扩展识别筛选方法可以对观察窗口内文本的同义词进行扩展查找，同时统计敏感信息文本同义词中出现频率高和频率较低的字词并将其作为敏感信息文本高频词典和低频指示字典，来对候选文本进行筛选。然后运用 FSP，通过同义词指示词对文本进行二次同义词查找，补充之前查找的字符串集，如果通过 FSP 查找的同义词与观察窗口内文本扩展查找得到的同义词重复，则优先考虑通过 FSP 查找的同义词。最后对两种方法得到的同义词取并集，得到识别出的同义词集合。

本方法的实际意义在于对同义词识别这个中文命名实体识别的新领域进行了探索，并通过对中文敏感信息文本的同义词梳理构建了敏感信息文本高频词典和低频指示字典来对命名实体进行筛选，同时提出同义词指示词的概念并引入基于 FSP 的同义词搜索策略来对同义词进行识别。本章提出的方法对以后中文命名实体识别中特定领域的未登录词识别以及同义词自动提取有借鉴意义。

为了准确评估命名实体识别的效果，特别是在处理含有丰富信息的敏感信息文本时，对文本中的高频词进行分类是一项重要工作。我们将这些高频词细分为多个类别，包括动物、身体部位、天气、古时特殊称谓、武器、方位、数字、玄幻、颜色、植物和自然景观等，这样的分类有助于我们更细致地理解和分析文本内容。在选取特定类别的命名实体时，我们采用了一种筛选机制，即基于已有的知识库对候选命名实体进行筛选。这一步骤旨在从大量候选实体中筛选出与指定类别最相关的实体，从而提高识别的精准度和效率。此外，为了进一步提升识别效果，我们还特别关注了文本中的低频指示词。通过构建一个低频指示字典，我们能够识别和利用那些出现频率较低但含有重要信息的词汇。这些低频词汇往往能够提供关键的上下文信息，有助于改善命名实体的识别和分类。表 3-3 是低频指示字典的节选，若在筛选命名实体的时候发现其中有指示字，应该将其过滤掉。

表 3-3 低频指示字典（节选）

么、了、与、不、且、之、兮、其、个、啊、却、以、咦、们、价、似、诸、若、地、的、只、吗、嘛、向、吧、額、呃、呵、呢、曰、而、呗、焉、尔、矣、耶、哟、嘿、惟、啵、哉、呀、哩、呜、呼、斯、勿、毋、粤、於、哇、所、为、啰、每、然、赊、罢

敏感信息文本同义词识别模型由未登录词扩展识别筛选（out of vocabulary (OOV) extension recognition and screening）方法和 FSP 搜索的算法两部分组成。下面将分别介绍这两部分。

未登录词扩展识别筛选方法主要涉及如下几个步骤。

（1）初步搜索：依据一个已知的基本名词词典来筛选文本。具体来说，我们查找那些仅由中文字符组成且位于基准名词前面的字符串。如果一个字符串的前一个字符是中文标点符号，如单引号或双引号，这样的字符串也会被纳入考虑范围。

（2）字符串标注：对筛选出的字符串进行标注，包括词首、词中、词尾的位置，并结合初步搜索的标准和低频指示字典，来判断这些字符串是否合格。在这一过程的初始阶段，标注的位置都设定在基准名词的前一个字符上。

（3）统计迭代：对每个筛选出的字符串进行详细的统计分析。这包括统计每个字符串中不同子串的出现次数，并通过迭代的方式进行统计。如果在某一次迭代中，发现前后两次统计结果相同，那么迭代过程就会停止。在这个统计过程中，如果发现单引号或双引号前的中文字符相同，则将这些字符视为一类，并忽略引号。

基于 FSP 的同义词搜索策略根据同义词指示词和固定句式对观测命名实体（observed named entity，ONE）进行搜索，在通过同义词指示词确定好观察窗口后，通过固定句式来对 ONE 进行提取。通过 FSP 算法，可以将未登录词扩展识别筛选中有些未发现的 ONE 提取出来，并在优先级上取更高。

为了评估同义词识别方法以及高频词词典在敏感信息文本同义词识别上的

可行性和有效性，实验选取豆瓣读书排名前一百的部分敏感信息文本作为数据集进行实验。在选取文本时尽量兼顾文本篇幅和文本传播影响力，由于中文敏感信息文本大于 100 万字的比较少，因此有一部分敏感信息文本选取了几十万字的中长文本；同时文本兼顾了传播影响力，这为后面的人名及同义词标识提供了基础。

从图 3-3 可以看出，利用未登录词扩展识别筛选方法对 33 个敏感信息文本同义词识别的准确率与召回率在 66.7%以上的占到了 27 个敏感信息文本。

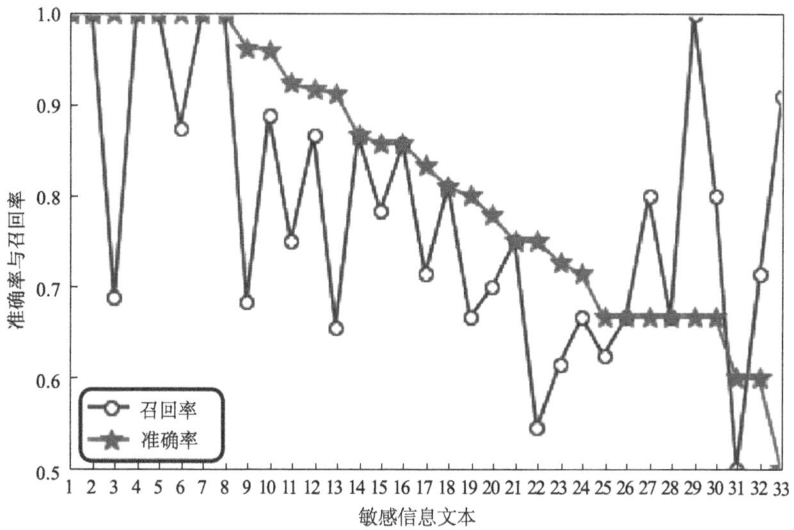

图 3-3　未登录词扩展识别筛选方法对 33 个敏感信息文本同义词识别的准确率与召回率

图 3-4 是加入了 FSP 之后对 33 个敏感信息文本同义词识别的准确率与召回率，可以发现相对于单纯的未登录词扩展识别筛选方法，加入 FSP 之后，同义词识别的准确率与召回率都有所提升。在加入了 FSP 之后有 12 个敏感信息文本的标注集中人名的同义词识别准确率达到 100%，识别准确率达到 80%的也占了 22 个，相对于单纯的未登录词扩展识别筛选方法有所提升；最低识别率也提升至 60%。

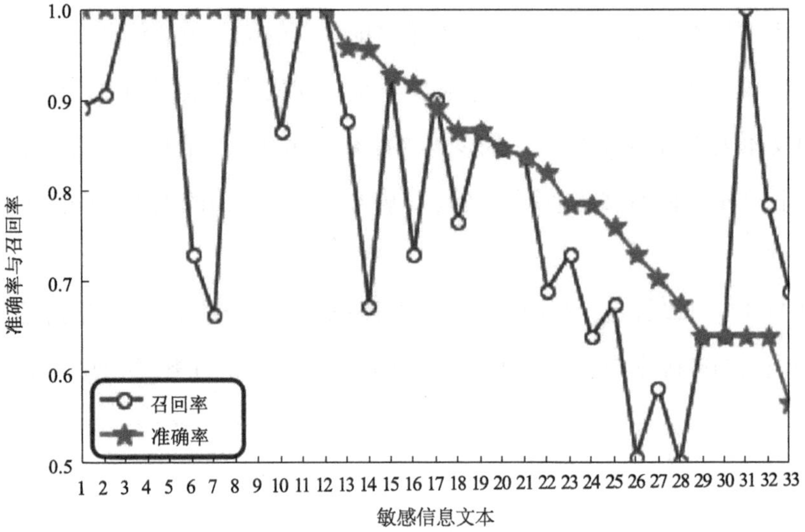

图 3-4 未登录词扩展识别筛选方法与 FSP 结合对 33 个敏感信息文本同义词识别的准确率与召回率

3.3 早期舆情文本情绪识别与分析

数据、信息与知识是我们在数字化的进程中不得不区分的几个概念。数据是信息、知识和智慧的源泉，适用于保存、传递和处理。信息是具有时效性的、有一定含义的、有逻辑的、经过加工处理的、对决策有价值的数据流，即信息是数据、时间、处理共同作用的综合结果。知识在数据与信息之上，它更接近行动，与决策相关（虞金中等，2018）。

近年来，随着互联网的快速发展和社交媒体的普及，公众越来越频繁地通过在线平台分享和讨论各种社会事件，形成了大量的早期舆情文本。这些文本通常涉及广泛的主题和复杂的人物关系，对于计算机来说，如何高效地处理这些数据，提取关键信息，已成为自然语言处理领域面临的重要挑战。

早期舆情文本具有一些显著的语言特征，例如文本量大、人物众多、人际关系复杂，并且情节跨度广阔，涉及多个时间和空间。这些特点不仅给文本的自动处理带来了难度，也使得从中提取有用信息变得尤为困难。特别是在处理这类文本时，需要考虑事件与人物关系随时间的演变，这些动态的时间序列特征对现有的分析模型提出了更高的要求（Huang et al.，2014）。

目前，关于中文长文本的处理研究主要集中在文本的词语分布、文体风格计算、内容分割及关键指标抽取等方面。与此同时，人物关系的抽取和分析，在中文文本中尚处于起步阶段，相比之下，英文文本在这方面的研究较为成熟和系统。在有关中文早期舆情文本的指代消解、命名实体识别的相关研究工作中，一种常见的做法是在对语料库进行标注的基础上，建立姓名、字号和称谓的分类与标注系统。对于难以标记的中文人称代词，有的学者提出了一种基于语料库的，运用决策树机器学习算法并结合优先选择策略进行指代消解的方法，取得了一定的效果。另一种常见的做法是结合语义利用马尔可夫链进行联合学习推导。

对多信源海量互联网数据的采集与归一化表达，结合采集目标的语义与多种智能优化策略，采用多通道分布式互联网内容精准智能采集方法，包括针对门户网站、论坛网站、博客网站等的通用采集，针对新浪微博、微信公众号等社交媒体的定向采集，针对明确监测目标的元搜索采集及网络漫爬。针对大规模社会网络数据的采集，采用虚拟网络关系自动扩展的方式从广度上获取虚拟人群及关系网络，根据群体内及群体间人员的关系动态调整种子节点，自学习扩展用户关系并采集所发布的最新消息，采用自适应采集策略，根据信息更新周期及时间特性自动调整采集任务。多种数据采集方式有效补充，实现对海量多源异构数据的采集。

利用信息检索和自然语言理解的全文检索方法，实现海量数据的智能检索，包括模式匹配、基于篇章的检索等。对采集的海量互联网信息进行存储和全文检索，采用分布式存储和全文检索模型架构，根据信息采集的时间和主键值对数据进行切分，并通过多级缓存加快数据的访问速度。不同类型的数据具有不同的属性，存储时根据各类数据的属性项定义不同的列，将所有类型的数据归一化存储。

3.3.1 早期舆情文本识别：探索情绪分布

在计算机网络的普及和信息技术快速发展的背景下，电子文档信息的爆炸式增长给舆情文本的处理带来了前所未有的挑战。绝大部分的文本信息以自然语言的形式存在，计算机难以直接理解。如何从这些文本中抽取用户所需的信息成为信息处理的重要研究方向之一。信息抽取（information extraction，IE）正是为解决这一问题而提出的，即以自然语言文本为输入，生成固定格式、无歧义的输出数据（杨博等，2014）。这些提取的信息不仅可以显示给用户，还可以作为索引或存储到数据库中，便于后续分析。然而，与文本挖掘不同，信息抽取通常并不深入分析文本的全部内容，而是根据任务需求抽取特定信息，存在词性标注、语义歧义等问题。因此，信息抽取多用于特定领域，以便减少歧义并提高语义标注的可行性。

在信息抽取过程中，获取实体、关系及其属性是关键目标，但这些提取结果往往存在冗余或扁平化，缺乏层次性和逻辑性，因此有必要进行知识融合（knowledge fusion），包括实体对齐（entity alignment）、知识合并和知识更新等。知识融合能够消除歧义、剔除冗余信息，形成高质量知识库。在大规模知识库中，实体对齐面临三大挑战：一是计算复杂度随知识库规模二次增长；二是不同知识库的质量差异较大，数据质量参差不齐；三是获取先验训练数据困难，通常需要研究人员手动构造（Handcock et al.，2007）。为此，实体对齐算法通常分为成对实体对齐和集体实体对齐，其中后者又分为局部和全局两种，以此来解决异构数据间的不一致性，从而帮助机器理解多源异质数据。

在舆情文本分析中，情感分析（sentiment analysis）是重要手段之一。情感分析通过识别文本的情绪倾向（如积极或消极），帮助分析用户对事件、产品等的评价情绪。随着技术的进步，情感分析逐渐发展为分析带有主观情感的文本的过程。互联网上的大量评论信息表达了用户对人物、事件、产品的情绪色彩，如喜、怒、哀、乐等，用户通过这些评论可以了解公众对特定事件的看法（Bambauer-Sachse and Mangold，2011）。早期舆情文本的情感分析往往通过共现关系确定文本中人物间的联系，以构建并分析人物网络。然而，传统方法可能忽略了文本中的情感、情节和人物塑造等丰富信息。为更深入地理解文本中的内在信息，情感分析应关注情节语言和情感指示信息的挖掘。

在创作过程中，作者结合真实社会生活和个人经验，将创作作品作为现实社会的映射，因此基于文本分析的方法来解读作者的作品具有一定合理性。这些作品中，作者通过铺垫、反转、黑化等手法刻画复杂的人物关系，增加了情感分析的难度。尽管已有模型可以在命名实体识别和情感极性确认方面提供支持，但依然需要更充分的理论和实验验证。此外，尽管电子化文本量大，但人工标注的文本少，且标注标准缺乏统一性，从而带来了成本高、效率低等难题。

为克服这些问题，文本挖掘模型在舆情文本情感极性分析中发挥了重要作用，尤其是对早期舆情文本数据集进行情感指示信息提取时。借助具有代表性的情感极性文本数据集，分析舆情文本中的人物及情感链路，从而建立情感极性人物网络。进一步通过社会网络分析中的社区发现（community detection）技术，在网络中识别情感极性社区，构建情感化的舆情网络。这一过程综合了文本挖掘和社会网络理论，实现了文本分类、信息抽取的综合应用，增强了早期舆情文本的情感理解和社区构建能力，为舆情管理提供了有力的支持。

3.3.2　情绪属性与文本人物网络：社区发现的新视角

早期舆情文本情感极性，简称早期舆情文本极性，是指在特定分类标准下，早期舆情文本中由于派别立场、敌我关系等社区属性的影响，创作者在情节推进和人物行为评价的过程中，对人物及其关系所体现出的明显情感倾向。未经处理的早期舆情文本通常保留完整的自然语素序列，未涉及如分节、分段、情感标注或社会网络结构等高层次信息。此类自然语素序列虽然词汇容量大，但信息分布稀疏，导致其直接表达的情感和结构特征较为隐晦。

自然语素序列 S_N、人物指示序列 S_V、极性指示序列 S' 都是由语素组成的单一有限长序列。为了表征语素之间的相互作用和关联关系，还需指出语素的作用范围，如下定义早期舆情文本交互窗口的大小称为粒度 Q。选取不同粒度时，由文本序列生成的文本空间包含的信息量不同。

社区发现的任务就是通过早期舆情文本中所蕴含的信息，识别出节点极性、链路极性，并将极性节点划分到对应的社区的过程。

文本空间熵用以评价文本空间提取子空间时的信息含量。信息论指出，信息量的大小与事情不确定性的变化有关，而不确定性的变化又与事情可能结果的数量和概率有关。经过粒度 Q 划分的文本空间 T 的信息含量，称为 T 的文本空间熵 H。定义空间文本空间熵函数 $H(T)$为

$$H(T)=E\left[I(T)\right]=E\left[-\ln\left(P(X)\right)\right] \tag{3-1}$$

其中，X 为从早期舆情文本交互作用单元 t 中提取信息时的关注变量；P 为 X 的概率质量函数；E 为期望函数；$I(T)$为 T 的空间信息量，也称空间自信息。

早期舆情文本极性的一个关键问题就是划分极性的分类标准。早期舆情文本人物网络的构建基于早期舆情文本阅读经验和早期舆情文本情节发展。早期舆情文本中人物分类通常有两种不同的框架：一是人物本身具有的性质，二是人物在作品中的作用。“行动能力”不适合作为早期舆情文本极性的分类标准。以社会道德为判断标准可能会因读者的不同而有所差异，因此判断极性的视角主体应为作者。在作者特定的视角下，读者和作者可以取得共鸣，从而得

到可靠的情感倾向结果，这就是一个好的极性划分标准，而适用于这个标准的早期舆情文本，就是富于极性的早期舆情文本。

3.3.3　早期舆情文本人物社区发现与社区匹配

当文本任务网络的边不包含情感极性信息时，往往需要人工匹配其正负极性。在这种情况下，仅考虑共现网络结构而不考虑人物节点共现时的上下文语义（共现时的词语、共现段落的情感倾向），具有明显的缺陷，即通过不明确标注极性的信息来完成极性社区的划分，准确率不高。

然而综合网络极性的社区发现同时考虑了节点极性与链路极性。首先确定合适的极性阈值 th，可以预确认 V' 中每个 v 的极性$\{v^{+},v^{-}\}$，然后根据同极节点相互排斥、异极节点相互吸引的假设，将这种交互力的关系融合到表明节点之间极性交互关系的 E' 中。此时，E' 表明了 G' 中节点之间的综合极性交互关系，包含来自节点极性和链路极性两方面的信息。节点极性的加入使 E' 不仅包含情感极性信息，还可以自动匹配其正负极性，从而作为社区发现的最终结果。链路极性的加入使得其结果具有网络的图结构。

本节实验选取了文本中的人物和人物关系在文本社会网络中具有较明显正负极性的 7 个早期舆情文本，综合文本与文本拓展材料确定节点词典，并标注节点极性。根据文本长度和剧情复杂长度的不同，节点的个数在 6 个到 22 个之间。

早期舆情文本中，主要人物的情感褒贬倾向明显，极性易于区分，而次要人物多为辅助主要人物和主要情节之用，从 S_N 提取 S_V 时，去除对应非极性节点的次要人物，并标注其极性，最终得到实验中使用的人物词典。

基于文本的统计结果可以协助检索出文中有关人名的绝大多数信息，避免构建词条时遗漏，但少量信息可能重复甚至错误。而文本拓展材料，则帮助我们将人物的主要称谓和其他称谓匹配到同一个人物词条中。

用文本空间熵衡量的信息含量和窗口中同时包含的人物指示语素与极性指示语素的个数所衡量的极性作用准确率无法同时优化。从文本空间熵和极性作用准确率两个标准来看，长句窗口和段落窗口都是合适的。表 3-4、表 3-5 展示了在窗口选择时，自然语言集实验的统计结果，在 7 个早期舆情文本中，文本长度 L、窗口数目 n、窗口字数长度 l、文本空间熵 $H(X)$ 、形态窗口中语素的最大个数 t_V，以及情感指示窗口中语素的最大个数 t' 。

表 **3-4** 长句窗口的数目、长度和文本空间熵

自然语言集	L	长句窗口				
		n	l	$H(X)$	t_V	t'
人民的名义	258 428	11 641	21	168	7	13
金光大道	1 722 512	78 423	21	243	8	34
山乡巨变	327 787	23 961	13	53	4	7
红旗谱	291 759	16 352	17	67	5	12
智取威虎山	342 181	18 359	17	84	5	15
艳阳天	969 445	67 302	13	241	8	19
国家公诉	267 185	15 904	16	81	5	9

表 **3-5** 段落窗口的数目、长度和文本空间熵

自然语言集	L	段落窗口				
		n	l	$H(X)$	t_V	t'
人民的名义	258 428	2 334	110	1 741	31	30
金光大道	1 722 512	27 930	61	2 569	28	63
山乡巨变	327 787	8 285	39	46	4	10
红旗谱	291 759	4 083	71	1 122	21	50
智取威虎山	342 181	5 878	58	281	10	45
艳阳天	969 445	34 972	27	1 625	27	53
国家公诉	267 185	8 545	31	1 741	5	9

在处理早期舆情文本时，评估信息的有效性和传播的情感倾向是两个至关重要的方面。为有效分析文本中的信息含量和情感极性，可以利用文本空间熵和极性作用准确率这两个指标。文本空间熵用于衡量文本中信息的丰富程度和复杂性，而极性作用准确率则反映了文本中情感表达的准确性和一致性。在实际操作中，扩大文本分析窗口（如长句或段落级别）有助于优化这两个指标，通过更全面地捕捉文本中的信息和情感表达，提升整体分析的准确度和可靠性。具体而言，文本处理过程可以分为以下几个步骤。

（1）早期舆情文本空间提取。使用基于长句粒度的文本空间提取工具，将早期舆情文本中的自然语素序列转换为结构化的自然语素空间，为后续的分词和分析做数据准备。

（2）分词和语素匹配。在获得自然语素空间后，对语素进行分词处理。将分词结果与预设的节点词典匹配，词典中包含了人物指示语素等关键信息。成功匹配的语素按原始顺序重新排列，形成新的人物指示序列。

（3）构建人物指示空间。通过上述步骤，从早期舆情文本中提取关键人物指示信息，构建人物指示空间。这个空间不仅包含文本中的关键人物信息，还保留了原有的语义结构和逻辑关系。

结果显示，经过优化的文本处理方法能够显著提升准确率，尤其在长文本分析中效果更为明显。文本长度增加意味着节点数量增多，在构建人物网络时能提供更丰富的信息，从而提高准确率。此外，与传统方法相比，改进后的方法能够更准确地匹配正负极社区，并保留网络的完整链路结构，从情感极性角度清晰地反映出早期舆情文本的内涵。然而当前的方法在链路极性指示和情感极性关键词集的适应性上仍存在局限性，特别是在链路指示关系不明确和关键词集准确性不足的情况下。未来的研究应进一步提高极性指示链路的准确性，并对情感关键词集进行更细粒度的优化，以增强链路极性分析的适应性和整体情感分析的准确性。

早期舆情文本是文本挖掘工作重要的数据基础，但由于标注与校对工作复杂且耗时，现阶段仍缺乏足够的高质量标注数据，难以充分应用机器学习方法进行深入分析。本章从一手文本数据中识别人物和极性语素的过程，并划分早期舆情文本交互作用窗口。以早期舆情文本情感极性的概念为基础，对极性早期舆情文本人物网络建模，基于极性节点、极性链路的抽取完成极性社区的划分。早期舆情文本空间熵明确定义了长文本自然语言提取信息的过程，早期舆情文本交互作用窗口界定了节点与极性语素指示的范围。

3.3.4 早期舆情文本社会网络的构建

社会网络可以由节点和边构成的关系图表示，记为 $G=(V, E)$，其中 V 为图中的节点集合，E 为节点之间相互联系的边的集合。为了识别早期舆情文本中人物的关系，对每个早期舆情文本中的主要人物构建社会网络，每个主要人物可以视作一个节点，人物之间的关系则可以视作对应节点的连边，对于这些连边，我们根据节点之间在同一段落的共现次数给予相应的权重。对于某个具体的节点 v_i，它与其他节点 v_j 的关系可以用 e_{ij} 表示，其中 e_{ij} 的具体权重为节点 v_i 和 v_j 在同一段落中的共现频数。

两个人物在早期舆情文本同一段中共现的次数 e_{ij}（以下简称共现次数）较好地反映了两个人物之间的亲密程度，即可以作为判别两个人物之间的亲密度的重要标准。当然，e_{ij} 的大小也会受 v_i 和 v_j 在早期舆情文本中出现次数的多少所影响，一个明显的例子是在《射雕英雄传》中，同样是非常恩爱的恋人，郭靖和黄蓉的共现次数高达 6743 次，而陆冠英和程瑶迦的共现次数仅有 523 次。

因此，仅凭借在同一段落中共现的次数 e_{ij} 的指标来判断人物之间的关系程度不够完善，因为人物在早期舆情文本中出现的次数很多，这也使得与人物相联系的边的权值 e_{ij} 会更大。为使人物之间的关系衡量不受人物本身出现次数的影响，我们对权值 e_{ij} 作归一化处理，进而提出了衡量亲密度的重要性函数 P_{ij}，

对于节点 v_i 和 v_j ，用 v_i 与 v_j 的亲密度在 v_j 和除自身外所有节点的亲密度之和中的占比衡量 v_i 在 v_j 的社会网络中的重要程度。众所周知，不考虑感情色彩的话，人物之间的亲密度关系主要有同学、母子、师徒、恋人（包括夫妻）、暗恋、仇敌等，因此这个亲密度函数 P_{ij} 也可以作为识别早期舆情文本中围绕主人公的复杂情感关系的重要指标。

早期舆情文本涉及的人物种类繁多，十分多样。我们将由计算机识别出的每个早期舆情文本中出现频数最多的名字作为人物。在早期舆情文本中，很多非常次要的人物也许只和人物产生过一定的关联，那么在他的关系网络中，人物的占比是非常高的，这很容易让模型误判为他和人物有相当亲密的关系。因此，在早期舆情文本社会网络中消除这些噪声干扰对识别主人公的感情关系模式十分重要。

基于早期舆情文本中人物节点的分布呈现幂律分布的特点，可以提出提取早期舆情文本社会网络中的主要节点、删除噪声节点的新模型。本节使用传统的贝叶斯决策理论识别早期舆情文本社会网络中人物节点之间的关系，即假设早期舆情文本中关系的集合为 W，a 和 b 为早期舆情文本中任意两个人物，他们之间的关系用 $R_{a,b}$ 表示，其中 $a \neq b$，$W_i \in W$ 。具体的做法是运用人工建立的某种关系的标志语词典，在早期舆情文本社会网络中以该关系的标志语出现的频率作为其概率的模糊估计，同时以两个人物共同出现的频率作为其概率的模糊估计。

3.3.5　早期舆情文本人物关系的识别

本章通过搭建早期舆情文本中人物节点的社会网络，并根据早期舆情文本的特征，提出了一种简化的早期舆情文本社会网络模型，并通过提出噪声节点的识别方法，构建了一个更为通用的分析框架。此外，本章设计了一个基于早期舆情文本社会网络人物节点之间的接近中心度的亲密度计算模型以及判断早期舆情文本社会网络人物节点之间关系的身份判别模型，并以此为基础完成了用于识别早期舆情文本人物的复杂关系的综合模型。

在早期舆情文本人物关系识别的基础上，本章选择了其中围绕人物的且被识别为早期舆情文本的人物节点，组成早期舆情文本社会网络，进一步分析早期舆情文本中人物的复杂关系模式。人物关系的复杂之处在于，其所面临的具体情况丰富多样。

人物复杂模式识别主要围绕单恋还是恋爱进行，特别是早期舆情文本中人物之间是否存在多角恋的情况。在所构建的早期舆情文本人物社会网络关系中，首先通过贝叶斯判别模型识别出存在关系的人物节点。然后，利用人物节点之间的亲密度函数分析，构建单恋模型并识别围绕人物的单恋关系，进而得出人物之间的多人复杂关系。依据早期舆情文本人物姓名词典，将同时出现在词典和每个文本中的人物识别为社会网络的节点，并在简化后的网络中进行分析。最终，系统能够识别出人物间的喜爱程度和人物对其他节点的喜爱程度，呈现出社会网络图中由人物出发的单恋模型和指向人物的单恋模型，从而揭示出复杂的多人关系模式。

对实验结果的评价指标主要有精确率和召回率以及 F1 分数，精确率在本实验中的定义为“模型识别出的处于围绕人物的复杂关系模式的人物节点数与识别出的总人物节点数的比率，即查准率”，召回率在本实验中的定义为“模型识别出的处于围绕人物的复杂关系中的人物节点数与所有处于围绕人物的复杂关系的人物节点数的比率，即查全率”。F1 分数则为精确率和召回率的调和平均数。

将早期舆情文本根据章节均分为几个部分，即按照文本长度的二分之一、三分之一等设置窗口依次做实验，以此来确定最佳的窗口长度。我们认为随着窗口长度的不断减小，即计算机识别的范围从全文到局部章节时，那么那些隐藏在某些局部章节的人物节点与人物的接近中心性会得到放大，随之带来的是只在部分章节出现的与人物存在复杂关系的节点也能被识别出来。

3.4　人工智能生成内容与舆论生态

3.4.1　人工智能生成内容对舆论形成与公众感知的影响

在数字时代，AI 技术的发展正迅速改变着我们生产和消费内容的方式。特别是自 2022 年 11 月以来，人工智能生成内容（artificial intelligence generated content，AIGC）的应用得到了迅猛的发展，展现出了强大的动态适应能力和高度的创造性。依托于先进的大语言模型，如 OpenAI 的 GPT 系列、Google 的 BERT 和 T5 等，这些技术不仅可以生成结构严谨、语法流畅的文本，还能创作具有视觉冲击力的图像和视频，甚至生成符合特定艺术风格的作品。

这些大型语言模型通过在互联网上采集的庞大文本数据库进行训练，使得 AI 能够模仿、学习并再现人类的语言模式和表达方式。例如，GPT-3 模型具备 1750 亿个参数，它可以根据少量的提示文本，自动生成长篇文章、诗歌、剧本甚至代码，内容涵盖广泛且富有创造性。这种技术的自我优化能力使得生成的内容不仅在形式上接近人类作品，而且在语境上更加精准，反映出对特定主题深入的理解和分析。

AI 在内容生成中的自动化极大提升了生成效率，特别是在新闻报道、社交媒体内容创建和客户服务领域。机器人记者和虚拟助手能够在几秒钟内生成报告和响应用户查询，显著提高了工作效率和响应速度。同时，AI 技术在精准性方面也表现出色，它可以根据用户的具体需求生成高度定制化的内容。例如，在广告行业，基于 AI 的内容个性化推送已成为提高用户参与度和优化营销策略的重要手段。这一技术革新正在引发一个全新的信息和媒体消费时代，其速度和范围的影响力都是前所未有的。

本节还将系统性地探讨 AIGC 对舆论形成和公众感知的影响，分析其在舆论主体、客体和本体等方面的多重影响。舆论的主体是指舆论的发起者和参与者，即公众、群体、媒体和意见领袖；舆论的客体是指舆论所针对的对象或问题，如社会事件、公共政策、人物和社会现象；舆论的本体则是指舆论的内容和实质，即公众的观点、情绪、态度和论点。通过这些要素对舆论影响进行全面分析，深入理解 AIGC 对舆论生态的综合影响效应。

数智化社会中，AIGC 以其高效、个性化和即时性的特点，正在深刻地改变舆论环境。舆论主体的影响力在于他们的传播和参与能力。AIGC 技术使公众和群体能够快速生成和传播信息，扩大了个体和群体在舆论中的参与度和影响力。媒体和意见领袖则利用 AIGC 提高内容生成效率和质量，增强其在舆论中的权威性和影响力。舆论客体的影响则主要体现在它们的内容和焦点上。AIGC 可以快速生成关于社会事件、公共政策、人物和社会现象的报道与分析，从而影响公众对这些客体的认知和态度。通过多角度的视野，AIGC 能够帮助公众更全面地了解和讨论这些客体。舆论本体则是舆论的核心，涉及观点、情绪、态度和论点。AIGC 生成的内容可以丰富舆论的观点和论点，影响公众的情绪和态度，进而影响舆论的走向和深度。通过理解 AIGC 对信息传播及舆论环境的全方位影响，揭示其对舆论生态要素的整体效应。

1. 舆论主体

在舆论主体方面，AIGC 对个体、群体及媒体产生了深远影响。

在个体方面，AIGC 为个体提供了广泛的表达机会和平台，使公众能够利用 AI 工具轻松创作内容，积极参与舆论讨论。AIGC 的便利性不仅让个体快速生成和传播观点，极大地丰富了舆论的多样性，也使得不同声音得以发出和传播。通过社交媒体等平台，公众个体可以利用 AIGC 生成独特的内容，表达自己的观点并参与公共讨论。高效的信息生成增加了个体声音的可见度，使更多的人能够分享和传播创新的想法，从而促进信息传播的多样性和广泛性，提升舆论环境的活力和包容性。AIGC 的应用显著提高了信息传播的效率和准确性。通过大数据和算法，AI 能够对生成的内容进行精准核实和验证，减少人为失误导致的错误，提升了内容质量并增加公众对信息的信任度。利用 AI 的个性化内容创作功能，个体能够根据不同受众的兴趣和需求生成更具吸引力的内容，增强信息传播的效果。AIGC 还可以实时生成和更新内容，确保信息的及时性和相关性，满足公众对最新信息的需求。通过语言翻译功能，AIGC 能够将内容翻译成多种语言，促进跨文化交流，扩大信息传播的范围和影响力。意见领袖作为一类特殊的公众个体，AIGC 为其提供了快速生成高质量内容的工具，增强了他们在特定领域的权威性和影响力。通过 AIGC，意见领袖能够更高效地生成内容，及时发表观点，引导公众舆论。例如，专家学者可以利用 AIGC 生成深度分析文章，向公众传达专业知识和见解。AI 技术还能辅助意见领袖预测新闻趋势和热点话题，帮助其在公共讨论中占据有利位置。然而，这种技术也可能被滥用来制造虚假权威信息，误导公众，影响舆论的公正性。特别是当意见领袖利用 AIGC 生成大量内容时，如果缺乏严格的审核机制，这些内容的真实性和可靠性将难以保证，从而对公众产生误导。一些意见领袖可能利用 AIGC 生成虚假信息，宣传个人观点或商业利益，误导公众判断，甚至引发社会争议和对立。因此，在利用 AIGC 技术的同时，确保内容的真实性和公正性仍然是一个需要重视的重要问题。

在群体方面，AIGC 技术的应用使社团和社区能够更高效地组织与传播信息，生成统一的宣传材料，提高传播效率和组织协调能力。群体可以通过 AIGC 快速响应社会事件和热点话题，增强其在舆论中的影响力。例如，在社会运动或公益活动中，组织者可以利用 AIGC 生成具有号召力的宣传材料，并迅速将其传播到广泛的受众中。这种技术的便利性还促进了社团和社区的协作与沟通，使成员能够更紧密地合作，共同推动社会变革。AIGC 有助于增强社会事件的透明度和公众知情权，通过生成详细且及时的报告，帮助公众更好地理解和应对紧急情况。在自然灾害或公共卫生事件中，AIGC 可以快速提供准确的信息，指导公众采取适当的行动，从而减少恐慌和资源浪费，维护社会稳定。AIGC 技术的应用还带来了信息公平传播的积极效果。

在媒体方面，AIGC 显著提高了内容生成效率，自动生成新闻报道和分析文章，提供更丰富和多样化的信息资源，提升信息传播的及时性和覆盖面。新闻机构利用 AIGC 在短时间内生成大量报道，覆盖广泛的新闻事件，提高信息传播的速度和广度。AIGC 技术通过大数据分析和自然语言处理，可以对新闻内容进行精准核实和验证，减少人为失误导致的错误，提高新闻报道的准确性和可信度。AIGC 还为媒体行业带来了个性化内容创作的能力，根据不同受众的兴趣和需求，生成定制化的新闻内容，增强新闻的吸引力和传播效果。

AIGC 不仅让新闻机构受益，也对新闻工作者和记者的工作提供了积极的帮助。通过快速处理和分析大量数据，AIGC 帮助新闻工作者迅速筛选出有价值的新闻线索，从而节省时间和精力，使记者能够专注于更深入的调查和报道，提高工作的效率和质量。AIGC 还能辅助记者实时生成新闻草稿，并更新新闻内容，确保新闻的及时性和相关性，满足公众对最新信息的需求。此外，AIGC 的语言翻译功能能够将新闻内容翻译成多种语言，扩大新闻的传播范围，促进不同语言群体之间的信息交流和理解。

AIGC 中的大语言模型如 GPT 系列已经展现出强大的语言生成能力。用户可以通过对预训练的大语言模型进行微调，打造更适合自己应用领域的精准模型。尽管目前仅有部分大语言模型支持这种个性化微调，但随着 AIGC 技术的快速发展，可以预见 AIGC 将实现允许个人用户进行“个性化”微调的功能。通过对预训练的大语言模型进行微调，记者可以根据自己的风格定制 AI 模型，使其生成的稿件更符合个人写作风格。这意味着记者可以在采访结束后，仅需简单描述几句，AI 便能自动生成一篇新闻稿。这样的个性化定制不仅显著节省了记者的时间和精力，还确保了生成内容的风格一致性和专业性，极大地提升了工作效率。记者只需对 AIGC 草稿进行轻微修改，就能快速完成高质量的新闻报道，从而在舆论生态中进一步提高信息传播的速度和质量，促进公众对新闻事件的及时了解和理性讨论。

2. 舆论客体

在舆论的客体方面，AIGC 能够实时生成丰富的报道和分析，极大地提高信息传播的速度和覆盖面。这种及时性和高效性帮助公众快速了解并掌握最新的社会动态，从而形成全面的认识。例如，在自然灾害或重大社会事件发生时，AIGC 可以迅速生成大量相关报道，满足公众对信息的急切需求，帮助他们更快地了解事件全貌。通过精准的信息生成和传播，AIGC 有效地填补了信息空白，减少了不确定性对社会的负面影响。AIGC 不仅可以快速响应，还能通过多语言翻译功能将重要信息传播到全球各地，促进跨文化理解和合作。

在政策宣传和解读中，政府可以利用 AIGC 技术生成政策解读和宣传材料，增强政策透明度和公众理解度。这有助于政策的有效实施和公众参与，确保政策信息迅速传播到广大受众。通过 AIGC，政府能够提供更生动和详细的政策解读，使复杂政策易于理解，提高政策执行的透明度和可信度。AIGC 的高效生成和传播能力有助于政府快速应对公众的疑问和反馈，提升政策宣传的效果和公众对政策的信任度。

对于公众人物的报道和评论，AIGC 可以提供多样化视角，丰富公众对这些人物的了解。AIGC 能够生成关于政治人物、公众人物的详细报道和分析，帮助公众全面认识这些人物。例如，AIGC 可以迅速生成关于某一政治人物的政策立场、履历和公众评价，提供全面视角。通过多角度、多层次的报道，AIGC 有助于公众更客观、全面地了解公众人物的背景和贡献，促进社会的公正和透明。然而，这种技术也可能被滥用，生成虚假信息和谣言，影响公众对人物的认知，甚至损害人物的声誉。因此，建立严格的审核机制和真实性验证手段是必要的，以确保信息的准确性和公正性。

在对社会现象的分析中，AIGC 可以提供多角度视野，促进公众对复杂社会问题的理解和讨论。AIGC 通过综合分析大量数据，能够揭示社会现象的多维度特征，帮助公众更全面地认识和讨论这些问题。例如，AIGC 可以通过分析社交媒体数据、经济指标和公共舆论，生成对某一社会现象的多角度分析报告，帮助公众理解现象背后的原因和影响。这种深度分析能力有助于社会更理性地面对和解决问题，减少冲突和误解。通过提供科学的数据分析和理性的解释，AIGC 在公共政策和社会治理方面发挥了重要的辅助作用，有助于社会和谐稳定。此外，AIGC 还促进了信息公平传播和公众参与。通过打破传统媒体的信息垄断，AIGC 使更多的声音能够被听到，促进了信息的公平传播和交流。这不仅有助于群体内部的有效沟通和协作，也使得各种观点和信息能够更广泛地传播，促进了社会的多元化和包容性。AIGC 可以生成具有引导性和教育意义的内容，帮助公众理性看待问题，缓解社会焦虑和恐慌情绪，从而维持社会和谐与稳定。通过高效的信息生成和传播，AIGC 大大提升了舆论引导的效果，促进了公众积极参与社会事务和公共讨论。

AIGC 对舆论客体的影响还体现在信息的持久性和可追溯性方面。AIGC 生成的内容可以长期存储和传播，形成持久影响力。例如，某一篇关于社会现象的分析文章可能在多年后仍被引用和讨论，影响公众对该现象的长期认知。同时，AIGC 生成的内容具有较强的可追溯性，公众可以通过技术手段追踪信息的来源和传播路径，从而增强信息的透明度和可信度。然而，这也带来了隐私保护和信息安全的问题。如何在保证信息透明的同时，保护个人隐私和敏感信息，成为亟待解决的挑战。

3. 舆论本体

在舆论本体方面，AIGC 对公众的观点、情绪、态度和论点的影响是多角度、多方面的。

AIGC 具有生成多样化观点的能力，极大地丰富了舆论的内容，能帮助公众更全面地了解不同的意见和立场。这种多样性有助于增强公共讨论的深度和广度，使得讨论不再局限于单一视角。这不仅提升了公众的认知水平，还促进了多元化的舆论环境，激发了更多创新和建设性的讨论。通过提供不同的观点，AIGC 可以帮助公众更好地理解复杂问题，推动社会进步。然而，自动生成的观点如果不加以筛选，可能包含虚假或极端内容，误导公众判断。因此，在利用 AIGC 时，确保观点的真实性和多样性至关重要，以防止舆论走向偏激或错误的方向。

AIGC 还能够生成带有情感色彩的内容，显著影响公众的情绪反应。通过生成感人故事或煽动性内容，AIGC 可以引发公众的共鸣，推动舆论走向。感人故事可以在短时间内激发公众的同情心和参与热情，促进社会的团结和合作，而煽动性内容则可能引发公众的愤怒和抗议情绪。然而，这种情感操控如果被恶意使用，则可能导致公众情绪的极端化和不稳定。正面的情感内容，如鼓舞人心的故事和成功案例，能够激励公众积极向上，增强社会的正能量和凝聚力。因此，如何在利用 AIGC 增强内容情感共鸣的同时，防止情感操控被滥用，是一个需要关注的重要问题。

AIGC 生成的内容还可以引导公众形成积极或消极的态度，从而影响其参与公共事务的意愿。正面的内容可以激励公众积极参与社会活动，促进社会的积极发展。例如，关于环保行动的正面报道和鼓舞人心的故事，可以激发公众参与环保行动的热情，推动社会可持续发展。通过生成积极向上的内容，AIGC 能够增强公众的社会责任感和参与意识，推动公益事业和社会进步。然而，负面的内容则可能导致公众的冷漠和消极情绪。例如，关于社会不公或经济困难的负面报道，如果过多或过于集中，可能导致公众对社会现状的失望和无力感，进而减少其参与公共事务的意愿。因此，确保 AIGC 生成内容的真实性和公正性，并积极引导公众形成理性、客观的态度，是维护社会和谐的重要任务。结合多样化观点、情感共鸣和态度引导，AIGC 在丰富舆论内容、激发公众参与、提升社会凝聚力方面具有积极的影响。这不仅有助于提高信息传播的效率和质量，还能促进社会的良性互动和积极发展。

AIGC 在丰富舆论内容、增强公共讨论的深度和广度的同时，还能影响公众的情绪、态度和参与意愿等舆论生态要素。然而，AIGC 的滥用也可能带来虚假信息、情感操控和逻辑谬误等问题，影响舆论的真实性和科学性。如何在利用 AI 技术的同时，确保内容的真实性、逻辑性和多样性，避免偏见和谣言的传播，是一个亟待解决的挑战。通过综合性研究，深入探讨 AIGC 在舆论本体方面的影响，可以为信息传播的健康发展提供科学依据和实际指导，从而促进舆论生态的良性循环和健康发展。

4. 舆论三要素构成的复杂舆论动力系统

在探究 AIGC 对舆论生态的深远影响时，网络扩散模型（network diffusion model，NDM）提供了一种有力的分析框架（图 3-5）。该模型深入融合舆论的主体、客体与本体特性，通过量化方法解析 AIGC 在网络空间中的传播规律。NDM 能够描述信息如何通过复杂的社会网络架构扩散，形式化表达为

$$P_{\text{diffusion}} = f\left(N, E, C\right) \tag{3-2}$$

其中，$P_{\text{diffusion}}$ 为信息扩散的概率；N 为网络中的节点集合（即舆论主体，包括个体、群体、媒体）；E 为边的集合，反映节点间的连接强度（体现为信任、关注等社会关系）；C 为 AIGC 的特征变量（结合内容的新颖性、情感倾向和

信息质量等，直接影响舆论客体的识别与本体的构建）。这一公式揭示了内容传播受网络结构和内容属性共同驱动的本质。

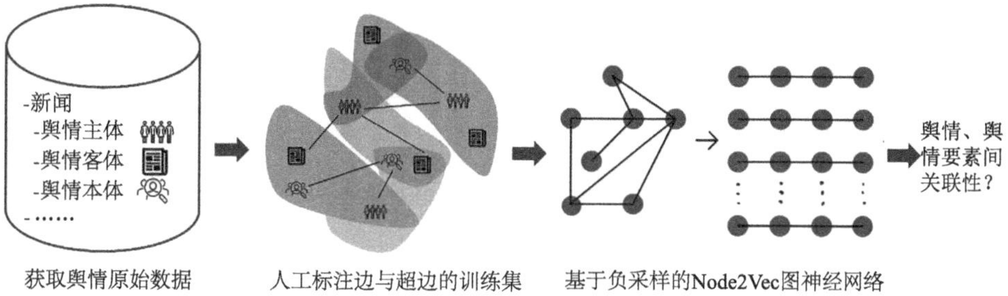

图 3-5　复杂动力系统的要素预测

在此基础上，考虑到舆论数量、质量、强度和时长等舆情要素的影响，可以进一步扩展。舆论数量可以用节点集合 N 的规模来衡量，质量则结合内容特质 C 和网络连接强度 E 进行评价。强度和时长分别反映舆论的影响力和持续时间。具体来说，舆论强度 I 可以定义为

$$I = \sum_{i=1}^{n} w_i \cdot f_i\left(N, E, C\right) \tag{3-3}$$

其中，w_i 为每个节点的权重；$f_i\left(N, E, C\right)$ 为节点 i 的影响函数，反映该节点在网络中的影响力。

为了考虑舆论时长，可以引入舆论持续性函数 $D\left(T\right)$，描述信息影响力随时间 T 的变化：

$$D\left(T\right) = D_0 \cdot \exp\left(-\lambda T\right) \tag{3-4}$$

其中，D_0 为初始影响力；λ 为衰减系数，反映信息随着时间推移其影响力的递减速度。

结合这些因素，模型可以进一步完善。考虑舆论本体的演变，可以引入满

意度函数$S(T)$来衡量公众对 AIGC 的接受度随时间 T 的变化：

$$S(T)=g\left(C,P_{\text{trust}},I_{\text{reception}}\right)\cdot(1-\delta\cdot T) \tag{3-5}$$

其中，g 为复合函数，综合考量了内容特质 C、公众对传播源的信任度 P_{trust} 及接收信息的个体差异 $I_{\text{reception}}$；δ 为衰减因子，反映了信息随时间推移的新鲜度下降，对舆论本体中公众情绪、态度的持续性进行建模。

3.4.2 人工智能生成内容对信息真实性与公众认知的挑战

为了全面分析和应对 AIGC 在舆论生态中造成的信息真实性难以辨别和公众认知失调的挑战，本节将从微观、中观和宏观三个层次展开研究。这种层次化的分析方式有助于从细节到整体，全面理解 AIGC 在不同层面对舆论生态带来的具体问题及其挑战。基于“以夷制夷，以夷款夷，师夷长技以制夷”的核心思想，从各挑战对应的 AI 技术出发，进行针对性的研究设计，以期得到有效、合理、可行的解决方法。

本节从微观、中观和宏观三个层次来阐述 AIGC 对舆论生态的挑战，旨在系统性地揭示 AIGC 导致的信息真实性和公众认知失调的三层次挑战。整体而言，微观层次的研究有助于识别和改进 AIGC 的细粒度问题；中观层次的研究关注 AIGC 整体质量和结构的中粒度问题；宏观层次的研究则着眼于 AIGC 对信息生态系统和社会舆论的整体挑战。通过层次化的分析方式全面揭示 AIGC 在舆论生态不同层面所带来的具体问题，为制定有效的解决方案和治理策略提供技术支撑、科学依据和实践指导。

1. 微观层面

AIGC 在提升舆论生态中文本等信息资料生产效率和个性化方面展现了潜力的同时也带来了技术层面的诸多挑战，尤其是在内容真实性和质量方面。微观层面的舆论生态波动通常难以在早期被察觉，但一旦形成舆论热点，往往已根深蒂固，难以彻底解决。因此，更为有效的策略是在 AI 技术层面进行预防和遏制。微观层面主要关注字词和句子的粒度。当前自回归语言模型的概率输出方式在生成文本时，可能在字词和句子的细节中出现失误。这些技术不足不仅影响内容的质量和可信度，还会对舆论生态造成一系列不良后果。深入研究这些细节处理上的问题，可以识别和改进 AIGC 的生成过程，确保生成内容的准确性和可靠性，从而减轻其对舆论生态的负面影响。

首先，AIGC 幻觉现象导致虚假和不实信息泛滥，影响信息整体的真实性和公信力。AI 模型有时会生成幻觉，即基于模型内部噪声或误解而产生的不实信息。这些不实信息不仅是技术性的问题，还会对信息的真实性构成严重威胁，容易误导读者，影响其判断和决策。这种幻觉现象破坏了信息环境的真实性，使得读者难以分辨真实信息和虚假信息，可能导致公众对信息源的信任度降低，甚至对权威信息产生怀疑。

其次，AIGC 缺乏高级语言艺术手段，导致读者的阅读体验和情感共鸣减弱。AIGC 普遍缺乏比喻等高级语言艺术手段，这种缺陷限制了内容的文学性和艺术性，影响了读者的阅读体验和情感共鸣。AIGC 的平淡和单调性导致信息传播的吸引力和感染力下降，无法有效打动读者或引发深层次的思考和共鸣。

最后，AI 通过制作形似字规避监管审查，导致舆论观点或有害信息难以有效过滤。AI 能够快速产生与原本汉字相似的字（此时 AI 生成内容为字），或者一些不存在的汉字，导致现有的内容监管方法失效。这种技术手段可以使某些舆论观点或有害信息通过换字避开监管，从而对舆论生态的稳定性构成重大挑战。例如，恶意信息传播者可以通过使用形似字替换敏感词汇，绕过自动化审查系统，进而传播误导性或有害的信息。这种策略不仅挑战了现有的监管机制，还使有害信息更难以察觉和控制，对信息环境的健康和公正性构成严重威胁。

2. 中观层面

在中观层面，AIGC 在结构和格式上的问题是对舆论生态多样性和丰富性产生破坏的一个重要挑战。中观层面可以看作微观字词句的集合，形成完整的内容。然而，这些内容在生成过程中，可能会出现结构过于完美、机械和标准化的问题。尽管这些内容从表面上看起来整齐划一，但它们往往缺乏内容深度和个性化表达。这种一致性和格式化不仅降低了内容的多样性与丰富性，还容易被用来掩盖 AIGC 的实际性质，从而导致同化舆论生态的多样性和丰富性，不利于舆论生态的稳定性和平衡性。

首先，AIGC 言之无物、千篇一律，降低了内容实际价值，在内容上缺乏深度，浪费读者时间。虽然 AIGC 在语言和结构上看似完美，但却缺乏实际的深度和具体性。这种内容虽然从表面上来看信息量充足，但实质上可能空泛无物，无法提供有价值的见解或实际指导，导致读者浪费时间。缺乏深度的内容不仅让读者感到失望，还可能导致信息过载，使读者难以找到真正有用的信息。这种现象在长期内会削弱读者对信息来源的信任度，并可能导致读者对 AIGC 的排斥。

其次，AIGC 过于工整和标准化，难以区分真实创作与 AIGC，具有较强的欺骗性。这种高度一致性虽然在一定程度上保证了内容的清晰和规范，但也带来了显著的弊端，特别是对于非专业群体而言，难以区分真实创作与 AIGC。这种一致性和格式化不仅降低了内容的多样性和丰富性，还容易被用来掩盖 AIGC 的实际性质，增加了欺骗性，误导读者。特别是当 AIGC 被恶意用来传播虚假信息时，这种一致性使得虚假信息看起来更加可信。

最后，AIGC 缺乏思想深度、情感共鸣及“灵魂”，导致优秀创作被淹没，降低整体内容质量。尽管 AIGC 在结构和内容上看似完整，但往往缺乏内在的连贯性和思想深度。这些内容虽然有结构（骨骼）和内容（肌肉），但缺乏内在的连贯性（血液）和思想深度（灵魂），难以引发共鸣。长期来看，这种缺乏灵魂的内容不仅难以满足读者的深层次需求，还可能导致优秀的创作被淹没在大量同质化内容中，劣币驱逐良币，精品难出。这种现象不仅削弱了内容的整体质量，还可能影响创作者的积极性，导致创新和深度思考的减少。

3. 宏观层面

在宏观层面，AIGC 的应用带来了复杂的社会挑战和治理困境。宏观层面可以看作中观文本的集合，大量文本的生成和使用构成了整体的信息生态系统。然而，大量生成的文本可能会导致信息泛滥和质量参差不齐的问题。AIGC 的大规模应用，不仅加剧了信息过载，还可能被恶意利用，制造虚假信息，操控舆论。这些问题对社会稳定、公正和透明的信息环境构成了严峻挑战。

第一，AI 生成虚假信息被恶意使用，导致社会秩序和公共安全受到威胁。AI 生成的信息存在被恶意使用者操纵以制造虚假信息的风险，涉及欺诈和违法犯罪行为。这种刻意伪造的信息不仅对信息环境的真实性构成严重威胁，还可能给社会秩序和公共安全带来不可估量的负面影响。恶意信息的传播可以迅速引发社会恐慌，导致社会动荡和不安。例如，虚假新闻或误导性信息可能影响公众对舆论事件的认知，甚至在紧急事件中误导公众的应对行为。多模态生成模型如 Sora，使得生成虚假图像、音频和视频变得更加容易，进一步增加了信息辨别的难度。

第二，信息爆炸现象加剧，导致读者难以找到核心信息，重要信息淹没在大量冗余内容中。AI 技术使得生成大量信息变得异常容易，这种信息过载不仅使得读者难以找到核心信息，还导致重要信息被淹没。在一个信息过载的环境中，读者可能会感到困惑和不知所措，难以辨别哪些信息是真正有用和重要的。这不仅降低了信息传播的效率，还可能导致信息茧房效应，读者只接触到与其已有观点相符合的信息，进一步加剧社会的两极分化和对立。

第三，AIGC 为网络水军提供了前所未有的便利，使他们能够轻松生成海量内容进行舆论操控或信息干扰，混淆视听、误导读者，从而严重影响舆论环境的公正性和透明度。通过利用 AIGC，网络水军能够迅速制造虚假的社会共识，操控公众舆论导向，甚至影响政府决策和公共政策的制定。这种现象不仅破坏了舆论环境的公正性，还可能导致社会对立和信任危机。此外，AIGC 加速了舆论态势的变化，使得舆论更容易被资本把控，因为有组织的网络水军可以通过 AIGC 在短时间内大规模地操控舆论，改变公众的认知和态度（韩忠明等，2013）。

第四，AIGC 发展太快使现有监管技术相对滞后，难以及时应对 AIGC 带来的新兴问题和风险。现有的监管技术和机制往往滞后于 AI 技术的发展，导致应对这些技术带来的挑战变得困难。监管机构面对迅速变化的技术环境，常常处于被动状态，难以及时有效地应对 AIGC 带来的新兴问题和风险。尤其是在面对复杂的舆论环境和信息生态时，现有的监管手段显得力不从心，疲于应付，成为事后诸葛亮。

第五，AI 生成的大量内容反过来有可能成为其他对话机器人的训练数据，并迭代地依次进行下去，形成大规模的“舆论固化”现象。由于 AI 模型的训练数据大量来源于现有网络内容，当这些内容中充斥着由 AIGC 生成的信息时，新一代 AI 模型将不可避免地继承这些信息的偏见和观点。这种循环迭代的模式不仅加速了信息传播的同质化，还可能导致某些观点和信息在舆论场中占据主导地位，逐渐形成主流舆论态势。这种现象不仅削弱了信息的多样性和丰富性，还可能固化公众认知，降低社会对新观点和多元意见的包容度。

3.4.3 AI 驱动的舆论生态中人工智能生成内容的治理体系

本节还希望构建一个技术驱动的治理体系，以应对 AIGC 在舆论生态中带来的挑战。通过在多个阶段的治理策略和技术手段的结合，为有效管理和控制

AIGC 在信息传播中的负面影响提供综合性的框架和指导。随着人工智能技术的迅速发展，AIGC 在信息传播中的应用日益广泛。然而，AIGC 在提升内容生成效率和个性化的同时，也带来了虚假信息、内容空洞等诸多挑战，给舆论生态造成了深远的影响。

本节通过构建一个技术驱动的治理体系，系统化地应对 AIGC 带来的挑战。我们将通过三阶段的治理策略和技术手段的结合，为治理体系提供综合性的框架和指导。治理体系包括发现机制、治理策略和预防机制三个关键过程，分别对应识别问题、解决问题和防范问题的不同阶段，形成一个完整的治理闭环。通过借助 AI 自动理解及检测 AIGC 造假、AIGC 水军、AIGC 幻觉等 AIGC 问题，使审查治理机制协同工作，确保治理体系的科学性和实效性。

发现机制是治理体系的基础，通过高效的信息审查和内容鉴别技术，自动识别和标记潜在的虚假信息与有害内容。治理策略则在微观和宏观层面实施，综合运用多种手段确保信息传播的健康有序。预防机制结合法规政策和先进技术，从源头上防止有害内容的生成和传播。

1. 发现机制

在治理体系中，发现机制是基础。通过高效的阅览和识别技术，我们可以快速发现并标记潜在的虚假信息和有害内容，从而为后续的治理提供依据。

首先，是信息审查。在治理体系中，发现机制是基础。通过高效的信息审查和内容鉴别技术，我们可以快速发现并标记潜在的虚假信息和有害内容，为后续的治理提供坚实依据。AI 技术在信息审查中的应用使得大规模文本的自动分析成为可能。利用先进的自然语言处理和深度学习技术，可以高效地对新闻、社交媒体等平台上的内容进行分析，识别潜在的虚假信息和有害内容。信息审查技术通过文本挖掘、情感分析等手段，对大量数据进行自动化处理，确保高效筛选和标记问题内容。例如，在社交媒体平台上，利用实时监控系统标记疑似虚假信息，通过关键词过滤和语义分析自动检测和过滤虚假新闻。更先进的技术还包括利用生成对抗网络（generative adversarial network，GAN）和预训练变换器模型（pre-trained transformer model）进行复杂模式识别和异常检测，以更准确地发现隐藏在庞大数据中的细微异常和潜在威胁。

其次，是内容鉴别。在治理体系中，内容鉴别是发现潜在问题内容后的关键环节。通过先进的机器学习和深度学习技术对已审查的内容进行精细分类，区分虚假信息、误导性内容和健康内容，从而确保信息环境的透明度和健康性。在内容鉴别过程中，图神经网络和 Transformer 通过处理大规模数据和复杂的特征关系，能够高效地进行内容分类。图神经网络通过图结构数据的特征提取和传播，能够有效地捕捉文本中的复杂关系和依赖性，尤其在处理涉及多方关联的情境下表现突出，如图 3-6 中的图神经网络部分所示，文本、图像和视频等多模态数据先通过嵌入技术转化为特征向量，并结合图谱网络挖掘不同模态之间的关联信息。与此同时，邻居选择器模块引入邻接节点的结构特征，并与原始嵌入表示进行拼接，形成包含语义与结构信息的多维融合表示。经过拼接后的特征向量进入实体变换器模块，进一步通过前馈网络与多头注意力层的交替作用，提取中心实体与其邻居实体之间的深层依赖关系，并形成 $\hat{h}$ 和 $\tilde{h}$ 两个关键特征。这些特征随后被传递至上下文编译器，编译为 T_C 和 t 两个特征向量，

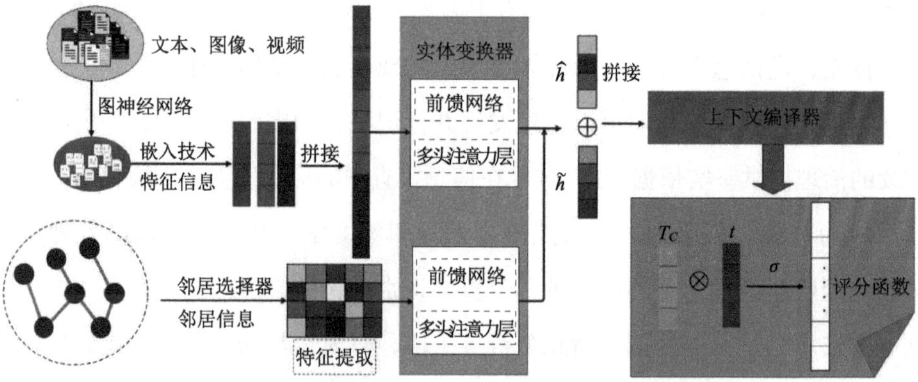

图 3-6　基于图神经网络和 Transformer 的内容鉴别模型

用于融合局部与全局上下文信息，增强语义表示的完整性与层次性。最终经过点乘和 σ 激活获取到最终的评分值，从而衡量二者的关联性。结合图神经网络在关系传播与信息提取上的优势，Transformer 结构通过其自注意力机制能够在长文本中动态地关注不同部分，从而精确捕捉语义差异。最终，该模型利用上下文增强后的语义表示，通过注意力机制等方式对目标任务进行高效处理，实现更准确的分类与识别效果。

2. 治理策略

发现机制提供基础数据后，治理策略的有效实施是保障信息环境健康的重要环节。我们从微观和宏观两个层面进行治理。

首先，在微观治理层面，强调细致化管理，秉持“大船沉没，原由小孔；百丈之堤，溃于蚁穴”的理念，对舆论环境的每个组成部分进行精细治理。评分模型是微观治理的一种有效手段，通过对内容进行多维度的评价和权重调整，高效识别和过滤低质量或有害内容。

在社交媒体平台上，用户可以报告不良内容，系统结合用户报告和评分模型自动调整内容的显示权重，确保高质量内容获得更多关注。同时，通过机器学习和自然语言处理技术，可以实时分析新生成的内容并对其进行评分，迅速发现和处理潜在问题。微观治理还包括对评论区和互动区的监控，通过语义分析和情感分析，识别并过滤有害言论，维护舆论环境的健康。通过细致化管理，预防小问题的积累，避免大危机的发生，从而确保信息环境的稳定和健康。

其次，在宏观治理层面，AIGC 治理的核心是综合运用多种策略，确保信息传播健康有序。通过跨平台的信息共享和协同治理，社交媒体、新闻网站和搜索引擎可以共同打击信息污染，提高信息监管效率，并防止有害信息在平台间传播。此外，公众参与是关键，建立公众举报平台，鼓励公众举报虚假和有害内容，确保举报信息的及时处理和反馈。

通过开展公众教育活动，尤其是在学校教育、社区讲座和在线课程中普及信息辨别技巧和正确使用 AIGC 工具的方法，能够有效提高公众的媒介素养和信息辨别能力，进而增强他们的抗干扰能力。此外，政策和法规的制定与实施有助于确保治理体系的合法性和权威性，进一步为公众提供保障。为了应对跨国界的信息污染和虚假信息传播问题，跨国协作显得尤为重要，这不仅可以推动统一的 AIGC 监管标准，还能促进跨国信息共享机制的建立。

鼓励各平台和技术提供商建立自律机制，共同维护信息生态的健康发展。通过行业协会制定和推广行业规范与行为准则，强化自律意识和社会责任感。技术提供商可以通过合作研发更先进的检测和过滤技术，提升治理的技术水平。此外，行业间的协作还可以推动形成统一的技术标准和治理框架，促进不同平台之间的信息共享和协同治理，从而提高整体治理效果。

宏观治理通过制度建设、技术创新、公众参与和国际合作等策略，确保信息传播的健康有序，增强公众信任感和参与度，构建健康、透明和可持续的信息生态系统。

3. 预防机制

预防机制是治理体系的前瞻性措施，通过法规政策和技术手段相结合，建立长效的预防体系，旨在从源头上防止有害内容的生成和传播，确保信息环境的健康和稳定。通过制定法规政策的方式，不断完善现有的法律法规，以适应 AI 技术的快速发展。通过借鉴他国的先进经验和成功案例，可以提出适合本地化的策略。例如，欧盟的《通用数据保护条例》（General Data Protection Regulation，GDPR）和《数字服务法》（Digital Services Act，DSA）提供了关于数据保护和在线内容监管的有力框架，值得参考。具体措施包括制定新的法律法规，明确虚假信息和有害内容的定义与处罚措施，确保对 AIGC 的有效监管。比如，可以制定“AIGC 管理条例”，规范 AI 的生成行为和传播行为，并对违反规定的行为进行严厉处罚。

本节构建了一个技术驱动的综合治理体系，通过高效的信息审查和内容鉴别技术，结合微观和宏观的治理手段以及法规政策和先进技术的预防机制，形成了一个涵盖发现机制、治理策略和预防机制的完整治理闭环。

第4章
知识图谱赋能数字社会舆情早期识别

在数字社会中，信息的爆炸式增长使得舆情的监控与分析变得更加复杂和具有挑战性。知识图谱，作为一种高效连接并描述不同实体与概念之间关系的技术，为深入理解和预测复杂社会现象提供了极为重要的工具。特别是在舆情管理领域，知识图谱的应用可以极大地提高事件的早期识别能力和响应速度，从而帮助政府和企业在舆情尚未完全发展时采取有效措施，有效维护社会稳定并积极响应公众关切。

本章旨在全面介绍知识图谱在舆情早期识别中的应用，包括知识图谱的构建过程，从实体识别、关系抽取到概念分类和图谱融合。我们将探讨这些技术环节如何协同工作，以及如何利用构建好的知识图谱来追踪舆情动态，识别潜在风险，并进行有效的情感分析和趋势预测。通过实际案例分析，本章还将展示知识图谱技术如何帮助决策者快速理解舆情的发展脉络，提前预见和管理可能出现的社会影响。

通过深入探索知识图谱技术在舆情分析中的应用，本章不仅为舆情分析师和政策制定者提供了新的视角和方法，也为社会科学研究人员和技术开发人员搭建了理论与实践相结合的桥梁，推动社会治理向更科学、更系统、更智能化的方向发展。

4.1　舆情知识图谱的构建方法

知识图谱，起源于自然语言处理和文本挖掘，虽然尚无统一定义，但其主要目的是通过形式化的方式描述现实世界中的实体、概念及其相互关系（李继光和杨迪，2019）。例如，知识图谱能够揭示马斯克和特斯拉之间的关系或比特币和狗狗币之间的关联。知识图谱不仅能够用于描述明确的关系，还可以表示隐含的或弱的关联，比如“上课”与“下课”之间的关联。简而言之，知识图谱是一个由关联分析和推理机制组成的知识库，能够对用户的查询做出响应并提供相关信息。假设用户想要了解“自然语言处理中的机器翻译的学习路径”，知识图谱可以通过查询自然语言处理、机器翻译和学习路径的直接或间接关联，推荐最优的学习路线（刘峤等，2016）。

知识图谱源自语义网络，旨在描述现实世界中的实体、概念及其相互关系。从文本挖掘和知识图谱的定义来看，常见的关键词包括“语义网络”“自然语言”“客观世界”等，二者都致力于实现同一目标：让机器具备类似人类的理解能力，使其能够进行拟人化的交互。

知识图谱的构建过程通常包括实体抽取、关系抽取、知识融合和知识更新等步骤。通过实体抽取，从文本中识别出一系列命名实体；接着，通过关系抽取，从相关语料中提取实体间的关系，将这些离散实体（概念）连接成网状知识结构。关系抽取的关键在于如何从文本中准确识别实体间的关系。早期的关系抽取主要依赖人工构建语义规则和模板，但这种方法存在两大局限：首先，规则制定者需具备较高的语言学造诣及对特定领域的深入理解；其次，规则的构建工作量大，难以适应丰富多样的语言表达方式，也不易拓展至其他领域。随着技术的发展，基于特征向量或核函数的有监督学习方法逐渐兴起，这些方法通过建模实体间关系的模式替代了预定义的语法和语义规则，显著提升了关系抽取的准确性。

在感知层面，人工智能取得了显著进步，但在更高级的认知层面仍存在不足。尽管人工智能在无监督学习和数据分类等方面表现出强大能力，甚至在计算机视觉、语音识别、机器翻译等领域接近或超过了人类表现，但这些成就主要集中在数据归纳和感知层面。对于需要复杂背景知识及上下文的认知和推理层面，人工智能的能力依然有限。例如，机器无法自主从数据中学习和推理出准确的知识及其关联。虽然知识图谱在认知计算领域取得了一定进展，但仍未达到人们对认知能力的期望。

知识图谱不仅能够将互联网信息转化为更贴近人类认知的表达方式，还提供了更高效的组织、管理和利用海量信息的手段。知识图谱在自然语言处理领域有广泛应用，尤其在搜索和推荐系统（Zhao et al.，2023b；Yang et al.，2023；Shokrzadeh et al.，2024）以及问答系统中发挥了重要作用。在语义搜索中，基于知识图谱的搜索与传统搜索不同，传统搜索根据关键词匹配网页集合，通过 PageRank 等算法进行排序后呈现给用户；而知识图谱搜索则在已有的图谱知识库中遍历，直接返回精确的查询结果，通常是唯一或少数几个精确答案。在问答系统中，系统借助知识图谱对用户的问题进行语义和句法分析，将其转化为结构化查询语句，以在知识图谱中找到对应的答案。

知识图谱是一种揭示实体之间关系的语义网络，能形式化地描述现实世界的事物及其关系。知识图谱既可以泛指各种大规模知识库，也可以特指某一领域的专门图谱。作为结构化的语义知识库，知识图谱通过“实体-关系-实体”三元组和属性-值对来描述概念及其关系。这一定义包含以下三层含义。首先，知识图谱是一个由具有属性的实体通过关系链接构成的网络化知识库。从图论角度来看，知识图谱实质上是一个概念网络，节点表示现实世界的实体或概念，边表示这些实体间的语义关系，因此是对物理世界的一种符号化表达。其次，知识图谱的研究价值在于它是覆盖在 Web 上的一种网络层，通过在网页之上建立概念链接，能够以较低的成本组织互联网中的海量信息，使其转化为可利用的知识。最后，知识图谱的应用价值体现在其对信息检索方式的变革：它不仅通过推理实现概念检索，还能以图形化的方式向用户展示分类整理的结构化知识，从而解放用户，减少人工筛选网页的时间和精力。

在覆盖范围上，知识图谱可分为通用知识图谱和行业知识图谱。通用知识图谱注重知识广度，涵盖更多实体，但由于概念范围广泛，难以通过本体库对公理、规则和约束条件进行精确规范，因此在准确性上不及行业知识图谱。通用知识图谱主要在智能搜索等领域广泛应用。行业知识图谱则依托特定行业的数据，具备行业专属的意义，在实体属性和数据模式上更为丰富，适用于多样的业务场景和用户需求。

舆情图谱的概念源自知识图谱，针对社会网络舆情资源的大数据化、动态化和多维度特性，研究社会网络舆情大数据的新获取方法和工具，以满足社会安全、舆情预警等特定领域的需求（Lewis et al.，2013）。这也是探索构建大数据驱动的社会网络舆情主题图谱的出发点。

知识图谱的逻辑结构分为数据层和模式层（李继光和杨迪，2019）。在数据层中，知识以事实单位存储在图数据库中，常用的开源数据库有 Neo4j 和 sones 的 GraphDB（图数据库）等。位于数据层之上的模式层是知识图谱的核心，通过本体库对提炼的知识进行管理。通过本体库支持的公理、规则和约束条件，模式层定义了实体、关系及其属性之间的逻辑联系。本体库在知识图谱中相当于知识库的“模具”，确保了知识结构的一致性，有效减少冗余知识。

知识图谱的构建过程是一个从原始数据到知识系统的转化流程，通常通过自动或半自动模型从数据中提取知识要素，并将其逐步纳入知识库的数据层和模式层。该过程包含信息抽取、知识融合和知识加工三个阶段，是一个不断迭代的流程。知识图谱的构建方法主要有自顶向下和自底向上两种。自顶向下方法首先定义知识图谱的本体和数据模式，然后逐步将实体加入知识库，例如

Freebase 项目的大部分数据源于维基百科；自底向上方法则从开放链接数据中提取实体，筛选高置信度的数据加入知识库，接着构建顶层本体模式。大多数知识图谱采用自底向上的构建方式，典型案例包括 Google 的 Knowledge Vault。

众包是知识图谱构建中广泛使用的协作方式，通过普通大众的自愿参与，不仅降低了构建成本，也逐步提升了数据精度。尽管众包协作速度较慢，但所构建的知识库规模大，数据质量相对较高。在信息抽取中，文本挖掘和机器学习算法用于从文档中自动或半自动地提取知识。这种方法需要的人工干预较少，成本低、效率高，能够快速生成大规模知识库，但数据精度相对较低。

知识图谱作为人工智能的重要组成部分，为互联网海量信息提供了有效的组织和管理方法，使信息表达更接近人类知识世界。知识图谱的广泛应用领域包括智能检索、智能问答、个性推荐和智能诊断等知识信息服务。随着 Web 技术的不断发展，知识图谱正在推动社会从 Web 1.0 文档互联时代和 Web 2.0 数据互联时代向以知识互联为标志的下一阶段迈进。

从研究角度来看，知识图谱的核心内容包括构建、表示、融合及应用。其构建过程涉及大量文本挖掘技术的支持，而知识图谱反过来也为文本挖掘提供了新的方法与思路。知识图谱的表示模型主要关注如何将知识以计算机易于处理的形式存储，并通过知识图谱的语义结构推动智能服务的提升。知识图谱的表示不仅要考虑知识的结构化表达，还需注重知识的使用效率，以支持包括知识推理在内的多项任务。

在知识图谱的构建中，基于一定的知识表示模型，信息抽取和语义集成等方法用于从海量网络数据中提取和集成事实知识。这一过程的核心挑战在于如何有效地利用算法从海量数据中抽取信息，并将其整合到知识图谱中。在此过程中，知识图谱通过有效地组织和管理互联网的海量信息，促进信息的理解。知识图谱的构建目的是支持知识系统的建立，以实现智能知识服务。这些服务已广泛应用于智能问答、网络资源的语义搜索、基于知识的大数据分析及信息融合中。

作为人工智能的核心部分，知识图谱高效地组织和管理互联网的海量信息，促进信息的理解。构建知识图谱的终极目的是利用知识图谱方法完成知识系统的构建，而后使智能知识服务得以实现。知识图谱主要应用于智能问答、网络资源的语义搜索、基于知识的大数据分析、信息融合等多个方面，同时有着极为广泛的应用场景，如推荐系统、智能问答、不一致性验证、异常分析、反欺诈、客户管理以及信息搜索等。

4.2　舆情知识图谱前沿与发展趋势

4.2.1　全球视角下的早期舆情研究趋势

全球视角下的早期舆情研究趋势展示了当前舆情研究的发展动态和未来的研究方向。在过去十年中，舆情研究论文的发表数量有了显著增长，尤其在美国和中国，这两个国家已成为舆情研究的“领头羊”。这种趋势不仅反映了舆情研究在全球范围内的普及，也标志着该领域研究质量的持续提高。国际上的舆情研究机构之间展现出密切的合作关系，广泛的合作促进了研究方法的创新和多样化，推动了舆情研究领域的深入发展。研究主题涵盖了政治、医药健康等特殊专题的早期舆情研究，舆情理论与传播，以及研究方法的创新应用，如超边缘算法（Liu et al.，2014）、新型网络舆情预警系统的构建等。通过对突变词的分析，进一步确认了未来的研究趋势将更加聚焦于国际时政事件，加强对网络媒介的关注，并强调大数据分析的重要性。此外，基于社交媒体环境的研究显示，网络舆情用户行为、不同社交媒体上的舆情传播、社交媒体网络中的舆情传播模型，以及社交媒体网络舆情信息的传播特征等成为当前的研究热点。

4.2.2 国内视角下的早期舆情研究现状

近年来，网络已经成为社会信息交流传播的大众平台，网络作为“第四媒体”，具有传播快、实时性强、信息量丰富、交互性良好等特点，显著促进了网络舆情的产生和发展。随着网络舆情影响范围的愈加广泛和影响力的明显提升，学术界对其的关注和研究也逐渐增多（胡泽文等，2013）。

网络舆情研究具有跨学科特点，论文发表期刊所属学科包括新闻传播学、政治学、信息学、法学、社会学、管理学、计算机科学与技术等，现有研究说明新闻传播学、信息学是成果发表的主要载体。我国的研究机构较为分散，尚未形成稳定的高产研究机构群，一些学者也指出不同学术机构合作研究的情况较少，不利于深度研究的开展。

从时间脉络来看，2000 年初期，研究主要聚焦于“网络舆情”“信息扩散”“舆情分析”等基本概念的界定与初步传播机制的探索。2010 年前后，随着突发公共事件频发，舆情应对成为研究热点，相关研究开始关注政府治理能力与信息调控策略。进入中后期，研究逐渐向具体领域扩展，如食品安全、社会事件、校园舆情等，同时伴随技术手段的不断成熟，建模与量化分析逐渐增多。

2016 年以来，人工智能、大数据、自然语言处理等技术的广泛应用推动网络舆情研究进入智能化与融合化的新阶段。以深度学习、情感计算、图神经网络等方法为支撑的智能建模成为研究主流，研究内容也从宏观的事件演化转向对微观用户行为、情绪演变路径与传播节点影响力的细粒度刻画。此外，研究视角不断拓展，跨模态分析、多语言语境下的舆情理解、社会网络结构的动态演化等也日益受到关注，研究成果呈现出方法多元、主题分化、技术驱动的趋势。

在研究前沿方面，网络舆情的生成机制及管理（传播模式、管理与监督、舆情治理等）得到了较多学者的认同，是值得关注的研究趋势。此外，网络舆情的大数据分析方法、舆情传播中的用户隐私问题、网络反腐、网络群体事件等也正在成为研究前沿。

知识图谱的目的是作为提升搜索性能的知识库，搜索结果不仅仅是以项目描述的方式体现，更应该根据知识关联的方式，推荐给用户更为精准的结果。虽然知识图谱的概念诞生时间并不长，但其作为知识工程的历史可以追溯到 20 世纪的语义网。语义网是为了使网络上的数据变为机器可读而提出的一个通用框架。语义就是指用更丰富的方式来表达数据背后的含义，让机器能够理解数据。Web 则是希望这些数据相互链接，组成一个庞大的信息网络。正如互联网中相互链接的网页，只不过基本单位变为粒度更小的数据。

时至今日，知识图谱已经在辅助搜索、辅助问答、辅助决策、常识推理等方面发挥了重要的价值，助力各项模型发展，当下比较成熟的知识库有词典知识库 WordNet，常识知识库 ConceptNet、Freebase，语义网络 DBpedia，链接数据库 YAGO，词典数据库 BabelNet，卡内基梅隆大学的 Web 数据库 NELL（never-ending language learner，永无止境的语言学习者），Google 的 Google Knowledge Graph，以及著名的中文知识图谱 Zhishi.me、Zhishi.schema、XLore。

知识图谱本质上是在原来语义网络的基础上进一步发展得来的。语义网络可以比较容易地让我们理解语义和语义关系。其表达形式简单直白，然而，由于缺少标准，其比较难应用于实践。在知识图谱的世界里面，所有实体都是以节点的形式体现，实体与实体之间的联系通过节点与节点之间的边进行体现，大量节点和边组成了无比复杂的一张庞大关系网络，通过分析节点之间的边进行推理，从而发现和深度挖掘信息。知识图谱中节点的描述是包含节点属性的，因此整个知识图谱不光包括本体性知识也包括过程性知识。

图 4-1 展示了一个知识网络关系图的示例，采用有向图的形式展示了实体之间的关系。图中的圆形节点代表不同的实体，每个节点可以看作一个独立的

概念或对象。节点之间的箭头连线表示两者之间存在某种特定的关系。箭头连线的起点节点可以视为“主语”，而箭头的终点节点则为“宾语”，箭头上标注的描述文字则表示两者之间的关系类型。图 4-1 的示例仅为一个简单的知识网络展示。在实际应用中，不同节点之间的关系可能更为复杂，可能存在双向的箭头连线，表示实体之间是双向关联的关系。此外，根据箭头的方向变化，主语和宾语的地位也会随之发生变化。例如，实体 A 指向实体 B，表示 A 具有某种属性或关系与 B 关联；而如果 B 指向 A，则可能表示 B 具有某种属性与 A 相关。此外在示例中，节点的基础属性并未展示。在实际的知识图谱或知识网络中，每个节点往往会包含许多属性信息，如名称、类型、时间、地点等。这些属性为每个节点提供了更详细的背景信息，帮助在知识网络中实现更精确的语义表达和信息检索。

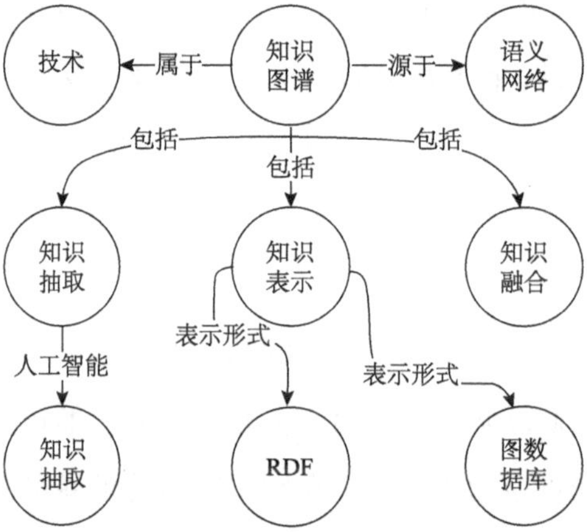

图 4-1 知识网络示例

国内在网络舆情研究领域的研究方法趋于稳定，此时对以往的研究热点进行总结将十分必要。因此，本章主要聚焦于各学者对已有网络舆情研究文献的计量分析成果（程兵等，2023），以总览的视角挖掘和分析出社会舆情研究的基本态势、热点主题及前沿趋势，发掘新热点和突破口，为我国相关领域研究提供更为丰富的资料，推动我国舆情领域研究的进一步深入。

4.2.3　国际比较：早期舆情研究的差异与启示

国内外在早期舆情研究方面既相似又存在差异，接下来从以下几个主要方面进行总结和分析。

首先，研究机构间的合作具有一定差异性。在国外舆情研究中，不同机构、不同学者之间联系紧密，独立进行研究的机构较少，但是国内鲜有机构间的合作，仅有的合作显示出很强的地域性，这不利于我国舆情研究的深入发展。其次，研究热点的异同。舆情基础理论研究、舆情传播和舆情预警机制等是国内外共同聚焦的研究热点，而政府对舆情的治理和引导、舆情对高校学生的思想政治教育影响等方面得到了我国学者更多的关注（黄萍等，2021），医药健康、政治问题等专题舆情的研究则占到了国外研究的较大比例，这可能与研究开展时所基于的环境和背景有一定的联系。最后，网络媒介传播和舆情大数据分析方法是国内外学者较为认同的研究前沿，网络反腐在我国也有可能成为未来的研究趋势。值得关注的是，聚焦于不同的网络舆情时国内外舆情研究差异的相关结论可能会有所不同。以社交媒体为背景研究网络舆情文献时，有的学者发现国内外学者所研究的关键词和研究方向的侧重点存在较大差异。除了社交媒体和网络舆情两个关键词，国外研究文献在此领域的研究侧重于对在线网络、用户参与度和情感分析，国内研究文献则侧重于对意见领袖、自媒体和网络信息场问题的分析（王晰巍等，2017）。

4.2.4　知识图谱数据结构

1995 年左右元数据的概念诞生，从元数据学科衍生出一个分支叫 RDF，在长期的实际应用过程中，知识图谱形成了以 RDF 形式表示节点与节点之间的三元组关系，并以此为基础建立语义关系网，由于 RDF 本身只有节点属性的描述，对于节点之间的边的描述缺乏多样性，因此后期出现了 RDFS（resource description framework schema，资源描述框架模式）、OWL（Web ontology language，Web 本体语言）、JSON-LD（JavaScript object notation for linked data，JavaScript 对象表示法链接数据）和 GraphDB 等多种描述形式。此外知识图谱还存在其他的分布式表示方式，如张量分解模型、神经网络模型和翻译模型。上述所有模型整合后便成了知识图谱方法栈。

基于群体智能建立的维基百科，是迄今为止最大的知识资源，以维基百科为基础构建而来的知识库项目较为典型的有以下几种。

（1）YAGO，对维基百科的概念层次结构以及海量试题进行了整合。YAGO 创建于 2007 年，研发主体为德国的马普研究所，目的是解决使用的仅仅是单一源背景知识的问题，据此构建覆盖和质量均处于较高水平的多源背景知识的知识库。其主要思路在于结合维基百科和 WordNet 的知识，也就是用后者的本体知识来对前者的实体的上位词知识进行补充，进而得到大规模的覆盖与质量均处于较高水平的知识库。到目前为止，YAGO 具有的事实知识达到了 1.2 亿条，实体数则达 1000 万个。

（2）Freebase，以维基百科为基础，将 6800 万个实体涵盖在内的结构化数据通过群体智能法的应用构建的知识图谱。Freebase 于 2007 年着手构建，和维基百科相比，最为显著的区别是该项目均为结构化知识，以知识为编辑对象，维基百科是以文章为编辑对象的。从该项目来看，其主要核心在于用户，用户不仅可以编辑实体，还能参与到本体库构建、知识的校对过程中来。该项目不仅可以人工输入知识，而且可以主动导入知识。该项目拥有的实体数大约是 2000 万个，如今已被 Google 收购，虽然关闭了 API 服务，但是依然支持下载数据。

（3）DBpedia，是使用固定模式进行实体信息抽取的多语言大规模百科知识图谱。为对抽取模块进行定义并实现准确撰写，DBpedia 以社区成员为主，从维基百科抽取得到结构化信息，据此建立大规模知识库。考虑到维基百科的撰写主体为社区，知识表达会存在不一致的可能，该项目创新性地应用了抽取模板和对齐模型，从而实现了知识描述的一致性和统一性。此外，为了实现知识的更新和扩展，DBpediaLive 应运而生，支持与维基百科的同步更新。从发行于 2016 年的版本来看，该项目拥有的事实知识以十亿来计算，实体数则在 600 万个以上，人工构建得来的本体库涵盖的类别信息达到了 760 种。此外，该项目拥有极为丰富的跨语言知识，不包含英语在内的其他语言事实知识达到了 66 亿个。

绝大多数维基百科的知识来源于非结构化数据，这也带来了一系列问题，比如知识无法被有效搜索、无法被重用，甚至可能出现知识不一致的情况。为了应对这些问题，维基媒体基金会于 2012 年推出了 Wikidata 项目，这是一个合作性质的知识库，具有三个特点：规模庞大；与 Freebase 非常相似；由社区成员共同维护。该项目旨在通过全新的管理方式，解决维基百科中存在的这些问题。

许多搜索引擎公司为了优化搜索功能，纷纷在自己的搜索产品上构建了知识图谱。Google 于 2012 年提出了知识图谱，并在不久后构建了 Knowledge Vault，利用算法实现了信息的自动搜索，并通过机器学习将知识转化为结构化信息（刘柳，2018）。

4.2.5　知识图谱在舆情研究中的新趋势

通过对已有研究的回顾和总结，可以发现我国现有的舆情研究存在一定的局限性。为了推动我国舆情研究的高质量和快速发展，未来的研究应当在以下几个方面进行深入斟酌和考虑。

首先，随着网络舆情的发酵速度显著提升、影响范围逐渐扩大，应更加重视推进和深化网络舆情治理、构建网络舆情预警体系，并建立具有中国特色的网络舆情治理理论体系与实践模型。此外，我国的网络舆情治理还需要突破传统的管理模式，探索由数据驱动和算法支持的智能化舆情响应机制。在开展舆情治理和管理的研究中，应注重多学科交叉的综合研究，以实现网络舆情治理研究的整合发展。同时，应推进专题合作研究，促进研究主题的多元化。此外，还需关注理论与实证案例的结合研究，实现在网络舆情治理中实践与理论的融合发展和创新。此外，应增加对网络舆情中的假信息、谣言传播机制的研究，开发出有效的识别和应对策略，以减少社会不稳定因素的影响。

其次，研究发现，我国舆情研究的成果存在一定的重复和盲目跟风现象。此外，许多学者指出，我国研究机构之间的合作较少，这在一定程度上限制了研究的深入开展。应积极促进国内外的科研交流与合作，不仅在国内不同省份之间进行更多的合作和学习，也应拓展国际合作，通过建立持续稳定的合作关系，避免研究中的重复劳动，更好地从全球视角来丰富和深化研究内容。此外，建立一个多学科交叉的研究团队，整合社会学、心理学、计算机科学等多个领域的研究力量，以全面地解决复杂的舆情监控和管理问题。

最后，应定期对国内外的舆情研究文献进行综合回顾、总结和深度分析（金兼斌和李子玄，2020）。利用高级分析工具如知识图谱、数据可视化等来梳理研究热点、掌握演进态势，并识别研究的新趋势和前沿方向。这种持续的知识更新和整合，不仅有助于学者对舆情研究领域进行整体把握，还能帮助他们发现现有研究的局限性，激发学者新的研究思路和深入研究的动力。这种方法论上的创新和思维方式的转变是推动舆情研究进入新阶段的关键。

4.3 从早期舆情挖掘到舆情知识图谱

早期的舆情挖掘主要依赖于人工分析和基础的计算机辅助技术，这些方法大多数时候利用群体智慧和专家经验对舆情进行分类和整理。随着科技的快速发展，特别是人工智能和大数据技术的进步，舆情分析已经从初级方法转向更加复杂和高度自动化的过程。在现代舆情分析中，知识图谱技术尤其显示出其独特的优势。最初，知识图谱的构建大量依赖于人工参与，主要是通过专家系统和人工标注来建立初步的实体关系网络。然而，随着自然语言处理技术的进步，现在知识图谱的构建更多地依赖于自动化工具，这些工具能够从互联网大量数据中自动抽取信息，通过机器学习模型学习实体之间的关系和属性。这些技术的应用极大地提高了舆情分析的效率和准确性，使得从庞大的数据集中快速提取有价值的舆情信息成为可能。此外，随着知识图谱在舆情分析中的应用日益成熟，它不仅限于分析已有的数据，更能通过关系预测和模式识别来预见舆情的发展趋势，为决策者提供更为科学的支持。此变革象征着舆情分析从基础的数据挖掘向深层的知识理解和前瞻性预测的进化，为数字社会的舆情管理提供了更为全面和动态的解决策略。

4.3.1　元素抽取：构建舆情知识图谱的基础

大规模知识库的构建与应用离不开多种智能信息处理模型的支持。通过知识抽取模型，可以从公开的半结构化或非结构化数据中提取出实体、关系、属性等关键知识要素（徐增林等，2016）。知识融合则用于消除实体、关系和属性之间的歧义，以形成高质量的知识库（刘峤等，2016）。知识推理进一步在已有知识库的基础上挖掘隐含知识，从而丰富和扩展知识库。分布式知识表示生成的综合向量对知识库的构建、推理、融合及应用具有重要意义。

知识抽取是舆情知识图谱构建的起点，其中的关键在于如何从异构数据源中自动抽取信息，获取候选知识单元。知识单元主要包括实体（概念的外延）、关系和属性三大要素，并在此基础上形成一系列高质量的事实表达，为上层模式层的构建奠定基础。

首先是实体和主题的抽取。实体抽取（或命名实体识别）指的是从文本数据中自动识别出命名实体。实体抽取的质量（准确率和召回率）对知识获取的效率和质量影响显著，因此是信息抽取的基础和关键环节。基于规则的方法需要为目标实体编写模板并在原始语料中匹配；基于统计机器学习的方法则通过训练模型来识别实体；开放域的抽取面向海量 Web 语料，覆盖广泛的信息领域。

早期的实体抽取方法主要集中于单一领域（如特定行业或业务），关注如何识别文本中的人名、地名和时间等专有名词。基于规则模板的方法需要大量专家编写规则或模板，覆盖范围有限且难以适应数据变化的新需求。之后，统计机器学习方法被引入以辅助命名实体抽取，例如，有学者利用 K 近邻算法和条件随机场模型实现了对 Twitter 文本数据中包含实体的识别。纯监督学习算法的性能受限于训练集的规模，导致算法的准确率和召回率无法达到理想水平。为提升性能，近期研究采用了有监督学习与规则（先验知识）相结合的方法，并取得了积极成果。

关于如何从少量实体实例中自动发现具有区分力的模式并将其扩展至海量文本以进行实体分类和聚类，一些学者提出了迭代扩展实体语料库的解决方案。基本思路是根据已知实体实例进行特征建模，利用模型处理海量数据以获取新的命名实体列表，再对新实体进行建模，迭代生成实体标注语料库。还有学者提出了一种基于无监督学习的开放域聚类算法，利用用户输入的关键词自动补全信息，基本思想是基于已知实体的语义特征搜索日志中的命名实体，然后对其进行聚类。

其次是概念和属性的抽取。属性抽取的目标是从不同信息源中获取特定实体的属性信息。例如，对于某位公众人物，可以从公开信息中获取其昵称、生日、国籍、教育背景等信息。属性抽取模型能够汇集多种数据来源的信息，从而完整地勾勒实体的属性特征。

尽管百科类网站可以提供大量的实体属性数据，但这仅是人类知识的一部分，大量的实体属性数据仍隐藏在非结构化的公开数据中。从海量非结构化数据中抽取实体属性成为重要的研究课题。一种解决方案是将百科网站上的结构化数据作为属性抽取的训练集，并将该模型应用于开放域的实体属性抽取；另一种解决方案则是通过数据挖掘直接从文本中识别实体属性及属性值的关系模式，以便确定文本中的属性名和属性值。然而，由于属性值周围往往存在其他限定词，影响了属性值的定义，因而该方法的准确率有待提升。

再次是关系抽取，首要的是情感关系抽取。情感分析（或意见挖掘）是近年来的研究热点，互联网的发展使情感分析广泛应用于购物、学习、娱乐等领域。在新闻平台、电影视频平台和微博等在线平台中，利用大量行为数据和兴趣标签来分析用户行为与兴趣、识别用户情感倾向，具有重要价值。尽管微博情感分析与传统文本情感分析任务相似，但微博文本通常更随意，情感表达更为自由。用户意见通常包含意见持有者、主题、陈述和情感四部分。主题和情感是识别意见文本的关键因素，主题（或评价对象）表示用户的关注点，而情感则代表用户对该对象的态度（如喜好或厌恶）。意见挖掘模型应用于电商、商业智能、企业管理、早期舆情管理和网络不良信息处理等多个领域。

除了研究用户的个人信息这种静态的内容之外，研究用户的社会网络结构关系也是分析用户兴趣的途径之一。例如，有的学者研究了社会网络的拓扑结构和地理属性，提出了对用户分享、信息发现和社会活动的简要分类。同时，有学者在研究中引入了文本段落特征，并结合用户行为和内容特征，围绕微博网络用户的动态兴趣引导与分类展开分析，使用聚类分析方法并根据特征建立用户兴趣模型，计算文本相似程度将新的文本内容推荐给用户。还有学者将个人用户发布的文本收集到一个大文件中，并用 LDA（latent Dirichlet allocation，潜在狄利克雷分配）（Blei et al.，2003）来发现他的潜在话题。进一步地，研究人员还会将用户发布的内容进行分类，之后再挖掘用户的兴趣喜好。例如，一些学者在研究微博网络时，将用户发布的微博分为两种主要类型：原创微博和转发微博。通过将原始兴趣与转发兴趣相结合，来计算用户的综合兴趣。有的学者提出了一种针对 X 的情感分析的轻量级方法，通过对情态动词、否定词、连词等虚词的含义进行考察，结合常见的 *N*-gram、词性等特征，分别利用词典与支持向量机分类器，实现了情感极性判别准确率的提升。还有学者研究用户所发布的有关他们生活或与朋友对话的帖子，发现这些内容与用户的兴趣无关，并且提出一个新的作者-主题模型通过潜在变量来研究用户的兴趣。这样在剔除一些噪声数据后，能够更准确地发现用户的兴趣。

最后，实体关系抽取（relation extraction，RE）是图谱构建的重要环节，不同的研究人员对关系抽取任务有不同定义。一些学者认为关系抽取是识别一对概念及其联系的三元组，维基百科将关系抽取定义为在自然语言处理中识别文本中实体间的命名关系。关系抽取评测会议 ACE（automatic content extraction，自动内容抽取）则将其描述为：探测和识别文档中或跨文档的特定类型关系，并将这些关系进行规范化表示。综合来看，关系抽取可定义为从自然语言文本（包括句子、文档内或跨文档）中识别并提取实体或概念间的特定关系的过程。

在文本语料通过实体抽取后，得到的仅是一些离散的命名实体。要形成具有语义的信息，还需从相关语料中提取实体间的关系，以关系将实体或概念联系起来，从而构成网状知识结构。关系抽取模型研究的目标正是解决如何从文本中识别实体之间关系的关键问题。早期的关系抽取依赖人工构建语义规则和模板以识别实体关系，这种方法有两大不足：首先，规则制定者需具备较高的语言学素养以及对特定领域的深刻理解；其次，规则制定工作量大，难以适应多样化的语言表达，且不易拓展至其他领域。

随着技术进步，基于特征向量或核函数的有监督学习方法逐渐兴起，对实体关系模式进行建模替代了传统的语法和语义规则，大幅提升了关系抽取的准确性。

4.3.2　知识处理：构建舆情知识图谱的模型应用

从舆情要素的自动抽取、语义标注，到实体间的语义关联，各环节均依赖于知识处理模型的支持。这些知识处理模型构成了知识图谱构建流程中的核心技术支撑。20 世纪 90 年代初，信息提取（information extraction，IE）研究作为文本理解的延伸逐渐兴起。尽管在此之前已有大量自然语言处理系统被提出，但大多集中于特定领域，缺乏通用性，难以适应快速变化的开放环境。

在自动抽取技术发展的早期阶段，研究多采用基于专家系统的方法。部分学者提出了一种简单的 wrapper 生成方法，先定义页面特征的正则表达式，并基于此划分页面。这种方法虽较为简单且准确率低，但为自动提取研究指明了方向。

W4F（web forager，网页抓取工具）是一个自动生成 wrapper 的工具，它基于文档对象模型（document object model，DOM）提出了 HTML 提取语言（HTML (hyper text markup language) extraction language，HEL）和导航规范语言（navigation specification language，NSL）。HEL 用于定义提取规则，NSL 则指定所需的数据，并提供机制将提取的数据映射至目标结构[如 XML（extensible markup language，可扩展标记语言）]。用户在定制 wrapper 时，通过 HEL 编写基础提取规则，NSL 则指示具体数据内容，W4F 自动生成一套 wrapper 程序完成数据提取。

在此基础上，一些学者利用标准 XML 规范，如 XHTML（extensible hypertext markup language，可扩展超文本标记语言）和 XSLT（extensible stylesheet language transformations，可扩展样式表语言转换）来定义数据提取规则和目标数据，自动生成 wrapper 程序，将 HTML 文档转换为 XML 格式。XWRAP（XML wrapper，XML 封装器）是一款半自动的 wrapper 生成工具，

这些 wrapper 方法基于专家经验手动定义规则，再由计算机自动生成 wrapper 程序代码。

随着 Web 的发展和普及，信息抽取的研究重心逐渐转向 Web 页面的信息提取，涌现出许多相关算法和系统。其中，最著名的项目之一是卡内基梅隆大学自动学习与发现中心的 Web 挖掘项目，旨在通过自动化的 Web 信息提取来构建一个大型、结构化的事实数据库。该项目主要研究机器学习算法，通过训练模型自动从 Web 中提取有效信息。

随着计算机网络的普及和信息采集、传输范围的扩大，电子文档的信息量迅速增长。其中，计算机能自动处理的结构化信息仅占少数，更多的信息以自然语言表达，难以被计算机直接理解。如何从这些文本中提取用户所需信息，成为信息处理的核心问题之一。信息抽取正是为了解决这一问题而提出的。

信息抽取的核心是从未知的自然语言文档中生成固定格式、无歧义的输出数据。这些数据既可以直接显示给用户，也可作为信息检索的索引或存储在数据库和电子表格中，以便后续分析。不同于自然语言处理，信息抽取通常不会对文本进行深入全面的分析，而是基于特定任务，提取特定类型的信息。信息抽取面临几大难点：首先，词性标注可能导致语义缺失；其次，当多个相同词性的词构成一个语法单元时，在相邻词语中选择其一进行抽取较为困难；最后，在表达方式较单一的领域，语句结构相似，语法分析难以区分对象间的细微差异。

语义标注类似于词性标注，都是为词语赋予类别标签，但不同之处在于，词性标注赋予词类标签（如名词、动词），而语义标注则赋予语义类别标签，通常基于概念层次完成。语义标注的方法包含了语法分析的功能，因此可以省略重复的语法分析步骤，用统一的语义分析来指导信息抽取。在开放领域中，语义类别标签的数量远多于词类标签，且词的歧义较多，基于语义标注的方法可行性较低（杨博等，2014）。但在特定领域中，由于词汇和语义背景较为一致，词义歧义问题大大减少，语义类别标签的数量也显著降低。由语义类别标签构成的句式模式变得可管理，因此，基于语义标注的方法在特定领域的信息抽取中是可行的。

信息抽取能够从非结构化和半结构化数据中提取实体、关系及其属性信息，然而，其中的结果可能包含大量冗余或错误信息，数据间的关系呈扁平化，缺乏层次和逻辑。因此，有必要对数据进行清理和整合。知识融合包括实体对齐、知识合并、知识加工和知识更新，通过知识融合可以消除概念歧义，剔除冗余和错误信息，从而构建高质量的知识库。

实体对齐旨在解决异构数据中的实体冲突和指向不明等不一致性问题，通过在顶层构建一个统一的大规模知识库，帮助机器理解多源异质数据，形成完整的高质量知识（昝红英等，2020）。

在大数据环境下，知识库规模的扩大给实体对齐带来了三方面的挑战：第一，计算复杂度。随着知识库规模的增长，匹配算法的计算复杂度呈二次增长，处理难度显著提高。第二，数据质量。不同知识库的构建目的和方式各异，可能存在数据质量差异、相似冗余数据、孤立数据和时间粒度不一致的问题。第三，先验训练数据。在大规模知识库中，获取先验数据困难，通常需要研究人员手动构建训练数据。

对齐算法分为成对实体对齐和集体实体对齐两类，其中集体实体对齐又进一步分为局部集体实体对齐和全局集体实体对齐。在成对实体对齐的研究中，有学者将基于属性相似度判断实体匹配的任务转化为分类问题，通过建立概率模型来解决。然而，这种方法未能反映重要属性对实体相似度的影响。常见的算法包括决策树、支持向量机和集成学习等，部分研究则采用分类回归树和线性判别分析来实现实体区分。

局部集体实体对齐方法为实体自身的属性及其关联实体的属性赋予不同权重，通过加权求和计算整体相似度。该方法常用向量空间模型和余弦相似性来评估大规模知识库中实体的相似度。算法会为每个实体建立名称向量和虚拟文档向量，名称向量表示实体的属性，虚拟文档向量表示实体属性值及其邻居节点属性值的加权和。为了评估向量分量的重要性，该算法使用 TF-IDF 赋予每个分量权重，并建立倒排索引，最后通过余弦相似性函数计算相似度。该算法的召回率较高，速度快，但在准确率方面有所欠缺，其原因在于未能从语义层面进行深入考虑。

在全局集体实体对齐方法的研究中，相似性传播的集体对齐方法源自集合关系聚类算法，主要通过一种改进的层次凝聚算法迭代生成匹配对象。部分学者基于此提出了适用于大规模知识库的实体对齐算法 Sigma。该算法将实体对齐问题视为全局匹配评分目标函数的优化任务，通过建模将其归为二次分配问题，并使用贪婪优化算法获取近似解。

知识合并主要用于在知识图谱构建过程中引入第三方知识库或已有结构化数据，涉及两个层面的融合：第一，数据层融合，包括实体的指称、属性、关系及类别，关键在于避免实例和关系的冲突，减少不必要的冗余；第二，模式层融合，将新增本体纳入已有本体库中。部分学者提出了开放数据集成框架，以融合 LOD（linked open data，链接开放数据）知识库。该框架包括四个步骤：首先，知识获取；其次，概念匹配，由于不同本体库的概念表述可能不同，因此需进行统一处理；再次，实体匹配，对不同标识但含义相同的实体进行合并；最后，知识评估，对新增知识进行验证并赋予可信度值，以确保知识图谱的准确性和一致性。

通过实体对齐可以获得基本事实表达或初步的本体雏形，但事实只是知识的基本单位，尚需通过知识加工形成大规模的知识体系，统一管理以提升知识质量。

本体以形式化方式对概念及其关系进行定义，呈现树状结构，相邻节点间具有严格的 IsA 关系，便于约束和推理，但在表达概念多样性方面存在局限。知识图谱中的本体位于模式层，用于描述知识库的概念层次体系，作为知识的概念模板。本体既可以人工编辑构建，也可以数据驱动自动生成，通常结合质量评估与人工审核进行校正。在面对大量实体数据时，人工构建本体的工作量非常庞大，因此主流本体库大多面向特定领域，并采用自动构建方式逐步扩展。例如，微软的 Probase 本体库采用数据驱动方法，利用机器学习算法从网页文本中提取概念间的 IsA 关系并合并成层次结构。截至 2013 年，Probase 包含超过 270 万条概念，准确率达到 92.8%，在规模和准确性方面居于前列。

数据驱动的本体自动构建过程主要分为三个阶段：实体并列关系相似度计算、实体上下位关系抽取及本体生成、纵向概念间的并列关系计算（徐增林等，2016）。

首先，通过计算任意两个实体间并列关系的相似度，确定它们是否在语义层面属于同一概念。相似度计算方法主要包括模式匹配和分布相似度两种。其次，实体上下位关系抽取是该领域的研究重点，主要方法是基于语法模式（如 Hearst 模式）提取 IsA 实体对。目前主流的信息抽取系统如 KnowItAll、TextRunner 和 NELL 等，均可在语法层面提取实体的上下位关系，而 Probase 则基于语义抽取模式来实现这一功能。

本体生成方法的研究主要集中在实体聚类方法上，面临的主要挑战是信息抽取得到的实体描述通常简短，缺乏必要的上下文信息，导致大多数统计模型难以应用。部分学者采用主题层次聚类的方法来构建本体结构，同时为解决主题模型不适合短文本的问题，提出了基于单词共现网络的主题聚类及上下位词抽取模型。

4.3.3　知识表示：舆情知识图谱的信息框架

大数据时代给复杂信息网络的研究带来了新的挑战，主要体现在网络的动态性、大规模性以及网络空间的高维性方面。传统的复杂信息网络顶点特征表示方法通常采用邻接矩阵、出入度和中心性等离散形式，但在当前大规模动态复杂信息网络环境下，这些方法在计算效率和准确性方面面临显著的局限。随着机器学习算法的进步，复杂信息网络的特征表示学习也逐渐成为研究热点。类似于自然语言中的词向量学习，当前的大规模复杂信息网络分布式特征表示方法旨在将网络中任意顶点的结构特征映射到低维度的、连续的实值向量空间内。在映射过程中尽量保留顶点间的结构特征关系，使得这种分布式特征学习可以应用于各类网络应用，如链接预测、顶点分类、个性化推荐和大规模社区发现等（高仰和刘渊，2023）。

在知识表示学习领域，主要的模型包括距离模型、双线性模型、神经张量网络模型、矩阵分解模型和翻译模型等。这些模型实现了对实体和关系的分布式表示，并带来了多个方面的优势。知识库的三元组表示在传统上是基于独热编码的，这种表示方式通常要求设计专门的图算法来计算实体间的语义和推理关系，计算复杂度较高且扩展性有限。分布式表示则通过稠密向量形式实现了高效的语义相似度计算，显著提升了计算效率。此外，表示学习还有效缓解了数据稀疏问题。通过将对象投影到低维空间，每个对象都得到稠密向量，从而能够在语义上衡量任意对象间的相似性。统一的投影过程还使得高频对象的语义信息可以帮助低频对象提高语义表示的精确性。

知识表示学习的另一个重要应用在于实现异质信息的融合。不同来源的信息往往具有异质性，要使这些信息得到有效应用，需要将其整合到一个统一的体系中。不同知识库在构建规范和信息来源方面存在差异，实体和关系在各知识库中的名称也不尽相同。通过合理设计的表示学习模型，可以将不同来源的对象投影到同一语义空间，从而构建一个统一的表示空间，实现跨知识库的信息融合。这种方法使多知识库的协同应用成为可能，为知识库在多样化场景中的应用提供了更高效的解决方案。

在表示学习中，最常用的空间是基于欧几里得空间，它通过在向量空间中嵌入实体，并使用向量、矩阵或张量来建模实体间的相互作用。此外，复向量空间、高斯分布、流形空间和群等空间也常用于表示学习中。流形空间相较于欧几里得空间的优势在于可以实现松弛点向的嵌入，高斯嵌入则能够表达实体和关系的不确定性以及多重语义关系。在复杂向量空间中，嵌入能够有效建模不同的关系连接模式，尤其在处理对称和反对称关系模式时具有较大优势。表示空间在编码实体的语义信息和获取关系属性方面起着关键作用。在构建表示学习模型时，需根据编码方法的特性选择合适的表示空间，以达到表达能力与计算复杂度的平衡。

基于距离度量的评分函数通常采用翻译原则，而语义匹配评分函数则使用组合运算符。编码模型（特别是神经网络）在实体和关系的交互建模中扮演着重要角色。双线性模型同样受到广泛关注，部分张量因子分解模型也可归类于此。其他辅助信息的使用方法还包括文本描述、关系/实体类型和实体图像的辅助信息，以进一步丰富模型对实体和关系的理解与建模能力。已有研究的知识图谱嵌入建模中主要存在六类典型评分函数模型。

第一，距离模型。在距离模型中，结构嵌入（structured embedding，SE）是较早的几个知识表示方法之一，其基本思想是：首先将实体用向量进行表示，其次通过关系矩阵将实体投影到与实体向量同一维度的向量空间中，最后通过计算投影向量之间的距离来判断实体间已存在的关系的置信度。然而 SE 模型有一个重要缺陷：它对头实体和尾实体使用两个不同的矩阵进行投影，协同性较差，往往无法精确刻画两个实体与关系之间的语义联系。

第二，单层模型。单层模型（single layer model，SLM）的非线性弥补了上述提到的距离模型中的缺陷，模型为知识库中每个三元组 (h,r,t) 定义了以下形式的评价函数：

$$f_r\left(h,t\right)=\mu_r^{\mathrm{T}}g\left(M_{r,1}l_h+M_{r,2}l_t\right) \tag{4-1}$$

其中，$\mu_r^{\mathrm{T}}\in R^k$ 为关系 r 的向量化表示；g 为激活函数；$M_{r,1},M_{r,2}\in R^{d\times k}$ 为投影

矩阵；l_h 和 l_t 分别为头实体和尾实体的嵌入表示。虽然 SLM 是 SE 模型的改进版本，但是它的非线性操作仅提供了实体和关系之间比较微弱的联系。与此同时，却引入了更高的计算复杂度。

第三，双线性模型。双线性模型又叫隐语义模型（latent factor model，LFM），模型为知识库中每个三元组 (h,r,t) 定义的评价函数具有如下形式：

$$f_r(h,t) = l_h M_r l_t \quad (4\text{-}2)$$

其中，$M_r \in R^{d\times d}$ 为关系 r 对应的双线性变换矩阵；l_h 和 l_t 分别为头实体和尾实体的嵌入表示。与以往模型相比，LFM 取得了巨大突破：通过简单有效的方法刻画了实体和关系的语义联系，协同性较好，计算复杂度低。后来的 DistMult 模型尝试将双线性变换矩阵 M_r 变换为对角矩阵。不仅简化了计算的复杂度，并且实验效果得到了显著提升。

第四，神经张量网络（neural tensor network，NTN）模型。NTN 模型的基本思想是：在不同的维度下，将实体联系起来，表示实体间复杂的语义联系。模型为知识库中的每个三元组 (h,r,t) 定义了以下形式的评价函数：

$$f_r(h,t) = \mu_r^{\mathrm{T}} g\left(I_h M_r I_t + M_{r,1} I_h + M_{r,2} I_t + b_r\right) \quad (4\text{-}3)$$

其中，μ_r^{T} 为一个与关系相关的线性层；g 为激活函数；$M_r \in R^{d\times d\times k}$ 为一个三阶张量；$M_{r,1}, M_{r,2} \in R^{d\times k}$ 为与关系 r 有关的投影矩阵。可以看出，前述 SLM 是 NTN 模型的简化版本，是 NTN 模型将其中张量的层数设置为 0 时的特殊情况。

第五，矩阵分解模型。通过矩阵分解的方式可得到低维的向量表示，故不少研究人员提出可采用该方式进行知识表示学习，其中的典型代表是 RESACL 模型。

在该模型中，知识库三元组构成一个大的张量 X，如果三元组 (h,r,t) 存在，则 $X=1$，否则为 0。张量分解旨在将每个三元组 (h,r,t) 对应的张量值 X 分解为实体和关系表示，使得 X 尽量地接近 $I_h M_r I_t$。

可以看到 RESACL 的基本思想与前述 LFM 类似。不同之处在于，RESACL 会优化张量中的所有位置，包括值为 0 的位置；而 LFM 只会优化知识库中存在的三元组。

第六，翻译模型。在翻译模型中，表示学习在自然语言处理领域受到广泛关注起源于 Word2Vec 模型将前向神经网络语言中的隐含层去掉，使得词向量的训练速度大幅提升。该模型实质上由两个子模型组成：CBOW 和 Skip-gram 模型，前者利用窗口的上下文来预测中心词，而后者刚好相反，其用窗口的中心词来预测这个词的上下文。Word2Vec 模型可用于大规模的文本连续性表达的学习，在很多应用上取得了较好的结果（邓君等，2020）。有的学者提出了一种将实体与关系嵌入到低维向量空间中的 TransE 模型。由于 TransE 简单有效，自提出以来有大量研究工作对 TransE 进行扩展和应用。可以说 TransE 已经成为知识表示学习的代表模型。

自 TransE 提出之后，大部分知识表示学习模型是以它为基础进行的扩展或改进，从不同角度尝试解决复杂关系建模问题。TransH 模型通过不同的形式表示不同关系中的实体结构，对于同一个实体而言，它在不同的关系下也扮演着不同的角色。TransH 模型首先通过关系向量 l_r 与其正交的法向量 w_r 选取某一个超平面 F，然后将头实体向量 l_h 和尾实体向量 l_t 沿法向量 w_r 的方向投影到 F，最后计算损失函数。TransH 模型使不同的实体在不同的关系下拥有了不同的表示形式，但由于实体向量被投影到了关系的语义空间中，因此它们具有相同的维度。TransR 模型首先将知识库中的每个三元组 (h,r,t) 的头实体与尾实体向关系空间中投影，其次希望满足 $l_{h_r} + I_r \approx I_{t_r}$ 的关系，最后计算损失函数。考虑到在知识库的三元组中，头实体和尾实体表示的含义、类型以及属性可能存在较大差异，之前的 TransR 模型使它们被同一个投影矩阵进行映射，这在一定程度上限制了模型的表达能力。除此之外，将实体映射到关系空间体现的是从实体到关系的语义联系，而 TransR 模型中提出的投影矩阵仅考虑了不同的关系类型，而忽视了实体与关系之间的交互。因此，有的学者提出了 TransD 模型，该模型分别定义了头实体与尾实体在关系空间上的投影矩阵。TransG 模型考虑到了关系 r 的不同语义，使用高斯混合模型来描述知识库中每个三元组 (h,r,t) 的头实体与尾实体之间的关系，具有较高的实体区分度。考虑到知识库中的实体以及关系的不确定性，KG2E 模型引入高斯分布来刻画实体与关系，模型使用高斯分布的均值表示实体或关系在语义空间中的中心位置，协方差则表示实体或关系的不确定度。

4.3.4 知识图谱的综合构建：技术与方法

知识图谱的构建方法分为自下而上、自上而下和两者相结合的方法。自下而上的方法先将实体、属性、关系等要素抽取出来，然后将这些元素组合成概念网络；自上而下的方法则是先构建出宏观的网络，然后逐步细化其中的实体、属性、关系等元素；两者相结合的方法则是在构建起知识网络之后再细化其中的元素，不断完善。目前，知识图谱的存储和检索方式主要依赖于关系型数据库和图数据库。关系型数据库包含四种方法：三元组表、垂直分割、水平存储和属性表。图数据库则是目前知识图谱存储的主流，其比较完善的存储和查询功能，使得被广泛地使用。常见的图数据库有 Neo4j、GraphDB、ArangoDB 等。

知识图谱的构建基础是对多种结构数据进行结构化处理，从而为进一步的知识表示提供基础，在知识表示阶段通过 RDF 等形式进行语法标识和语义关联后初步完成了知识关系网络的建立，通过进一步的知识融合和关系挖掘后形成了各个元素实体间通过语义关系进行指向链接的网络结构拓扑知识库，后续的挖掘和推理工作均是在此项工作成果的基础上完成的。在知识图谱构建的过程中，信息数据的整合至关重要。在实际应用场景中，数据通常复杂且多样化。

对于非结构化和半结构化数据，需要进行知识抽取，即从中提取实体、实体属性及实体间的关系，并建立清晰的组织结构。这部分工作通常通过爬虫或 API 数据源进行获取。在实际过程中，大部分数据以非结构化形式存在，因此，数据的知识抽取阶段工作量非常庞大，同时这一阶段也是整个工作流程的基础。

构建知识图谱是一个复杂且系统的过程，涉及从多源异构数据中抽取、整合并评估知识的多个步骤。这个过程不仅需要技术的精确性，还需考虑知识的动态更新和质量控制，确保构建的知识图谱能够有效支持各种应用场景，如智能搜索、数据分析、决策支持等，以下是知识图谱构建的详细步骤和方法。

首先是知识抽取。这是知识图谱构建的基础，目的是从不同形式的数据源中提取有价值的信息。它包括结构化数据抽取、半结构化数据抽取和非结构化数据抽取。

结构化数据抽取：通过规则映射和查询操作从数据库、表格等结构化数据源中提取实体和它们的关系。

半结构化数据抽取：利用数据包装技术从 XML、HTML 等半结构化数据中提取必要信息。

非结构化数据抽取：运用自然语言处理技术从文本数据中识别和抽取实体、属性与实体之间的各种关系。这通常涉及命名实体识别、关系抽取和属性值提取等任务。

其次是知识融合。这一步骤关注的是如何将不同来源的知识进行整合，解决知识冗余和矛盾的问题，以构建一个统一和谐的知识体系。典型的融合方式包括以下几种。

实体对齐：识别不同数据源中表示同一实体的不同名称，并将它们统一标识，以消除歧义。

子类和属性的等价对接：确定不同知识源中的类别和属性间的等价关系，以实现知识的有效融合。

实体链接：将抽取出的实体与知识图谱中已有的实体进行链接，强化图谱的连通性和信息完整性。

最后是质量评估和迭代优化。知识图谱的有效性和可靠性依赖于其数据质量。因此，质量控制是知识图谱构建过程中的关键环节。

质量评估：对图谱中的数据进行质量评估，检测和纠正错误，如命名模糊、数据丢失或格式错误。

迭代优化：通过持续地监控和评估，对知识图谱进行周期性的更新和优化，以适应知识的动态变化和应用需求的发展。

整个知识图谱的构建工作是一个持续循环、往复迭代的工作，从最初的知识抽取、知识融合到后来的知识存储、知识推理，每一个环节中都使用了大量的数据挖掘、数据库、文本挖掘、机器学习、深度学习等相关方法。

4.3.5 图谱知识众包：协同与创新

知识图谱构建的首要工作就是知识构建，传统意义上的知识图谱构建都是通过收集离散数据信息到同一处理中心，进行数据清洗，将非结构化和半结构化数据转换为结构化数据后再利用知识图谱构建模型进行关系挖掘，从而建立进一步的语义联系。

传统知识抽取方法在实际操作中存在诸多瓶颈，其主要表现为以下三点：首先是数据来源问题，原始数据的获得通常通过爬虫、开源数据库或者第三方购买，数据来源有限且缺乏主动获取的有效途径。其次，原始数据采集过程中，获取的数据结构以非结构化数据为主，这就为数据结构化处理带来了巨大的工作量，并且无法保证数据处理质量。最后，知识构建是一个持续性的过程，原始数据转变为知识形式也是一个持续迭代的过程，需要知识图谱构建机构去主动更新数据源，从而保证数据更新的持续性。

本章提出一种知识众包的方法，在 Hyperledger Fabric 区块链的基础上，通过节点、组织、通道、智能合约的组合提出了全新的知识构建方案。此方案中不再通过数据集中进行结构化处理的方式处理原始数据，而是通过众多知识提交者本身对数据结构和质量进行把控，并且通过挂载在通道上的智能合约对提交的数据进行核查，智能合约通过自动化规则脚本对提交的原始数据进行简单的校正，对于那些无法进行矫正的数据可通过原有的中心化处理方式进行进一步处理，对于内容形式上符合要求的数据，可通过全网共识进行进一步的质量审核。

知识提交者以节点的形式体现，包括提交者身份信息、提案信息、主题通道。知识提交者根据提交知识主题的不同选择通道采取知识提交行为，知识提交行为的权限由知识提交者在当前通道内的组织人物进行限制规定，其构建过程如下：①管理员构建知识主题通道 T，并对 T 装载一系列智能合约集合 SC，SC 对提交至 T 的数据结构进行校对，对半结构化和非结构化数据进行结构化处理，对于不能通过现有 SC 处理的数据转发至统一中心进行深度加工处理。②当知识主题通道 T 被创建，则为其创造组织 org-T 对通道进行单独操作，org-T 在创建同时须至少指定管理员 admin-T、排序节点 orderer-T、背书节点 endorser-T、提交节点 committer-T。③知识提交者节点 S，提交主题知识至 T 的行为之前，向 org-T 的管理员申请权限，org-T 的管理员为其分配人物，若只存在贡献数据行为，则赋予其权限人物 peer-T。④peer-T 封装贡献数据为提案区块，提交至所在组织 org-T 中的背书节点 endorser-T。⑤endorser-T 对校验通过的提案区块进行背书签名，并返回给 peer-T，peer-T 收到带有签名的提案区块后，将其重新打包发送给共识节点。⑥orderer-T 收到一定数据量的背书签名区块后，对其进行打包并分发至 committer-T，由其将签名打包区块写入区块链账本。⑦committer-T 执行完区块链账本记账行为后进行全网广播，通知全网更新账本。⑧知识图谱的构建过程重复①～⑦的过程，在所有工作之间，应根据需构建知识的自身特点，对其进行主题划分，为每个主题至少创建一个主题通道，并创建一个组织配合通道使用，每个主题通道有且仅有一个组织对其进行负责。

整个知识众包流程如图 4-2 所示。

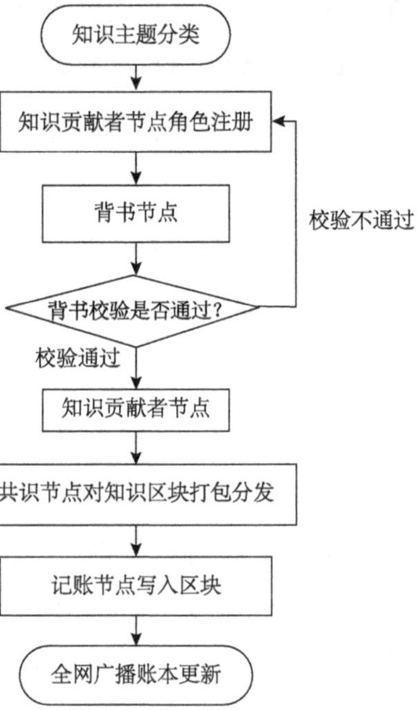

图 4-2　知识众包流程图

4.4　舆情知识图谱实例分析

人民网、新华网等重要媒体通过网络平台发布热点新闻和报道，公众可以通过不同平台获取实时信息并发布看法，这些看法具有难以忽视的价值。网络平台每天所产生的信息量非常庞大，类型也多种多样，但是信息之间并不是相互孤立、毫无关系的，它们之间往往存在着千丝万缕的联系。通过传统的数据挖掘方法，难以发现这些隐藏在背后的关系。因此，能够实现从大量数据中挖掘信息、揭示信息之间关联的知识图谱，在网络敏感信息分析中的地位愈加重要。

在大数据环境下，数据、信息乃至知识不断发展，越来越多的人开始针对互联网消息以及社会问题发表自己的见解，这样一来就形成了网络信息，网络信息的聚集和流行就形成了网络舆情。这种以互联网为载体，事件为传播主体，网民自由发表看法、表达观点和互动的集合，在社会上逐渐形成了较强的影响力。

知识图谱结合了多门学科的理论和方法，其中就包括了应用数学、图形学、信息可视化、信息科学等学科。它可以帮助我们将有价值的、切实的、可参考的知识融合并呈现，随着用户的搜索次数变多、搜索的范围变广泛，搜索引擎变得越来越智能，它可以为用户提供最全面的摘要使搜索变得有深度、有广度，帮助用户找到最想要的信息，其实际应用在发达国家已经十分普遍。基于知识组织的敏感信息舆情管理方式已经逐渐成为主流，知识图谱作为一种十分现代化并且有效的知识组织方式，已经在许多领域开始应用。结合网络舆情具有的突发性、隐蔽性、随意性和多元化等特点，知识图谱若能应用在网络舆情可视化分析中，必定能在帮助网络舆情传播的基础上找到其潜在的、可能向不良趋势发展的可能性，从而规范网络信息防止其被操纵，引导其向更加合法、健康的方向发展。知识图谱不同于传统的语义网络，其更关注实例而非概念，利用事件关键词、共现图谱等形式可视化网络舆情、热点话题，可以帮助网民发掘舆情内容，清晰再现舆情发展、传播路径。利用知识图谱方法可以丰富地开放知识资源并呈现给大众，例如百度百科、互动百科和中文维基百科就是三个非常强大的百科类知识库，十分全面地包括了各个领域的内容，是构建各个领域知识图谱的优秀在线资源。构建一个基于知识图谱的网络舆情热点内容分析方法，可以在 Web 2.0 的社会环境下，对舆情进行多角度、全方位、高精度的网络信息监测。当前已经存在的网络舆情监测方法大致可分为两类：基于搜索日志的网络舆情监测和基于文本挖掘的网络舆情监测方法。网络舆情引导不仅需要本领域的知识，还需要了解政治、经济、社会、医疗等各个领域的知识，知识图谱方法具有的潜在的跨领域集成能力就可以帮助领域之间知识的互通。

现在的舆情分析已经不仅仅局限于通过共现关系来描述关键词项间的相互关联了，为了集成准确的关键词并描述其中存在的多重关系我们已经提出可以构建舆情的网络舆情知识图谱。网络舆情知识图谱的构建流程主要包括模式层和数据层的构建。结合网络舆情管理实践和专家的经验，网络舆情本体下设了事件和对象两个二级类，事件类主要为了规范各类舆情和舆情传播活动，对象类是为了规范描述事件相关的各个要素。而知识图谱数据层的构建主要包括各个类的实例以及它们之间的关系，使用知识图谱可以将网络舆情中事件在网络中的传输过程以及涉及的媒体、人物等清晰地呈现出来。

近年来，随着社会网络的蓬勃发展，利用网络舆情内容构建知识图谱的方法在舆情监测和分析领域越来越受到重视。知识图谱作为一种强大的数据组织和分析工具，能够将复杂的数据关系可视化，提供更深入的洞见，从而帮助政府和企业更有效地进行信息监控和决策支持（刘甜甜，2023）。以微博这一社交媒体平台为例，可以通过实时监测和分析微博数据流，迅速抓取并分析社会热点和突发事件。例如，2017 年 2 月 22 日，微博平台利用当天的微博数据流，成功构建了一个包含多个热门事件的知识图谱，如“杨振宁回国”、“河北下雪”、“宁泽涛被开除”和“浙江传媒女寝失火”等。这些事件的知识图谱不仅涵盖了事件本身的详细信息，还关联了相关的微博大 V 和主流媒体账户，如《人民日报》、央视新闻等，这些账户对于事件的扩散和公众舆情的形成起到了关键作用。通过这种方式，知识图谱能帮助研究人员与决策者更早地识别和理解可能引发广泛关注或争议的事件。这种预警机制对于防止错误信息的传播、缓解可能的社会不安全因素并及时地进行干预具有重要价值。

以“宁泽涛被开除”这一事件为例，尽管该事件最终被证实为谣言，但一旦传播开来，其对公众的影响和对国家队形象的潜在损害是不可忽视的。在这种情况下，及时、有效地进行舆情监测和管理显得尤为重要。基于知识图谱的网络舆情监测方法，可以在谣言刚开始形成时就快速识别和追踪其传播路径。知识图谱技术通过构建实体之间的关系网络，能够对大量的网络数据进行深度分析和理解，从而在事件还未引起广泛关注之前预测其可能的影响。例如，在“宁泽涛被开除”这样的谣言事件中，知识图谱能够帮助监测系统追踪到首次发布谣言的源头，分析谣言的传播途径，并通过关联分析预测其可能影响的网民群体和传播速度。此外，知识图谱还能辅助政府及时发布官方信息，进行有效的舆论引导和谣言辟谣。通过自动化的舆情分析，知识图谱不仅提升了政府应对突发舆情事件的响应速度，也提高了信息处理的准确性。例如，在捕捉到关于“宁泽涛”的谣言后，政府可以在几小时内通过知识图谱分析出最有效的辟谣策略，选择合适的时间点和社交媒体渠道发布官方声明，最大限度地减少谣言的负面影响。因此，基于知识图谱的舆情监测方法不仅能够保证监测的速率，确保时效性，还能在舆情危机初期就进行有效的干预和管理。这种方法为政府和企业提供了一种科学、系统的舆情管理工具，使其能够在信息爆炸的时代中更好地维护社会稳定和公共利益。通过实时监测和快速响应，基于知识图谱的技术显著提升了舆情管理的效率和效果，是现代数字社会不可或缺的重要技术支持。

在处理如“浙江传媒女寝失火”这类具有明显地域特征的社会突发事件时，基于知识图谱的网络舆情监测系统显示出了其独特的优势。这种系统能够迅速识别出与事件相关的关键词和关联实体，分析事件发生的背景、影响范围以及可能的发展趋势，从而在事件还未造成更广泛影响时，启动应急响应措施。首先，知识图谱能够通过整合不同来源的数据——包括社交媒体、新闻报道、政府公告等——提供一个全面的事件视图。例如，在“浙江传媒女寝失火”事件中，监测系统可以实时收集来自微博、微信、地方新闻网站的数据，通过分析这些数据中的共现词汇和关系链，快速识别出事件的关键信息节点。

其次，该系统还可以评估信息的传播动态和影响力，通过算法模型预测舆情的发展趋势。这对于政府和相关部门制定有效的舆情应对策略，减少或控制不利影响至关重要。例如，系统可以预测失火事件可能引发的安全担忧波及的范围，提前准备相关的安全检查和公共安全宣教，以稳定民心。此外，基于知识图谱的监测系统还可以揭示事件背后的深层次因素，如安全管理漏洞、监管不力等原因，为政府部门提供决策支持，改进和完善相关政策和措施。通过这些深入的分析，不仅可以在短时间内有效应对当前事件，还可以为未来可能发生的类似事件提供预防和准备策略。

2018 年中美贸易争端成为全球政治经济舞台上的一大焦点，标志着两个世界最大经济体之间的关系进入了一个新的、更为紧张的阶段。这场贸易争端不仅仅涉及巨额的商品和服务，更触及深层的战略利益与全球经济布局。自中国加入世界贸易组织（World Trade Organization，WTO）以来，两国在经济贸易领域的互动日益频繁，但摩擦也随之增加。美国对中国的贸易逆差一直是双方争议的焦点之一。这种紧张关系在 2018 年升级为一系列相互征税的行动，美国政府对数百亿美元的中国进口商品加征关税，中国政府也采取了相应的反制措施。贸易战不仅影响到两国经济，还对全球市场造成了波动。股市反应敏感，全球供应链受到冲击，许多跨国公司必须重新评估和调整其在中美两国的业务战略。此外，中美贸易战也引发了广泛的舆论关注，相关新闻和评论充斥在各大社交媒体上，形成了一个热点舆情领域。

结合知识图谱，分析有关“中美贸易战”的舆情信息，可以发现舆情传播量最多的是从微博平台发出的消息，@央视新闻、@新华网、@人民日报等拥有巨大粉丝量的官方主流媒体在内的“大 V 博主”都开始关注此次事件并发表相关言论。由于其自身带有的“官方”“主流”色彩，引得网友广泛阅读转发，使得网络信息愈演愈烈，舆情范围不断扩大。并且现代社会除了微博自媒体平台，还有很多新闻客户端也发展迅速，大众可以实时、快速地通过手机

APP 在十分琐碎的时间阅读相关新闻，从而更加快了“中美贸易战”这一网络信息话题的传播。关于“中美贸易战”的热门词，运用知识图谱的知识，我们可以分析看出，相关词汇如“特朗普”“2000 亿”“加征”等词占据搜索的热词榜前列，并且在中国对于美国加征关税的举措做出回应后，“中国外交部”“600 亿”等词也出现在热词榜上。对于此次摩擦贸易战，由于中国的态度一直保持平和，始终相信和平的处理方式是最好的，因此“WTO 授权”“对话”等也成了重点词[①]。

在涉军网络舆情大数据管理中，知识图谱可以帮助分析舆情话题的热度，因为网站、论坛是网友进行交流的活跃阵地，通过检索网站中的最新帖文进行事件的提取，划分到网络舆情知识图谱中，基于图谱中的事件结合算法来发现热点事件从而发出舆情变化趋势的预警，来掌握网络的舆情发展态势和网友的话题导向。在此基础上，将网友参与的事件按照舆情的热度分配权重进行累计，我们将此作为用户的活跃度，按照时间周期统计就可以将用户活跃度的分布规律图呈现出来，对于把握涉军的舆情的检测时间有一定的指导意义。不光是基于整个网络的热点事件分类，具体到某一领域内同样有热点事件的排名，涉军舆情的热点事件就可以按照人工设置的舆情热度阈值来实现，一旦事件的热度超过阈值就可以认为该事件是热点事件。基于网络舆情知识图谱的有关涉军事件的舆情内容发掘还有很多。因此，正确利用知识图谱方法实现可视化、对用户了解某个领域甚至整个互联网都有一定的促进作用。

故意操控或影响他人以达到非法目的恶意引导行为可能会对社会、经济以及个体产生副作用。为了应对这一问题，可以结合爆炸式散播动力学和信息扩散与社会影响理论，在社会舆情分析中应用动态异质图学习，构建包括数据收集与整合、情感分析、趋势预测、影响力评估以及危机干预等全要素的事理图

---

① 《热点：中美贸易战》，https://www.eefung.com/hot-report/20180329164132，2018 年 3 月 29 日；《中美贸易战升级最新情况 舆论传播分析》，https://www.civiw.com/report/20180921155618，2018 年 9 月 21 日。

谱，再通过研究因果推断增强的关键链条定位技术，确定舆情传播过程中信息实际的路径，实现事理图谱中关键链条的识别与覆盖，最后通过沙盒模拟的大模型分析技术，构建自主智能体进行仿真建模，实现恶意引导模式的推演与分析（图 4-3）。

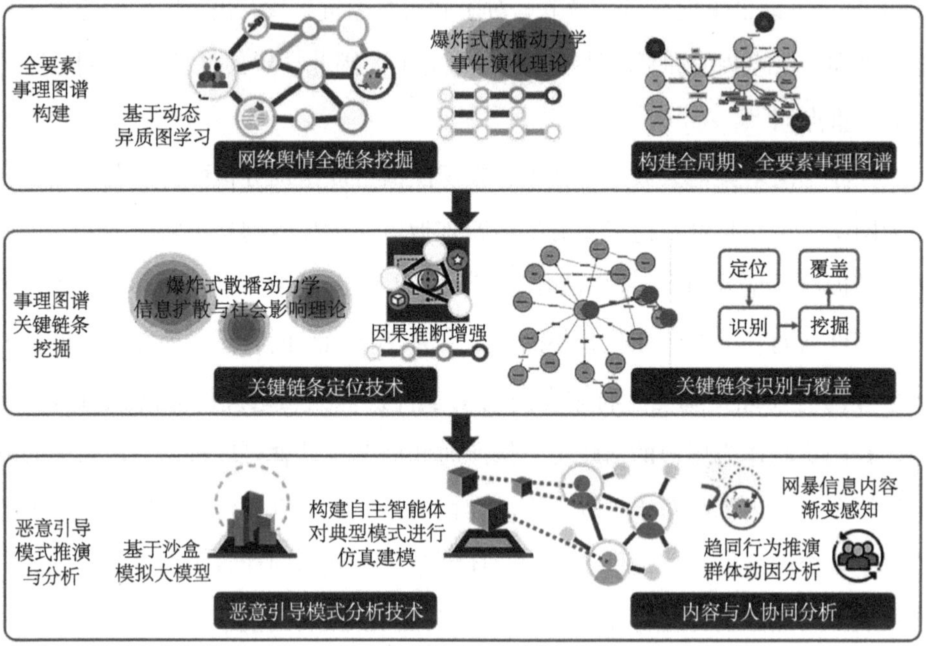

图 4-3　恶意引导模式的推演与分析

除了上述案例，知识图谱还应用在建立基于商业领域知识图谱的新闻舆情系统中。商业舆情是指商业领域的网络信息情况，是指大众对企业以及高管在商业领域的行为、现象等表达自己的观点、态度的总和。和许多舆情的网络信息一样，商业网络信息也不再仅仅局限在口头甚至书面形式，大部分的网络信息情况都在网络中广泛传播，例如以网络新闻、微博、论坛、博客等形式出现。在这样的媒体平台上，舆情的传播速度明显提高，网络信息的涉猎范围也在变大，因此基于商业领域知识图谱的新闻舆情系统也就应运而生，其中知识图谱主要提供了实体以及实体链接的基础。在实际应用中，这种基于商业领域知识图谱的新闻舆情系统也证明了可以起到一定的成效。

有学者提出构建基于知识图谱的多媒体网络舆情语义识别案例库，一旦案例库建成，就可以对事件知识做出整理，并且提供网络舆情的语义识别过程中的知识，将所涉及的相关知识进行结构化表示，可以为网络舆情的分析管理提供知识服务，例如为舆情数据采集、语义情感分析、主题提取等提供知识参考。对网络舆情语义识别领域的知识进行系统化整理，可以实现对原有知识的推理。一旦案例库建成，还有可能对政府舆情管理提供一定的帮助，通过案例库提供的知识使相关部门在舆情扩散时把握舆情情况，提高政府的舆情管理能力。案例库包括了多媒体网络舆情语义识别案例本体并基于网络舆情相关知识对其进行了语义约束，有一定的创新性和应用性。案例库对用户基于知识图谱的需求进行了详细的分析，帮助提高案例库的合理性和有效性，基于知识图谱的案例库应用从知识抽取开始，紧接着进行知识表示，最后进行知识融合，为后续前台的应用提供了方便。

第二篇　舆情溯源与舆情社区分析

第5章
社会网络中的用户社区与结构溯源

本章聚焦于社会网络中用户社区的形成与结构溯源，探讨社交平台（如微博、Facebook 等）在现代社交互动和信息交流中的核心作用。这些平台不仅是用户展示社会属性和角色的舞台，也是构建社会网络结构和功能的关键环节。在这一背景下，准确识别用户在社会网络中的身份和行为模式显得尤为重要，它不仅助力深入理解信息的传播途径，还能对社区的形成、舆论的动态及其演变过程提供关键见解。

本章将详细介绍社会网络中用户身份的识别方法和相关技术，涵盖从基于用户行为分析、内容分析到结构特性分析的多角度识别策略。这些策略包括如何利用用户的交互行为、发布内容及其在网络中的位置信息来揭示其社会角色和影响力。通过对这些复杂数据的深入挖掘和分析，我们能够更准确地捕捉到社区内部的微妙联系和显著模式，进而有效预测和影响社会网络中的信息流与舆论趋势。此外，本章还将探讨社会网络分析在现实应用中的具体案例，展示如何通过现代计算工具和算法，对大规模社会网络数据进行处理和分析，以识别关键社区并解读其结构特征。通过实际案例，本章旨在为读者提供一种系统的方法学框架，帮助他们在日益增长的数字社会中，有效管理和利用社会网络数据，进行社会影响力分析并优化信息传播策略。

5.1 社会网络中的用户身份识别

社会网络主要关注人们之间的互动和联系，并且这种互动会影响人们的社会行为。社会网络用户身份（或扮演的角色）是研究者用以区分不同用户类型的重要依据，也反映了个体在网络空间中通过行为所呈现出的自我表达方式。对这些身份和角色的分析，为我们理解当代社会网络结构与行为模式提供了关键视角。

近年来，随着微博、论坛等社会网络媒体的快速发展以及可被获得，我们有了新的机会和条件来定义和识别社会网络用户身份或角色。社会网络用户身份可根据用户之间交互的水平来定义，这些身份可看作对用户位置、行为或虚拟身份的刻画。社会网络用户身份的识别则主要根据用户交互的内容及其社会网络的结构来实现。此外，随着时间的变化，这些身份或角色也在不断改变和演化。本章总结的社会网络用户身份识别的主要研究框架见图 5-1。

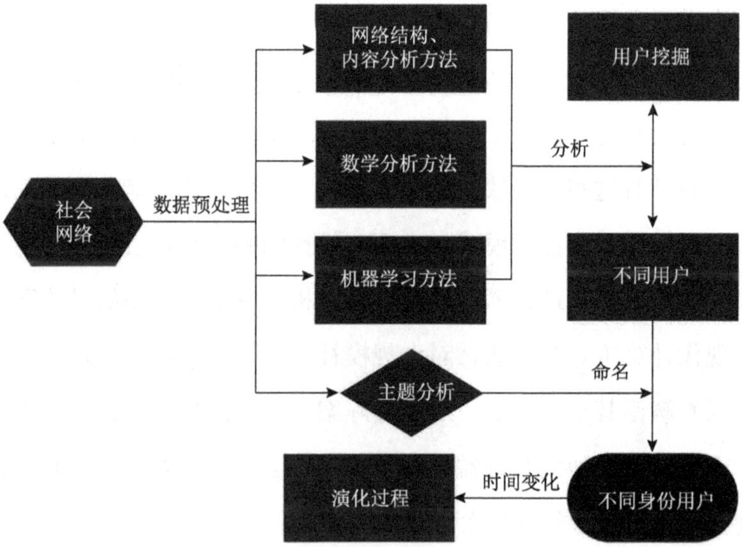

图 5-1　社会网络用户身份识别研究框架

目前，社会网络中的用户身份识别研究主要依赖于用户公开的信息，以推测用户群体的属性和倾向。通过挖掘用户特征来预测个体用户所属的群体，可根据兴趣爱好对用户进行分类，为用户提供个性化产品营销和广告投放等服务；社交关系分类则可用于用户群推荐和群体检测等服务。此外，分析用户的地理位置可以推测用户日常活动的区域以及事件发生的地理范围。

随着通信技术的迅速发展和互联网的广泛普及，越来越多的人通过网络媒体平台交流互动。与传统的线下社交活动不同，在线网络为用户构建了一个虚拟社交平台，用户无须见面即可直接交流，逐渐形成了一个新的社会网络——在线社会网络。这种新型社会网络具有数据规模庞大、信息动态变化、结构复杂且缺乏明显规律的特点。分析此类网络，即便使用数学方法或网络拓扑分析，往往也难以取得理想效果，传统方法（如图论、度数计算等）用于分析这类复杂网络在运行时间和结果准确性方面也难以满足需求。

然而，这并不意味着我们对此类网络无能为力。通过角色替换等间接方式，仍可以对在线社会网络进行有效的分析。例如，可以构建一个小规模网络，将角色间的关系代替节点间的关系，或者通过多种方法识别其中符合特定定义的社会角色。当前，这种基于角色分析的社会网络研究方法在社会网络分析与实践中被认为是可行且有效的手段。

本章的研究将社会网络用户身份划分为用户预设身份和用户属性身份。用户预设身份是研究人员自定义的用户身份分类，如本章中定义的个人用户和组织用户（Zhang et al.，2018）。用户属性身份则基于用户的固有属性进行划分，如根据职业划分为教育人员、医疗人员和公务员等。

为便于叙述，我们将社会网络用户身份或角色分为两类：非明确用户身份（或非明确角色）和明确用户身份（或明确角色）。没有预先定义的用户身份被称为非明确用户身份，其识别过程即为非明确用户身份的识别；而对于如专家、意见领袖以及各种网络社区中的具体身份等预先定义好的用户身份，则称为明确用户身份，其识别过程称为明确用户身份的识别。本章将对这两类用户身份的识别方法进行总结和探讨。

在研究社会网络用户时，通常根据社会网络特征、内容信息和用户动态行为对用户进行身份分析。基于机器学习方法的用户角色识别主要依托网络结构和交互内容等信息，通过无监督学习过程将用户自动分配到不同身份类别中。社交用户身份的研究多集中在分析用户的兴趣爱好、位置和社交关系等，以推测用户所属群体或身份，进而进行身份同一性识别和身份认证。例如，用户身份同一性识别方法主要集中在用户属性字段的匹配上，即通过计算各种属性的相似度来识别用户身份（Meng et al.，2013）。一些研究者提出了 FOAF（friend-of-a-friend，朋友的朋友）属性匹配方法，将用户属性转化为统一的 FOAF 格式，以便计算属性间的相似度。另一些研究者提出了 MNA（multi-network anchoring，多网络锚定）算法。此外，部分学者基于用户名特征进行身份同一性识别，并提出了基于用户名特征的判定方法。

在社会网络的内容分析中，社交用户的情感分析、信息传播机制和事件检测等研究占据重要地位。例如，一些学者通过分析社会网络内容的主题信息，结合时间敏感性评估用户的实时影响力。另有学者采用 LSTM 神经网络架构及时间池方法对音频和视频内容的情感进行分析。尽管这些研究为社会网络用户及其内容分析提供了诸多思路，但在实际应用中仍面临挑战和困难，包括社会网络的复杂性、海量数据、数据动态变化、数据异构、评估机制、用户数据采集以及隐私安全等问题。要有效分析和识别社会网络用户身份，需不断探索并优化相应的研究方法，以应对这些复杂问题。

5.1.1　角色和用户身份

“角色”一词起源于戏剧表演，最初指演员通过化妆、场景和道具来对戏剧人物进行个性化塑造。尽管角色的定义多样，许多社会学家和心理学家对其概念进行了研究，但至今未有统一的定义。20 世纪 20 年代，美国芝加哥学派将角色概念引入社会结构的研究，自此，角色概念在社会学中得到了广泛应用。在社会学视角下，角色通常被视为真实、客观且在现实社会中具有重要意义的特征。例如，在一个多子女家庭中，父亲可能扮演教师的角色，以此来维持家庭秩序并对犯错的孩子进行管教。角色还可以描述个体在社会环境中的行为特征及其与他人的交互模式。

在社交媒体中，角色的研究也引发了关注，并试图定义用户的具体角色。例如，通过社会网络分析中的特征度量来定义博客中的“发起者”和“追随者”；根据网络结构中的节点度分布来定义“影响者”；依据用户在网络中的影响值排名来确定“意见领袖”等角色。此外，角色可以被视为简化行为模式、识别不同类型用户和理解人们行为的工具。识别出用户的角色有助于更有效地监督特定角色的用户（Laurent et al.，2014）。在网络搜索中，若能识别出内容作者的角色，则有望提升查询结果的质量。

角色研究在社会学研究中始终处于核心位置，其在其他学科和领域中的应用也愈加重要。例如，在社会网络中，可以识别出某个群体中具有影响力的“领导者”角色（Li et al.，2014）；在社交平台上寻找“意见领袖”；在论坛中发现“专家”角色（Lin et al.，2013）。在政治选举中，用户角色的变化，如从“支持者”变为“中立者”，再到具有较高消极情绪的“持不同政见者”，可能成为警示政治家的重要信号。

社会角色是研究者用来区分研究对象并解释其行为的关键工具，为我们分析当下社会网络结构提供了一个重要的视角。通常情况下，社会角色根据研究对象的行为特征和网络属性进行定义，实质上是对用户行为和关系的分类。在社会生活中，社会研究者主要关注两种基本度量：结构和文化。社会结构指在人群中关系和资源的分布情况，例如在线社区中的好友关系网络或城市中的年龄分布。社会结构既可以提供社会活动的机会，也可能成为其限制因素。事实上，社会角色的定义往往源于某种行为的共性结构。例如，“父亲”角色的基础源于协调、保护和照顾后代的共同行为，尽管这些行为在不同文化中可能有所不同，但“父亲”角色满足了人类社会的基本需求，因此具有跨文化的共识性。

同样，许多社会角色，尤其是新兴角色，虽然尚未达到普遍认可的水平，且可能不具有跨文化的特性，但依然建立在特定的社会结构基础上。需要注意的是，文化因素在社会角色的形成和认知中起到关键了作用。一些学者特别强调了文化的重要性，尤其是在特定社会背景或环境下识别出特定社会角色的必要性。

在社会网络中，社会角色的根基在于社会位置，即个体在社会网络中的地位。但社会角色并不等同于社会位置。社会位置是指个体在社交关系网络中的结构位置，并涉及与该位置相关的一系列权利、职责和行为。虽然社会角色以社会位置为基础，但它也受到环境的强烈影响。即便处于相同位置的个体，在不同环境中其角色可能会表现出截然不同的特征和作用。

在现实社会中，个体所扮演的角色由其在血缘、地缘和业务等社交关系网络中的位置所决定。社会角色是通过成员间的交互形式呈现的，即社会角色在用户互动中不断出现和演化（刘宇等，2018；高仰和刘渊，2023）。社会角色可以被视为个体在某一社会结构中所处位置的行为期望。例如，用户可能扮演领导者、参与者、评论者或潜在观察者等角色。在社区环境中，每个人都承担着特定角色，这使社区更具活力，而社区成员通过各自角色的互动也提升了自身的价值。

在价值网络中，社会角色不断变化，作为资源发挥着重要作用，因为它们能够引导社会规范并确立社会地位。用户的地位或立场可能发生变化，因此其在社会网络中的角色也可能随之演变。本章讨论的社会网络身份识别，主要指在社会网络中识别用户的社会角色，尤其是在在线社会网络中角色识别的问题

（Zhou et al.，2018）。所谓社会网络角色，实质上指的是网络中的社会角色（Forestier et al.，2012a；张树森等，2019；Zhang et al.，2020）。

在线社会网络可以简单地理解为通过 Web 建立的人际关系网络，用户通过 Facebook、LinkedIn、Skype 等社交软件，或通过电子邮件、论坛、博客等在线平台建立联系。在线社区、电子商务平台、医疗诊断系统、电子投票和社会媒体等也属于在线社交的范畴。这些平台多运行在 Web 2.0 模式下，为用户提供了多样化的在线社交体验，使得在线社会网络在当前社会中十分普遍。

5.1.2　非明确用户身份的识别

非明确用户身份的识别主要依靠数学分析和机器学习方法来实现。非明确用户身份指的是在没有（或仅有少量）背景知识的情况下，不对用户身份或角色进行预先定义，而是通过社会网络结构、特征描述以及交互过程中生成的文本信息来识别用户身份。

在数学分析方面，块模型（block model）和概率模型是常用的分析方法，成为非明确用户身份识别的主要工具（Airoldi et al.，2008）。这种方法识别出的身份或角色可以理解为网络节点所处的位置。例如，在公司内部，可以根据网络节点的关系来推测其职位，就像“经理-秘书”这种关系模型，通过分析电子邮件的词汇种类识别出“经理”角色，再根据邮件接收者的关系判断接收者是“秘书”还是另一位“经理”。

机器学习方法则通过网络结构、交互信息，或将二者结合起来进行无监督学习，将节点数据自动分配到不同的身份或角色类别中，最终识别出用户的身份或所扮演的角色。常见的机器学习角色识别过程包括通过特征提取和监督分类对数据进行归类（图 5-2）。一些学者提出了改进算法，如使用小决策树代替传统的决策树桩，有效解决了在广播新闻节目中识别说话者角色的问题。

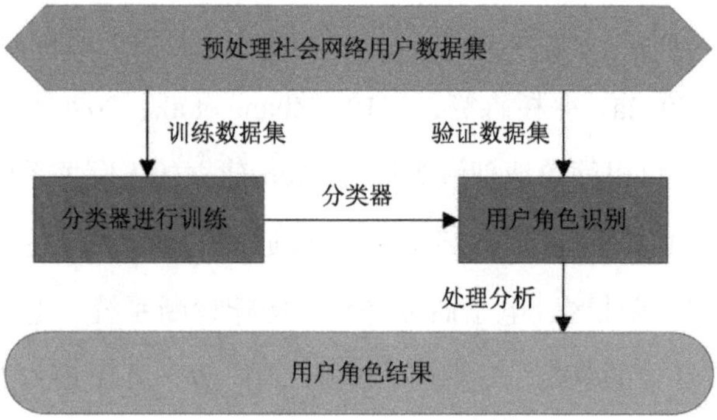

图 5-2 机器学习用户识别过程

此外，通过图结构或交互信息的聚类分析过程，也可以识别非明确用户身份或节点位置。一些学者提出了潜在位置聚类模型（latent position cluster model，LPCM），该模型中两个用户之间的连接概率取决于它们在隐含欧几里得“社会空间”中的距离。在这个隐含社会空间中，每个用户的位置由一个混合分布生成，并且每个位置对应一个特定的聚类。该模型能够有效地模拟真实网络中的聚类结构，从而识别出网络中潜在的位置关系。

1. 块模型识别方法

块模型基于社会关系网络，使用预定义的等价性进行分类，以便在定义好的 0/1 功能块中对节点进行划分。块模型的核心在于根据具体问题合理地定义关系的等价性。目前几种常见的关系等价方法包括结构等价、正则等价和自同构等价。结构等价主要用于对具有相似兴趣的成员分组，而正则等价和自同构等价则更偏向于表示一种社会身份的概念，即具有相同身份的成员只能与共享相同身份的人联系。

块模型方法在社会网络分析中应用广泛，通过归纳块状建模来分析网络结构类型。尽管块状建模侧重于网络结构分析，但它同样可处理节点属性和多重关系，是获得社会网络结构模型的主要手段之一。在角色识别中，节点的位置可以由分析人员提供，也可以通过无监督的方式估计。如果位置类型并未预先定义，则需要同时计算出集群及其间关系，这种集群便称为节点的“身份”。

在传统研究中，通常使用正则等价和结构等价对网络进行分析。例如，部分学者将关系（即网络）作为输入，以集合分区作为输出来定义正则等价，并计算网络节点之间的正则等价程度以建立块模型，从而识别隐含位置。此外，随机模型主要集中在结构等价，通过分析网络节点属性（如社会类别）获得划分结果，即随机块模型（stochastic block model）。这些模型后来被应用于潜在类分析中，其中潜在类不需要预定义，而是通过数据估计得到。

与传统方法相比，一些学者集成了个体间的距离概率模型，提出了考虑图传递性的潜在位置聚类模型。而 Wolfe（沃尔夫）等则进一步扩展了传统的随机块模型，通过引入多角色的概念，更灵活地表示节点身份。此外，还有研究考虑到网络的自然演化，即身份或角色随时间变化，于是提出了动态混合隶属度块（dynamic mixed membership block，DMMB）模型。

为适应传统社会网络模型，还有学者提出了混合隶属度随机块模型。该模型与混合模型聚类方法类似，每个节点关联到一个隶属度向量，涉及多个簇，从而最终推导出节点或个体的位置或身份。

2. 概率模型识别方法

在分析如电子邮件、博客或学术论文等文本数据集时，单纯依靠关系结构来识别身份或角色往往是不够的。这种情况下，常用的另一种分析方法是概率模型，其特别适用于处理文本数据集。概率模型方法通常使用无监督的分层贝叶斯模型，将文本内容与图中的边关联起来，而无须考虑网络的关系结构。

该方法主要依赖于已有的主题模型，通过假设一个概率生成模型，将每个文本关联到多个主题，从而在文本中提取出相应主题。当前常用的概率主题模型将文本视为由若干主题随机混合而成。不同的主题模型会根据特定的统计假设来设定模型的参数生成过程，例如，LDA 模型假设文本中每个词来自若干主题的分布，以无监督的方式学习这些主题，并利用贝叶斯推断来确定文本属于哪些主题。这种方法不仅能揭示文本中隐含的主题结构，也能够通过主题与角色的关联进一步识别出文本中不同身份或角色的潜在特征。

为了在邮件数据集中识别身份或角色，一些学者提出了三种贝叶斯分层模型：ART（author recipient topic，作者接收者主题）模型、RART1（role author recipient topic model 1，角色作者接收者主题模型 1）和 RART2（role author recipient topic model 2，角色作者接收者主题模型 2）。ART 模型是一个词的有向图模型，其中每个词都是由特定的作者和一组收件人之间的交互生成的。此外，在会议数据挖掘中，这些模型通常用于识别具体的专家或专业身份。

在分析科学论文的主题时，通常会引入时间、来源等额外维度，以获得更全面的主题分布。例如，语义时态信息化专家搜索模型通过同时分析作者的潜在主题、发布场所（如会议或期刊）和时间维度，能够有效识别出具有专业性或内行身份的角色。该模型不仅能揭示学术作者的研究主题，还能识别出具有显著专业属性的角色，适用于文献中对学科内行的角色分析。

综上所述，在非明确身份识别方法中，传统的块模型方法主要基于图论，更适合用于社会网络中身份或角色的识别。然而，块模型主要依赖网络关系结构进行构建，忽略了用户之间交互的信息内容。在社交媒体网络中，用户的身份或角色往往在生成的内容中有所体现，可能是明确的，也可能是隐含的。因此，块模型在面对社交媒体内容时存在一定局限性。此外，块模型受限于当前组合优化技术的发展，在具体应用中通常效率较低，运行速度较慢。

与块模型不同，概率模型在识别过程中更多地利用了节点的自身信息，尤其是基于主题的概率模型在角色识别中充分考虑了文本的关键信息。尽管如此，概率模型缺乏块模型在全局角度上的角色识别能力。因此，将块模型与概率模型有效结合，既兼顾块模型对全局网络关系的建模能力，又融合概率模型的文本信息优势，是当前非明确身份识别方法面临的一个重要挑战。

5.1.3　明确用户身份的识别

在社会网络中，用户身份的识别是舆情分析和管理中的一个核心环节，不仅影响信息传播的效果，还直接关系到信息的可信度和影响力。用户身份包括影响者、意见领袖和专家等角色，他们各自在社会网络中扮演着不同的角色，对舆论的形成和传播具有显著的影响。本节将探讨这些用户身份的识别方法，并总结其他潜在的用户身份识别技术。

首先，影响者通常是具有较高社交媒体活跃度和广泛影响力的用户，他们能够通过其个人魅力或专业知识影响大量粉丝的观点和行为。识别这类用户通常依赖于其社会网络中的位置中心性分析、活动频率和内容的影响力评估等指标。其次，意见领袖是指那些在特定领域或社区中具有权威性的用户，他们的言论能够有效地影响其他用户的看法和决策（王晨旭等，2015）。意见领袖的识别往往需要结合话题敏感性分析和用户互动行为，如转发、评论和点赞的深度与广度来进行。最后，专家则是在某一专业领域内具有丰富知识和经验的用户，他们的观点通常基于深入的研究和事实，具有较高的可信度。识别专家用户则更多地依赖于其发布内容的专业性和技术性，以及其他专业人士的认可和引用。除了这三种常见的用户身份外，社会网络中还存在其他类型的用户角色，如品牌倡导者、社区管理员等，他们在维护社区秩序、推广产品或理念等方面也发挥着重要作用。这些用户的识别方法包括分析其与品牌或社区的互动频率、内容质量以及影响力等。

有效的用户身份识别不仅有助于更准确地分析信息流动和影响路径，还可以为舆情监测和危机管理提供支持，使相关策略与措施更加具有针对性和及时性，从而提高社会网络舆情管理的效率和效果。

1. 影响者用户

影响者用户的识别在当前的社会网络研究中扮演着核心角色，尤其在商业营销、公共关系和信息传播领域具有不可忽视的价值。影响者不仅能引导社会话题和舆论趋势，还能显著影响品牌形象和消费者行为。因此，科学准确地识别出这些影响者，对于实现有效的舆情管理和营销策略至关重要。

首先，影响者的识别通常依赖于综合分析其社会网络中的位置和角色。网络中心性指标（如度中心性、介数中心性和接近中心性等）是常用的度量影响力的方法。这些指标能帮助我们识别那些在网络中占据中心节点的用户，即那些与大量其他节点有直接联系的用户。其次，影响者的内容影响力同样重要。通过分析用户发布内容的质量、互动数量（如点赞、评论和转发数）以及内容的广泛接受度，可以进一步验证一个用户的影响力。例如，具有高质量内容和高用户参与度的社交媒体账号往往更具影响力。另一种识别影响者的方法是应用算法和机器学习技术，如 PageRank 或 HITS 算法，这些算法和技术可以在网络中识别有影响力的节点。这些算法和技术不仅限于分析链接结构，还可以结合用户行为数据和内容分析来提高识别的准确性。在商业应用中，影响者营销成为一种越来越流行的策略，它依赖于影响者来推广产品或服务。这种策略的成功在很大程度上取决于正确识别和选择与品牌价值观相匹配且具有高度影响力的社会网络用户。因此，除了传统的度量方法，企业和市场营销人员还经常利用先进的数据分析工具和算法来优化影响者的选择过程。

有效的影响者识别策略需要综合运用网络分析、内容评估和算法模型，确保能够全面评估和利用影响者的力量。这不仅能提高营销效果，也能在社会网络中形成更健康、更积极的信息交流环境。

在基于网络结构的身份识别方法中，部分学者利用网络中心性矩阵进行分析，得出博客网络通常呈现“核心-边缘”结构：有影响力的博客聚集在核心位置，而影响力较小的博客则位于网络结构的边缘。基于这种结构，有学者进一步通过同质现象解释“对等”关系的存在，并扩展了 PageRank 算法，提出了专门用于识别社会网络中的有影响力用户。

在某些社会网络中，仅凭网络结构的特性可能无法准确揭示用户之间的真实影响力，用户发布的内容则能提供更直观的网络动态特性。因此，结合用户内容进行影响力识别逐渐成为一种流行的方法。例如，有学者在在线医疗保健论坛中提出了一个识别有影响力用户的框架。该框架首先在论坛中构建社会网络，接着通过 UserRank 算法结合链接分析和内容分析识别出有影响力的用户。此外，在博客数据中，有学者提出了一个专注于识别具有市场营销价值的影响力模型，以衡量用户的影响力。

影响力用户的识别方法通常基于社会网络的拓扑结构和用户内容的综合分析（Wu and Wang，2014；Trusov et al.，2010）。在实际应用中，使用图论进行网络拓扑结构分析有时会遇到复杂性问题，尤其是在网络规模日益扩大的今天。为更有效地识别在线社会网络中的影响力用户（Goyal et al.，2010；曹玖新等，2016），未来的研究应探索新的方法，综合拓扑度量、内容权重和链接极性值。此外，基于用户活动扩散历史的分析方法在识别影响力时同样有效。对时间和地理位置因素的扩展分析也将是未来研究的重要方向。

2. 意见领袖用户

意见领袖，也称为网络信息领袖，是指在社会网络中通过大众媒介率先接触到信息，并通过个人加工后向其他群体成员传播这些信息的个体。这些意见领袖在信息传播过程中起到了加速和放大作用，他们能通过自己的言论和行为显著影响和改变他人的观点与态度。在社会网络环境中，这些用户通常表现为高度活跃的社交媒体用户，他们不仅频繁发表原创微博和帖子，还积极参与评论和回复，从而在信息扩散和中介方面发挥重要作用（何静等，2013）。在互联网的广阔空间中，用户背景和素质参差不齐，加之互联网的匿名性和隐蔽性，使得网络空间内的某些观点和言论可能对公众意识形态产生深远影响。特别是在信息传播速度极快的今天，不当言论甚至可能威胁到社会治安和稳定。在这种背景下，合理引导和监控网络舆情的发展显得尤为关键。因此，对社会网络中的意见领袖进行有效的识别和分析，不仅可以利用他们的影响力来正向引导舆论方向，促进信息的健康传播，还可以通过监控这些关键节点来及时发现并应对可能产生的负面影响，维护网络舆论环境的稳定。确保社会网络中信息的正确传播和舆情的良性发展，对社会的和谐与进步具有重要的实际意义和长远价值。

近年来，为了识别网络中的意见领袖用户，研究人员进行了广泛研究，提出了许多意见领袖用户的识别方法（Lin，2012）。总体来看，这些方法主要是根据用户特征、内容以及用户交互网络进行识别。

根据用户特征、内容的识别方法中，有的学者在分析用户在线活动特征的基础上，为每个用户构造一个在线配置文件，并通过 *k*-means 聚类算法分析这些文件或意见，从而识别出论坛中的意见领袖。而有的学者通过进一步分析基于内容的“影响力扩散模型”，提出了一个能够有效识别网络论坛中意见领袖用户的基于语料阶梯评价算法。

研究人员在意见领袖用户的挖掘研究中，特别关注了 PageRank 算法和 LeaderRank 算法。某些学者在探讨意见网络的基础上，通过对 PageRank 算法的改进并结合意见得分，提出了一种在意见网络中识别意见领袖用户的 OpinionRank 算法。然而，PageRank 算法在快速变化的复杂网络中挖掘意见领袖的适用性有限。为了克服这一限制，引入了基于交互网络和用户特征的混合数据挖掘方法（虞金中等，2018），以及一个结合文本挖掘和社会网络分析的方法，用于更准确地识别在线社会网络中的意见领袖用户。

此外，LeaderRank 算法为用户排序提供了新的方法。在该算法中，每个节点（除基点外，基点通过双向链接与每个用户节点相连）在初始状态下都会被分配一个单位的资源，随后资源被平均分配给其邻居节点，直到系统达到平衡。与 PageRank 算法相比，LeaderRank 算法在识别意见领袖方面表现出了更高的准确性，并且在面对噪声和恶意攻击时具有更强的抗干扰能力。

意见领袖是在线社会网络中常见且重要的身份类别，同时也是社会网络研究中的关键议题。当前，意见领袖的识别主要依赖于网络分析、文本分析和情感分析等方法，这些方法通常以单个节点为主要研究对象进行分析。然而，未来的研究可以从群体或团体的角度展开，更全面地理解意见领袖在社会网络中的作用。鉴于社交媒体上话题随时变化，新的意见领袖可能会不断涌现，因此从时空角度对意见领袖用户进行进一步分析也是值得探索的方向。

3. 专家用户

在社会网络中，专家用户的识别关键在于确定那些在特定领域内具有高度专业知识和技能的人员。这些专家通常在网络社区中担任意见领导者的角色，他们的见解和知识在专业领域内具有权威性。有效的专家用户识别不仅对学术研究具有重要意义，也对实际应用场景（如专业咨询、行业分析以及内容推荐系统等）提供了极大的支持和帮助。在科研领域，专家的识别尤为重要，例如在学术出版物的同行评审过程中，选择合适的专家对于保证评审质量和公正性至关重要。专家用户通常会因其在某一特定领域的研究成果、发表的高质量文章和在学术会议上的影响力而被识别出来。然而，现实挑战在于如何准确识别并确认这些用户的专家地位，确保他们的专业能力和评审的相关性。

从技术方法上看，专家用户的识别可通过多种途径实现。

基于内容的识别方法：主要通过分析用户生成的内容，如发表的论文、博客文章、专业答复等，使用自然语言处理技术来评估其专业性和知识深度。例如，可以通过主题建模技术来识别用户内容中的专业术语和相关话题，以判断其专业领域的专长和活跃度。

基于链接结构的识别方法：利用社会网络中的链接结构，如用户间的关注关系、共同作品的数量等社交图谱信息来评估一个用户的影响力和专业水平。例如，一个被多个已知专家关注的用户很可能也是该领域的专家。

混合方法：结合内容分析和链接结构分析的方法，提供了一种更全面的策略，能够从多个维度验证用户的专家身份。这种方法不仅考虑用户的社会网络地位，也分析其产出内容的质量和专业程度。

通过这些方法，可以有效地筛选出具有高专业知识水平的专家用户，进而为网络社区的知识交流、专业问题解答以及知识的深入挖掘提供支持。这不仅增强了社会网络服务的价值，还促进了知识的普及和专业领域的发展。

在社会网络中识别专家用户的方法中，基于内容的识别方法是最主要且常见的一类。例如，有研究表明，问答社区中的专家倾向于选择那些能够带来高价值贡献的问题进行回答。基于此，研究者通过分析用户选择回答问题的偏好，提出了一种概率模型来识别专家用户。此外，部分学者还采用以个人信息为中心或以文档为中心的方法识别专家用户，甚至将这两种方法结合，以提高识别的准确性和效率。

早期的研究者 Hofmann（霍夫曼）提出了概率潜在语义分析（probabilistic latent semantic analysis，PLSA）模型，通过隐含主题层生成词概率来分析文档。然而，PLSA 模型存在参数过拟合问题，且在推断新文档时存在困难。为解决这些问题，后续学者引入了 LDA 三级分层贝叶斯模型，使得主题建模在处理专家识别时更具稳定性。

除了内容分析，链接结构分析也是识别专家用户的重要手段。研究发现，在问答论坛（如 Stack Overflow、Reddit 等）中，用户的链接结构往往比专业度更能反映其感兴趣的主题。在具体方法上，PageRank 和 HITS 等算法被用于学术网络的关系分析中，以识别权威专家用户。进一步地，一些学者对 PageRank

算法和 HITS 算法进行了扩展，通过衡量合作关系权重和用户的权威性，识别出数字图书馆研究社区或问答门户中的专家用户。这些改进使得基于链接结构的专家识别方法在捕捉用户兴趣和专业性方面更具有效性和准确性。

最后一种主要的专家用户识别方法是将基于内容和基于链接结构的方法相结合。然而，这种方法无法在统一的模型中处理所有信息，而是通过在潜在专家的子集内进行局部优化，按排名识别最相关的专家。例如，有研究者收集某个主题相关的所有邮件，并分析每对发件人和收件人之间的邮件互动，建立了一个“专业图”。通过改进 HITS 算法，他们对该主题的所有发件人和收件人进行了排序，以识别出最具专业性和影响力的用户。

总体来看，目前的专家识别方法主要关注个人信息（如主题关联和引用次数）以及网络信息（如引用关系）。然而，这种方式常常导致部分潜在专家被忽视。基于内容的方法通常是计算专家和用户的查询主题或推断主题之间的相关度，但往往忽略了专家之间的社会关系。另外，链接分析算法（如 PageRank 算法和 HITS 算法）在识别专家用户时存在“主题漂移”问题，即识别出的专家未必是真正符合主题的最佳选择。因此，为克服上述局限性，理想的专家识别方法应同时考虑潜在专家的主题相关性和其在网络结构中的地位。通过这种综合性方法，不仅可以更准确地捕捉主题相关的专家，还能够基于专家的社会关系来提升识别效果。这种方法在理论上更具全面性和准确性，是识别专家用户的有效途径。

在社会网络中，除了影响者、意见领袖和专家等常见身份之外，还存在许多其他可识别的用户身份。例如，在在线论坛中，有学者利用主成分分析方法识别出三类社会子群体，并通过最大化主题标准，从中识别出“名人身份”，即最符合特定主题的用户。此外，为了自动化地识别论坛中的名人身份，研究者提出了元标准方法，通过三种元标准和一个基准构建数据框架，证明了这些元标准在识别名人身份方面的有效性。

另外，一些研究者通过用户的社会关系、等级和交互信息构建影响力网络，开发出优化模型以识别最具价值的用户身份。还有学者分析个体的选择行为模式，并根据行为相似性对用户进行聚类，从而在动态网络中识别潜在的行为身份。最佳动态规划算法也被用于识别“效应节点”，即在特定信息传播模型下，能够最有效地解释活动状态的一组关键节点。

除此之外，社会网络中还存在其他重要身份类型，例如舆情扩散中的骨干节点、具有积极影响的价值节点、煽动者、负责传播不实信息的“谣言”专家用户以及“水军”等。尽管这些用户身份在社会网络角色识别的研究中并非主要对象，但他们对于理解社会网络中的影响力结构以及提升舆情管理的实效性具有重要意义。

5.1.4 基于内容的无监督社会网络用户身份识别

在社会生活中，每个人相对其他人或事物来说，都拥有其所在环境下的一种身份。在社会网络中，用户的身份同样反映在社会网络的虚拟空间中。

在研究过程中，本节先定义两种用户预设身份，即组织用户和个人用户，并对这两种用户身份进行具体定义。由于用户本质属性的不同，组织用户与个人用户在社交内容方面会呈现不同的特征。在此基础上，本章提出基于用户社交内容的社会网络用户组织-个人身份无监督识别的方法，从内容的微观角度、宏观角度对用户的文本内容、多媒体内容进行分析、处理，并对用户社交行为在时间上的规律进行总结分析，识别出用户的组织-个人身份。

1. 社交内容表示及相关定义

在本节中，我们用集合 $A=\{V,C\}$ 表示社会网络用户的社交内容。其中，V 表示 N 个用户的集合，即 $V=\bigcup_{i=1}^{N}v_i$，C 表示 N 个用户内容集合，即 $C=\bigcup_{u\in V}C_u$，C_u 为用户 u 的内容集合，$C_u=\{X_u,M_u,S_u\}$，X_u、M_u、S_u 分别

为用户 u 的文本内容集合、多媒体内容集合及其中的时间序列内容集合。

（1）$X_u=\{x_1,x_2,x_3,\cdots,x_n\}$，$x_i$ 为用户 u 发表的第 i 条文本内容，$|X_u|$ 为该用户发表文本内容条数 n，$|x_i|$ 为第 i 条文本内容长度。

（2）$M_u=\{p_1,p_2,p_3,\cdots,p_n\}$，$p_i$ 为用户 u 发表的第 i 张图片，$|M_u|$ 为该用户发表图片数目 n。

（3）$S_u=\{x_1=\langle t_1,P(t_1)\rangle,x_2=\langle t_2,P(t_2)\rangle,x_3=\langle t_3,P(t_3)\rangle,\cdots,x_n=\langle t_n,P(t_n)\rangle\}$，其中，$t_i$ 为用户发表内容时间 i 并按先后顺序递增，$i\in[1,n]$，$P(t_i)$ 表示在 $[t_i,t_{i+1})$ 时间段内，用户 u 发表内容数目占所有内容数目的比例，其表达式为

$$P(t_i)=\frac{f(t_{i+1}-t_i)}{n} \tag{5-1}$$

其中，$f(t_{i+1}-t_i)$ 为用户 u 在时间段 $[t_i,t_{i+1})$ 内发表内容的数目；$P(t_i)\in[0,1]$，$i\in[1,n]$。

个人用户（individual，v_{ind}）指的是社会网络虚拟空间中的某一节点，该节点所代表的用户基本属性是有意识或有较高层次的单独的人类（Pe）个体，$v_{\text{ind}}\in \text{Pe}$。

组织用户（organization，v_{org}）指的是社会网络虚拟空间中的某一节点，该节点所代表的用户是按照某一目的、任务和形式编制起来的社会集体或团体，$v_{\text{org}}\notin \text{Pe}$。

在社会网络中，用户通常随机发表各种言论，这些言论随着用户的状态、时间、环境以及心情的不同而不同，难以找到一个统一的主题。在内容主题方面显得十分混乱、复杂。同时，用户发表的内容在长度及格式规范上通常会呈现出长短不一，格式多样，具有不同标记、符号或者表情等特征，使得内容结构上同样显得十分混乱、复杂。此外，用户发表的图片内容通常呈现出多元化、同质性小的特点，且其中出现人物通常变化较快、表情不一，使得多媒体

内容也显得十分混乱、复杂。

上述中出现的“混乱”一词，指的是在社会网络中，用户发表内容所表现出来的无序性，没有条理性或者差异变化较大的特性。

在社会网络中，个人用户发表的内容往往与用户自身的心情、兴趣以及所在环境相关，更多地表现出人类共有的基本属性。而组织用户由于自身组织属性，发表的内容往往具有明显的宣传、通知、倡议以及信息发布的特性，并且往往能够表现出明显的主题和目的。因此，从发表内容的主体和结构方面来讲，个人用户混乱程度 C 通常要高于组织用户，即 $C(v_{\text{ind}})>C(v_{\text{org}})$。

在实际研究中，社交内容长度的分布情况可以反映不同身份用户内容的整体混乱程度，能够从宏观角度反映出不同身份用户内容的整体结构状况。通过对两种身份用户数据的分析和计算，本节得出两种身份用户（统计部分两种身份用户数据）文本内容长度分布及方差（图 5-3）。

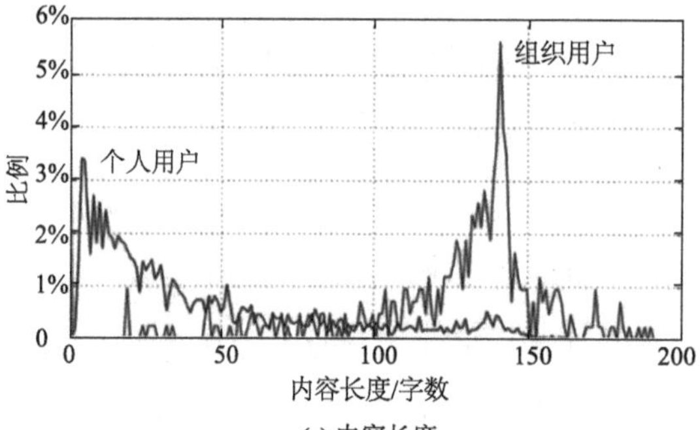

(a) 内容长度

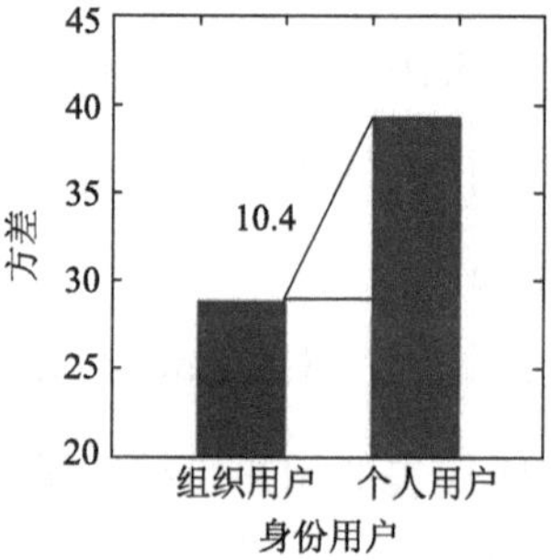

(b) 方差

图 5-3　用户内容长度分布、方差比较图

在图 5-3 用户内容长度分布比较图中，内容长度为 0 表示用户发表的内容中没有文本内容，只有符号、表情或图片等内容。在本节所用数据集中，通过对所有用户发表的微博内容长度进行分析，可以得出个人用户方差约为 39.3，组织用户方差约为 28.9。由此可以看出，个人用户的内容长度波动性相对更大，从用户内容长度角度来讲，其整体混乱程度也更高。

2. 无监督用户身份识别方法

在社会网络中，无监督用户身份识别方法尤显重要。这是因为在此类环境下，用户生成的内容通常不受格式约束，且充斥着网络特有的语言简化和创新表达方式。这些内容通常不遵循固定格式，导致传统的监督学习方法难以适用，因为这些方法依赖大量标注数据作为训练基础。因此，无监督学习方法成为识别和区分网络用户身份的一种有效手段。无监督用户身份识别方法主要关注从用户的自然语言表达中提取有用信息，用于识别用户的社会角色或身份（Xu et al.，2012）。例如，一些用户可能在特定的论坛或社交媒体上以专家的身份活跃，他们的言论中常含有专业术语或深入分析；而另一些用户则可能以观察者或普通参与者的身份出现，他们的发言更倾向于日常用语和简单评论。

具体方法上，可以采用自然语言处理技术来分析文本的语义结构和使用频率高的词汇。通过建立词汇-主题模型，无监督方法能够识别出哪些词汇是与特定用户身份相关的，从而揭示用户的潜在社会角色。此外，通过分析用户交互模式和语言使用习惯的异同，也可以对用户群体进行分类。例如，在一个专业摄影社区中，真正的摄影师可能经常讨论技术细节如曝光、光圈等，而业余爱好者可能更多地关注拍摄地点和体验分享。通过分析这些关键词和话题的使用频率及其上下文，无监督学习模型能够自动识别专业摄影师与业余爱好者之间的区别。

无监督方法的一个主要挑战在于如何处理大量的非标准语言和网络新词。这要求模型不仅要有很好的语义理解能力，还要能适应不断变化的网络语言环境。因此，这种方法需要不断地更新和调整以适应网络语言的快速发展。

无监督用户身份识别提供了一种灵活且有效的方法，能够在缺乏明确监督信号的情况下分析社会网络中的文本内容和互动模式，从而理解并预测用户的社会身份及行为模式。

3. 文本内容分析识别方法

文本内容分析识别方法主要包括以下四种：口语人称识别方法、内容复杂特性识别方法、内容规范化识别方法、多媒体内容识别方法。

一是口语人称识别方法。在社会网络中，由于用户自身属性的原因，不同身份用户发表的内容在口语使用和人称方面会有一定差别。本节所说的口语区别于书面语，是人们日常口头交谈时说的通俗语言。为了能够有效识别出用户是个人身份还是组织身份，本节通过度量用户内容的口语化比率，以及第一人称使用的人称比率对用户发表的文本内容进行量化分析，进而为两种身份的识别提供依据。

在社会网络中，个人身份用户在发表内容时，往往更倾向于随意发表自己的看法，表达自己的感情，其内容一般表现出通俗易懂、表达直接、口语化相对明显的特点。而组织用户则由于其自身团体属性的限制和影响，发表的内容更多的是一些书面语言，表达更为理性，口语使用相对较少。通过对不同身份用户口语化和人称的度量，实现从微观角度对不同用户内容的分析和识别。

二是内容复杂特性识别方法。在社会网络中，由于用户所处环境及自身属性的不同，个人用户和组织用户发表的内容通常表现出不同的内容复杂特性。本节通过对内容主题多样性的度量，实现这种复杂特性的量化分析。

根据信息熵的原理，如果用户发表各个内容之间的整体相似度越小，则该用户内容不确定性越大，其所含信息量就会越多，即认为该用户所发表内容包含的主题会越多，内容也越复杂。本节提出了用户内容熵的概念，用来度量用户 u 的内容复杂特性水平。

三是内容规范化识别方法。在社会网络中，组织用户通常在内容的格式方面具有一定的要求，内容语句结构也更加符合规范，错误较少等。而个人用户在发表内容的格式规范方面通常没有组织用户要求高，内容格式整体上显得更加混乱，内容长度总体波动相对来说变化较大，很少具有统一的格式。由此，本节提出结构熵的概念来度量这种混乱程度，用户内容体系结构越规则，熵就越小；越不规则，熵就越大。

本节根据用户发表内容整体长度情况和用户内容格式的实际情况度量用户内容的规范化水平。其中，在考虑用户内容格式过程中，当用户发表的内容具有统一的格式规范时，例如，发表内容开头都在中括号内表明主题，许多发表的内容含有其他相同标志或统一的符号等，本节将其称为含有统一标志的内容。

四是多媒体内容识别方法。在社会网络中，通过分析我们可以发现，个人用户的图片中同一人会更多地在多张图片中出现。组织用户的图片中人物差异较大，在多张图片中共同出现同一人物的图片数量较少，图片内容更多与该组织的性质相关。

由此，本节将用户身份识别问题转换为图片中人物相似性分析问题。依据图片中人物的相似性度量，在社交平台中对用户发表的图片内容进行人脸识别，获取图片中人脸的特征信息，对多张图片中出现的人物进行相似性的比较，判断是否为同一人。若为同一人的图片数量大于设定的阈值，则认为是个人用户，否则为组织用户。在人脸识别的方法中，常见的有基于主成分分析、基于 Fisher 线性判别（Fisher linear discriminant，费希尔线性判别），以及基于 LBP（local binary pattern，局部二值模式）特征的人脸识别算法等。在具体实验中，本节所采用的是基于主成分分析的人脸识别算法。

在得到用户图片信息识别结果后，本节通过定义图片比率 P_u，即用户发表图片中包含同一人物图片数目与该用户所有图片数目的比值，来识别用户的组织或个人身份。

基于用户 u 发表的图片内容：$M_u=\{p_1,p_2,p_3,\cdots,p_n\}$，图片比率 P_u 表示为

$$P_u = \frac{\sum_{i=1}^{n} f(p_i)}{n} \tag{5-2}$$

其中，$f(p_i)$ 为图片 p_i 中是否为含有同一人的函数并计算其函数值；n 为出现该用户的图片总数。

在社会网络中，本章组织或个人身份用户图片内容的处理、识别过程主要包括以下几个步骤。

步骤 1：图片预处理，获取用户发表的图片并对图片进行统一、规范化处理。

步骤 2：构建特征脸空间，确定人脸特征并将用户待识别图片投影到特征子空间。通过投影向量比较，得出图片人脸识别结果。

步骤 3：人物相似性判断，根据用户图片人脸识别结果，分析在多张图片出现同一人的最大数目，得到该用户同一人的图片比率。

步骤 4：获得用户身份识别结果，根据设定的图片比率识别阈值 $\mathrm{IT}(P_u)$，若该用户大于该阈值，则认为其为个人用户，否则为组织用户。

4. 时间序列内容识别方法

时间序列指的是按时间顺序获得的一系列观测值。时间序列不仅表达了数据随时间变化的规律，还表达了数据分布的时间规律。在社会网络中，不同用户的社交行为会随着时间的推移而变化，呈现出一定的变化规律。其中，社会网络用户发布信息的行为也会随时间的变化而变化，呈现出一个用户社交行为时间序列，即不同时间段内，用户发表信息的多少会有不同的变化。组织用户和个人用户信息发布数量的分布同样会随时间变化表现出不同的变化规律。

通过对本节社会网络数据的处理和分析，针对用户在一天 24 小时不同时间段内发布信息的归纳，可发现以下两条规律。

第一，个人用户和组织用户具有不同的信息发布时段和峰值。通常来讲，组织用户有两个较明显的信息发布时段，即 9:00~11:00、15:00~17:00，且具有三个明显峰值，这些信息发布时段和主要（两个最高）峰值均处于工作时间。而个人用户则可明显分为集中和稀疏两个数据部分，信息发布时段没有太大的变化，具有两个明显峰值，峰值均处于休息时间，即 11:00~13:00、21:00~23:00。

第二，个人用户和组织用户的信息发布数量随着时间的变化呈现不同的变化趋势。组织用户在夜间变化幅度较小，基本处于平稳状态，而在白天波动较大；而个人用户则在一天内整体呈现平稳变化的趋势，夜间变化幅度较大，白天波动较小。此外，个人用户和组织用户在不同时间段的信息发布数量差异较大，表明两者在各个时间段内的活跃程度存在明显差异。

由上述规律可以看出，组织用户和个人用户在信息发布的社交行为时间序列方面存在显著差异。因此，本节通过对用户时间序列的分析，同样能够识别出该用户的组织或个人身份。

为识别社会网络用户的组织或个人身份，本节提出了基于经验思路进行识别的方法。通过对两种身份约 2 万条用户数据的归纳得到两种身份用户的时间序列，并将其近似看作两种身份用户的标准时间序列。以此为基础，计算社会网络用户与这两种标准时间序列的相近函数值，并根据这两个函数值的大小识别出该用户的组织或个人身份。

由于时间序列通常具有数据量大、更新快、噪声高、维数高的特点。因此，难以直接在原始时间序列上进行分析和归纳。本节通过对时间序列分段线性表示，以固定窗口划分的方式对社会网络中的时间序列数据进行分析。针对社会网络用户的时间序列数据，本章通过不同粒度（granularity，gr）大小划分时间序列的关键点，并展示每个时间节点上发表内容占该时间窗口内总发表内容的比例。通过分析组织和个人用户数据，本节得出个人用户与组织用户标准时间序列如图 5-4、图 5-5 所示。其中，时间序列图中随着粒度的不断增大，用户时间序列信息会越来越详细。本节通过将不同用户的时间序列进行对比分析，并计算两种身份用户相近函数值，从而识别出用户的组织或个人身份。

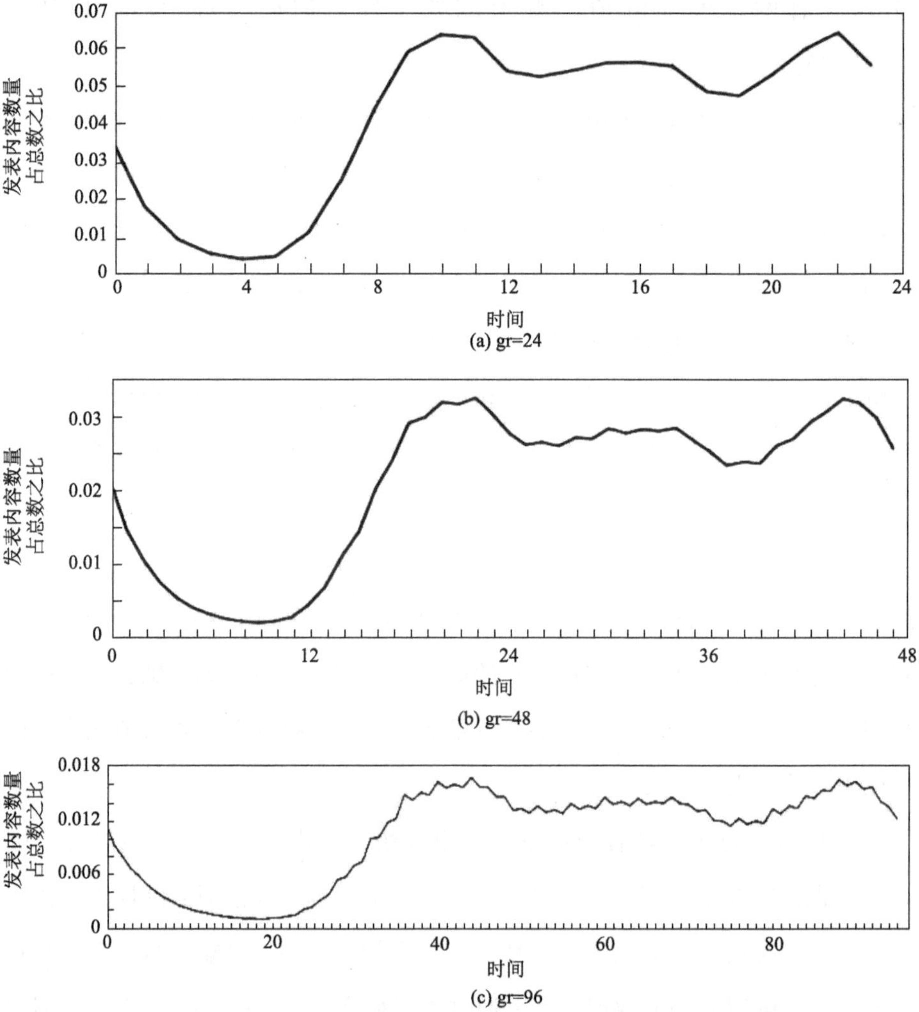

图 5-4　个人用户标准时间序列

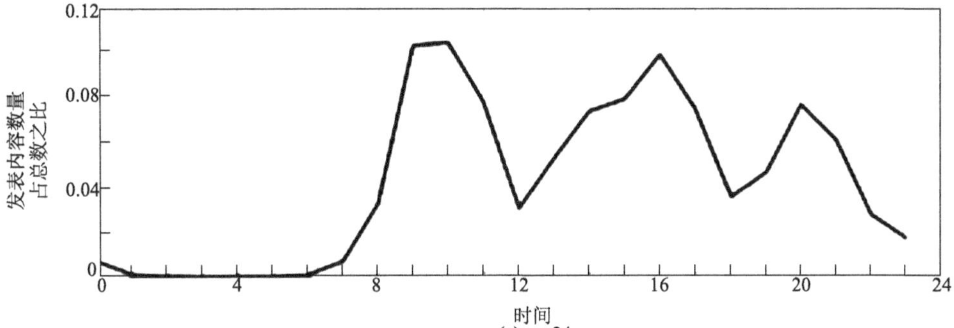

(a) gr=24

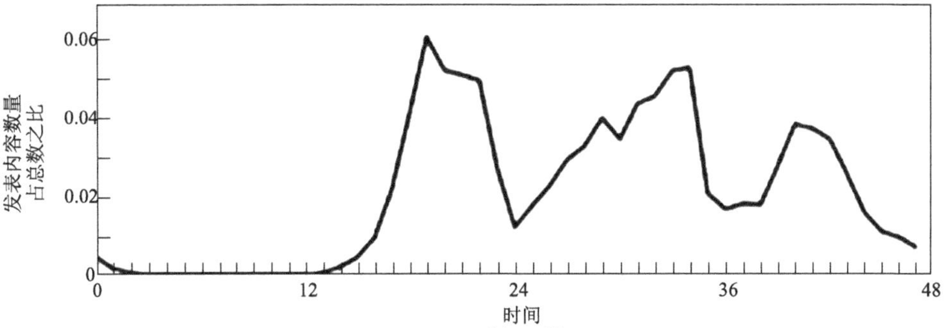

(b) gr=48

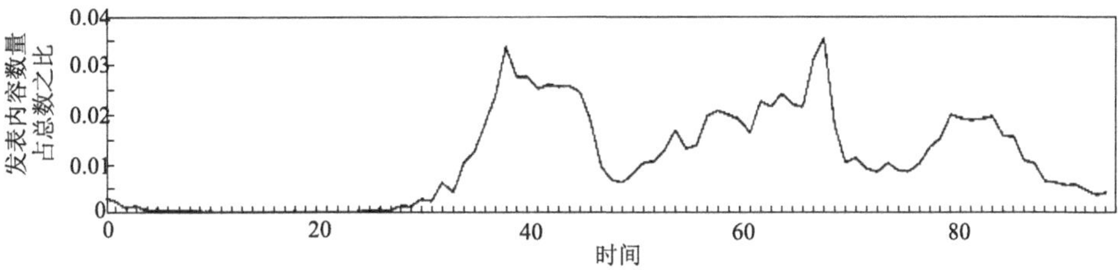

(c) gr=96

图 5-5　组织用户标准时间序列

本节基于社会网络用户 u 的时间序列对用户行为变化趋势进行分析，$S_u = \left\{x_1 = \left\langle t_1, P\left(t_1\right)\right\rangle, x_2 = \left\langle t_2, P\left(t_2\right)\right\rangle, x_3 = \left\langle t_3, P\left(t_3\right)\right\rangle, \cdots, x_n = \left\langle t_n, P\left(t_n\right)\right\rangle\right\}$，通过对时间序列图的分析可以发现，随着时间的变动，时间序列在两个关键点（如 t_i、t_j）之间，通常表现出三种可能的变化趋势：不变、下降或上升，并且这两个关键点之间的变化趋势是单一的，即只会呈现其中一种趋势。在处理数据时，本

节分别用 a、b、c 代表这三种趋势。由此，本节可通过这三个字母的组合序列，将用户的时间序列在不同时段的趋势简单地表示出来。实际上，这种时间序列表示方法无法反映时间序列幅度变化的大小，刻画的仅仅是两个关键点间的趋势。如图 5-6 所示，其时间序列 $\mathrm{Ts}=[3,12]$ 可以表示为：$\mathrm{Ts}='accccbbbb'$。

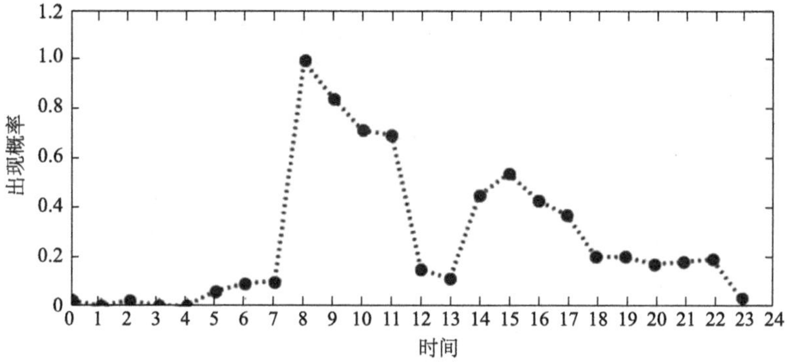

图 5-6 时间序列

5.1.5 基于内容的有监督社会网络用户身份识别

本节主要研究如何在图结构数据中，解决社交用户职业身份识别的问题。其中，图结构数据是通过社交用户发表的社交内容来构建的。

在常见的图像、视频等视觉信号数据处理中，数据中的像素点（pixel）通常可以看作排列整齐的矩阵数据，我们称之为欧几里得数据（Euclidean data）。欧几里得数据包括文本、音频、图像、视频等，这些数据可以被看作欧氏空间中的样本点。非欧几里得数据主要包括图和流形，常见的例子包括社会网络数据、知识图谱数据、化学结构数据等。这些数据排列比较随意，对于数据中的某个点，难以定义出其邻居节点来，或者是不同节点的邻居节点的数量是不同的，通常以网络或其他拓扑结构的方式呈现，这类数据属于图结构数据。在许多实际应用中，这样的数据往往大而复杂，并且通常是机器学习的主要分析目标。

在研究和应用中，卷积神经网络（convolutional neural network，CNN）可以说是为我们提供了一种能够有效提取大规模及高维数据集中高价值统计模式的框架。卷积神经网络通过隐含层内的卷积核参数共享和层间连接的稀疏性，能够以较小的计算量学习具有格点化拓扑结构（grid-like topology）特征，如像素和音频。这使得卷积神经网络在处理这些特征时具有稳定的效果，并且不需要额外的特征工程（feature engineering）。但是由于传统离散卷积在图结构数据上无法保持平移不变性，即在拓扑图中每个顶点的相邻顶点数目都可能不同，无法用固定尺寸的卷积核来进行卷积运算。因此，传统的卷积神经网络算法难以处理图结构数据，图卷积网络就是卷积神经网络在非欧几里得数据上的扩展。

1. 有监督社会网络用户身份识别研究现状

在机器学习中，图卷积网络的核心是提取拓扑图的空间特征，利用数据的局部结构特性进行学习。图卷积网络研究其实是将深度学习中常用于图像的卷积神经网络应用到图数据上，为图结构数据的处理提供一种崭新的思路。图卷积网络处理的数据为不规则的图结构数据，其中的 graph 是指图论中用顶点和边建立相应关系的拓扑图。广义上来讲，任何数据在赋范空间内都可以建立拓扑关联，拓扑连接是一种广义的数据结构，所以说图卷积网络有很大的应用空间。目前，大多数图神经网络模型都有一个通用的架构模型，称之为图卷积网络。由于滤波器参数在图中所有位置或者局部位置上都可以共享，因此这些模型是可卷积的。

图上的卷积网络从卷积方式上可以分为两种，即谱（spectral）卷积和空间域卷积。为了建模图卷积网络，研究者关注如何在图上构建卷积算子。有的学者提出了第一个卷积神经网络，基于图理论从卷积定理出发，在谱空间定义图卷积。这一支后来发展为图卷积领域的谱方法。谱卷积，即将卷积网络的滤波器与图信号同时搬移到傅里叶域以后进行处理。该方法利用图傅里叶变换将顶点域中定义的信号转换为频谱域，即图拉普拉斯特征向量（normalized graph Laplacian eigenvector）代表的空间，并将图卷积网络模型应用扩展到无监督领域。最初的谱方法具有时空复杂度较高的弊端，ChebNet 和图卷积网络对谱方法中的卷积核进行参数化，大大降低了时空复杂度。

目前，基于谱图理论（spectral graph theory）的图卷积网络出现了越来越多的改进和扩展。由于谱图理论方法通常需要同时处理整个图，并且难以并行或扩展到大型图中，因此，基于空间域的图卷积网络也越来越受到关注并得到迅速发展。空间域卷积开始考虑在节点域用注意力机制、序列化模型等建模节点间的权重，让图中的节点在空间域中相连，形成层级结构，进而进行卷积。

这一时期的图卷积网络在构建卷积算子的过程中没有过多地考虑图特性，随着卷积算子的逐渐完善，人们开始考虑多样的图特性，如开始关注如何建模图上的高阶信息，并分别针对边上带特征的图、异质图等进行精细设计。此外，如何训练更高效的图卷积网络也受到广泛关注。研究人员开始试图训练更深层的图卷积网络，以增强模型的泛化能力。此外，在面对大规模图时，图卷积网络的可扩展性和训练速度也是当前研究的重点方向。

在图环境下，应用常见信号处理方法的主要瓶颈在于，以处理离散时间信号的方式处理图信号，将会忽略由不规则数据域所引起的关键依赖性。此外，许多简单且基本的概念构成了经典信号处理的基础方法，但在图环境中，这些方法的应用变得更加具有挑战性。

（1）平移不变性（translation invariant）。在欧几里得几何中，平移是一种几何变换，表示把一幅图像或一个空间中的每一个点向相同方向移动相同距离。比如对图像分类任务来说，图像中的目标不管被移动到图片的哪个位置，得到的结果（标签）应该是相同的，这就是卷积神经网络中的平移不变性。平移不变性意味着系统产生完全相同的响应（输出），不管它的输入是如何平移的。平移同变性（translation equivariance）意味着系统在不同位置的工作原理相同，但它的响应随着目标位置的变化而变化。但是，图环境下，如加权图，是不规则的结构，缺乏平移不变性的转换定义。

（2）下采样（down sample）。下采样的主要目的有两个：一是使得图像符合显示区域的大小，二是生成对应图像的缩略图。在信号处理中，可以简单地通过每隔一个数据点进行采样来直观地对离散时间信号进行下采样。然而，对加权图而言，每隔一个顶点并没有明确的概念，因此无法对图中顶点上的信号进行类似的下采样操作。即使我们已经定义了下采样的概念，要在图上创建多分辨率，我们仍然需要一种方法来生成图的粗略表示，以某种方式保留原始图中嵌入的结构属性。

（3）在应用程序没有直接标明图的情况下，如何构建捕获底层数据域的几何结构的加权图，如何将图结构合并到局部转换方法中，以及如何实现局部变换的有效计算以便从图和其他不规则高维数据中提取信息，这些都是在研究图结构数据过程中需要解决的问题。当前，为了解决这些问题，图信号处理的新兴领域是将代数和谱图理论概念与计算谐波分析相结合。

图信号处理领域的一个主要问题是如何将图信号及其基础图的结构属性与广义算子（generalized operator）和变换系数的属性（如稀疏性和位置）联系起来。这样的理论可以为变换设计提供信息，并帮助确定这些变换可能更适合哪些应用。该问题的核心之一是需要更好地理解顶点和图谱域中信号的定位，即使在这些域中定义适当的点差概念也是非常重要的。此外，与经典的欧几里得环境不同，图拉普拉斯特征向量通常高度非局部化，这使得我们更难准确进行顶点域方法与图谱域方法之间的权衡。

此外，我们对于何时以及为什么使用归一化图拉普拉斯特征向量、非归一化图拉普拉斯特征向量，或其他一些作为图谱过滤的基准，仍然不清楚。欧几里得空间的经典信号处理直觉上可以直接地扩展到图结构中。然而，由于数据域的不规则性，图上的信号和变换也可能具有意想不到的特性。

总之，图卷积网络中处理的数据为不规则的图结构数据，如何利用卷积神经网络的特性和基于该网络的各种先进理论成果，把不规整的数据变规整，实现对这些数据的有效处理，是当前图卷积网络研究中面临的最大的难题。

2. 社会网络用户职业身份识别

本节基于用户社交内容，通过构造图结构数据，将用户身份识别问题转化为图分类问题，并基于谱图理论实现对社会网络用户属性身份（即用户职业身份）的识别。在研究过程中，首先根据用户在社会网络中发表的内容构造图结构数据，抽取不同职业用户最大子图并进行粗化处理。其次，基于谱图理论，提出识别社会网络用户职业身份的社交内容谱图卷积网络模型，即 S-GCN（spectral GCN）模型。本节研究能够为图卷积网络在社交领域的应用提供参考，也能为社交用户的进一步研究和分析提供帮助。

本节基于谱图理论，提出社会网络用户职业身份识别模型。通过该模型，我们将社会网络用户职业身份识别问题转换为图的分类问题。通过上述社交用户内容子图的抽取过程，假设有 n 个已知职业身份的社交用户，则可得到 n 个社交用户子图。基于谱图理论，通过傅里叶变换将这些子图信息转化为频域信息，并与卷积核进行卷积运算。然后，连接 2 层全连接层神经网络，通过图上的信号或特征学习到一个函数，并将其作为输入。最终，通过不同身份用户子图信息的训练，得到识别社交用户职业身份的神经网络模型，即 S-GCN 模型。

谱图理论是定义频谱图和图傅里叶变换的基础工具。其中，谱域（spectral domain）分析是借助谱图理论，实现拓扑图上的卷积操作。同时，图卷积是卷积的推广，最容易在谱域中定义。谱图分析中的基本算子是图拉普拉斯算子（即图拉普拉斯矩阵 L）。通过对角化得到 L 的对角矩阵，即特征值矩阵 $\mathrm{diag}\left(\left[\lambda_1,\lambda_2,\cdots,\lambda_{n-1},\lambda_n\right]\right)$。通过矩阵乘法，图上的傅里叶变换的矩阵形式为 $\hat{f}=U^{\mathrm{T}}f$。同时，图上的傅里叶逆变换，即 F 在图上傅里叶逆变换的矩阵形式为 $f=U\hat{f}$，与欧氏空间一样，该变换可以实现过滤等基本操作。

5.2　社会网络中社区发现的策略与方法

采用最简单的无向图抽象表达复杂网络的结构来进行社区发现研究是探索复杂网络的开始。针对无向图的社区发现算法已经有大量研究，主要可分为两个方面：非重叠的社区发现和重叠的社区发现。

前者将复杂网络划分为若干个互不相连的社区，每个节点都隶属于唯一的社区；后者研究社会网络中各社区之间不是彼此孤立的，而是相互重叠的，即某些节点可能包含在不同的多维社区结构中。按照社区发现算法的核心思想，无向网络的社区发现算法分类如图 5-7 所示。

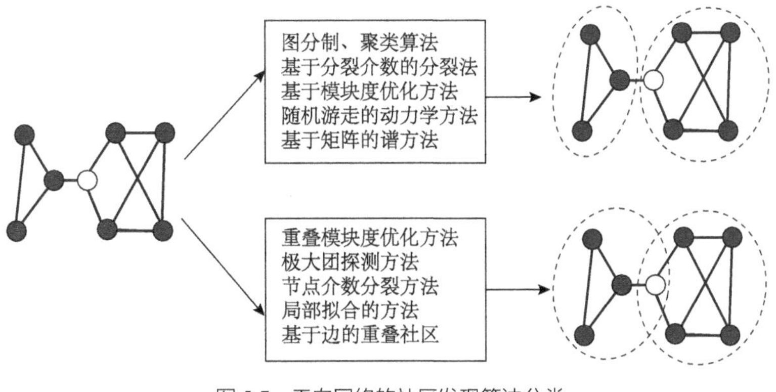

图 5-7　无向网络的社区发现算法分类

社区发现是复杂社会网络基础研究中的一项重要内容，具有很高的理论和应用价值，在过去十多年内吸引了很多研究者的关注。然而，随着人类网络活动的多样化，社会网络中的节点类型和关系变得日益复杂，以往的经典社区发现算法暴露出一些不适应现实网络的问题，社区发现的研究也面临着以下挑战性问题（Fischbach and Zarzosa，2018）。

5.2.1 探究社区的局部性特征

传统的社区发现算法很多都基于全局的信息，例如 GN 方法中的边介数，基于随机游走方法中任意两点之间的相似度，基于模块度优化方法中的模块度等，计算过程都需要考虑整个网络结构的信息。研究者发现，全局社区发现方法将面临分辨率限制的问题，即小社区被淹没在大社区中，而实际上局部小社区在某些情况下才是真实网络结构的现实反映。另外，随着信息化程度的不断提高，社会网络规模越来越庞大，获得网络的全局信息变得十分困难。社会网络通常是稀疏的，绝大多数个体与外界的直接联系都是有限的，而很多研究和应用都只关心某些节点所在的局部结构。

5.2.2 异质网络中多维关系的社区发现

现实生活中的网络往往包含多种类型的节点和多种类型的关系，组成结构非常丰富的异质网络。随着各种不同网络的发展和社会网络自身的自由度的内在需求，社会网络发生了许多重要变化，如网络中多种类型对象的混杂、网络内容的丰富化、多角度不同关系的共存等异质性的特性。比如在社交媒体网络 X 中，用户会发表代表个人观点的推文，还会去评论或转发其他人发表的推文（Xiong et al.，2012）。同时，用户还可能对某个领域感兴趣而去关注这个领域的其他人。由此，用户与社会网络上的用户就会共存多种关系（Foos and Bischof，2022），有些是直接关注的朋友关系，有些是品味相投的兴趣关系，有些是互动频繁的交互关系等；在社会关系网络中，用户还会与多个用户建立不同的关系，如同事、亲人、朋友等。因此，仅仅依靠网络中单一关系的拓扑结构并不总是完整的，反而会造成信息缺失、信息损失，继而会造成所划分出的社区的意义性大打折扣，导致社区结构的偏差。

5.2.3　混杂网络中的多类型社区识别

网络中存在着丰富的信息，比如在社会网络中，用户会在自己的社交网站上展示图片和分享心得。同时，图片和心得之间也会有相近性，这时网络中除了用户这种类型外，还有文字、图片等类型；再比如 DBLP（digital bibliography and library project，数字文献与图书馆项目）文献网络中，显然这个网络中有作者、期刊、论文等多种类型的信息对象，而且它们之间也存在着多种不同的关系，如作者与论文之间的发表关系，论文在期刊、会议上的出版关系，作者与期刊的发表关系等（图 5-8）。在个性化的搜索领域也有类似的例子，网络搜索引擎在点击流中搜索相应数据时，网络用户、查询条目以及可点击的页面都需要各自考虑它们之间的关系，甚至是三种对象上的聚类。

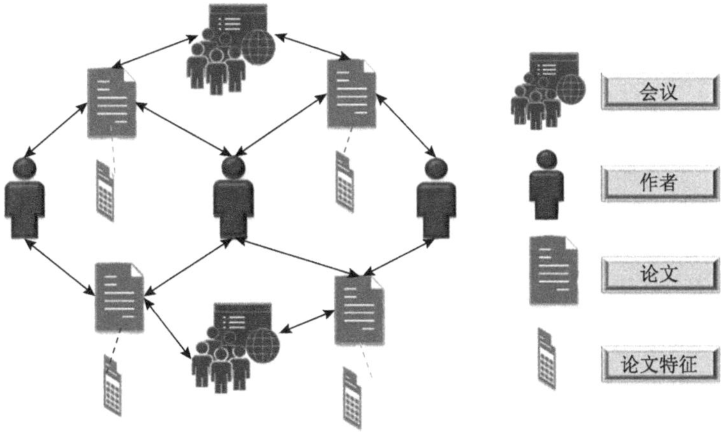

图 5-8　异质网络示意图

对于诸如此类的多种类型与多种关系共存的网络来说，传统的针对单一关系和单一类型的社区发现方法必然是不适用的，因此，如何在多种类型与关系共存的网络上完成社区发现，是摆在研究者面前的一个重要研究问题。

在研究中人们发现，很多情况下节点处于多个不同社区，这就是社区的重叠性问题，这种社区被称为重叠社区。虚线所圈起的实心节点构成了三个社区，其中空心节点是三个社区的共享节点，即重叠节点（图 5-9）。重叠社区是个显而易见的网络特性，社会网络中每个个体都可能依附于多种联系，例如朋友、专业、兴趣爱好等。假如按照这些依附关系对个体进行划分，就会清楚地发现每个个体都可以属于不同的社区。不同类型的方法具有不同的局限性，如基于链接划分的方法很容易产生社区过度重合的现象；基于模糊检测的方法需要预设参数，指定社区数量，这通常与真实社区数目情况不相吻合；基于局部扩展的方法要求预先找到具有高覆盖率的种子节点，但这些节点并不容易探测到。如果将所有节点视为种子节点又会导致冗余社区的产生以及高计算性。因此，网络社区结构的重叠性值得进一步深入探讨与研究，接下来将对此展开讨论。

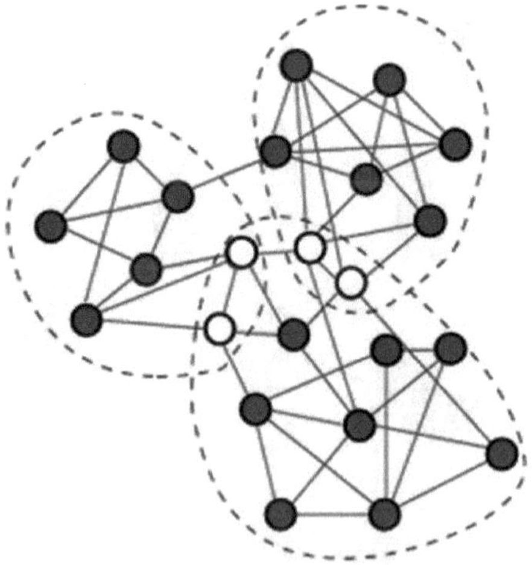

图 5-9　重叠社区示意图

5.3　探寻社区：非重叠与重叠社区的识别

5.3.1　非重叠社区的探索与识别

无向图的社区发现是硬分类，即每个节点属于且仅能属于一个社区，中间的方块部分列出了广泛应用的主要非重叠社区发现思想。

早期的社区发现方法来自图论的图分割方法，将图中节点按照某种属性相似度划分成若干有意义的群体，各个群体组织的大小规模不一定相等，甚至相差悬殊，比较典型的图分割方法有 Kernighan-Lin（KL）和谱方法。

谱方法在二分类问题上十分有效，但是该类方法计算的时间复杂度较高，由于涉及许多矩阵特征向量的计算，如相似度矩阵，因而计算的时间复杂度可达 $O\left(n^3\right)$，在大规模网络应用中，它的效率成了一个很大的问题。谱方法的基本思想是：首先，构造 n 个节点的无向图的 $n \times n$ 维的拉普拉斯对称矩阵 L，矩阵 L 一般表示成 $L = K - A$，其中，K 是一个对角矩阵，其对角线上的元素对应各个节点的度，而 A 是无向网络的邻接矩阵。其次，计算该拉普拉斯对称矩阵 L 的特征值和特征向量。谱方法的理论基础是：不为 0 的特征值所对应的特征向量的各元素中，同一个社团内的节点对应的元素是近似相等的。因此，当对应的网络仅有两个社区构成时，由于除最小特征值 0 以外，对称矩阵 L 的其余特征值对应的特征向量总是包含正、负两种元素，那么非零特征值相对应的特征向量就可用来分类节点，即所有正元素对应的节点都属于同一社区，而所有负元素对应的节点则属于另一个社区，据此用对称矩阵 L 的次小特征值 K_2 就可将网络分为两个社团。当网络的确是近似地分成两个社团时，用谱平分法可以得到非常好的效果。但是，当网络不满足这个条件时则不行。

传统的层次聚类方法根据网络拓扑结构来定义网络中节点之间的相似性或距离，然后使用单连接层次聚类或全连接层次聚类将节点组织成树状层次。通过不同的方式对树状层次进行横切，得到不同的聚类划分结果以满足不同的需要。GN 方法是一种典型的、分裂的层次聚类方法，简单易实现并且模型精度高，但是缺点是计算复杂度很高，很难适用于节点数目上万级的大型复杂网络。GN 方法通过计算网络中每条边的边介数来进行社区划分。边介数指的是任意两点间的最短路径经过该边的次数，边介数较高的边通常表示它是社区间通信的瓶颈或通道。因此，通过不断迭代删除边介数较高的边，最终可以将整个网络分裂成多个社区结构。这个分裂过程是自上而下的社区发现策略。

Newman 和 Girvan（2004）提出了衡量社区发现优劣的模块度 Q 概念，Q 函数的定义为社区内实际连接数目与随机连接情况下社区内期望连接数目之差。Q 位于 0 到 1 之间，取值越大代表社区发现结果越好。同年，Newman 提出了第一个基于模块度优化的方法，该方法初始化时将每个节点看作一个社区，在不断地迭代中选择使 ΔQ 最大化（不一定为正）的目标合并两个社区，直到网络中只剩一个社区。最终在形成的层次聚类树中选取令 Q 最大的社区发现作为结果（图 5-10）。尽管最大化模块度 Q 的方法一度成为衡量社区发现优劣的依据，但是由于其依赖于全局的网络拓扑结构，因此会导致较大的计算量。随后基于模块度优化的方法被相继提出，借助于贪心方法的思想，Newman 又提出了快速 Newman（fast Newman，FN）方法，FN 方法是在 GN 方法的基础上构造的，但计算效率要远高于 GN 方法，特别是针对节点数达百万的复杂网络。此外，分辨率限制的问题也是模块度优化方法的症结，即小的社区会淹没在大的社区之中。

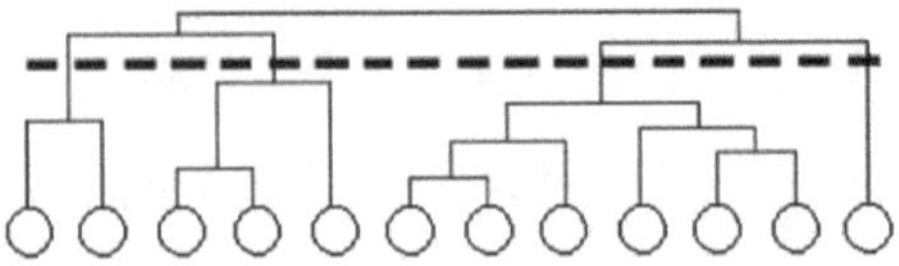

图 5-10　自下而上的最大化模块度的层次聚类法

模块度优化方法的思想是社区内节点间的关联概率应高于同一程度的随机序列，其评价函数为模块度 Q，其值越高，说明社区结构越好。模拟退火方法先随机生成一个初始解，然后在迭代过程依据当前解来产生一个新的候选解，其优劣由模块度函数进行判断，同时使用模拟退火策略中的准则决定是否接受该候选解。模拟退火方法的准确度极高，但效率较低，不适用处理大规模网络。

基于动力学的社区发现方法主要是随机游走方法。随机游走基于以下思想，如果存在很强的社区结构，那么随机游走（random walker）会在社区内部停留更长的时间，因为社区内部的边密度比较高。随机游走的方法可结合其他不同的方法以应对网络的不同结构，有研究者结合 PageRank 方法针对有向网络进行社区发现；还有学者提出了基于马尔可夫随机游走模型针对符号网络的启发式社区发现方法，即 FEC（finding and extracting communities，发现与提取社区）方法。

5.3.2　重叠社区的探索与识别

在复杂网络中，一个节点可能会被多个社区共享，即形成社区之间的重叠，其中的实心节点为连接不同社区的重叠节点。派系（clique）在网络分析中指一个完全连通的子图，即其中每一对节点之间都有直接连接，构成一个紧密的小群体（图 5-11）。在社会网络分析中，派系通常被视为彼此紧密联系的个

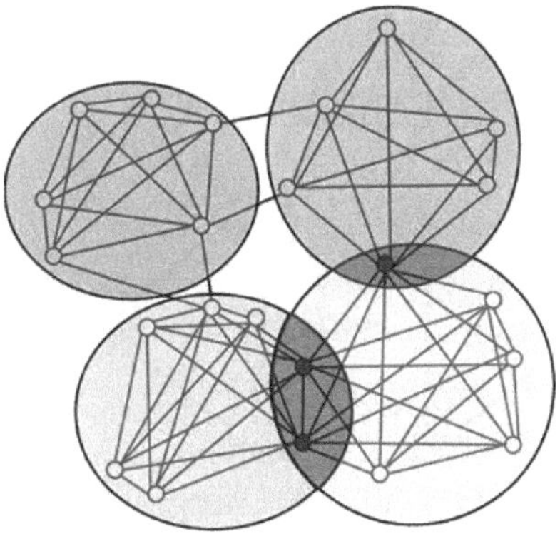

图 5-11　有重叠节点的派系示意图

体群体，具有较强的内部凝聚力。这样的派系往往能够代表社区的核心成员结构，是识别和分析社区关系的基础。

派系过滤方法（clique percolation method，CPM）认为社区是具有共享节点的全连通子图的集合，并通过一种团过滤方法来识别网络中的社区。尽管CPM对重叠社区的发现一般来说是非常有效的，但是由于CPM所基于的强的社区定义，其不可避免地有以下缺点：①计算网络中的全部完全团非常耗时，其时间复杂性近似为指数阶。②当网络中的全连通子图非常少时，其优势难以体现。

基于标签传播的方法，初始时给每个节点分配唯一的标签，然后根据每个节点的邻居节点的标签和隶属度更新该节点的标签和隶属度，最终具有相同标签的节点被划分到相同的社区中，具有多个标签的节点即为连接不同社区的重叠节点。代表方法有CONGA（community overlap and network group affiliation，社区重叠与网络群体隶属）重叠社区发现方法，其主要的贡献是提出节点介数和分裂介数的概念。因此，对于节点介数高的节点采用复制办法将其分裂为两个，同时在它们之间构造一条虚边，在分裂后的网络中再执行GN方法（图5-12）。节点介数高的节点是重叠节点的可能性比其他节点高。CONGA方法通过将节点分裂为多个克隆节点来解决重叠节点的问题，这实际上增加了网络中的节点数目，计算复杂度依赖于网络中需要分类的节点数目。因此，该技术并没有减少方法本身的总体时间。

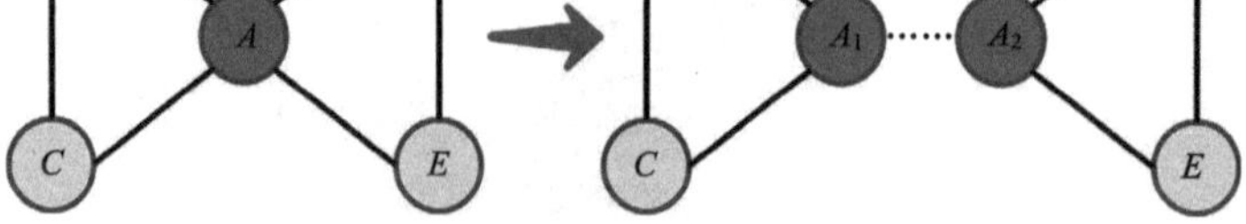

图5-12 CONGA方法分裂节点的示意图

2009 年 Evans（伊文斯）提出了从边的角度出发进行社区发现的方法，改变了以往节点作为研究对象的研究思路。从边的角度来看待社区的时候，由于网络中的每条边在每个时刻都是仅属于一个社区的，因此按照边之间的相近程度来对复杂网络进行社区发现，可避免重叠节点对社区发现结果的影响。Evans 先对原始的复杂网络进行了变换，通过边表示节点，用共同相邻的节点来形成边，由此就将节点网络转换成了对应的边网络，然后在边网络中选择合适的社区发现方法，就可以得到网络的社区结构（图 5-13）。

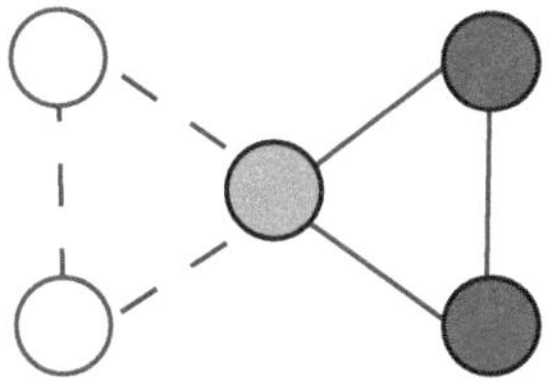

图 5-13　边社区的划分示意图

可以看出，若以边进行社区发现，右边实线所连接的三个节点属于一个社区，而左边虚线连接的节点属于另一个社区，社区结构是很明显的，且每条边仅属于一个社区，而中间的这个节点属于两个社区，因此其是重叠节点。同时，在边社区发现中，这个节点是由边所构成的社区的边界节点，所以它并不影响社区结构的划分。

边划分的社区发现方法有如下两个优势。

一个优势是从节点到边的角度转变，这个转变可避免以节点为研究目标的社区发现方法中重叠节点的处理难题。另一个优势是方法复用。原始网络转化后，将边视为硬分类问题，这样一些传统的基于节点的经典社区发现方法就可以复用到基于边的社区发现中。

从 Newman 的非重叠社区发现方法的模块度定义出发，给出一种简单的针对重叠社区的模块度定义，这个定义的前提条件是网络的社区结构已经得到划

分，并且允许网络中的节点可以同时属于多个社区，定义为

$$\mathrm{EQ}=\frac{1}{2m}\sum_{i}\sum_{v\in C_i,w\in C_i}\frac{1}{O_vO_w}\left(A_{vw}-\frac{k_vk_w}{2m}\right) \tag{5-3}$$

其中，O_v 为节点 v 所属于的社区的个数；m 为实际网络的总边数；A_{vw} 为对应节点 v 和 w 的连接关系。从式（5-3）中不难看出，当每个节点只能属于一个社区时，这个公式得出的 EQ 就退化为非重叠社区的模块度 Q 值。同样，该定义具有和模块度 Q 值类似的性质，即当所有节点属于一个社区时，模块度 Q 的值为 0；EQ 值的大小反映出网络重叠结构的明显度，即当 EQ 模块度值越大时，其所表示的网络重叠社区结构越明显。

基于局部社区优化和扩展的方法分别从不同的种子节点开始，根据设定的优化函数，探索这些种子所在的局部结构，各个局部社区综合起来形成网络整体的重叠社区结构。代表方法有 2009 年 Lancichinetti（兰奇内蒂）提出的 LFM（local fitness method，局部适应度方法）。LFM 有两个重要的优势，一个优势是提出了适应度（fitness）函数的概念，拟合度函数其实是社区定义的最直接的反映。拟合度函数如式（5-4）所示：

$$f_G=\frac{k_{\text{in}}^G}{\left(k_{\text{in}}^G+k_{\text{out}}^G\right)^{\alpha}} \tag{5-4}$$

其中，k_{in}^G 为社区 G 内部的边数；k_{out}^G 为社区 G 外部的边数，外部指的是有一个节点在社区 G 内；α 为一个管理社团规模的参数。式（5-4）的意思是社区内部的边数占社区总连接边数的比重。

另一个优势是利用拟合度函数的不断优化且从局部搜索节点，从而发现网络的社区结构。LFM 结束后，从方法的执行过程中会看到有一些节点被划分到不止一个社区，这些节点就是重叠节点，或者说是“骑墙”节点，由此表现出

社区结构的重叠性。此外，初始节点选择的随机性会给方法带来一些社区结构的不同。LFM 的时间复杂度主要取决于社团的大小和节点的重叠程度。

尽管重叠社区发现方法取得了一定的研究进展，但是重叠性的衡量标准仍然没有得到有效解决。此外，对于不同的社会网络来说，重叠程度不能单纯从网络的拓扑结构出发，还需要从社会网络的应用领域来刻画。比如说：对于文献引用网络来说，重叠程度需要从文献所属的研究内容和方向来确定文献与社区之间的关系。因此，单纯从网络拓扑结构出发的社区发现方法很难给出重叠性的统一衡量标准。

5.3.3　重叠社区的局部延展探索

有些学者提出了一个共社区邻近相似性的概念（Papadopoulos et al.，2012；Schieber et al.，2017），为了衡量网络中节点之间在关系网络中的聚集程度。首先，共社区邻近相似性描述了任意两个节点在同一个社区的邻近程度，同时给出了计算共社区邻近相似性的计算方法，这个计算方法适用于无向图也适用于有向图。其次，为了解决有向图的方向问题，本节提出转换有向图为带权值的无向图的方法，目的是将有向图中的方向信息无损保留到无向图中。

尽管在无向图中，节点之间的连接关系无方向，但是在实际网络应用中会发现，连接关系中隐藏着信息的走向，因此，节点之间的连接关系更多地表现为信息在节点之间传播。那么，若两个节点之间有多条连接的通路，则表明这两个节点之间信息传播的渠道更多，意味着两个节点联系得更紧密，或者说两个节点信息的交流更便捷。因此，多通路特性反映出两个节点属于同一个社区的概率会增大。

在有向图上进行社区发现，不能直接沿用无向图中的方法，因为有向图中的边是非对称的，方向性蕴含着有价值的信息。比如：社区内的边密度和社区外的边密度，当把密度的概念直接用到有向图时，有向边的方向就会被忽略。对于有向图来说，方向是个很关键的因素，并且方向代表着信息流动的可能性，与无向图中信息传播的原理一样，节点之间的连接通路越多，节点之间信息流动得越频繁，那么节点之间的联系会越紧密，因此，多通路特性在有向图中不仅衡量了方向性的强弱关系，同时也反映了节点属于同一社区的可能性大小。

无论对于无向图还是有向图，多通路特性都可表明图中节点之间在同一社区的邻近相似性。为了说明方便，本章在有向图上描述相应的概念，但是，概念对于无向图同样适用。

假定 $G=\langle V,E\rangle$ 表示有向图，V 是节点集，E 是有向边集，k 是大于 0 的整数，k-path 通路指的是由边序列 $e_1,e_2,\cdots,e_k$ 所形成的通路，即经过 k 条边的单向通路。若 G 是无向图，则 k-path 表示节点之间经过 k 条边的通路。

假定 $G=\langle V,E\rangle$ 表示有向图，V 是节点集，E 是有向边集，L 是大于 0 的整数，共社区邻近相似性 $S_L(a,b)$ 指的是：$\forall a,b\in V$，节点 a 与节点 b 分别经过 $1\text{-path},2\text{-path},\cdots,L\text{-path}$ 通路的总数之和。换句话说，节点 a 到达节点 b 经过 1 条边、2 条边直到 L 条边的所有通路之和，定义如式（5-5）所示：

$$S_L\left(a,b\right)=\sum_{i=1}^{L}\beta^i\left|i\text{-path}(a,b)\right| \tag{5-5}$$

其中，$i\text{-path}(\bullet,*)$ 为节点 $\bullet$ 到达节点 $*$ 经过 i 条边的通路；$\left|i\text{-path}(\bullet,*)\right|$ 为经过 i 条边的通路总个数，i 从 1 条边变换到 L 条边，L 可根据具体问题设定；β 为 $i\text{-path}(\bullet,*)$ 通路的权系数，通常代表不同通路的重要性。若代表节点之间所能通过边数更多的通路相对更重要，就可简单地设定 $f\left(\beta\right)=i$，i 就是通路所经过的边数；反之，如果边数最少的通路更为重要，可设定 $f\left(\beta\right)=1/i$；因此，该权系数的选择可根据处理的网络结构的特性和应用环境来设定。式（5-5）所表

达的意思是，当两个节点之间借用其他节点所能到达的通路越多，表明两个节点之间信息传递的渠道越广，那么它们属于同一个社区的可能性也越大；更进一步，当两个节点之间所到达的通路长度越短，表明两个节点之间的联系更紧密。因此，通过共社区邻近相似性反映出两个节点在同一个社区的邻近程度。

5.4　社区动态扩展与整合方法

5.4.1　社区合并策略：LWSOCD 方法

LWSOCD（local weighted spectral overlapping community detection，局部加权谱重叠社区检测）算法中涉及一些相关的概念，概念的定义说明如下。

节点与社区的贴近度定义为

$$F(u,C)=\frac{W_{\text{in}}^{C+u}}{\left(W_{\text{in}}^{C+u}+W_{\text{out}}^{C+u}\right)^{\alpha}}-\frac{W_{\text{in}}^{C+u}}{\left(W_{\text{in}}^{C}+W_{\text{out}}^{C}\right)^{\alpha}} \tag{5-6}$$

其中，α 为分辨率系数，用来管理社区的大小；C 为社区；$C+u$ 为在社区 C 中加入节点 u 形成的新社区；W_{in}^{C} 为社区 C 内的全部边的权值之和；W_{out}^{C} 为有且仅有一个节点在社区 C 内的边的权值之和。式（5-6）是用来判定节点是否能加入到社区中，意义是当社区 C 中添加了节点 u 形成的新社区，若所形成的新社区内部边的权值之和增幅高于原先没有添加节点 u 时的内部权值之和的增幅，说明添加节点 u 不仅扩展了社区 C，而且也增大了社区 C 内部的紧密度，由此，可判断节点 u 应加入社区 C 中，否则，说明节点 u 与社区 C 之外的节点连接更紧密。

重叠节点与社区的重叠度定义为

$$\text{OD}\left(u,C\right)=\frac{F\left(u,C\right)}{\sum\limits_{i=1,2,\cdots,n\wedge u\in C_i}F\left(u,C_i\right)} \tag{5-7}$$

重叠度的概念是衡量重叠节点与其每个所属的社区之间的重叠程度。在式（5-7）中，当节点 u 是重叠节点时，它属于多个社区，假定社区发现算法划定的社区个数为 n 个，式（5-7）的分母表示节点 u 所属于的每个社区的贴近度总和，式（5-7）的分子表示节点 u 属于当前社区 C 的贴近度，因此，式（5-7）表明节点 u 属于当前社区 C 的贴近度占其所属的所有社区的贴近度的比重。由此，$\mathrm{OD}(u,C)$ 值越大，说明节点 u 与当前社区 C 的重叠度越高；反之，表明节点 u 与当前社区 C 的重叠度低。$\mathrm{OD}(u,C)$ 是动态变化的，它与社区当前的状态有关，因此，在复杂网络的社区结构不固定的情况下，重叠节点与社区的重叠度会随着社区规模的变化而变化。

一旦“小群体”（或称为小社区）形成，整个网络的状态就变成“小群体”与“小群体”之间的交互，如果“小群体”之间有频繁的联系或是紧密性，那么这两个“小群体”就会在未来组合成更大的群体；反之，这些“小群体”就会以独立的群体成为网络中的社区。对于复杂网络来说，组合为更大社区的最直接的办法就是两两小社区互相判断组合，然而，根据对现实生活社区的观察，两个社区之间组合的可能性在于它们或多或少存在联系。因此，本节把具备组合条件的两个社区称为相邻社区，即相邻社区应该满足如下条件之一：①两个社区之间有公共的节点，即重叠节点；②两个社区之间有多条连接边。只有符合这些条件的两个社区，才具有组合为更大社区的基础。相邻社区的定义意味着并不需要所有的小社区互相判断，而只需要在相邻社区之间判断组合。

相邻社区之间的贴近度定义为

$$F(C_1,C_2)=2\frac{W_{\text{in}}^{C_1+C_2}}{\left(W_{\text{in}}^{C_1+C_2}+W_{\text{out}}^{C_1+C_2}\right)^{\alpha}}-\frac{W_{\text{in}}^{C_1}}{\left(W_{\text{in}}^{C_1}+W_{\text{out}}^{C_1}\right)^{\alpha}}-\frac{W_{\text{in}}^{C_2}}{\left(W_{\text{in}}^{C_2}+W_{\text{out}}^{C_2}\right)^{\alpha}} \quad (5\text{-}8)$$

若 C_1 和 C_2 是相邻社区，C_1+C_2 指将社区 C_1 和 C_2 合并构成新社区，$W_{\text{in}}^{C_1+C_2}$ 指合

并后的新社区内部的全部边的权值之和，$W_{\text{out}}^{C_1+C_2}$ 指有且仅有一个节点在合成后的新社区内的边权值之和。式（5-8）的目的是判定两个社区是否能合并，即当两个社区合并所构成新社区，若新社区内部节点的紧密度比没有合并之前的两个单个社区各自的紧密度高，则说明两个相邻社区应合并成更大的社区；否则，表明两个社区之间尽管满足合并的前提条件，即相邻社区，但是两个社区之间交会的东西太少，可能仅仅有几条边相连接。在实际应用中，可以根据需要设定相邻社区之间的贴近度的阈值，该阈值可以用来管理整个网络中的社区数目，当阈值大时，意味着整个网络分出的社区多；反之，则表明整个网络分出的社区少。

社区的形成一般是从一些“小群体”开始的，然后再不断地扩张和延伸。因此，对于实际的复杂网络来说，“小群体”和局部性就是社区的自然特性。局部扩展的社区发现算法就是基于这种特性，先找出关系网络中联系相对紧密的“小群体”，然后，再通过这些“小群体”之间的关系来判断是否能构成更大的“群体”，最终形成整个关系网络中的社区结构。

本节提出的 LWSOCD 算法分为两部分：第一部分是 LWS，目的是以 L 为最大波长从起始点局部波动扩展小社区；第二部分是 OCD，合并局部小社区构造网络的全局重叠社区结构。

1. 局部波动扩展小社区

LFM 算法也是局部扩展的算法，通过试探当前社区波及的所有节点来判断节点是否属于当前的社区。然而，LFM 算法是随机选择初始节点，并且在局部区域选择节点时并不考虑节点之间的不同，节点与节点之间没有关系强弱之分，随机选择节点的所有邻接节点判断并选择其中拟合度最大的节点。但是这种方法在节点的邻接数目很多时，探测的过程是费时的。我们认为节点之间的关系应有强弱之分，强关系的节点应比弱关系的节点更早地被选入社区。

LWS 算法首先选择节点度数最高的节点作为社区的起始点，度数高的节点连接其他节点的数目多，更有可能是小社区的中心节点，也是与周围节点联系频繁的节点。其次，从波长 1 直到最大波长范围 L 逐圈选择并判断节点是否要加入社区，最大波长范围 L 根据具体问题来设定。当然，按照六度分隔原理，网络的波长上界为 6。在选择节点时，本节按照表达强弱关系的共社区邻近相似性权值对节点进行筛选，优先选择与中心节点在同一社区相似性最高的节点，由此可减少节点的选择时间和误判。最后，局部构造小社区的过程在最大波长范围下停止。

2. 小社区组合

LWS 算法结束后会获得局部稳定的小社区，这些小社区联系紧密，但还不是最终的社区结构，因为小社区是整个网络的初始划分，还需要进一步探究小社区之间的关系，以此判断是否达到整个网络结构划分的稳定态。所以，算法 OCD 的目的是合并小社区形成整个网络的社区结构。

首先，依据预定义的相邻社区判定标准，对网络中的社区对进行初步筛选。随后，通过测量社区之间的贴近度，进一步判断其是否满足合并条件。若某对社区的贴近度超过设定阈值，则认为它们具有较强的联系，可将其合并为一个新的社区。该过程将不断迭代，直到所有社区之间的贴近度均低于阈值，无法再进行合并时，当前形成的社区结构即视为网络的最终社区划分结果。

5.4.2 加权社区发现在舆情网络分析中的应用

社会网络可以抽象为由节点和边组成的图，在真实的社会网络中，网络的拓扑结构信息是反映节点与边关系的最直接的信息来源。现有的研究表明，适当加权网络中的边可以提升社区发现效果（曹雷等，2023）。对于不同网络拓扑结构的节点来说，其通过连接边形成的关系会有很大差异。为了区分这种差异，有必要计算出节点之间的内聚性，将内聚性作为边的属性附加在边上作为权值，从而可区分网络中的不同连接边的作用。

对于无向网络来说，采用无向图表示，即图 $G=(V,E)$，$e_{ij}\in E$ 表明节点 i 和节点 j 之间存在一条无向边。边加权是指通过计算节点 v_i 与节点 v_j 的内聚性（$v_i\in C\wedge v_j\in C$），简记为 P_{ij}，然后把 P_{ij} 附加在边 e_{ij} 上作为其权值，即表示 $w_{e_{ij}}$。

连接边加权的方法按照其收集信息的范围来划分，主要分为全局和局部两种。全局计算方法的特点是需要收集全局网络信息来衡量连接边的贡献，这样获得的贡献值比较全面、准确。然而，全局计算方法的计算代价是可观的，因为它需要处理的信息量庞大，这一点不可忽视。同时，它可能会削弱社区发现算法本身的效果，尤其是当整个网络的社区结构趋向于局部的社区结构时，分辨率的问题就会变得日益严重，因为全局的信息必然掩盖了局部信息的重要性。局部计算方法通过收集局部的信息来刻画连接边的贡献值，但是，和全局计算方法相比，显然局部计算方法会忽略一些重要的信息。因此，一个重要的做法是提出一种有效且高效的方法，以平衡全局和局部计算方法。

本节基于 SimRank 算法（Zhang et al.，2015）提出了一种既满足全局要求又符合局部特性的节点内聚性的计算方法，并将计算结果作为网络中边的权值，以此来区分网络中每条边的作用。

1. 基于 SimRank 的边加权

边加权方法的基本思想是，如果两个节点共享更多的邻居节点，那么它们就具有更高的相似度值。由于相邻节点的相似度计算仅限于相邻节点之间的关系，因此共邻域比是一种局部加权方法。为了改进共邻域比方法的性能，通过引入 SimRank 来对其定义进行扩展。SimRank 方法与共邻域比方法的思想基本相类似，即“如果两个对象与相似的对象相关，那么它们是相似的”。

从数学上定义节点 a 和节点 b 之间的相似性 $s(a,b)$，即

$$s(a,b)=\begin{cases}1, & a=b \\ \dfrac{\gamma}{|N(a)||N(b)|}\sum_{i=1}^{|N(a)|}\sum_{j=1}^{|N(b)|}s(N_i(a),N_j(b)), & a\neq b\end{cases} \quad (5\text{-}9)$$

其中，$s(a,b)\in[0,1]$；γ 为在 $[0,1]$ 之间的常量；$N(\bullet)$ 为节点 $\bullet$ 的邻居集合；$|N(\bullet)|$ 为集合中元素的数目。假如 $N(a)=\varnothing$ 或者 $N(b)=\varnothing$，那么 $s(a,b)=0$。显然，对于无向连通网络而言，是不会出现这种情况的。

最初的 SimRank 算法通过迭代的方法计算任意一对节点的相似性，直到算法收敛进行到相似性聚合为止。$s(a,b)$ 的初始阶段 $s_0(a,b)$ 设置如式（5-10）所示：

$$s_0(a,b)=\begin{cases}0, & a\neq b \\ 1, & a=b\end{cases} \quad (5\text{-}10)$$

之后，在迭代 k 中我们就可利用前面的计算结果 $s_{k-1}(*,*)$ 来计算 $s_k(a,b)$，如式（5-11）所示：

$$s_k(a,b)=\begin{cases}1, & a=b \\ \dfrac{\gamma}{|N(a)||N(b)|}\sum_{i=1}^{|N(a)|}\sum_{j=1}^{|N(b)|}s_{k-1}(N_i(a),N_j(b)), & a\neq b\end{cases} \quad (5\text{-}11)$$

SimRank 的开创文献中已经详细说明了节点对的相似性将总是会聚合到合理的迭代 k 上，通常 $k<5$。

从 SimRank 的计算过程得知，它实际上是对以前方法的一种推广，之前的方法仅用共同邻居节点来计算相似度。在第一次迭代中，该算法仅使用节点对的直接邻居信息来计算每个节点对的相似度。随着迭代次数的增加，节点对在相似度计算中逐渐从它们自身获得更多的信息。最后在收集整个网络的信息

时，相似度才收敛。换言之，SimRank 可以被视为一种加权方法，该方法首先基于局部化，然后在迭代过程中逐渐全局化。

2. 针对加权网络的快速社区发现算法

2004 年 Newman 和 Girvan 提出了网络模块性（modularity）评价函数（称为 Q 函数）。接着，Newman 提出了基于局部搜索的快速复杂网络聚类 FN 算法，其核心思想是极大化模块度 Q 函数。Q 函数反映了社区内实际连边的规模，当社区内的连接数目远远高于随机情况下的期望值时，说明社区内的连接密集性高，从数量上反映了网络社区结构的优劣，Q 函数的标准计算公式如式（5-12）所示：

$$Q=\frac{1}{2m}\sum_{ij}\left(A_{ij}-\frac{k_i k_j}{2m}\right)\delta\left(C_i,C_j\right) \tag{5-12}$$

其中，k_i 和 k_j 为节点的度值；C_i 和 C_j 分别为节点 i 和 j 所属的社区；m 为网络的总边数；$\delta(*,\#)$ 为符号函数，当 * 和 # 为同一个社区时，取值为 1，否则取值为 0，Q 取值为 0～1。模块度的提出可以说是社区发现中的里程碑式的成果。尽管针对模块度的方法会存在分辨率限制的问题，意味着较高的 Q 值并不一定能保证识别出较好的网络社区结构，但是到目前为止，Q 值仍然是判断社区优劣的一个标准。

FN 算法是个聚合层次聚类方法，基于贪心原则，选取使模块度增长最大或者减小最少的两个社区，将它们合并成一个新的社区。如此循环迭代，直到所有节点合并成一个社区。随着迭代的进行，网络总的模块度是不断变化的，在模块度的整个变化过程中，其最大值对应的网络的社区发现即为近似的最优社区发现。合并两个社区的原则是两个社区合并后会在模块度 Q 上产生一个更大的增量（或者更小的增量）。

对于一个无权的网络来说，当中间社区 s 和 t 需要合并时，ΔQ_{st} 表示模块度 Q 的增量，我们可以得到如下 ΔQ_{st} 的定义：

$$\Delta Q_{st}=\frac{1}{m}\sum_{i\in s,j\in t}\left(A_{ij}-\frac{k_i k_j}{2m}\right) \tag{5-13}$$

对于一个有权的网络来说，模块度 Q 则变成带权值的 Q^w，其定义公式为

$$Q^w=\frac{1}{2m}\sum_{ij}\left(w_{ij}-\frac{T_i T_j}{2m}\right)\delta\left(C_i,C_j\right) \tag{5-14}$$

当中间社区 s 和 t 需要合并时，ΔQ_{st}^w 表示有权值模块度 Q^w 的增量，改进无权网络下模块度增量 ΔQ_{st} 可得到有权网络下的模块度增量 ΔQ_{st}^w，其公式为

$$\Delta Q_{st}^w=\frac{1}{m}\sum_{i\in s,j\in t}\left(w_{ij}-\frac{T_i T_j}{2m}\right) \tag{5-15}$$

优化模块度的目的，就是每次合并两个社区时，都选的是两者合并后所产生的模块度增量最大的两个社区。为了更进一步精简计算条目，我们定义相应的计算变量如下：

$$e_{ij}=\frac{1}{2m}\sum_{vw}w_{vw}\delta\left(C_v,i\right)\delta\left(C_w,i\right) \tag{5-16}$$

其中，e_{ij} 为网络中连接社区 i 与社区 j 中节点的权值之和；$\delta\left(*,\#\right)$ 为节点 * 是否是社区 # 中的节点，如果是，则 $\delta\left(*,\#\right)$ 为 1，否则为 0。此外，

$$a_i=\frac{1}{2m}\sum_{v}T_v\delta\left(C_v,i\right) \tag{5-17}$$

其中，a_i 为社区 i 中节点的权值之和。有了 e_{ij} 和 a_i 定义的两个变量，我们可进一步简化模块度增量的公式，推导过程如下：

$$
\begin{aligned}
\Delta Q_{st}^{w} &= \frac{1}{m}\sum_{i\in s,j\in t}\left(w_{ij}-\frac{T_iT_j}{2m}\right)\\
&= \frac{1}{m}\sum_{i\in s,j\in t}w_{ij}-\frac{1}{m}\sum_{i\in s,j\in t}\frac{T_iT_j}{2m}\\
&= \frac{1}{m}\sum_{vw}w_{vw}\delta\left(C_v,s\right)\delta\left(C_w,t\right)-2\sum_{v}\frac{T_v}{2m}\delta\left(C_v,i\right)\sum_{v}\frac{T_v}{2m}\delta\left(C_v,j\right)\\
&= 2e_{ij}-2a_ia_j\\
&\triangleq 2\left(e_{ij}-a_ia_j\right)
\end{aligned}
\tag{5-18}
$$

通过这样的简化推导之后，ΔQ_{st}^{w} 就变成了带权值的模块度增量，看起来比初始的定义简洁了很多，而其中 e_{ij} 和 a_i 就是统计带权边的个数。

有了这个定义，经典的 FN 算法就变成贪心最大化带权值的模块度 Q^w 的 FN 算法了。加了权值后，每条边都是不同的，它们对于模块度 Q 的增值所起的作用也不同，而且这个作用值由两点之间的内聚性决定，内聚性大的节点所产生的作用更大；反之，内聚性小的节点所产生的作用则小。由此，这符合社区的一般性定义。

3. 案例应用研究

为了测试本节所提出的 SimRank 边加权方法的有效性，使用真实的数据网络测试并对比了常用边加权算法进行实验。常用的边加权方法包括边介数、共同邻居比和聚类系数，它们三者也与改进的 FN 算法相结合完成社区发现，这样不仅可观察到边加权对社区发现算法的作用，还能比较 SimRank 计算内聚性的方法与其他边加权方法的效果。

基于 SimRank 的加权网络社区发现算法的主要目的是验证节点内聚性的计算能否区分节点。我们选择真实网络中广泛使用的标准数据集完成实验，测试的网络包括海豚社会网络数据集（DOLPHIN）、《悲惨世界》的人物交互网络（MIS）、美国政治书籍网络（BOOKS）、北美联盟足球队数据集

（USFBALL）、爵士音乐家的协同网络（JAZZ）、线虫的代谢网络（META）以及电子邮件联系网络（EMAIL）。这些网络都是从不同领域收集的，反映了不同领域下节点之间的交互行为，网络节点数目从 34 个到 1133 个不等，表现出各种不同的特征。

在这个实验中，我们采用模块度 Q 来评价不同的加权模式，实验结果如表 5-1 所示。其中，IEB 指的是反边介数的加权方法，CNR 指的是共同邻居比的加权方法，ECC 指的是边聚类系数的加权方法。第 6 列是原始的 FN 算法的模块度 Q 值，这几个真实的网络已经得到广泛的研究和应用，因此可得到它们的最好的划分结果所对应的 Q 值，我们将这些结果列在第 7 列。第 3、4、5 列分别对应 IEB、CNR 和 ECC 下的模块度 Q 值，我们提出的基于 SimRank 的加权模式的实验结果呈现在表 5-1 的第 8 和 9 列，包括最佳结果的参数 K 值和模块度 Q 值。

表 **5-1**　真实世界网络数据下的改进 **FN** 算法的模块度实验结果

网络	节点数目/个	加权模式（Q）			FN（Q）	文献最佳 Q	SimRank	
		IEB	CNR	ECC			K	Q
DOLPHIN	62	0.504	0.421	0.454	0.490	0.531	4	0.520
MIS	76	0.505	0.474	0.499	0.501	0.561	3	0.560
BOOKS	105	0.501	0.521	0.523	0.502	0.528	5	0.527
USFBALL	115	0.602	0.604	0.604	0.578	0.606	2	0.604
JAZZ	198	0.434	0.435	0.437	0.439	0.446	2	0.441
META	453	0.294	0.347	0.396	0.368	0.450	6	0.401
EMAIL	1133	0.557	0.480	0.521	0.513	0.579	10	0.549

从实验结果中，我们可以看到加权模式大部分都能提高原始的未加权的 FN 算法的性能。但是也有特例，比如，反边介数和共同邻居比的加权方法在数据集 JAZZ 和 META 上就削弱了原始 FN 算法的性能，这样的情况也同样发生在边聚类系数的加权方法运用在 DOLPHIN、MIS 和 JAZZ 三个数据集上。参数 K 也因不同的网络而有所不同，它与网络的大小和网络的整体结构密切相关。

第 6 章
面向广域文本分析的舆情内容溯源

本章聚焦于面向广域文本分析的舆情内容溯源，探讨社会网络作为信息传播的快速渠道及舆情形成与扩散的关键平台。广域文本，如形似字和谐音字，作为文本信息中的特殊现象，经常被用于含糊信息、绕过审查或增加信息解读的复杂性。在本章中，我们将深入探讨形似字和谐音字在舆情内容中的具体作用，如何通过改变信息的表面形式来影响信息的接收和解释，进而影响信息传播的准确性和舆论的形态。我们将详细分析这些广域文本特征在社会网络中的传播机制，探索它们如何在不同的网络环境和社交圈中被应用以及如何被公众理解和接受。此外，本章也将介绍和评估一系列技术手段和策略，这些策略能够有效识别和管理可能扭曲舆情分析准确性的文本特征。通过实际案例研究和理论分析，我们不仅展示了广域文本在舆情动态中的具体应用，还提供了一套系统的方法学工具，以帮助舆情专业人士和研究者更好地监测、分析和管理舆情，特别是在处理广域文本分析中遇到的舆情溯源问题时，制定有效的应对策略。这样的深入探讨对于优化舆情监测框架和提升舆情管理的精确度具有重要价值。

6.1 形似字在舆情分析与管理中的角色

6.1.1 舆情管理中形似字的应用与挑战

随着移动互联网的迅速发展，微博、微信等网络媒体工具已经成为人们生活中不可分割的一部分。在这些社会网络上，民众对各种与自身利益相关或自己关心的公共事务表达情绪、态度和观点已司空见惯。因此，社会网络作为重要的信息载体，对其中的报道及言论进行严格的管理和监督十分必要。目前，在社会网络上，由于各种各样的原因，包括不留神敲错偏旁部首，或者故意使用形似字等广域文本逃避管理，`因此常常会存在相当大比例包含错别字的语句。这些错别字通常只是偏旁部首的错误，然而读者通过语境能够快速识别并理解上下文内容，尽管如此，广域文本的使用仍可能给信息传播的准确性带来潜在影响。

中文偏旁部首的拆解，可以帮助计算机更好地理解错别字，从而增强其适应性，为社会网络舆情分析提供更为灵活且智能的支持。所以，本章专门研究基于偏旁部首的错别字的敏感信息管理问题。

中文存在较多的形似字，这类字形相近的汉字给人们识别和书写中文造成一定困难。其形成的原因可以归结为中文的基本构成单元，即笔画。基本笔画有横、竖、撇、点、捺等几种，这些少数的几种笔画组合形成了数以万计的中文，尽管字与字在形体上有所差异，但由于笔画有限，不可避免地会产生一批外形相似的中文。差之毫厘，失之千里，中文的细微差别可以造成意义上的千差万别。

因此，中文形似字的识别与推理，是解决中文信息处理领域其他问题的前提。汉字的形体结构可以分为汉字、部件、笔画、笔形四个层次。部件既属于中文的一部分也有较强的特殊性，具有相同部件的中文相似性较高。进一步地，部件可以拆分为笔画，这些笔画的排列组合是部件相似性的关键根源，进而在中文的整体相似性中起到关键作用。所以，中文的部件，部件的笔画，均为形似字研究的关键。

针对形似字的识别，一般的方法是将中文笔画抽象为有向图，实现对中文字形结构的动态描述，建立动态中文字形描述库。有的学者结合了中文的构词和拼音属性，将其表示为空间向量形式，之后使用卷积神经网络进行语义提取并进行相似性计算，取得了较好的效果。现有的形似字研究多从组合结构和笔画入手分析中文部件，之后通过多种方法来计算相似度。

然而，目前没有较为完整的中文部件库，因此判定形似字时存在一定困难。为了解决这一问题，本章基于过往研究（刘梦迪和梁循，2021）制定中文拆分规则及主次要部件划分规则，人工筛选中文及其组成部件，构建了 3500 个常用中文的部件组成库。之后构建中文部首知识图谱，该知识图谱是以偏旁部首为基础的、揭示中文与中文之间内在关系的语义网络。具体来说，该知识图谱的实体包括《现代汉语词典》中的部分中文、将中文拆分后的偏旁部首及子部分，实体间的关系包括中文与其组成部分的“组成”关系、字形相似的偏旁部首之间的“形近”关系。

中文部首知识图谱的应用以网络敏感信息管理中的敏感词识别为例，现常用的敏感词过滤方式是构建敏感关键词库，该方法通过查找与敏感词列表相匹配的字符串，并通过替换符号或采取禁止发布、屏蔽等措施来避免不当言论的出现。词语由不同中文的组合形成，这一关键属性使得只有在精准匹配时才能实现过滤效果。然而，中文相当丰富，在不影响读者理解的前提下使用敏感词中某些中文的变形写法是轻而易举的。如此一来，一个简单的敏感词可能衍生出几十种写法，将其尽收在词库中的工作量较为巨大，过滤速度也较为缓慢。但是在建立中文部首知识图谱以后，这些中文在知识图谱中的排列组合可以形成庞大的敏感词库，从而为敏感信息管理和舆情管理目的的实现提供便利。通过将这些中文进行排列组合，极大地扩大了特定敏感词的联想词范围，从而能够尽可能地覆盖为逃避管理而出现在网络、媒体上的各式各样的敏感词汇，从源头杜绝不良词汇的发布和传播。另外，该发明所利用的思想是中文随机组合生成敏感词，是预先地创建了未知的生造词，而不是等待网络上出现了该词再人工地将其添加到词库中，因此该发明极大地节约了时间和人工成本，有利于资源的合理分配和有效利用。

6.1.2 中文知识表示模型的发展与应用

Neo4j 是最早在 2007 年发布的，基于 Java 的 NoSQL 图形数据库，它的存储结构类似于数学中的图，以节点和节点之间的关系为存储的基本内容。同时，其中没有分库分表的概念，所有节点和关系都存在一个库中。由于没有表结构，因此它非常适合存储半结构化数据，扩展性极好，能够完美地对知识图谱的实体和关系进行映射，且对于高连接关系的数据具有良好性能。Neo4j 也可以被看作一个高性能的图引擎，该引擎具有成熟数据库的所有特性。Neo4j 在查询和存储等方面的性能均优于其他数据库，在业界具有广泛应用。并且，Neo4j 拥有强大的可视化工具，可以以图形的方式展示出各个节点和它们之间的关系。

本章选用 Neo4j 作为存储偏旁部首知识图谱的数据库。节点和边是 Neo4j 的两种基本数据类型，其中节点表示的是知识图谱中的实体，边表示知识图谱中实体间的关系。

近年来，大规模知识库的构建取得了长足发展。对于中文的知识表示问题，研究人员利用中文内部的形态语义来增强单词嵌入。有的学者使用部首来增强中文嵌入，提出了利用字符级信息来提高中文单词嵌入质量的中文词嵌入（Chinese word embedding，CWE）模型。另有学者提出基于像素的字形化词嵌入（glyph word embedding，GWE）模型，从字体图像中学习字符特征以增强单词的表示。此外，还有提出的 CW2Vec（Chinese word embedding to vector，中文词嵌入向量）模型，其利用笔画级别的信息来进一步改善中文单词嵌入的学习。近些年来，中文在研究中得到了愈发广泛的关注，如何将其更好地表示为计算机可以识别和计算的方式，具有更加重要的研究意义。本章创新性地构建中文拆分层面的知识图谱，并将知识图谱的表示学习方法应用到中文嵌入中，为相似字的识别和推理提供新思路。

我们注意到，TransE 在构造错误三元组时没有替换关系，这可能是因为传统知识库中的关系为关系类型，它的数量有限且彼此间差别显著，因此在构造错误三元组时替换关系的必要性不大。但是对于偏旁部首知识图谱而言，中文组成的主次之分非常关键，中文主要组成部分的相似与中文次要组成部分的相似相比，前者对中文整体的相似影响更大。因而在偏旁部首知识图谱的研究中，关系对于训练过程的影响不容忽视。

6.2　舆情文本细粒度实体表示：中文偏旁部首知识图谱构建

基于 TransE 及其改进的 TransE 模型，我们得到了中文实体和关系在 n 维空间的映射，为相似字的计算和推理提供了定量数据。

为了准确描述实体之间的相似性，本节选择了余弦相似度、皮尔逊相似度、欧氏距离、曼哈顿距离、切比雪夫距离等常用的相似性度量方法。其中，本节训练所得向量的各个维度的取值范围无明显差异，因此受闵可夫斯基距离（欧氏距离、曼哈顿距离、切比雪夫距离）的局限性限制较小。

偏旁部首知识图谱是以偏旁部首为基础的、揭示中文与中文之间内在关系的语义网络。具体来说，该知识图谱的实体包括常用字、中文拆分后的偏旁部首及其他组成部件，实体间的关系包括中文（或中文部件）与其组成部分的主要组成和次要组成关系，是一个综合型的复杂知识图谱。三元组是该知识图谱的主要组成部分。形似字的推理，主要从中文集合之间的交集（特别是主交集）入手，从细粒度层次为中文相似提供支持。

本节提出 2CTransE 模型，将中文实体嵌入向量空间中，从而使得中文实体之间的距离可以计算。当给出某个具体的关键字时，与之相似度较高的中文则会被判定为关键字的相似字。

本节将主要实现偏旁部首知识图谱的关系预测任务，通过中文集合组成部件（子集、元素）的共有性和相似性来推理出两个中文之间的相似性。如图 6-1 所示，通过“循”和“偱”两字的部件关系，推理出两字隐含的相似关系。

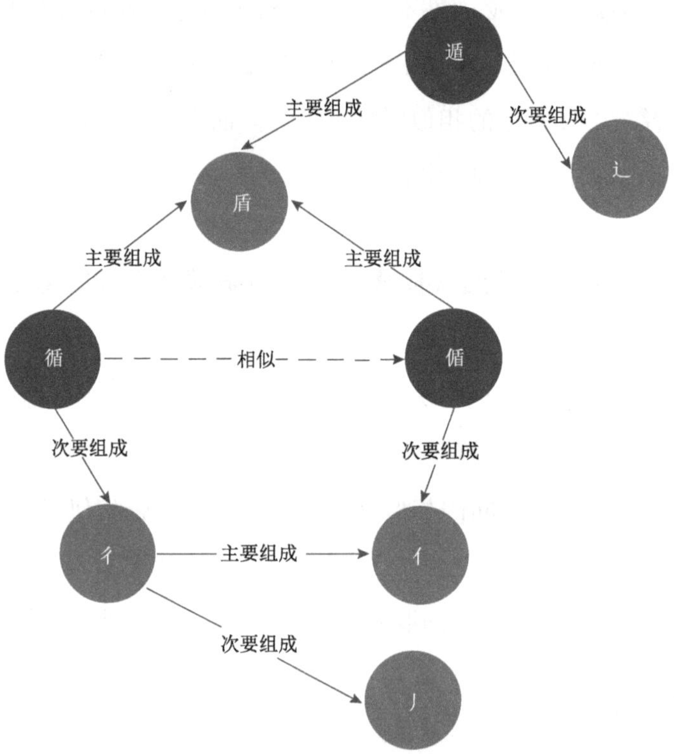

图 6-1 相似字推理示意图

《现代汉语常用字表》内收 3500 字，分为 2500 个常用字和 1000 个次常用字两部分，这些中文在多数语料库中的覆盖率可达到 99.48%，这意味着掌握汉语常用字和次常用字就已经达到了使用中文的基本要求。因此，本节使用爬虫脚本从开放词典网中的拆字词典中获得了这些中文的主要成分和部首信息，总计 3500 条数据，此处形成的数据集称为初始数据集。获取的多数中文均存在多个拆分方式，部分实例如表 6-1 所示。

表 **6-1**　中文的多个拆分方式

中文	方式 1	方式 2	方式 3	方式 4
黑	口丷土火	口丷土灬	里丷火	里丷灬
冒	冃目	冂二目	曰目	日目
秉	禾彐	禾彐八	丿一彐丨丿乀	
鹰	广人隹鸟	广亻隹鸟	广隹鸟	

通过人工规则将数据集进行人工过滤后，得到的数据集命名为过滤后的数据集。

为了区分中文与组成部件（子集、元素）的主次要关系，本节制定了如下五项规则。

（1）“复杂部件”主要组成关系：对于两个中文集合而言，更为复杂的两个部件如果相同或类似，那么这两个中文的相似度更高。这一规则主要通过部件复杂度占中文复杂度的比重而定，如果某部件比重超过 80%，则可以认为该部件为中文的复杂部件，两者的关系为主要关系。

（2）“特殊部件”主要组成关系：有些部件虽然复杂度不高，但是这类部件字形特别，并且作为中文的组成部件多出现在同一结构位上，与其他部件相比异他性强、排他性高，称为特殊部件。这类部件的相同或相似将为中文相似带来更多的可能性，除这类部件之外的部件即为次要部件。这部分主要通过人工筛选和对比来确定。本节将特殊部件细分为两种类型。

第一类为单一式特殊部件，这类部件需要满足以下要求：首先，字形辨识度强、位置固定；其次，与剩余部件的复杂度之比不小于 1/2，且两者比值越相近越为佳，否则其他部件对于形似字的贡献度将会更高。

第二类为复合式特殊部件，除符合以上两项要求以外，还需满足以下要求：首先，组成复合式特殊部件的部件不存在并集；其次，包含复合式特殊部件的中文集合不在少数，即具有该组合部件的汉字较多。

（3）“成字部件”主要组成关系：如果中文的子集中，只有偏旁部首和成字部件，且该成字部件复杂度占比相对较高，那么该成字部件与中文的关系为主要组成，这对于大部分的中文均是成立的。

（4）“重复部件”主要组成关系：对于中文中重复出现的部件而言，该部件对中文相似度的贡献更高，多可判定为主要组成关系。

（5）“重要性均等”主要组成关系：对于不同组成部件对中文重要性差别不大的中文，不再对其关系进行区分，均划分为主要组成关系。

根据以上规则将过滤数据集的中文主次要关系进行鉴别后，得到选择后的数据集。

前文尽可能保留较为完整的中文拆分方式，以期中文间具有更高的相似度。事实上，不少部件之间也存在联系，但由于本节的数据集为常用字，这些部件可能并不在其中，如戉、酉、豖、豖等字。为了更深层次地在部件之间建立起联系，我们先对数据集中尾实体的拆分方式是否已经存在进行核对，如果不存在的话将其进行再分解。为了保证进一步操作后的数据有效性，本章构建了最小拆分字表（表 6-2），设定了拆分的最小细粒度，包括常见的偏旁部首“丷”“癶”等，以及无法再进一步拆分的“丶”“丿”等笔画。

表 6-2　最小拆分字表

⺆	⺍	𠃌	𠃑	丷	癶	⺊	卄	刂	冊
巛	亻	卩	丶	犭	匚	乀	戶	灬	彐
纟	钅	丬	亅	𠄌	口	冫	牜	丿	冖
彡	丄	饣	礻	丨	忄	罒	扌	覀	匸
㔾	讠	一	乁	乙	目	乚	𠃊	月	廴
九	戋	⺤	乛	之	豸	竹	丬	𠃋	阝
龴	龷	穴							

另外，相似偏旁部首对形似字也有一定贡献，其相似关系在三元组中应有所体现。但其数量有限，若建立新的关系，则不利于后续训练的进行。因此，本节将相似的偏旁部首通过“组成”关系构建起联系。

至此，数据集准备完毕，共包含三元组 8054 组、实体 3755 个、关系 2 组。

对于偏旁部首知识图谱而言，本节设置了三种类型的节点，分别是中文（char）、中介字（media_char）和其他部件（sub_char），以及两种类型的边，分别为主要组成关系（main_consistof）和次要组成关系（sub_consistof）。

通过以上方法我们将实体和关系等一系列知识存储到 Neo4j 中。相关数量统计表如表 6-3 所示。

表 **6-3**　实体及关系统计表

类型	知识名称	知识数量/条
实体	中文	2737
	中介字	918
	其他部件	100
关系	主要组成关系	5003
	次要组成关系	3051

6.3　实体相似度在中文舆情分析中的案例研究

为了使模型在偏旁部首知识图谱中具有更好的表现，本节测试了不同参数下的模型性能。对于实验结果的评价，考虑到数据集的特殊性，本节没有采用翻译模型的传统评价指标，而是以目标导向的方式，计算目标中文与所有中文的相似度（本节取余弦相似度），并取排序前 7 名的中文作为目标中文的形似字候选集，之后通过人为认知对结果进行分析。在分析过程中，广域文本中的形似字也作为一类特殊情况进行考虑，评估其对相似度计算的影响。结果优劣的判定标准主要包括：所得候选集中文与目标中文结构是否相近、主交集或主子集相似度高低、余弦值相对大小等。学习率 r 在 $\{0.1, 0.01, 0.001\}$ 中选择，$r = 0.001$ 时最符合要求；实体和关系的嵌入维度 d 在 $\{50, 100, 200, 500\}$ 中选择，$d = 100$ 时表示效果最好；间隔距离 γ 在 $\{0.5, 1, 2, 4\}$ 中选择，当 $\gamma = 1$ 时，其他形似字候选集结果更优，因此选定间隔距离为 1；单批量数据大小 B 在 $\{10, 100, 500, 1000\}$ 中选择，结合不同结构中文的整体表现，B 的最优选择为 500。在每种组合配置中做了多次试验，迭代次数均为 3000，之后将实验结果取平均值。

对于实体相似度实验，本节先通过两个实验测试前文数据集的有效性及模型改进的性能差异。前者主要验证所制定的“中文部件主次要划分规则”的有效性。将数据集中的所有关系替换为“主要组成”，生成测试数据集，在模型训练过程中部分关系可能会随机替换为“次要组成”。后者则验证 TransE 模型改进前后的效果差异。两个实验均在最优参数的设置下，随机抽取不同结构的中文，使用余弦相似度计算不同模型（2CTransE、2CTransE-TD、TransE）输出的嵌入向量，得到的形似字候选集如表 6-4 所示。

表 **6-4** 新旧模型对比

结构	目标	算法	形似字候选集						
左右结构	喻	2CTransE	愉 0.8018	逾 0.7919	输 0.7871	俞 0.7745	偷 0.7611	愈 0.7608	哨 0.7508
		2CTransE-TD	输 0.7831	逾 0.7800	愈 0.7774	嗡 0.7476	俞 0.7441	愉 0.7312	呕 0.7312
		TransE	愈 0.8571	榆 0.8174	愉 0.8082	输 0.8062	偷 0.7843	哪 0.7761	哲 0.7584
	侯	2CTransE	候 0.8018	喉 0.7366	一 0.7360	猴 0.7328	亻 0.7317	鹿 0.7315	薛 0.7114
		TransE	候 0.8333	矢 0.7787	一 0.7692	巨 0.7539	丈 0.7303	喉 0.7259	爱 0.7237

续表

结构	目标	算法	形似字候选集						
上下结构	露	2CTransE	霹 0.7781	雳 0.7378	霜 0.7338	雹 0.7268	熔 0.7201	路 0.7112	霞 0.7065
		TransE	路 0.8334	震 0.7802	霍 0.7662	雹 0.7629	踊 0.7409	蹦 0.7329	霜 0.7302
	亭	2CTransE	亮 0.8846	京 0.7848	亨 0.7727	弃 0.7698	享 0.7696	毫 0.7628	停 0.7466
		2CTransE-TD	町 0.8079	豪 0.8077	亮 0.7867	丁 0.7696	毫 0.7590	停 0.7589	帝 0.7432
		TransE	丁 0.7670	亮 0.7656	旁 0.7618	亨 0.7599	享 0.7559	停 0.7517	京 0.7498
半包围结构	闲	2CTransE	阁 0.7577	闺 0.7262	闰 0.7073	休 0.6997	闸 0.6931	阑 0.6905	问 0.6891
		2CTransE-TD	棺 0.7438	闽 0.7324	株 0.7262	阔 0.7184	榨 0.7164	柳 0.7163	阎 0.7162
		TransE	闺 0.7630	条 0.7451	梁 0.7359	染 0.7342	渠 0.7334	闯 0.7318	杂 0.7182
	痘	2CTransE	痛 0.7595	瘓 0.7495	疙 0.7437	瘤 0.7433	疢 0.7330	瘀 0.7315	痊 0.7241
		TransE	短 0.7567	症 0.7422	逗 0.7382	疾 0.7380	痴 0.7320	疼 0.7305	疯 0.7249

通过对形似字候选集进行分析，对于左右结构“喻”的形似字候选集，2CTransE-TD 的结果略逊于其他结果，但改进前后的算法所得到的结果差异较小。对于同属左右结构的中文“侯”，相比 TransE 计算获取的“矢”“一”“巨”“丈”等候选字，2CTransE 明显表现较优，上下结构的“露”字及“亭”字同理，因此改进后的模型具有更广的适用性，而对于数据集而言，2CTransE-TD 在“亭”的表现明显较差；对于半包围结构的中文，改进后的模

型在区分主次要部件的情况下，可以更为精准地找到具有同结构、相似部件的中文，如“闲”的形似字候选集中 80%以上的中文均为包含“门”的半包围结构中文，但其应用于 TD 时的结果与人为认知差距甚远，TransE 找到的形似字也多为上下结构。“痘”同理，2CTransE 找到的所有形似字均为半包围结构，且共有“疒”。综上所述，本节所制定的“主次要规则”具有较强的合理性和科学性，而 2CTransE 模型与传统模型相比更适用于结构多变的中文的表示。

如表 6-4 中“侯”字所示，若某新闻原标题为“盒马告别侯毅，前途未卜”的新闻涉及可能的敏感人物是“侯毅”。为了淡化这一敏感度，标题中的“侯”字被替换为形似字“候”，从而形成了新的标题“盒马告别候毅，前途未卜”。这种替换在视觉上保持了一致性，不易被普通读者察觉，但改变了搜索引擎和监测工具的直接关联性。我们的识别技术能够辨认这种微妙的变化，通过分析字形结构和上下文内容，精确识别出实际指代的人物“侯毅”，确保舆情分析的完整性和深度。

本节试图比较不同相似度算法之下，形似字候选集的差异。选取“赏”“羞”“截”等中文作为关键字，之后分别使用余弦相似度、皮尔逊相似度、欧氏距离、曼哈顿距离和切比雪夫距离计算关键字与其他 3000 余字的相似值，前两者以降序的方式排列，后三者以升序的方式排列，得到的前 7 名结果如表 6-5 所示。

表 **6-5**　不同相似度算法比较

形似字	余弦相似度		皮尔逊相似度		欧氏距离		曼哈顿距离		切比雪夫距离	
“赏”形似字候选集	棠	0.7713	棠	0.5282	棠	0.3119	常	2.2832	膛	0.0834
	党	0.7608	党	0.5246	贩	0.3182	棠	2.3543	棠	0.0835
	常	0.7556	常	0.5135	常	0.3184	赂	2.3557	勋	0.0845
	赞	0.7523	赂	0.5112	赂	0.3199	赠	2.3659	据	0.0858
	躺	0.7505	贩	0.5080	赠	0.3218	贩	2.4045	蜡	0.0860
	堂	0.7492	赠	0.4887	党	0.3220	党	2.4348	掌	0.0868
	尚	0.7432	膛	0.4764	倘	0.3363	倘	2.4778	啰	0.0874

续表

形似字	余弦相似度		皮尔逊相似度		欧氏距离		曼哈顿距离		切比雪夫距离	
“羞”形似字候选集	着	0.8142	着	0.6287	着	0.3475	着	2.5728	池	0.1007
	差	0.7836	差	0.5660	差	0.3767	差	2.7205	造	0.1009
	乎	0.7340	乎	0.4660	姜	0.4129	寿	3.2488	旨	0.1021
	寿	0.7271	寿	0.4612	盖	0.4206	姜	3.2508	姜	0.1023
	旅	0.7157	旅	0.4290	痒	0.4318	扬	3.3634	派	0.1024
	么	0.7141	么	0.4266	氧	0.4357	洋	3.3693	琢	0.1024
	非	0.7102	旗	0.4183	洋	0.4374	盖	3.3907	流	0.1030
“截”形似字候选集	栽	0.8039	载	0.6143	栽	0.2871	载	2.1426	栽	0.0855
	载	0.7956	栽	0.6089	载	0.2909	栽	2.2532	载	0.0862
	戴	0.7798	戴	0.5710	戴	0.3534	戴	2.6552	灌	0.0883
	戋	0.7608	戋	0.5489	滩	0.3614	雀	2.6751	滩	0.0885
	雀	0.7385	雀	0.4696	锥	0.3625	镜	2.7306	炮	0.0890
	裁	0.7169	裁	0.4664	错	0.3636	雄	2.7457	样	0.0896
	锥	0.7075	滩	0.4146	雀	0.3676	滩	2.8487	滔	0.0896

对于“赏”字而言，无论是在查找结果的数量还是质量上，余弦相似度和皮尔逊相似度均表现较优；而欧氏距离和曼哈顿距离得到的“羞”字形似字候选集更为理想，究其原因，可能在于 2CTransE 模型采用欧氏距离训练损失函数，故计算中文相似度时采用欧氏距离及其类似算法将具有较好的表现；对于“截”字来说，如果存在单一式特殊部件“戋”的主交集，则为其形似字的可能性更高。结果说明，除了切比雪夫距离之外，其他相似度计算方法的结果相差不大，其中，使用余弦相似度和皮尔逊相似度时，数据集中包含“戋”的所有中文都得以体现并赋予了较高的相似度。综上所述，对于不同中文而言，最优的相似度算法有所差别，其中余弦相似度和皮尔逊相似度、欧氏距离和曼哈顿距离的表现较为一致，而切比雪夫距离不适用于偏旁部首知识图谱的实体相似度计算。

如果某新闻原标题“某公司领导沉迷直播打赏，因贪污受贿判囚 5 年半”替换为“某公司领导沉迷直播打棠，因贪污受贿判囚 5 年半”，标题中提到的“打赏”行为与某公司领导贪污受贿案件相关，是敏感的舆情信息，为规避关注，标题中的“赏”字被替换成形似字“棠”，生成“某公司领导沉迷直播打棠，因贪污受贿判囚 5 年半”。这种故意的替换可能旨在避开自动监测系统的检测。然而，采用高级的文本分析方法和知识图谱技术，我们能够识别出这一行为，并恢复原有的意图和上下文，展示“打赏”是如何与贪污受贿案联系在一起的。

为了逃避敏感信息管理，很多敏感词存在多种变体形式，这些变体一般都以偏旁部首的变化为主要形式，但变化后不太影响人们的正确阅读，所以，敏感词的变体成为逃避敏感信息管理的主要方法之一。本节制定了汉字拆分规则和主次要成分界定规则，提出了基于汉字部件的偏旁部首知识图谱，对敏感词变体的敏感信息管理有重要意义。

6.4 敏感词检测应用：构建形似字与谐音字的知识图谱

6.4.1 中文形似字知识图谱的构建与应用

广域文本中的形似字指的是中文中字形结构相似的字。根据前几节介绍的汉字拆分方法和偏旁部首知识图谱，我们可以构建中文形似字的知识图谱。偏旁部首知识图谱是以偏旁部首为基础的、揭示中文与中文之间内在关系的语义网络。具体来说，该知识图谱的实体包括现代汉语词典中的部分中文、将中文拆分后的偏旁部首及子部分，实体间的关系包括中文与其组成部分的“组成”关系、字形相似的偏旁部首之间的“形近”关系。这里我们主要利用该知识图谱中的中文拆分规则，对常用字进行拆分，获得常用字拆分对应的部件。

获取相似偏旁部首的用户字典，例如：“冫 氵”“亻 彳”等，使中文在不具备完全相同的部件的时候也能联系起来，通过问卷调查、专家打分的方式为偏旁部首的相似度确定相似概率。

通过对中文相同或相似部件的排列组合，生成各个中文对应的形似字字典，字典中每个中文对应多组数据，每组数据包括一个相似中文和一个概率值，在构成字典后，筛选删除我们在日常对话中不常用的字作为最后的形似字字典。

根据我们获得的形似字字典，在进行舆情文本挖掘的时候就可以参考形似字字典对舆情文本的关键词构建混淆词集，其中形似字字典可以提供中文部件之间的相似概率，通过概率和语义的筛选就可以从混淆词集中获得替换词及对应的概率从而扩展舆情文本挖掘的灵活性。

6.4.2　中文谐音字知识图谱的构建与应用

广域文本中的谐音字也是在进行中文敏感信息管理分析的时候会遇到的问题之一，本节使用谐音字知识图谱解决这个问题。谐音字包括同音字和近音字，即汉语拼音相同或者相近的字。生活中可能会因为谐音字出现误解对话内容的情况，例如一个人表达“我正在师范（学院）”，对方就可能听成“我正在吃饭”，从而误解表达的内容。

在构建谐音字知识图谱的时候首先要构建谐音字规则。中文的拼音包含一个声母和一个韵母，其中近音字指的就是和原字声母相似或相同并且韵母也相似或相同的字。例如：p 和 b 就是一组相似的声母，in 和 ing 就是一组相似的韵母，那么 pin 这个音的近似音就至少有 ping、bin 和 bing。这里的谐音字规则也受地区影响。

对于常用字，获取每个字的拼音，参考谐音字规则获取谐音字的拼音，按照拼音获取相应的谐音字字集。例如，“拼”字的拼音为 pin，常用同音字有

“贫、品、频、嫔、聘”，常用的近音字有 ping 发音的“评、平、瓶、凭、屏、乒、苹、凭、坪、萍”，bin 发音的“彬、斌、宾、滨、鬓、缤、濒、鬓、槟”，以及 bing 发音的“并、病、冰、兵、饼、丙、炳、柄、秉、禀、摒”等。

筛选删除字典中的非常用字。通过拼音获取的字中有很多不常用的字，尤其是在日常对话中不会出现的，利用常用的 1000 字表就可以筛选出我们日常生活中会用到的常用字。

构建知识图谱的时候，拼音的声母、韵母和日常字可以作为知识图谱的实体，在知识图谱中读音相近的声母、韵母会具有相似关系，在这个基础上即可以进行谐音字的推理。

第7章
社会网络舆情知识图谱溯源推理

7.1 事理图谱与舆情分析

针对公共安全多媒体大数据分析工作中所面临的数据规模大、形式来源和模态多样、过分依赖人力、扩展性较差等挑战，本章开展面向海量多媒体异构数据的事理图谱动态构建方法研发，以实现面向公共安全大规模多媒体数据的事理识别和链接关键方法，以及基于有限标注数据的高精度事理关系抽取，突破面向动态信息的高价值公共安全线索更新核心方法，形成一套服务于实际公共安全敏感信息分析与预警工作的动态事理图谱构建方法体系及工具。通过美、日、韩等典型场景的领域事理图谱构建，验证相关方法指标，构建服务于相关公共安全多媒体大数据分析场景的舆情业务事理图谱，为构建业务系统提供核心数据和模型支持。针对现有事理图谱单一化的表达方式，我们提出了适应复杂事件关系的优化模型。为了应对大规模领域事件的张量表达问题，我们设计了基于语义近似性的事件聚合算法和领域特征的事件关系判别方法。此外，我们还开发了一种基于复杂关系的公共安全领域动态事理图谱构建算法，并利用神经网络、聚类、检索、注意力机制以及深度学习技术构建了一个复杂的公共安全问题事理图谱。

对于公共安全大数据形式来源多样、模态多样的特点，考虑到公共安全事件分析要求可解释性强的特性，本章利用预训练跨模态语义理解模型对公共安全数据对象进行表示，同时引入外部知识，利用多媒体事理图谱进行线索挖掘与事件预测，形成一套完备的公共安全数据时空线索挖掘方法体系与工具。基于公共安全事理图谱，挖掘时空特征作为公共安全领域事件演化过程的潜在线索，是实现公共安全领域事件演化推理的关键。结合领域知识、专家知识、历史知识，提出基于公共损害度的公共安全目标事件发现算法；以公共安全目标事件为核心，实现针对目标事件的复杂事理图谱核心结构的抽取；构造以时空要素为核心的目标事件前置事件要素的特征提取算法，实现复杂事理图谱中公共安全事件的时空线索挖掘。

7.2 构建舆情推理相关的事理图谱

7.2.1 舆情分析中的事理图谱

事理图谱（event logic graph，ELG）是一种事理逻辑知识库，用于描述事件间的演化规律和模式。其结构上为有向有环图，节点表示事件，有向边则代表事件之间的顺承、因果、条件、上下位等逻辑关系。事理图谱最初通过边来表示事件的演化关系，利用节点来展示事件，将事件的逻辑关系呈现为有向图的形式，从而描述事件的动态演化过程。与知识图谱中较为稳定的实体和关系不同，事理图谱中的关系具有不确定性，通常以一定概率进行转移。事理图谱关注的主要逻辑关系包括事件间的顺承、因果、条件和上下位关系。

在构建方式上，事理图谱主要由领域专家手动构建和基于海量文本的自动化构建两种方法。领域专家手动构建的准确率高，但成本也较高，且难以大规模扩展；自动化构建则成本低、扩展速度快，能够迅速挖掘出海量的逻辑关系，但精确度可能较手动构建要低。目前，事理图谱的应用在安全、舆情等领域中得到了大量研究和实践，构建了针对不同应用场景的图谱。例如，有研究者提出了一种新型事理图谱，以弥补传统知识图谱在事件演化模式和发展逻辑方面的不足。该图谱通过机器学习从自由文本中提取结构化事件并识别事件间关系，使用神经网络框架进行事件嵌入构造，应用于金融和旅游领域（贾中浩等，2019）。

信息科学领域也已开始应用事理图谱，定义了信息事理图谱的概念并分析了其价值内涵。在自然灾害管理方面，针对城市内涝事件突发性和空间变异性的问题，研究者构建了城市内涝事理图谱，通过规则模板库抽取中文语料库中的因果事件，基于深度神经网络融合方法进行因果句的事件抽取，以辅助灾害决策。新冠疫情事理图谱通过微博评论数据，利用因果关系、事件影响和时间因子来识别事件间的关系，提取因果事件和顺承事件，并采用层次聚类将相似事件泛化为一类，从而构建疫情网络舆情事理图谱（曹树金和岳文玉，2020）。

事理图谱的应用空间广泛，当前集中在知识问答、消费意图识别、新闻判别与推荐、知识管理，以及推理与辅助决策等方面（陈子睿等，2021）。这些应用展示了事理图谱在捕捉事件逻辑关系和推理能力上的独特价值，为不同领域的知识管理和智能分析提供了有效支持。

7.2.2　事理图谱构建方法

事件关系抽取任务分为元事件抽取和主题事件抽取两大类。事件表示动作的发生或状态的改变，通常由动词驱动，也可以由名词等其他词性词触发，并包含参与事件的关键成分（如时间、地点、人物等）。主题事件是围绕核心事件或活动所形成的事件集合，包含与之直接相关的所有活动，通常由多个元事件片段构成。目前，研究主要集中在元事件抽取方面，主题事件抽取的研究相对较少。

元事件抽取主要有两类方法：模式匹配和机器学习。模式匹配在特定领域表现出色，但移植性较差。相比之下，机器学习方法不依赖于特定领域知识，系统的移植性更好。随着语料库的建立和网络文本资源的丰富，机器学习在元事件抽取中已成为主流。模式匹配方法依靠预定义的模式进行事件识别，这些模式通过上下文约束环融合了领域和语言知识，典型系统包括 ExDisco 和 GenPAM。最初的模式构建主要依靠人工，尽管准确性高，但效率低且需要较高的专业水平。为了提升可移植性和效率，机器学习逐渐被用于自动生成模式。

基于机器学习的元事件抽取中，常用的算法包括朴素贝叶斯模型、支持向量机、最大熵模型、隐马尔可夫模型和条件随机场。朴素贝叶斯模型可通过分析相邻句子的词对概率来抽取因果关系，而最大熵模型则用于识别事件元素，适用于讲座通告和人事管理事件的抽取。语义角色标注方法应用于 TimeML 的事件抽取任务显著提升了系统性能。有时，为提高识别效果，会混合使用多种机器学习算法或结合机器学习和模式匹配方法。

尽管机器学习方法不依赖语料的具体内容和格式，但它们需要大规模标准语料的支持，否则会产生数据稀疏问题。然而，当前语料规模往往难以满足实际应用需求，且人工标注语料耗时耗力。为解决这一问题，研究者尝试了半监督和无监督学习方法。此外，特征选择也是决定机器学习效果的重要因素，如何缓解数据稀疏现象以及选择合适的特征成为当前机器学习方法中关键的研究课题。

神经网络方法在事件识别任务中，通过使用连续型向量表示特征，能够学习到更抽象的特征，这与传统的离散特征方法不同。其典型流程包括以下步骤：首先使用初始化的特征向量表示候选触发词，其次通过神经网络模型自动学习和更新特征以组合更高级别的特征，最后通过 Softmax 模型输出分类结果。此外，常用特征还包括当前词的事件类型向量和实体类型向量，这些特征分别用于辅助事件识别和人物分类任务。

在特征学习模型中，学者常采用卷积神经网络自动抽取有效特征用于事件抽取或识别任务。另一种方法是基于循环神经网络获取文本的序列信息，并结合卷积层捕捉短语块信息，将这两类信息整合后识别事件触发词。由于该混合模型不依赖额外特征，因此它在多语言的事件识别任务中表现良好，具有较好的语言独立性。

传统事件抽取方法以及神经网络方法尝试利用触发词的特征（如事件类别、位置信息等）来辅助论元的分类，但对于论元信息对触发词识别的潜在作用尚未有深入探讨。借助注意力模型，可以通过有监督的注意力机制将论元信息直接输入到事件识别模型中，验证了论元信息能有效辅助事件触发词识别任务。与联合模型中触发词和论元相互辅助的间接方式不同，论元注意力模型能更直接地将论元信息用于辅助触发词识别。

在联合方法方面，部分学者提出了一种集成模式、机器学习模型和词嵌入的新商务事件抽取方法，用于提取在线中文新闻中的事件。通过词嵌入和语义词典扩展触发字典，实现了较高的识别准确性。这种方法展示了联合模型在不同特征间信息共享的优势，为多领域的事件识别任务提供了更强的建模能力和准确性。

7.2.3　公共安全领域事理图谱的优化与应用

在特定领域中，事件链与事件链之间存在一定的相似性。本节提出了一种基于领域关系的抽取方法，具体包括以下几个步骤：首先，结合领域事件的张量表达，利用触发词和句法结构的核函数；然后，基于 BERT 模型计算出事件关系的连接词；最后，根据本章确定的触发词及其对应的论元，构建规则模板。通过模式匹配以及构建的规则模板对事件对之间的关系进行判别。事件对之间关系的确认，为后续工作奠定了基础。任意事件对之间可能同时存在直接关系和组成关系，这会造成在构建事理图谱时事件链不准确的问题。如何基于注意力机制与改进的 LSTM 以及概率论、统计学等，合理地从大量事件中明确事件与事件之间的关系是本节研究的重要一步。

相似事件之间存在一定的共同特征。若将每个领域内的事件都以节点的形式构建成事理图谱，这不仅将影响图谱的构建速度，还会增加信息及线索挖掘的难度。本节基于特征向量聚类和检索模型，研究事件的分类与抽象，从而起到数据清洗的作用。通过将大量相似事件归为同一类，确保事件图谱具有简洁、明确和持续的特点。将事件用向量的形式表达，基于聚类模型将相似的事件进行聚类。通过神经网络学习并基于已有的特征向量的概率统计确定每个聚类特征向量的范围。基于高阶语义的事件聚合与抽象，以及同领域特征之间的部分事件对，可以为确认事件的组成关系和发现事件链提供有价值的信息。

根据上述研究内容，基于事件聚类后的聚合抽象，能够揭示事件间的关系。在不同的公共安全问题中，不同领域甚至不同事件链之间可能存在不同的事件对关系。因此，如何在一张事理图谱中实现清晰、明确且低冗余的结构，是本章研究的主要内容之一。在传统的事理图谱构建中，涉及的事件关系较少，节点信息较为单一，通常生成的是单个事件关系的事理图谱，因此在面对大量公共安全领域事件时，传统构建方法表现出局限性，不适合基于事理图谱的线索发现，也不能够明确地表示事件之间的关系。本节基于已有的研究成果，设计了一个模型，使得多种事件对关系能够在一张事理图谱中呈现，同时节点信息为后续的时空线索挖掘提供了便捷的优化路径。

根据以上内容，本节已明确了基于张量表达的事件对关系，完成了对不同领域事件的聚合抽象，并探讨了如何使事理图谱具备全面性、简洁性、明确性和低冗余性等特点。在事件发展的过程中，可能存在某一事件与多个事件相关的情况，因此，如何简化、拆分或扩展事件之间的关系，形成逻辑关系的最小集，也是本节研究的重要内容。实现逻辑关系的最小化，可以提高基于事理图谱的时空线索发现工作的效率以及准确性。随着社会发展以及时代进步，公共安全问题会不断出现新的挑战。旧事物可能被淘汰也可能被新事物替代。如何基于现有事理图谱和领域知识的动态增长算法以及基于改进的 LSTM、神经网络、深度学习等实现事理图谱的动态更新也是本节研究的重点。基于已研究的内容，完成对事理图谱的构建是本节的主要研究内容。

7.3　事件事理图谱的时空线索挖掘

本节将解决如何有效利用和更新多媒体事理图谱等大规模外部知识。对于当前输入的公共安全事件，只有提供足够的常识信息才能帮助模型更好地进行线索挖掘。而多媒体事理图谱以事件为节点，以事件之间的逻辑关系作为边，辅助以多媒体信息，可以为公共安全事件线索挖掘提供有效帮助。研究如何有效利用多媒体事理图谱等大规模外部知识，提升线索挖掘的准确性。同时，在进行线索挖掘和分析的过程中，需要实现对现有事理线索动态性的有效管理。这包括研究特定类型线索更新与事理类型之间的关系，以及如何利用特定类型事件的发生和事件要素信息来更新相关知识。通过这些研究，能够更好地实现领域实时多媒体数据的有效利用，并确保公共安全线索能够及时更新。

20 世纪 90 年代中后期，数据挖掘领域的一些较成熟的方法，如关联规则挖掘、分类、预测与聚类等被逐渐用于时间序列数据挖掘和空间结构数据挖掘，以发现与时间或空间相关的有价值的模式，并实现了快速发展。信息网络和手持移动设备等的普遍应用，以及遥感卫星和地理信息系统等的显著进步，使人们前所未有地获取了大量的地理科学数据。这些地理科学数据通常与时间序列相互关联，并且隐含着许多不易发现但潜在有用的模式。从这些非线性、海量、高维和高噪声的时空数据中提取出有价值的信息并应用于实际，使得时空数据挖掘具有额外的特殊性和复杂性。因此，一种有效的时空数据分析方法对于时空数据中有价值的时空模式的自动抽取与分析具有重要意义。

7.3.1 公共安全目标事件的时空线索发现

公共安全目标事件的精准识别采用事件特征提取与匹配方法，结合领域知识、专家知识和历史知识，基于生成模型的关系推断，研究目标采样与任务筛选方法，从而判断公共损害度，并以高准确度实现目标事件的发现（邱瑞和朱振华，2018）。

近年来，时空数据已成为数据挖掘领域的研究热点，在国际上获得了广泛关注。同时，时空数据挖掘也在许多领域得到应用，如交通管理、犯罪分析、疾病管理、环境监测、公共卫生与医疗健康等（董向慧，2020）。时空数据挖掘作为一个新兴的研究领域，正致力于开发和应用新兴的计算方法来分析海量、高维的时空数据，发掘时空数据中有价值的信息。相较于传统的数据挖掘方法，时空数据挖掘研究还远未成熟。对于结构复杂且形式多样的时空数据，如何寻找合适的数据挖掘算法或者方法，可以挖掘什么有价值的模式，如何对这些模式进行分析，这些问题都迫切需要解决。

基于领域事理图谱的事件时空线索挖掘方法，通过某领域事理图谱的逻辑关系识别，遍历图谱节点，对特定实体的事件线进行抽取，形成以实体为核心的事件流，并提取时间、空间和语义信息构成时空轨迹数据集，从轨迹数据中发现频繁序列模式（丁振国等，2013），挖掘时空数据中语义行为模式，即可获取时空线索。基于事理图谱，通过时间、空间两种要素实现事件演化机制的可解释化，并通过研发可解释的高阶推理算法，实现对事件演化过程的推理。

7.3.2 复杂事件中心结构的事理图谱抽取

首先利用事理图谱的逻辑关系，包括组成关系、因果关系、并发关系、条件关系、排斥关系等，通过关系抽取，发现复杂图谱中的以某实体为中心的事件链即主体结构。关系抽取的主要目的是从文本中识别实体并抽取实体之间的语义关系，是自然语言关系推理任务的重要子任务。图神经网络已被应用于深度学习的各个领域，包括节点分类、关系分类、小样本学习等，并能在这些领域上很好地发挥作用，表明了图神经网络处理图关系推理的强大能力。基于注意力的特征嵌入方法，以将关系和相邻节点的特征纳入注意力机制，该方法可以捕获任何给定实体邻域中的实体和关系特征。

7.3.3　基于时空特征的事件前置要素提取

1. 基于时间轴的前置要素特征提取

时间线索挖掘，也可以理解为通过时间轴对事件的演化过程进行描述，并加以推理（Li et al.，2021）。基于事理图谱模型的历时事件流生成方法，可以实现通过时间线索将事件串联起来。历时事件流基于历时语料，可以对特定实体的事件线进行抽取，从而形成以实体为核心的历时事件流，这个历时事件是特定时间内与该实体相关的重要事件。具体的事件抽取，可以先使用某算法[如先使用模式匹配法过滤非事件句后再用支持向量机识别事件句，使用 KNN（*K*-nearest neighbor，*K* 最近邻）算法提取触发词后，再用触发词法抽取事件]进行处理，接着使用其他算法进一步处理，以提高事件抽取的准确度。

2. 基于空间轴的前置要素特征提取

空间数据挖掘是指从空间数据库中抽取没有清楚表现出来的隐含的知识和空间关系，并发现其中有用的特征和模式的理论与方法。空间要素既包括具体位置，也包括环境要素，作为影响目标事件的前置条件。上述要素的提取可以采用基于证据理论的方法。证据理论是一种通过可信度函数（度量已有证据对假设支持的最低程度）和可能函数（衡量根据已有证据不能否定假设的最高程度）来处理不确定性信息的理论，可用于具有不确定属性的空间数据挖掘。对于空间数据，利用聚类分析方法，可以根据地理位置以及障碍物的存在情况自动地进行区域划分。例如，根据分布在不同地理位置的消防栓的情况对居民进行区域划分，根据这一信息，可以有效地进行消防栓的设置规划，避免浪费，同时也能避免安全隐患。

7.3.4 基于多语言、跨模态的视觉和图像要素提取

Transformer 模型在计算机视觉和图像上表现出了极其优秀的效果，使用 Transformer 表征计算机图像的 ViT（vision Transformer，视觉 Transformer）模型，表现出了超越卷积神经网络模型的效果。如何将 Transformer 模型运用到多模态表征中也受到了较大的关注。而在语言模型中，Transformer 更是被广泛地运用到了各个任务中，基于 Transformer 构建的语言表征模型，能够通过大规模数据预训练的方式，针对文本生成较好的表征，并在下游任务中取得较好的效果。

7.4 舆情事件推理及演化分析

社会安全问题的事理推理及演化系统的基本组成要素有：多媒体多维的高阶语义提取器、事理图谱、事理图谱的基于单一事件的事理特征集、新事件的事理推理及演化。该系统具有快速（高效）、准确等基本特征。本节对新事件的事理推理及演化模块进行研究。为使该系统具备快速计算和高精度结果的基本特征，本节从如下两方面进行分析研究。

7.4.1 事件时空线索的分布式检索方法

根据前面几节的研究成果，可对新事件的高阶语义进行抽取和生成时空线索特征集，而该新时空线索特征集具有分布性、时变性、异质性、领域知识的

约束性（限定性）及原始时空线索特征集的超大规模性等特征，这也是新事件时空线索特征集关于原始时空线索特征集的主要问题和难点。针对该问题，定义一种基于时空变化性、异质性及领域知识约束的时空线索特征集之间的相似度，以最大限度提高推理及演化结果的准确度和计算速度。同时，为进一步减少计算时间和保护数据隐私性，将现有的高效快速匹配和检索算法融合分布性特征，设计基于分布式的事件时空线索特征集快速匹配算法。由此，可有效解决上述问题，可快速、准确地构建相关事件集群，为基于相关事件集群的事理推理及演化的高精度结果提供保障。

7.4.2　事理推理与舆情事件的演化分析

针对相关事件集群和新事件集的分布性、异质性、时空变化性以及领域知识约束，且充分考虑二者的对应关系（如多对一、一对多、一对一），将上述特征融入基本的推理及演化数学模型中，对此，本节将从两方面进行具体探讨研究。

1. 基于相关事件群的分布式分类方法研究

根据二者的对应关系，可以将事理推理和演化过程转化为分类任务，并利用现有高效分类器进行处理。例如，针对单类数据集表现良好的 One-Class 支持向量机。通过分析可知，相关事件集群和新事件集的基本特征是保证分类准确性的基础。然而，经典分类器对数据集特有特征的敏感度较低，且对不同特征的处理方式较为单一。为了解决这一问题，研究者提出了对现有分类器进行结构改进的方法，如基于两类集群特征的分布式 One-Class 支持向量机，旨在构建一个基于分布式环境的事理推理和演化的预训练模型。该模型可以快速完成分类任务，并使分类器能够高效地更新参数，从而捕捉时变特征。这将有助于对新事件的后续事件进行分类，从而为社会安全工程提供数据支持。

2. 基于自信网络的事理推理及演化方法

针对社会安全事件的严肃性与现有机器学习的容错性之间的冲突，硬分类器只有是与否两种状态结果，在处理现实社会安全事件问题时的表现性可能存在波动，而软分类器可通过概率等特征呈现出更为全面的结果表现，且更适用于实际应用环境，故本节对软分类器进行探讨研究。同硬分类研究过程类似，采用现阶段的高效软分类器，如贝叶斯神经网络、深度神经网络，设计基于两集群特征的软分类器改进算法，通过分布式环境中构建的预训练模型，可大幅度提升计算速度，且对训练模型中的相关参数完成在线更新操作，从而构建概率发生事件集，达到全面、准确、快速地进行新事件事理推理及演化的目的（祁凯和杨志，2020）。

7.5 舆情事件的事理图谱分析方法

本节研究基于多媒体公共安全大数据，探索多媒体事理图谱的构建方法。通过对多媒体复杂数据的高阶语义理解和领域事件的张量表达，单纯依靠关键信息的张量表达，并不足以为后续挖掘提供有价值的线索。因此，本节提出一种逻辑图构建方法，旨在基于张量表达设计一种综合优化模型，以提高图谱中事件之间的关联性。同时，模型还将时间和空间因素融入事理图谱，展示事件与这些因素之间的关系。通过对传统事理图谱概念的优化，优化后的模型能够更清晰地呈现事件的演化模式和发展逻辑。

在基于大数据的传统事理图谱中，节点规模过大会导致信息提取困难，进而影响线索的发现与挖掘，本节基于同类公共安全事件的聚类以及检索实现对事件的聚合抽象，以达到从大量数据中快速明确地找到同类事件发展逻辑的目的。事件与事件中存在着至少七种逻辑关系，基于逻辑关系的发现对线索以及对事件发展方向的把握尤为重要。基于聚合抽象后的事件集构成的事件链依旧存在事件节点冗余性的特征，本章对基于复杂关系的事理图谱做出了改进，以解决事件链中的冗余性，使改进后的事理图谱具有简洁性、明确性等特点。

本章以舆情公共安全为背景，针对敏感信息管理数据的主要特点，结合舆情公共安全数据的多样化管理需求，在数据接入、数据处理和数据存储三个阶段，设计各自的模型解决方案，提出一种全链条、多层次融合与存储管理的系统整体架构。网络文本所包含的相关信息已成为舆情公共安全事件紧急救援和影响评估的重要信息源。尽管现有方法可以定向提取文本中事件的各类要素信息，但由于缺乏针对事件的整体建模与解析框架，因此难以从网络文本中系统获取完整的事件要素结构化信息。现有方法往往导致提取的事件要素信息不够完整或与目标事件不匹配，从而在分析舆情公共安全事件时可能出现信息遗漏或错误，影响系统分析的准确性。

为此，本节提出一种面向舆情公共安全事件的网络文本大数据结构化理论。首先，构建舆情公共安全事件的语义框架，以地震事件为例建立对应的结构化表结构；其次，通过训练语料的关联标注，有效解决事件要素与目标事件不匹配的问题；最后，采用可融合关联信息的文本解析算法，系统性地提取出事件类型、事件名称、事件时间、事件位置等属性，实现网络文本中不同事件信息的结构化表达。这一方法不仅完善了网络文本中事件要素的提取，也为公共安全领域的舆情管理提供了数据的结构化支持和系统化分析的基础。

舆情公共安全大数据包含多种数据模态，具有高度复杂性。各类数据标签信息种类繁多，事件数据之间存在显著的异质性。一个舆情公共安全事件的发生，往往会引发多个不同的安全事件。因此，数据中的异质性使得信息分析变得更加困难。为了有效分析舆情公共安全大数据，进行异质性学习至关重要。通过这种学习方法，可以分析事件的标签信息与数据交互特征，进而评估不同舆情公共安全事件之间的影响关系。根据异质性学习的结果，我们可以评估舆情公共安全事件的影响程度，并为后续各类部门的工作设计提供衡量标准。同时，在发生某类舆情公共安全事件时，及时预测其对其他相关事件的影响，对于发布预警、追溯事件源头和明确责任方具有重要意义。

第三篇　舆情动态趋势分析与预测

第 8 章
社会网络中的舆情传播模式

通过深入分析社会网络结构与舆情传播的相互作用，我们能够更全面地理解信息在网络中的流动路径以及这些路径如何塑造公众意见和引导社会行为。社会网络上的舆情传播模式不仅揭示了网络社会的活跃动态，而且为我们管理和引导公众舆论提供了关键的见解和潜在策略。随着社交平台的日益增多和用户之间互动的不断深入，舆情的监控与管理变得更加复杂和多维，尤其是在信息爆炸和意见极化日益严重的今天，有效的舆情管理策略变得尤为重要。掌握这些舆情传播的具体模式有助于政策制定者、社会科学家以及公共管理人员设计和实施更为有效的舆情引导与危机响应措施，这不仅可以保障信息的自由流通，也有助于维护社会的稳定与和谐。同时可以进一步探索不同社交平台上的信息传播机制，评估不同类型的消息如何影响用户行为和情绪，以及如何通过技术和策略性干预来优化舆情管理，减轻负面信息的影响。理解这些复杂的互动和影响力网络，对于构建一个更加透明和响应性强的公共信息环境至关重要。这种深入的理解和策略部署，将使我们更好地应对快速变化的社会挑战，提高舆情管理的科学性和实效性。

8.1 舆情传播研究的理论背景

在互联网上，信息在社会网络中流通，并且在用户之间传播。用户会转发或分享感兴趣的内容给朋友，这些朋友随后可能继续向其他人传播这些信息。信息从而得以在网络上传播和扩散，这些接受信息的用户即为受影响用户或活跃用户。互联网信息，尤其是热点信息，能够快速在网络上引起重大反响。无论是正面信息还是负面信息都会引发网友大量的转发、评论、点赞等互动行为。正面信息可能自发地扩散，其影响潜力往往难以预测；相对地，为防止负面信息造成广泛影响，通常需采取主动的管理措施。因此，了解新闻信息传播规律，梳理信息扩散背后的逻辑和影响因素显得十分必要。

多数舆情信息传播模型认为信息由源（或种子）节点集开始传播，其他节点只能通过源（或种子）节点集的邻近节点获得信息。同时随着时间的推移，影响范围逐渐变广，越来越多的节点接收到初始的信息，最终能够达到整个网络的稳定状态。另外，不同类型的信息不仅具有抽象的共性传播特征，也具有具象的特殊传播特点，主要表现在：由于不同用户的偏好不同，不同主题内容的微博会引起不同的受关注程度，其即时热点性、后效影响性也千差万别。即使是同一主题的微博，用户的参与行为必定不完全一致，其转发、点赞、评论等行为特征和用户本身的喜好也密切相关。在信息传播中，每个个体用户在微观层面表现出个性特征的同时，是否又会在宏观层面体现出一定的趋同效应，也是值得研究和思考的问题。

开展网络测量是分析社会网络特性、研究社会网络拓扑结构和信息传播机制的重要方法。网络测量是指按照某种规律，用数据表示观测现象，对社会网络结构或信息传播规律特性进行量化描述。国内外学者对于在线社会网络的研究主要集中于国外网站（Huberman et al.，2008），对消息的传播过程的研究则包括了实际数据的统计特性以及衍生出的影响力计算和话题发现等课题（何静等，2013）。新浪微博作为一个中文社会网络平台，其所处的环境与国外差异很大，在运营模式和用户行为上都有很明显的区别于外文网站的特性（丁振国等，2013），但是目前对新浪微博系统中的数据却缺少系统性的分析和整理，对消息的传播更是缺乏实际的分析和归纳。

社会网络中的舆情信息传播问题，具有内涵丰富、方法多样、角度众多的特点。从参与对象上看，传播过程涉及信息发送者、信息接收者、信息内容本身、传播渠道四个参与主体。从微观扩散上看，信息在网络中的传播遵循一定的客观规律，既能够用概率模型进行刻画，也能够用动力学模型进行描述，还可能有其他创新视角。从宏观影响上看，信息传播涉及的范围较广，影响持续时间较长，传播独特性较明显。此外，在不同的在线社会网络中，信息传播的表现模式也不同。本章主要对现有学者的研究成果进行梳理。

社会网络中信息传播和信息扩散问题在学术界已经早有研究，一直是舆情分析和社会计算领域的热点问题，但随着网络日益发展，信息的规模之大、传播之快、影响范围之广，使得现有的研究模型已经不能很好地适应现在的大规模网络的特点，因此需要进行深入的发现和探究。通过对相关文献的归纳总结，现有研究主要是从以下方面对信息的传播进行研究的。

有的研究从理论角度解释信息的传播机理，侧重于模型解释和分析。这部分的研究主要从以下三个方面展开。

第一是从社会网络结构的角度出发，分别研究节点特性、节点之间的关联、众多节点形成的网络社区（Clauset et al.，2004；Clauset，2005），呈现“点”“线”“面”范围逐渐扩大的模式，这是微观角度的研究。典型的研究内容包括意见领袖对信息传播的影响，信息传播中的关键路径发现以及事件在社区侧面的传播扩散等。扩散相关模型和理论也可以相应地大致划分为“点”“线”“面”这三个层面。

主要的信息传播模型有影响力模型和传染病模型。经典的影响力基础模型有独立级联（independent cascade，IC）模型、线性阈值（linear threshold，LT）模型，用来描述社会网络中影响力的扩散。其中独立级联模型和线性阈值模型分别从传播概率和影响阈值的角度来描述社会网络中影响力的扩散，其主要的思想是节点之间的影响是“有条件”的，独立级联模型使用概率来描述，而线性阈值模型使用阈值来描述。独立级联模型较少地考虑节点状态的有效性，因此很多学者的研究都是在此基础上进行了改进和适用性分析。

很多学者借鉴传染病模型，从另一个角度描述信息的扩散规律。这几种模型涉及社会网络结构的“点”和“边”的层面。对于以传染病 SI（susceptible-infected，易感-感染）模型为基础而改进的模型则相对独立，目前有 SIR（susceptible-infected-recovered，易感-感染-恢复）、SIRS（susceptible-infected-recovered-susceptible，易感-感染-恢复-易感）、SEIR（susceptible-exposed-infected-recovered，易感-暴露-感染-恢复）、SCIR（susceptible-chronic-infected-recovered，易感-慢性-感染-恢复）等多种变种形式（Muroya et al., 2014）。学者将网络节点分为 S（susceptible，易感）、I（infected，感染）、R（recovered，恢复）三种状态，其在网络中以一定的概率相互转移，最终达到稳定状态。例如，有的学者针对微信舆情建立 SIR 模型，引入和说服率、净迁入率、醒悟率相关的概念，通过仿真实验验证了模型的可靠性。而每个网络事件的传播，从传播阶段上可以分为发生期、发展期、高潮期、震荡期、消散期等多个时间有序的阶段。

第二是从社会网络内容的角度出发。很多学者关注 X、Facebook 等大规模的社会网络或者 Flickr 等图片型社交网站。此外，较早期的一部分学者也研究过博客、email 等社会网络。从信息媒介上看，主要有文本、图像、音频、短视频、表情等。目前对于文本和图像的研究较多，尤其是对于文本语义，有较多研究涉及。对于音频、视频等信息的传播的研究比较少。

以上两个方面研究信息在传播前和传播中的各项因素，都是围绕传播本身进行的。而第三个方面侧重信息的后效性和影响性，这方面是宏观层面的研究。典型的研究有信息传播的预测、信息传播影响力的描述等。研究问题有影响力最大化链接预测和热度预测等，这部分研究在成果上较为丰富，在研究方法上也比较成熟。

对于模型效果的分析和评价，目前主要有两种：一种是通过蒙特卡罗模拟信息的传播过程（Coulom，2007），分析不同的参数选择对信息扩散的影响；另一种是使用实际的社会网络数据进行模型拟合和实证研究。大部分学者通常会结合这两种方式进行综合验证。

关于内容主题的研究，现有研究中很大一部分是关于主题模型及其改进模型的研究和主题模型的应用。主题模型是一种概率模型，同时也是一种生成模型。其主要思想是：每一篇文档都是由若干主题混合生成的，并且被表示成主题所构成的一个概率多项分布。在信息传播领域中，也有关于信息主题的相关研究，主要包括事件情感分析和主题分析（丁兆云等，2013；史伟等，2023），学者利用社会网络历史数据研究了信息内容对信息扩散的影响（欧阳剑等，2021）。

总结来看，对于内容主题的研究，现有文献一方面主要关注主题模型在信息提取中的应用，核心在于如何通过向量表示和文本语义分析，更好地进行主题提取，提高文本理解的准确性。另一方面，虽然文献中涉及了信息的主题类别，但大多侧重于情感分析和用户影响的角度，较少探讨不同主题类别之间的传播差异。同时，文献中对信息主题的定义也不够明确，因此在方法和思路上存在一定的局限性。

综合以上分析，当前一类研究侧重于微观角度网络信息传播规律，这类研究致力于信息传播模型的构建，阐述节点之间的连接关系、节点活跃状态变化、网络特征等对扩散的影响。另一类则阐明了信息传播中的影响因素和不同信息的相互干扰作用。但目前缺少对不同主题类型信息传播规律的刻画，对于主题相关的微博信息扩散的预测也没有很好的理论支持。更进一步地，某些事件可能同时具有多种“主题”特性，它们的传播受到多种主题因素的“叠加”影响。现有研究都较少考虑传播过程中节点的差异性，尤其是由话题类型造成的节点差异，对信息传播不同阶段用户参与角色的分析等。另外，不同信息媒介传播规律的描述和分析也是当前大数据背景下一个比较重要的研究角度。

8.2 构建有效的舆情传播模型

在自媒体时代，网络中舆情传播由传统的“点到面”转化为“点对点”的形式，使得消息的传播来源更多、传播速度更快、传播范围更广，从而网络中网络信息关系的管理更加困难。为了提高网络舆情的管理能力，需要对网络中舆情的传播过程和特点加以了解。本节针对社会网络中的突发社会事件传播进行了分析，收集了新浪微博上的相关数据。考虑到网络结构和舆情管理的实时性，本节引入了用户在线状态相关的节点有效性，并将传统的独立级联模型扩展成一个基于离散时间点的信息级联模型。同时，之前的研究将用户之间的影响值设置为已知舆情，而本节则利用期望最大化（expectation maximization，EM）算法对用户之间的影响力进行求解。最后，本章利用蒙特卡罗方法对网络中的消息传播过程进行模拟，实验结果能够较好地刻画网络中消息随时间变化的传播特征，所得结论有助于研究网络中的消息传播，所采用的方法也适用于其他平台和其他类型的消息。

在自媒体时代，普通大众主导网络舆情的传播活动，传播主体具有私人化、平民化、普泛化、自主化等特性。博客、微博、微信、论坛等网络社区都是自媒体的表现平台，普通用户在消息传播过程中既是接收者也是传播者，大大增加了消息传播的广度和速度。社会网络上的信息量巨大，虽然大部分消息会在短时间内被其他信息覆盖，但仍有一部分消息拥有很长的生命周期，由于其自身所包含的信息量和网络中用户的推动，它们会在短时间内迅速传播到很大的范围，并产生巨大的影响。这种网络信息由于传播范围之广、速度之快，可能还伴随着用户的情绪波动和态度变化（杨阳和王杰，2020），应该引起极大的重视。尤其是对于一些虚假舆情或是极端观点的传播，更加需要及时有效地加以管理，避免引起社会恐慌或是危害人们的财产。因此，在大数据时代，在线社会网络中的消息传播问题成了网络信息管理的研究热点（Cui et al., 2014）。

用户是否在线是用户获取信息的前提，而准确评价用户之间的影响力也是后续传播过程的基础；另外，网络中消息传播的时效性相对于级联结构来说有更重要的实际意义，消息的内容本身对于传播效果也影响重大。针对现有研究的不足，本节在独立级联模型的基础上，对于节点的有效状态概率进行了扩展，并改进了现有的有关求解网络中边的权重的 EM 算法，同时将消息的独立级联模型扩展为基于离散时刻的包含多种关键传播因素的级联传播模型。针对特定的突发型社会事件的消息传播，本节以头条新闻为初始节点，抓取其关于某地事件的相关消息传播数据，并在此数据集上对节点之间的影响概率进行分析，以此为基础进行实验。

8.2.1　舆情传播的理论框架与关键要素

在我们构建的信息传播模型中，考虑信息传播的动态特性和网络中各个参与者的互动。模型中的每一条信息传播涉及三个关键元素：信息发送者（sender）、信息接收者（receiver）和信息内容（content）。信息内容包含特定的主题标签，而发送者和接收者则具有独特的用户特征，如社交属性和兴趣偏好。

为了详细解释信息传播过程，我们引入两个重要变量：M（message）和 F（feature）。M 代表信息本身的特性，如信息的新颖性、可信度和相关性等。F 代表与信息传播相关的功能性特征，包括用户的社交影响力、网络中的位置以及与信息主题的关联度等。

在模型的设计中，我们假设在特定的传播时刻，信息的扩散过程可以被视为一系列点对点的传播事件。每个事件都是由信息发送者向信息接收者传递特定主题内容的行为。随着时间的推移，这些点对点的交互不断累积，促使信息在整个社会网络中扩散开来。传播效果的强弱由 M 和 F 两个变量共同作用决定，它们共同影响信息在网络中传播的速度和范围。

我们将分别从三方主体出发，进行特征描述和特征提取，结合社会网络相关分析方法，建立信息传播过程的模型。可以看出，特征提取可以从三个传播主题及其相互作用入手，或者从节点和边的角度理解，包括信息发送者的特征、信息接收者的特征、信息内容的特征、信息发送者与接收者的特征、信息接收者与信息内容的特征等五个方面。

信息发送者作为传播过程的主体，是主动发起的一方，在信息传播中起到了先决作用。我们主要从节点影响力、节点权威性、节点活跃度等三个方面刻画信息发送者的特征。

节点的传播意愿用转发消息的数量与原创消息数量的比值表示。传播意愿用于度量该用户对于网络中信息的扩散所起的作用，意愿值越大说明用户更倾向于主动传播信息，对于信息扩散起到更积极的作用，反之则该用户对信息的传播起到负向的消极作用。

信息的情感倾向是指信息内容本身的情感极性。通常来讲，倾向性更强的信息更容易受到人们的关注，从而更容易被转发。可以粗略地将情感倾向分为两类即正向和负向。

此外，信息本身仍然包含多种可能影响信息传播的特征，如是否包含链接，信息的文本长度，是否包含话题标签，是否包含图片信息，是否包含视频，是否包含表情，发送时间段是否是白天，发送时间段是否在周末。

传播兴趣度反映接收者对于发布者发布的信息感兴趣的程度，采用信息内容向量与用户历史文档向量的相似性度量。

信息传播过程简述：①给定初始激活种子节点集合 S，信息内容 i^k，传播网络$G(V,E)$；②在t时刻，节点集 S 中的每一个节点尝试激活其邻居节点，激活的概率由与信息i^k和相互作用的两个节点之间的固有特性决定。最终激活的节点集合记作$\{u\}$，则$S(t+1)=S(t)+\{u\}$；③如果t时刻某节点被其邻居节点尝试激活未成功，则之后的时刻该节点不会再被相同的节点激活；④当某一 t_0 时刻不再有新的节点被激活，或者超过了预先设定的时间，则传播过程停止。最终形成信息的级联过程集合$C^k=\{(v_1,t_1),(v_2,t_2),\cdots,(v_{n(k)},t_{n(k)})\}$；⑤对于不同特性的信息$i^k$，重复以上信息扩散流程。

该模型能够比较科学、细致地描述社会网络中的信息在用户群体之间扩散的过程，且加入了信息内容本身和节点固有的特定因素，比独立级联模型更适合真实的传播情况。模型中关于信息内容的主题性因素主要体现在进行特征提取时，信息内容特征的构建和接收者与信息内容交互作用的构建中。该模型的可靠性和适用性将在下文用新浪微博的实际传播数据集进行检验，并分析各特征的权重来认识各因素在信息传播中所起的作用。

8.2.2　社会网络舆情传播的研究动态

独立级联模型和线性阈值模型是两个最为经典的用来描述社会网络中影响力传播的模型，其分别从概率和阈值的角度对传播机制进行了刻画，自提出后被广泛应用，并进行了扩展。独立级联模型源于市场影响模型研究，在此模型中，网络中的节点有激活和未激活两种状态，且节点只存在由未激活状态转化为激活状态这一种变化形式。在第 t 步扩散时，某一节点 v 的邻居节点 u 处于激活状态，此时 u 有使处在未激活状态的节点 v 变成活跃状态的可能，此成功的概率是 $p_{u,v}$；若节点 v 有多个被激活的邻居节点，则邻居们对节点 v 的影响顺序是任意的。独立级联模型能够较好地反映网络中的影响力扩散过程，适用性较强，后续对于该模型也有更为深入的研究。

以往的研究表明，独立级联模型更适应在线社会网络的结构特性；但由于社会网络的自身特性，传统的模型在时间和概率上存在明显的不足。首先，在线社会网络中的用户会以一定的概率停留在线上并接收网络中的信息，即用户是否在线是用户能否阅读到已有信息的前提，传统的模型没有考虑节点的状态是否有效。其次，舆情在网络中的传播速度很快，时效性是网络信息管理中的关键要素之一。传统的消息扩散模型更多地从传播层级出发，考虑的是每一步的传播结果，无法体现时间的特性。最后，网络中不同的消息在自身属性上存在很大差异，包括消息的内容、展现形式以及信息量等方面。因此，将不同主题的消息一概而论是不精确且不合理的。基于以上不足，本章对传统的独立级联模型做出了以下改进：①以社会舆情作为研究主题，对这一类特定事件的网络信息数据进行搜集和分析，避免了不同类别消息的传播差异性；②对网络中的节点新加了是否有效的状态属性，只有当节点处于有效状态时，才能接收到已存在的信息，进而出现激活过程；③本节对实验结果的统计是基于真实时刻，而不是级联层次，这对于认清舆情传播随时间的变化是有帮助的。

以上模型都需要一个先验知识，即节点之间的传播概率，在网络中也称为边的权重，一般研究传播模型的文章中，都将这一知识看作是已知的，也有部分学者就这一关键问题进行了研究。

8.2.3 动态社会网络中的舆情传播机制

在我们的模型中，每个节点的状态可以从两个维度来考虑。一方面，根据是否转发特定的消息可以分为激活和未激活状态，即对于一条特定消息，若用户已经转发，则属于激活状态；反之，若用户没有转发，则处于未激活状态。另一方面，根据用户是否在线也可以分为在线和离线两种情况。由于用户不可能在每个时间段都登录和查看，因此节点 w 在时间段 t_i 内还有一个属性为 $\text{state}(t_i, v) = \{0,1\}$ 。当 $\text{state}(t_i, v) = 0$ 时，说明用户 v 在时间段 t_i 中处于离线状态，无法获取信息，也就不会出现激活的过程。而当 $\text{state}(t_i, v) = 1$ 时，则意味

着用户 v 在 t_i 中会获取新消息，并有可能被激活。用户是否在线的状态服从 0-1 分布。需要注意的是，用户一旦处于激活状态，则无须再考虑用户的在线状态。也就是说，针对特定消息，节点激活与否的状态优先级会比是否在线这一状态的优先级要高。而对于图中的每一条有向边 $e=(v, w)$，用实数 $k_{v,w}$ 来表示 e 的权重，其中 $0<k_{v,w}<1$，它代表节点 v 成功激活节点 w 的概率。

由于时间段是离散的，消息在当前时间段会形成若干级联层次，比如图 8-1 中，t 代表不同时刻，s 代表网络中的级联层次。t_1 时刻传播了 2 层，t_2 时刻传播了 3 层。在初始时刻，用户发布了一条消息，则它的子节点中处于在线状态的节点会形成待激活节点集合。在下一次激活过程中，其中一个激活成功，而一个激活失败。接下来进入下一个时间段，重复上一个步骤，但是激活失败的节点若无新的激活父节点加入，则不加入待激活节点集合。当观测时间结束或是不再有待激活节点存在时，消息传播结束。

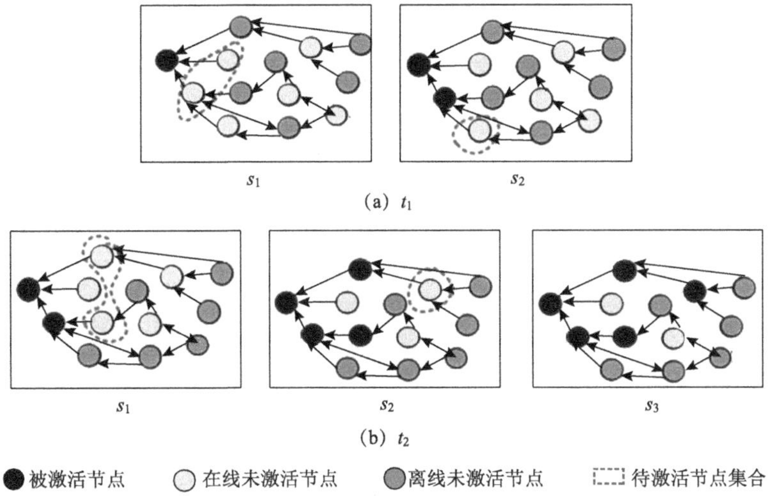

图 8-1　离散时间的消息级联传播示意图

由于时间段是离散的，消息在当前时间段会形成若干级联层次，在示意图的每个时间段 t_i 中，消息可能传播多层，设为 $\mathrm{step}(i)$，传播层数符合泊松分布

$P(X=k)$，如在图 8-1 中，t_1 内传播了 2 层，t_2 内传播了 3 层。设 $D(t_i, s_j)$ 表示时间段 t_i 中的第 s_j 层级联中所有处于活跃状态的节点集合，对应图中每个小模块中的激活节点集合；而 $D(t_i)$ 表明时间段 t_i 结束后所有处于活跃状态的节点集合。

首先给定初始的活跃节点集合 $D(t_1,s_1)$。则在时间段 t_i 中第 s_j 层，任意 $v\in D(t_i,s_j)$ 有机会来激活它的子节点集合中处于不活跃状态的节点。对于 $w\in F(v)$，当 w 处于不活跃状态且 $\text{state}(t_i, w)=1$ 时，若之前 v 没有尝试激活过 w，则本轮可以进行激活，而激活成功的概率为 k_{v,w,t_i}。如果 v 激活成功了，则 w 在下一次传播时处于活跃状态。

若 v 没有激活成功，则以后无法继续激活。也就是说，v 最多只有一次机会来激活 w。对于处于未激活状态的 w，若 $\text{state}(t_i, w)=1$，且最近一次处于在线状态的时间为 t'，而在 (t', t_i) 中有多个父节点重新被激活，则将这些节点随机排序，依次判断是否能够激活 w，一旦被激活则停止判断（图 8-1）。

当没有新的节点存在被激活的可能性，或是时间已经超过我们设定的考虑范围时，图 8-2 所描述的消息传播过程就会停止（王怡等，2017）。

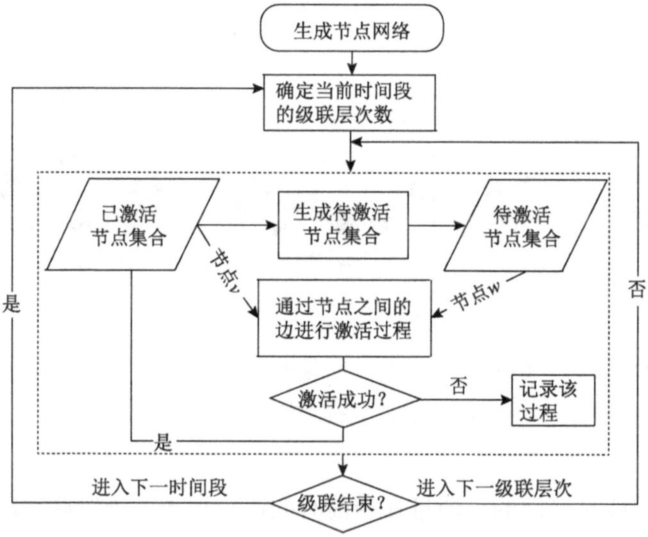

图 8-2　节点网络中消息传播的过程示意图

8.2.4　社会网络舆情传播的实证分析

为了排除消息内容对网络舆情传播的影响，本节从新浪微博平台上获取 2015 年 8 月 13 日到 2015 年 8 月 22 日之间由头条新闻发布的有关某地爆炸事件的微博，其转发量最小为 68 次，最大超过 15 万次。为了排除偶然的超级爆炸性新闻对转发关系的影响，本节选择转发量在 1500 次以下的 120 条微博，并获取这些微博的所有转发路径以及相关的用户信息。这些数据中，共包括 41 783 名用户，分析得到他们之间的好友关系，并将其投射到社会网络中。

本章先用 EM 算法来对概率进行求解时，在初始时先给任意节点对之间的权重赋上初值 0.5，经过迭代后，概率值会迅速收敛。最终所得的结果如图 8-3 所示。

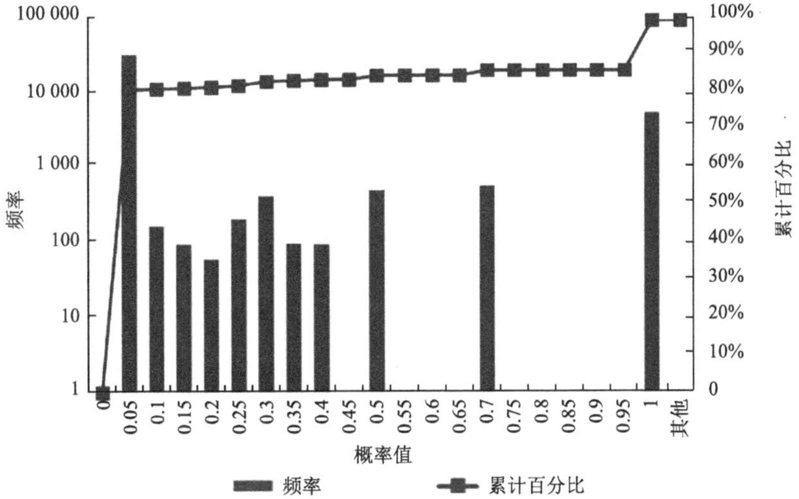

图 8-3　利用 EM 算法求得的用户对之间的概率

我们利用上面得到的节点之间的影响概率，根据基于离散时刻的独立级联模型，从特定的节点出发，利用蒙特卡罗方法追踪单条消息在 24 小时内的传播情况变化过程，共模拟了 5000 次，所得结果如图 8-4 所示。

从图 8-4 可以看出，前 10 小时中，每个时刻都有可能产生巨大数量的传播，也可能只有极少传播甚至不传播。而当传播时间超过 10 小时后，产生巨量传播的可能性会急剧减小。中间的短横代表的是 5000 次模拟实验的中位数，它们会在短时间内迅速降低。此外，从整体来看，我们对其平均值的情况进行了分析，在这一部分的实验中，经过曲线拟合，发现其拟合函数为 $y = 448.61e^{-0.54x}$，$R^2 = 0.986$，有较强的可信度证明其符合指数函数衰减的特征。与平均值类似，模拟实验数据的上四分位点也符合指数衰减的特性。这一结果说明了时效特性，如果要对网络信息进行管理，应该在有效的时间段内采取行动。若时间过长，传播基本上已经完成，此时再采取行动就会显得滞后。这也说明了本节所提出的基于离散时刻的级联模型的必要性。

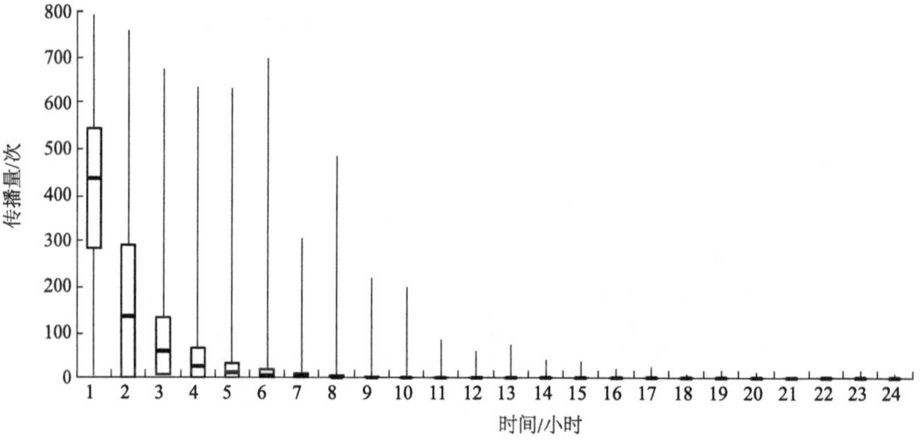

图 8-4　蒙特卡罗方法得到的消息传播情况示意图

以上的模型划分主要在波峰数量、下降速度、峰值出现的时刻上有所区别。因此，本节对上面的因素进行了简化，主要根据波峰数量和峰值出现的时刻，将消息的传播模式分为延时多峰波动型、延时单峰衰减型、即时多峰波动型和即时单峰衰减型，其传播随时间的变化如图 8-5 所示。

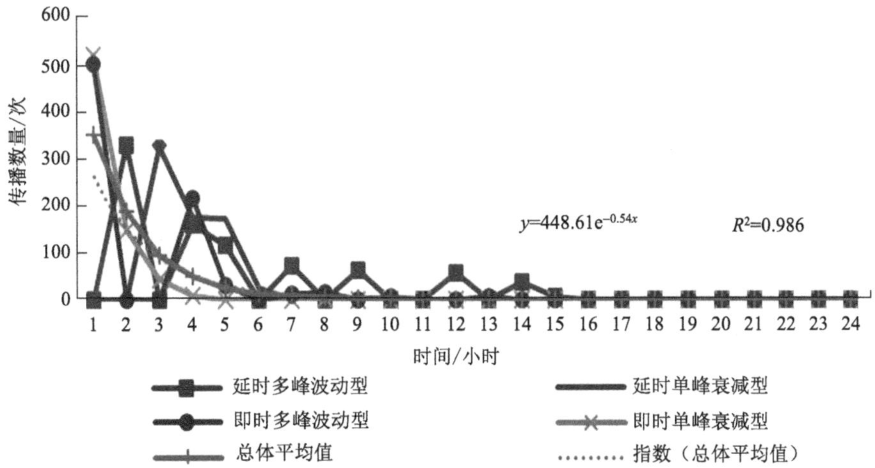

图 8-5　消息随时间变化的传播情况示意图

图 8-5 中我们将四种典型的传播模型与总体的传播平均值共同展示出来，发现即时单峰衰减型与总体平均值最为相近，在初始拥有很大的传播量，但传播量随时间迅速衰减。

接下来，本节设置三组对比实验，以验证初始节点对消息传播的影响。所得结果如表 8-1 所示，从表中可以看出，对于入度很大的初始节点（强节点），其发布消息的传播数量远远超过一般节点的传播数量；而对于链入较少的节点（弱节点）来说，其传播的可能性很小，在社会类事件中基本不会传播。也就是说，对于突发的社会事件，用户更倾向于从权威人士或机构处获取信息并加以传播，有一定的判别性行为存在；而对于一般的用户来说，其影响力相对较小。

表 **8-1**　消息从不同节点发布所得的结果

项目	强节点	中等节点	弱节点
关注数目	34 922	281	30
平均生命周期	10.288	16.521	0

续表

项目	强节点	中等节点	弱节点
生命周期标准差	3.354	3.950	0
平均传播数目	742.489	97.867	0
传播数目标准差	67.761	0.148	0
平均覆盖率	0.021	0.148	0
覆盖率标准差	0.002	0.176	0

从生命周期来看，强节点发布的消息的传播生命周期比中等节点短。经过分析，我们认为有以下几方面的原因：①强节点在面临重大舆情时，会对事件进行追踪并以较高的频率更新相关报道内容，所以，单条消息的影响力会迅速衰减。②强节点的链入节点也可以分为两类，一类是与其关联性较强的节点，另一类是偶然链入、关联性较弱的节点。对于关联性较强的链入节点，它会在较短的时间对消息做出反馈，即判断是否进行转发或评论。而对于关联性较弱的节点，可能是本身活跃度较低或是对该节点的黏性不够，则只有极小的概率来获取此节点发布的信息，转发的概率则更小，所以，整体来说，其有效影响时间是有限的。③中等节点可能更多由关联性较强的小关系网络构成，其联系具有稳定性，彼此间的信息沟通会更加充分，时间所带来的影响也没有那么明显，所以它的传播周期最长。

从平均覆盖率来看，中等节点的平均覆盖率最大，强节点的平均覆盖率次之，而弱节点的平均覆盖率最小。如上面所分析的那样，强节点的链入节点中只有一部分属于强联系，另外一部分的权重很小，所以能够有效影响的概率也很小；加上基数很大，所以整体的覆盖率就会降低。而对于中等节点，它是一簇联系较强的小网络，彼此之间的影响很大，信息流通比较高效，所以它的覆盖率也最高。而对于弱节点，它自身的低活跃度、较小的受众规模和较弱的影响力，使得其很难将消息传播出去。因此，在对消息传播进行管理时，应该重点关注小规模的强联系网络，同时对于强节点及其强联系关注节点也应加以重视。

8.3　舆情传播的宏观模型

本节将对常见的几种舆情信息传播模型进行简单的描述，包括独立级联模型、线性阈值模型和传染病模型。

独立级联模型作为信息传播模型中的一种，是一个概率模型。独立级联模型从微观上描述了一个符合人们直觉的单条信息的传播过程。该模型认为，网络中的个体会受到其邻居节点的影响。随着时间的推移，网络中被激活的节点集合会发生变化。设$G=(V,E)$表示信息传播的网络，其中 V 是网络中节点的集合，E 为边的集合。S_t表示 t 时刻已经被激活的节点集合，初始的节点集合用 S 表示，则 $S_0=S$。容易知道在 t 时刻，所有在$t-1$时刻被激活的节点 u 都会尝试去激活其邻居节点中未被激活的节点 v。u 是$S_{t-1}\setminus S_{t-2}$的子集，v 是$V\setminus S_{t-1}$的子集，且节点 u 激活节点 v 的概率为 $p_{u,v}$。节点 u 会尝试激活其所有的出度邻居节点，并且之后的时刻不会再次尝试激活这些节点。当到达某一时刻t^*，$S_t=S_{t-1}$时，该网络的信息传播过程达到稳定状态。

线性阈值模型是一种能够刻画影响力累计特性的传播模型。在线性阈值模型中，每个节点都可以激活其邻居节点，故可作为中心接收器。在舆情传播问题中，线性阈值模型比独立级联模型更具优势，这是由于线性阈值模型中的活跃节点在激活邻居中的贡献可看作羊群效应，这与舆情传播机制非常接近。

传染病模型也是信息传播领域一种十分常见的传播模型。SIR 模型是最经典的传染病模型。其中 S 表示易感者，指缺乏免疫能力的未得病者，I 表示感染者，是染上传染病的人群，可传播给 S 类成员，用 R 表示免疫者，是指被治愈而具有免疫力的人群。最初，所有的节点都处于 S 状态，具备被感染的可能，对应网络个体不知道信息的情况。然后其中一些节点接触到此信息，变为了感染状态 I。这些节点尝试感染处于易感染状态 S 的节点，或进入恢复和免疫状态 R 的节点。节点的感染过程对应着信息在节点间的传播，其中处于恢复和免疫状态的节点将不再参与后续的传播过程。传染病模型假设在单位时间内受感染的个体 I 以概率 β 随机选取其他状态的个体，并产生接触，其中易感个体 S 将会转化为染病个体，而染病个体同样会以平均概率 γ 恢复并获得免疫能力，免疫后记作 R。

最初的传染病模型并非 SIR 模型，而是缺少了免疫节点的 SI 模型。除此之外，传染病模型的变体还有 SIS（susceptible-infected-susceptible，易感-感染-易感）模型、SIRS 模型等，它们的区别和联系如图 8-6 所示。它们的主要区别在于包含节点状态的种类不同，状态之间的转化关系也不同，传染病模型也是扩散动力学的主要分支之一。

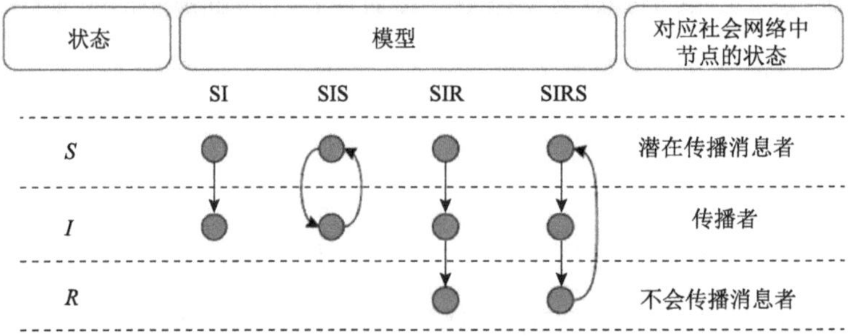

图 8-6 传染病模型的 4 个基本分支和其主要特征

在线社会网络的舆情信息传播是社会计算领域的热点问题，受到诸多学者的广泛关注，但仍然缺乏对网络中节点之间传播影响因素的归纳总结和对信息传播过程的精准刻画。现有研究中对信息传播的描述更多是从网络结构出发，较少考虑信息内容本身和节点倾向特性的影响。本节主要从信息主题性和节点兴趣度两个方面扩展现有模型，目标是从微观角度，对信息主题、信息在节点之间的传播概率、传播特性等进行描述，从而建立精细化的在线社会网络信息传播模型。

社会网络中每一个用户都是一个节点。当节点阅读到某条信息时，首先会接收到信息本身的内容特征，之后会对内容做出判断从而决定是否进行转发。接收信息内容与信息的主题因子有关，而对内容进行判断与节点对信息的兴趣因子有关。兴趣因子衡量了节点对特定信息的兴趣程度。兴趣因子大致分为正向、负向、中性三种。如果节点对阅读的信息是负向的兴趣因子，则大概率会忽略这条信息，相反，正向和中性的兴趣因子则在很大概率上会传播这条信息。

从节点是否转发特定信息的角度来看，节点的状态被划分为激活状态和未激活状态。并且假设某条信息只有一次对未激活节点的激活机会，如果该节点转发了这条信息，则该节点处于激活状态；如果没有转发，则称为未激活状态，之后也一直保持未激活状态。

8.4　社会结构与舆情传播的用户互动

本节将探讨社会结构与舆情传播中用户互动的关键动态，重点分析基于社会网络舆情内容的用户意图挖掘模型。该模型主要研究网络传播结构的动态属性，通过深入挖掘舆情的动态传播特性，为社会网络复杂环境下的舆情管理方法奠定动态基础。我们不仅将研究社会网络中的网络社区发现与分析，还将深入探讨社会网络中的关键路径和权威用户，即从“点”“线”“面”多维度进行综合分析。

社会网络的多样化特征之一是异质网络的出现。异质网络中包含多种类型的用户和多样的链接关系，其中用户类型通常表征内容，而用户之间的关系则反映了相互间的联系。目前，大部分用户社区发现算法通常将用户的联系与内容分隔开来处理，导致社区发现结果的准确性不足。而那些综合了用户联系和内容的算法虽然较为复杂，但能更合理地反映社区结构。在这些算法中，最低公共祖先（lowest common ancestor，LCA）算法因其较高的算法效率和良好的社区质量而著称。然而，LCA 算法在聚类时未充分考虑边的真实兴趣体现，这是其需要改进的一个方面。通过对这些方法和技术的深入分析，本节旨在揭示社会网络舆情传播中用户互动的复杂性和动态性，以及这些互动如何影响舆情的形成和演变。

针对这些问题，本节也将构建配属了关注关系的加权生活网络，将关注关系之间是否存在共同用户作为潜在边，关注关系所涉及用户的兴趣集交集则作为该关系的兴趣特征，我们构建了社会网络 R-C 模型，其中，U_i、T_i 和 L_i 分别为传统微博模型中的用户、微博和用户关系；R_i、C_i 和 U_i' 分别为社会网络 R-C 模型中的用户关系、用户关系特征和用户关系间潜在的连接。本节将在此基础上，研究这些社区结构和特定舆情管理上的作用，并给管理提供指导。社区发现的结果可以用于对有利信息的精准投放或进行精准的个性化推荐，为舆情调控提供支持。

社区发现模型可以有很多种。我们观察到，上述社区发现模型，实际上只是对物理存在的拓扑网络结构进行的社区发现。如果把用户的内容属性考虑进去，会进一步提高模型的实用性。所以，我们也计划进一步研究基于内容的某领域（如足球、育儿）的兴趣社区发现模型，或称为共现词社区发现模型。

具体地说，首先从社会网络 G 中抽出一个的兴趣子网（如某育儿网）或特定子网，记为 G_1，其次在这个兴趣子网 G_1 中进行社区发现。在本节中，上述特定子网为面向某平台（如该网上商城）的子网。我们对某网上商城子网 G_1 的社区发现模型进行了研究，可以发现子网也是基于社会网络拓扑结构的模型。显然，对某条信息的传播来讲，处于关键路径中的用户的影响力比其他用户要大。

关键路径分为两大类：基于网络拓扑结构的静态关键路径和基于动态传播的关键路径。其中，基于网络拓扑结构的静态关键路径又分为社区内关键路径和跨社区关键路径（图 8-7）。在一个社区中，两个点之间的最短路径，称为社区内关键路径。

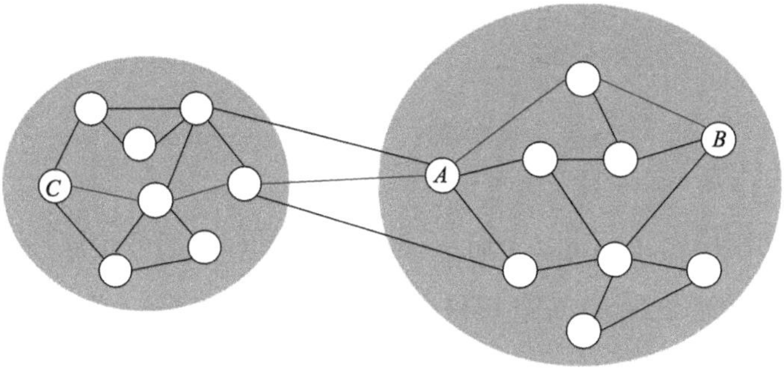

图 8-7　基于网络拓扑结构的静态关键路径的舆情传播

我们将两个相邻用户之间的连线称为线段。在跨两个社区的所有连线中，进出这两个社区的用户的度的总和最大的那条线段，称为两个社区之间的桥。对于任何跨社区的两个用户，经由桥的最短路径称为它们之间的跨社区关键路径。

我们先对社会网络中的用户行为给予形式化的定义。在给定时间(t_0,t_T)内，帖子 p 在网络中的传播过程可以看作一个网状结构（图 8-8）。针对目前典型的社会网络（如微博），每一个用户（节点）可以针对不同特征构建变量，比如是否发帖 $a_0\in[-1,+1]$、点赞 $a_1\in\{-1,0,+1\}$、回复 $a_2\in[-1,+1]$、转发 $a_3\in[-1,+1]$、评论 $a_4\in[-1,+1]$、删除 $a_5\in\{-1,+1\}$，其中$\{-1,0,+1\}$和$[-1,+1]$表示点赞、发帖、回复、转发和评论内容的情感倾向，负为贬、0 为中性、正为褒，$\{-1,+1\}$表示是否删除，-1为否，$+1$为是，如果在转发和评论中出现@动作，则相当于在网络结构中“加粗”某些连线，而虚线则表示回复关系。用户在网络中所处的社区、路径以及重要性等的不同，对舆情也会产生不同程度的影响。

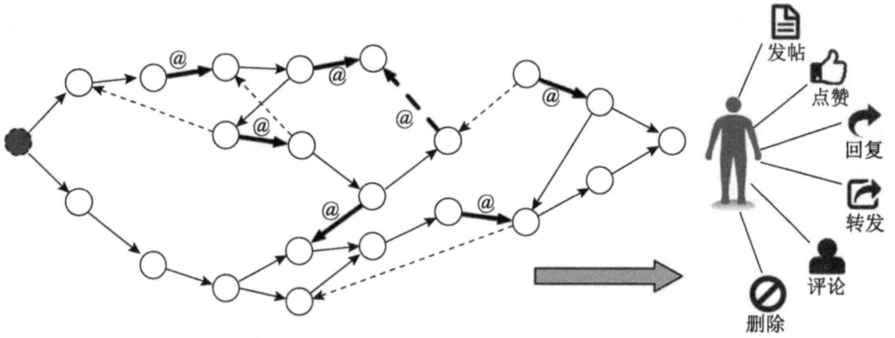

图 8-8　舆情传播过程的时间序列分解示意图

令基本动作集为 $A=\{a_i:i=0,1,\cdots,5\}$，其中动作 a_i 有六个属性：主体 s、帖子 p、时间 t、地理位置 l、对象 o 和其他特别属性 b，定义动作 $a_i(s,p,t,l,o,b)$，其中主体 s 表示用户，地理位置 l 表示包含使用移动终端在内的用户发帖时所处的地理位置，对象 o 是指主体发出的帖子 p 所到达的节点。

基于动态传播的关键路径的分析，需要考虑传播信息最多的路径，它也分为社区内关键路径和跨社区关键路径。在信息实际传播中，不同用户的转发和评论信息量不同，有的用户是喜欢转发和评论的“大嘴”，有的喜欢“潜水”。在社会网络中，假设有两个用户，一个在北京，另一个在广州，只要他们和用户 i 是相邻用户，信息从用户 i 到达两个用户的时间就是相同的。

在一个社区 G 内，在某个单位时间内，用户 i 转发和评论信息量为 W_i，信息从用户 i 传播到用户 j。这两个用户之间的实际路径可能有多条，设第 k 条路径上的用户为 $i,i_{k_1},\cdots,i_{k_n},j$，则路径 k 上所有用户转发和评论的总信息量为 $W_i+\sum_{m=1}^{n}W_{k_m}$。在用户 i 和用户 j 之间的所有路径中，称第 l（$=\operatorname{argmax}_k\sum_{m=1}^{n}W_{k_m}$）条路径为关键路径（“大嘴”传播路径）。在实证时，在给定时间 (t_0,t_T) 内，一个帖子 p 在网络中的传播过程可以看作一个网状结构。网状结构中的用户动作可以用如下序列表示：$L_p=a_i(*,p,t_0,*,*,*),a_i(*,p,t_1,*,*,*),\cdots,a_i(*,p,t_T,*,*,*)$，其中

$a_i(*,p,t_n,*,*,*)$ 表示用户 i 在时间 t 对帖子 p 的某个操作。记 $n_p=|L_p|$，即序列 L_p 的长度。关键路径（“大嘴”传播路径）就是找最大 n_p 对应的路径。

在跨两个社区的所有连线中，在某个单位时间内，进出这两个社区的用户被转发和评论的总和最大的那条线段，称为两个社区之间基于内容的桥。对于任何跨社区的两个用户，经由基于内容的桥的最短路径称为它们之间的跨社区基于内容的关键路径。

当然，关键路径还可以有更复杂的定义，因为影响关键路径的因素很多，这可能涉及更复杂的 $a_i(*,p,t_0,*,*,*), a_i(*,p,t_1,*,*,*), \cdots, a_i(*,p,t_T,*,*,*)$ 表示。事实上，在网络中，信息传播不仅与具体内容有关，还与时间等因素相关，信息在传播过程中还会逐渐衰减。如果将这些因素考虑在内，会使路径的描述更有意义。

在任何两个不直接连接的用户之间，可能存在多条路径，这些路径可以形成串联和并联方式（图 8-9）。在图 8-9 中，b 代表网络中的用户，该用户可能含有很多内容信息以及我们利用前面模型计算出的情感倾向值等。对串联方式来说，假设某一条路径上用户总数为 N+1（含首尾用户），第 0 个用户（即首

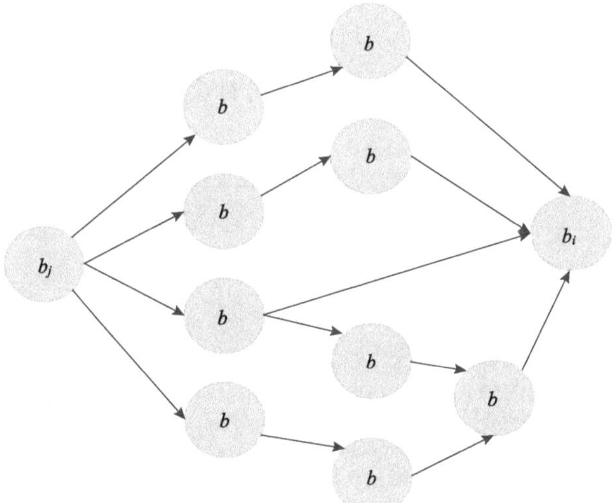

图 8-9　社会网络中内容信息传播路径的串联和并联方式

用户）的信息值为W_0，则第N个用户（即尾用户）的信息值为$\prod_{n=1}^{N} x^{-n} W_0$。除了串联和并联方式外，信息在传播中还存在着衰减和放大情况。

首先，路径越长，信息衰减的可能性越大。我们设任意两个相邻用户的距离为1，k为传播的用户个数（即用户与信息源用户的距离）。我们可以假设内容信息衰减方式是x^{-k}，其中x是一个大于或等于1的参数，它需要通过实证确定。针对信息源，$x^{-k}=1$，如果我们取$x=\mathrm{e}$，则对第1个用户，$x^{-k}=0.37$，以此类推。

其次，内容增强或减弱也会影响信息强度。在上述的x^{-k}前面，我们定义一个强度转换系数（乘子）a_{ij}，对于用户i，如果其只是转发了相邻用户j的信息，则设$a_{ij}=1$，如果其给了褒义的评论则设$a_{ij}>1$，如果其给了贬义的评论则设$a_{ij}<1$，其中a_{ij}的大小根据实证结果确定。

在社会网络中，用户所在位置和周边结构的不同，决定了它们在网络中具有不同的角色意义（图 8-10、图 8-11），因此不同位置、不同度数的用户所掌握、管理的资源能力和数量会有巨大的差异。例如，有些用户处于社会网络中的核心位置，有些用户却处于社会网络的边缘位置，还有些用户则在社会网络中扮演着“桥”的角色。此外，用户的影响力也不同，有些影响力大，有些影响力小。因此，对于舆情信息管理来说，区分社会网络中的各种用户至关重要。

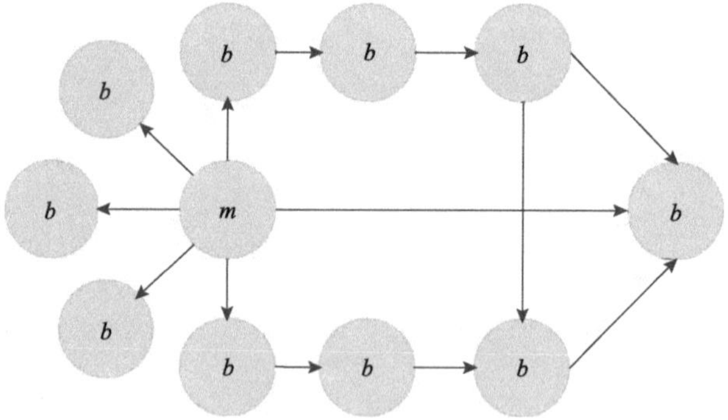

图 8-10　权威用户 m

社会网络的传播特性，尤其是微博的出现和普及，不仅使得信息能够以较短时间在社会网络中广泛传播，还打破了传统的由政府主导的单向信息传播模式（Bian et al.，2014）。

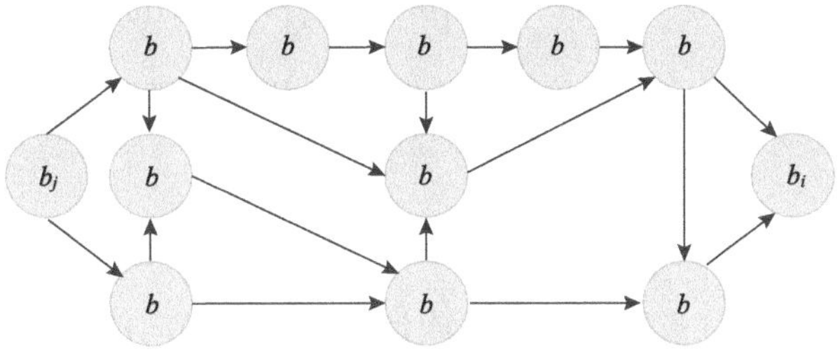

图 8-11　口碑主导网络

本节给出 4 种舆情权威用户的定义，并提出在海量社会网络中识别舆情权威用户的模型。

第 1 个模型：在一个社区中，具有最大（k 个）度的用户，称为权威用户。我们以用户最大的度为例说明。我们定义用户 i 的度 d_i 为与该用户直接连接的用户数目，则第 $\mathrm{argmax}_i d_i$ 个用户为权威用户。在去掉第 1 个权威用户后，第 2 个权威用户可以类似得到，以此类推，可以找到前 k 个权威用户。这是在社会网络中一般的定义方法。

第 2 个模型：在某个单位时间 (t_0, t_T) 内，如果某个社区中的某（k 个）用户发布的信息最多，则称其为权威用户。我们以发布信息最多的用户为例说明。设用户 i 发布信息数为 W_i，则第 $\mathrm{argmax}_i W_i$ 个用户为权威用户。在实证时，借助计算机很容易完成上述统计工作，即如果在 $L_s = \{a_i(*, p, t_0, *, *, *), a_i(*, p, t_1, *, *, *), \cdots, a_i(*, p, t_T, *, *, *); a_i(*, p, t, *, *, *) \in A, i \in \{0, 1, \cdots, 5\}\}$ 中，则记 $n_s = |L_s|_{i=0}$。如果与其他主体相比 n_s 最大，则称 s 为权威用户。以此类推，可以找到前 k 个权威用户。

第 3 个模型：在某个单位时间内，如果某个社区中的某（k 个）用户发布

的信息被回复、转发或评论得最多，则称为权威用户。同前面类似，设用户 i 发布的信息被回复、转发或评论得最多，其总数为 W_i，则第 $\mathrm{argmax}_i W_i$ 个用户为权威用户。在实证时，如果在 $L_s=\{a_i(*,p,t_0,*,*,*),a_i(*,p,t_1,*,*,*),\cdots,a_i(*,p,t_T,*,*,*);a_i(*,p,t,*,*,*)\in A,i\in\{0,1,\cdots,5\}\}$ 中，则记 $n_s=|L_s|_{i=2,3,4}$。如果与其他主体相比 n_s 最大，则称 s 为权威用户。以此类推，可以找到前 k 个权威用户。

第 4 个模型是基于回复、转发或评论内容的，但涉及情感倾向，设用户 i 发布的第 j 条信息被回复、转发或评论的情感倾向值为 W_{ij}。于是，对用户 i 以外的所有用户 j，经过衰减作用 a_{ij} 后，用户 i 发布的第 j 条信息的实际影响强度为 $\sum a_{ij}W_{ij}$，如果我们定义用户 $\mathrm{argmax}_i\sum a_{ij}W_{ij}$ 为权威用户，那么在 $L_s=\{a_i(*,p,t_0,*,*,*)$，$a_i(*,p,t_1,*,*,*)$，$\cdots$，$a_i(*,p,t_T,*,*,*);a_i(*,p,t,*,*,*)\in A$，$i\in\{0,1,\cdots,5\}\}$ 中，记 $n_s=\sum_{t=t_0}^{t_T}(a_2+a_3+a_4)$。如果与其他主体相比 n_s 最大，则称 s 为权威用户。以此类推，找到前 k 个权威用户。

可见，第 1 种定义是纯粹基于网络结构的，是后两者的基础。一般地，在一个社区中一个度不是很大的用户，很难成为被回复、转发或评论数目最高的几个用户之一。第 2、3 种是基于数量的，第 4 种是基于内容的。其中第 3、4 种要求比较严格，即如果认为某用户是权威用户，则其粉丝必须明确表态，即回复、转发或评论。

8.5 社会网络管理中的舆情：策略与案例

8.5.1 企业舆情管理策略在社会网络中的应用

近年来，互联网应用迅速普及，X、Facebook、新浪微博、淘宝、今日头条等平台聚集了数据量可观的用户群体，网络平台具有传播快、扩散广的特点，这使得与企业相关的重大事件得到了前所未有的关注和讨论，甚至部分事件逐渐演变为网络舆情。本节将聚焦社会网络背景下的企业舆情，介绍相关定义、特点和舆情信息管理等，为企业双舆情的分析进行铺垫。

1. 企业舆情定义

信息传播方式因社会网络的出现和兴起而改变，对企业网络舆情的传播过程产生了更为深远的影响。舆情的发生、发展及消解，都与网友和网络媒体的传播密切相关，成了社会网络环境下的企业舆情热点事件。

2. 企业舆情特点

目前，网络新闻媒体、网络购物平台、社会网络平台等成了企业舆情传播的主要渠道（Cobb，2023），它具有虚拟性、互动性、开放性、易感性、突发性、丰富性、实时性等特点。

与社会舆情相比，企业舆情由于企业本身规模的庞大和提供产品服务的广泛，当舆情爆发时，具有分布区域广、诉求集中的特点。首先，与国家和个人层面的舆情相比较，企业舆情在管理上更侧重于与企业利益相关的舆情，企业希望通过有效利用社会网络从而树立优质品牌，达到促进销售、提高盈利的目的；其次，企业舆情的传播与爆发多集中于短时间内，因此对舆情管理的时效性要求较高；最后，与国家层面采取预防措施不同，网络信息往往通过网络公关等方式进行舆情引导，这对社会网络中的内容和结构识别提出了更高的要求。

3. 企业舆情信息管理

在社会网络背景下，网民的知情权、主动权大大提升，媒体传播也更为广泛和快速，使得网络舆情成了一把双刃剑。网民和媒体对企业的商业管理以及产品服务的评价和建议，能够为企业提供重要参考。广受好评的做法可以得到推广，而舆情反映较差的做法则应加以改进，从而促进商务模式的变革，提升企业利润。研究表明，60%的公司在面对网络舆情时应对不当，对企业产生了更为消极的影响（品牌信任度下降、品牌形象受到损害等）。因此，对负面舆情的管理具有十分重要的意义和价值。

生命周期理论认为，事物一般经过发展、成长、成熟、衰退等几个重要阶段，周而复始，循环反复。根据不同时期采取特定的应对措施，可以提高问题解决的针对性，从而提高效率。有的学者提出负面网络舆情的发展可以分为三个时期，分别是萌发期、成长期和消逝期，针对不同时期采取不同的应对策略，即事前预防（做好企业产品和服务，警惕对手恶意攻击、建立舆情监测系统等）、事中应对（坦诚面对负面舆情、加大应对舆情投资）和事后修复策略（引导积极舆情报道等）。

8.5.2 社会网络企业双舆情研究

随着社会网络适用范围的扩大，以及舆情传播方式和内容的复杂化，企业使用现代化的管理手段应对舆情十分关键。虽然单一舆情事件的研究已广泛开展，但双舆情涉及两个或多个耦合舆情事件的研究，仍是一个新兴概念。通过对双舆情的研究，可以揭示多个企业舆情耦合的规律，这对于处理企业舆情有重要意义（许媛等，2018）。本节将从基本定义、局部作用分析、主题耦合的相关分析等方面对企业双舆情展开基本介绍。

耦合是指事物之间彼此存在关联、相互影响的一种现象。耦合关系是指两个或两个以上的系统或现象通过互动而形成的相互协调、相互作用的关系。

国内学者已在企业科技成果转化的知识与人才的双链耦合、景区网络形象与旅游流的耦合关系等不同领域研究了耦合机制。在事件耦合的研究上，有的学者从微观角度探究突发性公共危机事件舆情态势演化的内外源动力之间的耦合作用。目前对舆情耦合的研究主要局限于单一事件中要素的耦合，比如内外源动力的耦合、谣言与舆情的耦合等；在耦合网络传播模型的构建上，也只是局限于某一事件，如线上线下网络的耦合模型等。然而现实生活中的舆情传播更为复杂和多样，不同舆情间存在着不能忽视的相互关系，使用单一舆情的耦合传播模型难以精确解释双舆情耦合发生的传播过程。因此，研究企业双舆情具有重要意义。

1. 基本定义

在社会网络中，两个时间序列紧密衔接的企业相关舆情称为时序紧密耦合的社会网络企业双舆情。两个事件中各因素相互作用，后发生的次舆情的出现对第一个事件产生一定的作用（如衰退、重新兴起等），由此构成了时序上双网络信息的紧密耦合，形成了更为复杂的舆情态势。时序耦合的双舆情，可能随着社会事件的发展自然产生，也可能来源于人为管理以进行网络信息引导、转移网络信息焦点。后者也可以为企业舆情处理提供新思路，揭示或透露其他更有噱头的事件，进而将网友或媒体的关注进行一定程度的分散，为企业采取下一步的舆情应对措施争取时间。

2. 局部作用分析

当时序耦合的双舆情的耦合因素达到一定水平时，就会出现耦合效应。但可能存在时间耦合的两个事件，本身之间的相互作用毫无关系。为了更清晰地认识时序耦合的双舆情之间的相互作用，将其分为局部反向抑制、局部正向激励和局部无关作用。局部反向抑制指的是两个事件在时序上耦合的部分，次舆情对首先发生的事件有抑制作用，即前者消减了后者的舆情传播效果。局部正向激励指的是时序耦合事件的耦合部分，事件 b 存在与事件 a 相似的舆情因素（事件主题、事件内容的相似性等），在事件 b 的激励下，事件 a 得到了更为广泛的传播和扩散。局部无关作用指的是两个事件各自发挥独立作用，舆情因素互不影响或影响不明显。图 8-12 为耦合双舆情模型。

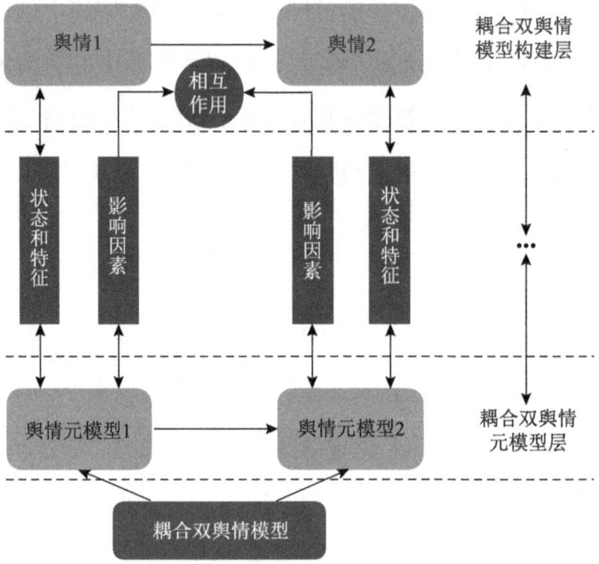

图 8-12 耦合双舆情模型

3. 主题耦合的相关分析

当舆情拥有相同舆情主体或者相同关键节点时，称为主体耦合的多舆情，它们之间的关系即为主体耦合，通常使用舆情耦合强度或耦合频次（即相同舆情主体下的多个舆情拥有的共同关键节点的数量）来度量它们之间的耦合程度，耦合程度越强，舆情的相似度就越高。度量绝对耦合强度可以使用关键节点交集法、最小耦合值加权法，相对耦合强度的测度包括舆情关键节点耦合强度和 Jaccard 舆情耦合强度。

8.5.3 企业突发事件的舆情分析与管理

本节将从局部反向抑制、局部正向激励和局部无关作用出发，选择作用各不相同的三起耦合双舆情进行分析。

1. 局部反向抑制

针对局部反向抑制的双舆情耦合事件，通过国家行政手段的干预和指导、网络公关手段的舆情引导，对近年来频发的负面舆情有着指导意义，在一定程度上企业可以利用与其时序上耦合的另一舆情，将公众的注意力进行轻微转移，将负面消息的迅速扩散和传播进行一定的管理，但不可过分为之。在一个事件中，B 公司作为互联网企业并没有采取掐断消息来源、直接阻断网络信息的武断方式来阻止网络信息的进一步发酵，而是采取了更加审慎的应对措施。因此，B 公司在企业舆情的应对和管理上的做法具有一定的借鉴价值。

2. 局部正向激励

一个较为典型的局部正向激励事件出现后，虽然初期对外卖企业产生了积极影响，但随之而来的负面事件加剧了消费者对外卖企业的质疑，也引发了管理部门对外卖行业更加密切的关注。结果，两个类似的外卖企业一时之间被推上了风口浪尖。此时，两个企业的危机双双爆发，不但没有起到相互抑制的作用，反而推动了企业危机的产生，这是局部正向激励的双舆情的经典案例。

在社会网络较为发达的现实环境中，企业舆情一般更看重品牌口碑。因此，在处理局部正向激励的双舆情耦合事件时，企业可以更偏向于运用和发挥，即应当善于发现、善于探索、细心留意与本企业舆情相关联的耦合事件，探寻其中具有正面效应并引发共鸣的舆情因素，进而树立本企业的正面形象、维持良好口碑，继续扩大影响力。但如何合理准确地进行正面信息的收集提取、汇总分析，挽回企业品牌形象、维持企业品牌口碑，进而最大限度地降低损失、获得商业盈利，需要每个企业进行缜密的思考和大胆的实践。

3. 局部无关作用

两个舆情虽然在时间上有重叠，形成了时序上的紧密耦合，但由于舆情因素差异较大，因此耦合部分对事件的影响并不相关。在这种情况下，双舆情的相互作用呈现为局部无关的效应。

我们将企业社会网络舆情定义为："由个人以及各种社会群体构成的公众，在一定的历史阶段和社会网络空间内，对自己关心或与自身利益紧密相关的特定企业的产品、经营和管理，通过网络表达的多种情绪、意愿、态度和意见的集合。"企业社会网络舆情主要就是借助网络进行传播，可以看成网络信息情况在互联网这个媒介上的映射。而网络上的许多媒体平台已经成为大众获取新闻、热点的重要渠道之一，如新浪微博。一旦某种舆情或者是热点事件发生，许多网络用户就会在各种媒体平台上发表自己的见解，传播自己的情感，表达自己内心的情感倾向。而当这些见解、情感、倾向等发表出来，就会成为一种网络信息，从而在互联网这个大媒介上开始传播，每个用户都可以看作网络中的节点，用户和用户之间的关系往来可以看作网络中的边，节点和边构成了动态网络信息传播的结构基础，用户之间的相互评论、转发就形成了网络信息的传播。

在我国自媒体行业不断发展的过程中，微博、微信以及其他移动客户端已经逐渐取代了报纸、电视等传统媒体。事件一旦发生，就会有很多人在这些自媒体平台上发表与事件相关的内容甚至自己的见解。因此，微博、微信等电子媒体已经成为社会网络信息的"聚集地"，不仅是信息的发源地，也是推动社会网络信息传播的新引擎。而两个事件在时间序列上呈现耦合关系，从关键词的搜索量来看，当一个事件在网络上得到广泛关注的时候，另一个事件还处在事态的扩散阶段，因此我们称这两个事件构成了网络信息重叠的空间，即时序上耦合的双事件舆情，第一个事件可以看作首事件，第二个事件则为次事件。

时序紧密耦合的社会网络双舆情中，各种因素相互作用，次事件的网络信息兴起是导致首事件网络信息衰退或重新兴起的原因，由此便构成了时序上双网络信息的紧密耦合，这样一来就会导致舆情态势更加复杂。

时序上耦合的双舆情可以从相互作用的角度分为三类：局部反向抑制、局部正向激励和局部无关作用。局部反向抑制是指耦合事件的发生可能对原本的网络信息事件造成反向抑制传播的作用；局部正向激励是指耦合事件的发生可能会对原本的网络信息事件产生正向扩散效用，帮助原有事件加强传播的广度和深度；局部无关作用是指耦合事件与原有事件无关、内容不同，并不会产生网络信息之间的相互作用。

针对局部无关作用的双舆情耦合事件，如果企业想要使用其他耦合事件扩大正面效应或者消减负面效应，出于对企业人力、物力、财力有效利用的角度考虑，应当注意识别，即避免制造或者运用无关事件推动正面信息的传播或对其负面信息进行掩盖。在企业舆情信息管理中，时序耦合的双舆情是一种较为罕见的新模式。在社会网络舆情管理过程中，企业应特别关注时序上与当前舆情耦合的其他事件，避免采取消极的舆情应对策略，例如通过制造或推动舆情来转移焦点问题。否则，这种做法可能会引发意想不到的负面效果。

第9章
社会网络动态与舆情社区演化

网络舆情依赖于社会网络结构进行传播，因此，社会网络图数据的结构性是舆情溯源与传播中的关键技术。社会网络图数据的图表示学习发展目前主要有以下几个挑战。第一，现有的工作往往忽视了对有效的样本结构进行选择，尤其是有些图结构的表示是低质量或嘈杂的，即边界模糊性，导致舆情溯源分析效果不佳。第二，当面对多模态图数据的情景时，图结构的相关建模可能更加复杂，传统的方法可能存在局限性，使得舆情分析领域中舆情传播分析困难。第三，目前大多数方法利用从图神经网络中提取的节点表示来生成图的嵌入，但这些标量形式的图结构信息可能不足以有效地保留节点、图的属性，并且在图进行邻域聚合时，可能会丢失大量的早期结构信息，从而降低舆情关键局部链条发现的准确性。第四，面向舆情事件的社会网络具有群组层次性，而该特征在舆情分析中未得到充分表达，不利于热度互融任务的分析与解决。

本章将在前人研究的基础上，从结构角度，进一步发展四项社会网络技术：第一，提出一种新颖的图结构增强且自适应的图对比学习框架（graph contrastive learning framework，GCLF），通过图结构增强策略和分布差异函数，优化样本选择，增强舆情溯源的准确性。第二，提出基于元路径的多源信息融合异构网络嵌入方法，通过关系属性权重和元路径采样，实现有效的舆情传播路径分析。第三，采用基于深度特征感知结构的图表示学习方法，结合动态路由机制和图神经网络特征，生成高质量社会网络图嵌入，提高舆情关键链条发现的全面性和准确性。第四，开发基于群组层次性的社会网络嵌入模型，通过不同跳数距离的节点相互影响建模，深入分析网络节点的群组层次特征，以优化热度互融任务的分析效果。

9.1　面向拓扑结构增强学习的舆情溯源研究

本节将研究用基于强化学习的自适应采样策略训练图神经网络编码器。与现阶段强化学习的主要工作不同，本节试图利用强化学习来指导面向社会网络图的图对比学习，并缩小扩大正对之间的散度，从而进一步改进社会网络图的图表示。面向社会网络图数据的 GCLF 将给定的社会网络原始结构图进行扩充，得到一个正的结构图对。我们的目标是捕获输入社会网络结构图的内在模式和属性，而不使用人工提供的标签，通过无监督学习的方式，排除人工标签的干扰，为舆情信息的溯源任务提供更加鲁棒的数据支持。如图 9-1 所示，该

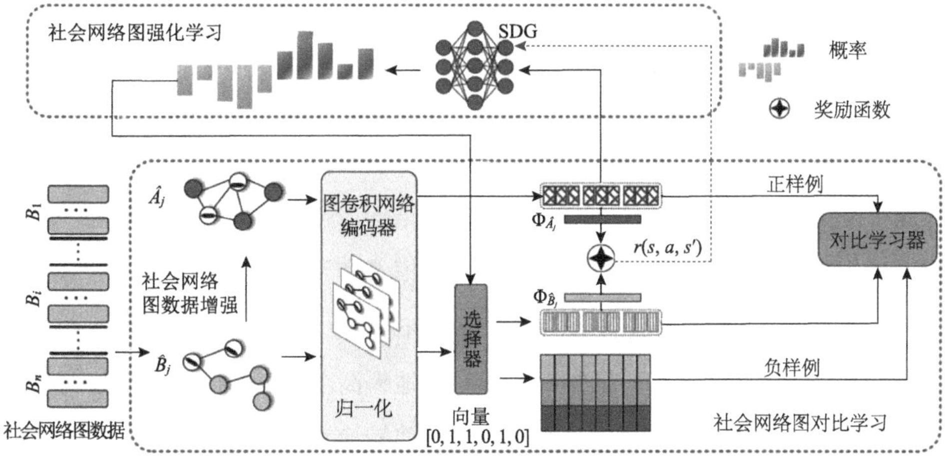

图 9-1　面向拓扑结构增强学习的舆情溯源

SDG 为采样分布生成器（sampling distribution generator）

研究框架主要由三部分组成：设计面向社会网络图数据的增强策略、提出基于社会网络图强化学习的样本选择方法，以及构造对比损失的社会网络图对比学习。这一框架结合了图数据的结构特性与强化学习的优势，旨在通过优化图数据的表示和选择，提升模型在复杂社会网络中的应用效果。

社会网络图数据增强策略通过对图数据进行增强，提升模型的鲁棒性，并有效扩展训练样本空间；基于强化学习的样本选择方法则通过动态选择最具代表性的样本，优化模型的学习过程；对比损失的构造则利用对比学习的思想，通过引入正负样本对，强化图中节点间关系的学习，帮助模型更好地理解社会网络中的潜在结构，总体可概括为以下两部分关键研究内容。

9.1.1 面向社会网络图数据的图对比性学习框架

本节主要基于过往研究（郑香平，2023），聚焦于利用拓扑结构增强学习来改进舆情溯源的准确性和效率。具体而言，我们通过基于强化学习的自适应采样策略，来训练图神经网络的编码器，如图卷积网络编码器，以提升图对比学习的效果。不同于传统强化学习方法，本节提出的模型通过调整正负样本之间的差异，能进一步优化社会网络图的表示，从而提升舆情传播路径的分析能力。

社会网络中的舆情溯源需要精准的图数据表示，以便追踪舆情的起源和传播路径。为此，本节设计了 GCLF，通过图结构增强策略生成正的图对。这些图对通过无监督学习捕获社会网络图的内在模式和属性，避免了对人工标签的依赖，同时提高了舆情溯源任务的鲁棒性和有效性。

首先，利用图的结构特征扩展可以有效地提高图分类的性能，图数据结构增强的目的是通过应用不影响语义标签的某些转换来创建新的、现实合理的数据，以保证舆情溯源分析的正确性。给定面向舆情溯源的社会网络图数据集，对社会网络图的结构进行增强，将原始图表示转化为增广图。聚焦于图级增强，并采用四种基本的社会网络图数据增强策略来构造正图的对，分别是节点删除、边扰动、属性掩蔽和子图扩展，对于图数据集的不同域，需要策略性地选择图结构数据进行扩充（表 9-1）。

表 **9-1**　四种基本的社会网络图数据增强策略

增强策略	描述	目标
节点删除	从图中随机删除某些节点，但不改变整体拓扑结构	模拟舆情传播中某些用户或节点的缺失，以分析信息传播的健壮性
边扰动	随机增加或删除图中的边，以模拟关系的变化	模拟社会网络中的关系变化，测试信息传播路径的多样性和鲁棒性
属性掩蔽	随机掩蔽某些节点或边的属性信息	探讨在不完整的用户信息或内容信息下舆情传播的模式
子图扩展	从原始图中随机选择子图并进行分析	测试局部用户群体或事件在舆情传播中的影响与贡献

其次，训练图编码器，从而提取面向舆情溯源分析的社会网络图的重要信息，即社会网络图数据自相关信息，保留与舆情溯源分析任务相关的属性，并防止模型学习可能导致脆弱表示的结果。在没有获得标签的情况下，随机选择的负样本在某种情况下可能与正样本具有相同的标签，导致性能下降。因此，我们试图利用基于强化学习产生的概率来选择负样本样例以扩大它们的类之间的差异，具体来说，通过伯努利算法来产生一连串 0-1 概率分布进而选择样例。然而，如何确定负样本社会网络图数据的选择概率非常重要。

我们使用了多层感知器模型作为 SDG，它从基于强化学习的正图表示之间的差异来学习奖励优化的选择策略。下面，介绍一种新的基于强化学习的社会网络图采样方法，其主要思想是在训练过程中根据选择概率来选择远离正样本的负样本。具体地说，给定一个社会网络图数据集，将其划分为 N 个互斥的批处理集，随后用上述的图编码器表示批处理集的社会网络图数据的图表示集合，然后 SDG 映射图表示生成一个选择向量，代表每个实例的概率选择的信心。通过强化学习优化以获得最优分布生成策略，然后通过策略梯度更新 SDG 的参数，其中学习率由优化器自适应。为了更好地表示社会网络图的对比损失，利用噪声对比估计损失，并使用点积作为相似度度量函数，构造最终损失函数，最终为舆情溯源分析提供更可靠、有效、本质的社会网络图数据表示。

9.1.2 实验验证与结果分析

通过在广泛使用的社会网络基准数据集（REDDIT-BINARY、IMDB-BINARY）上验证该方法的有效性，本节提出的模型在无监督图分类任务中表现优异（表 9-2），在 IMDB-BINARY 数据集上的准确率达到 74.8%。这些结果表明，基于强化学习的样本选择策略能够有效提升舆情传播关键链条的发现能力。

表 9-2 几种图神经网络方法在舆情溯源任务中的对比

数据集	图卷积网络	GraphSAGE	GAT	本书方法（GCLF）
REDDIT-BINARY	50.0%	78.6%	85.2%	92.5%
IMDB-BINARY	73.3%	74.2%	70.5%	74.8%

此外，我们还进行了消融实验，研究不同组件对模型性能的影响。特别是，当我们不使用强化学习的负样本选择策略时，模型的准确率显著下降。例如，在 NCI-1 数据集中，准确率从 81.5%降至 78.1%，验证了强化学习在提升负样本选择质量方面的重要作用。

通过基于拓扑结构增强的学习框架，本节提出了一种有效的舆情溯源分析方法。我们通过强化学习引导负样本选择，优化了图对比学习的损失函数，从而提升了模型的鲁棒性和舆情传播路径的发现能力。实验结果表明，本书的方法在多个社会网络和分子数据集上均取得了显著的性能提升，为舆情传播分析和溯源任务提供了技术支持。

9.2　基于元路径图表示学习的舆情传播研究

舆情信息以文本、图像以及视频等格式在各种社交媒体上传播，其本质是利用复杂的社会结构关系进行传播，使这些异构数据组成一个具有非平凡拓扑特征的图网络，包含丰富的结构信息和语义信息，要从这些结构信息和语义信息中挖掘出有价值的知识来感知舆情信息传播的要素、机制以及后续社会风险，必须将获取的异构社会网络图数据进行嵌入，以获得表征知识，从而为后续的舆情传播分析提供支持。对此，结合异构网络嵌入的主要目的是学习原始拓扑空间中的社会网络数据与低维潜在空间中的矢量表示之间的映射关系，且同时编码有价值的信息，如结构信息和语义信息，所得到的向量表示在广泛的现实世界应用中表现出了良好的性能，如节点分类和节点聚类。针对现有的社会网络舆情传播研究大多只专注于对网络结构信息或者属于语义信息进行建模，忽略了不同类型节点之间丰富的多源信息融合。为了解决上述问题，本节提出一种基于元路径的多源信息融合的异构网络嵌入方法，以实现基于路径感知的舆情传播研究。我们首先通过一个元路径生成方法，基于关系属性的权重，提取包含不同节点和关系类型的序列。接着，使用 Skip-gram 模型来嵌入这些元路径的属性特征，并开发了一个多级邻接嵌入方法来捕获异构网络中的全局和局部结构信息。利用邻接矩阵（图 9-2 中的 Adj 矩阵）对不同阶的邻居信息进行建模。一阶邻居 $S^{\text{first}}X$ 表示直接相连的节点，通过对直接邻居特征聚合（$1x$），能够反映局部结构关系。二阶邻居 $S^{\text{second}}X$ 通过一个中间节点进行连接，通过对二阶邻居特征聚合（$2x$），能挖掘更深层的联系。高阶邻居 $S^{\text{high}}X$ 表示更远的网络结构信息，对 K 阶邻居特征聚合（Kx），有助于捕获整体网络特征。最终，这些不同层次的邻居信息被整合在一起，实现对结构邻近性和属性特征的联合建模，从而提升网络表示的效果（图 9-2）。

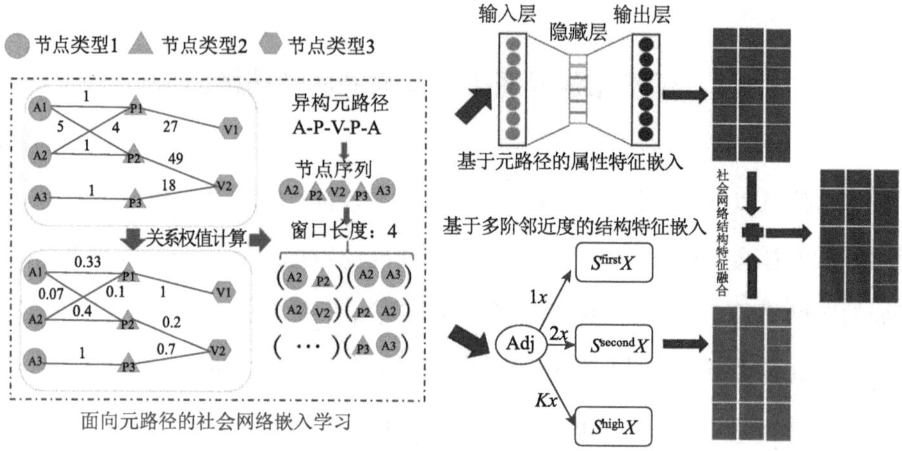

图 9-2 基于元路径图表示学习的舆情传播

9.2.1 基于关系属性权重的元路径生成

在复杂的异构社会网络中，用户节点通过多元路径连接，包含丰富的语义信息，对舆情传播研究至关重要。异构网络中的舆情信息通常呈现多样性，传统元路径采样方法在复杂网络中可能遇到效率和准确性问题。因此，我们将开发基于关系属性权重的元路径生成方法，以更有效地捕捉舆情传播的语义关系。

在复杂的异构社会网络中，有效的网络嵌入表征依赖于优化的采样方法。传统的随机游走采样方法虽简单高效，但由于忽略节点类型和关系属性，因此容易产生采样偏差，影响舆情分析效果。与之相比，基于元路径的采样方法考虑了节点类型，更适合处理网络的异质性。但这种方法仍然忽略了节点间具体的舆情信息语义关系。为了解决这一问题，我们提出一种基于融合关系属性的元路径采样方法，通过量化关系属性权值来实现有偏采样。这种方法不仅能捕捉节点间的联系强度，还能提供细致的社会网络图数据语义信息。例如，使用独热编码对关系属性进行分类，使得同一属性在不同关系中具有一致的语义，这将有助于更准确地捕捉舆情传播的复杂性和多样性。

某类关系属性数值越小，表示节点间的关系程度越紧密，则需要在权重化前进行转换处理，以保证权重值大小与关系紧密程度的正相关性。将关系属性转换为边权重后，即可结合元路径实现有偏采样。以前的元路径采样方法，虽然能根据用户和关系类别确定下一节点类型，并在指定类型节点中随机选择一个节点作为下一节点，但为了更好地利用异构网络中的关系属性，本节将关系属性转换成边权重，以区分不同节点对的关系强弱，挖掘潜在语义关联，结合元路径实现有偏采样。

9.2.2　元路径结构和语义信息融合

在社会网络舆情分析中，对于元路径生成的节点序列，我们将采用 Skip-gram 无监督训练方法进行嵌入，以提高分析任务的准确性，通过定义窗口长度来区分序列中的共现与非共现对象，利用中心节点与窗口内共现节点的关系进行分类训练，从而将序列数据转换为结构化向量数据。

为解决计算量过大的问题，我们将引入负采样方法。这种方法通过选择少量负样本来模拟整体负样本分布，从而实现计算复杂度的固定化。经过迭代训练，可最大化目标节点对的共现概率，并生成保留原始异构网络属性特征的结构嵌入向量集合，为节点的最终嵌入提供重要的语义信息。

此外，为了更全面地捕获社会网络的结构信息，我们将定义一阶、二阶邻近度以及基于 Katz 指数的高阶邻近度，以实现结构信息的有效嵌入。这将有助于从个体角度上描述舆情信息，区分受影响的用户节点与未受干扰的其他节点，提升舆情传播分析的深度和效果，得到最终的邻近度矩阵，将获得邻近度矩阵乘以节点的原始属性得到最终的社会网络结构嵌入向量，然后我们将结构和上面嵌入的语义向量融合。在基于邻近度学习多阶节点邻近度矩阵后，异质信息网络表示需要有效融合这些矩阵，以同时保持全局和局部结构信息。通过集成不同阶数的邻近节点，可以更准确地捕捉不同类型和不同距离节点之间的丰富结构关系，从而为舆情传播分析提供数据和方法支撑。

9.3 基于特征感知图的舆情关键局部链条发现研究

图神经网络提取图结构信息，加强了相邻节点表示之间的相似性，这本质上实现了图神经元激活的局部平滑。然而，鉴于社会网络图数据在舆情分析中的高度结构性，这些方法仍存在两个局限性：第一，在从图卷积网络中提取的节点表示来生成图的嵌入过程中，同一个连通分量里的节点会收敛的一个值，导致不同节点的特征无法被准确地识别出来。第二，聚合器不能捕获社会网络图中的长期依赖关系，它们的邻居被定义为一跳或多跳。这两个局限性都不同程度地损失了舆情关键局部链条发现的准确度和充分性。

本书将在郑香平（2023）工作的基础上，引入一种新型的、基于深度特征感知结构的图节点表示学习方法。先利用特征感知思想生成具有空间结构保持能力的图特征感知节点，其能够综合每个节点的结构和属性信息。通过应用图卷积网络，将标量节点输出转换为向量形式，以增强社会网络图节点嵌入的局部特征，进一步加强局部链条结构信息的捕获能力。通过引入特征感知投票计算和可训练权值矩阵，嵌入对节点的关注机制，强化模型对空间和节点特征的捕获能力。本模型的三个主要组成部分包括特征提取、图自适应注意机制和特征感知动态路由分类。

9.3.1 社会网络结构特征提取

大多数图神经网络都是通过图数据中节点邻居的信息的重复聚合来获取节点表征的，这个过程通常是重复的、低效的聚合，其在保留图属性方面的能力有限（Baek et al.，2021）。随着图嵌入学习层数的增加，在每个卷积步骤中都丢失了许多早期信息（Cai et al.，2018；Chu et al.，2021；Kolouri et al.，

2020；Zhang et al.，2024），尤其是针对舆情关键局部链条发现问题。对此，面向社会网络图数据，我们的思路是通过 *k*-hop 卷积神经网络层来增强模型，从每个跳中捕获有价值的社会网络图信息，从而得到一个包含不同跳卷积过程中最有用的信息的分层表示。该部分目标是探索各种图卷积网络结构，从图卷积网络中的每一层获取节点信息，形成特征感知节点，并将这些特征感知节点嵌入图中进行识别和分类。以往的工作主要以图卷积网络为主体，并将其与致密层连接以区分图。本节将以图卷积网络作为一种社会网络图节点特征提取方法，随着网络深度的增加，它能够捕获不同层次的节点特征，从而提取更丰富的社会网络信息。更深层的图卷积网络可以提供更全面的特性表达，使节点表示更加紧密和充分，有助于提升社会网络图的分析效果。

本节结合社会网络图的传播特性和特征感知注意机制，以生成特征感知节点，从而捕获不同层次的社会网络图数据属性特征（如空间拓扑），实现对社会网络图的关键局部表达。通过不同图卷积网络层的多尺度特征提取，以特征感知的方式表示节点信息。其中，注意力机制构建了层次化的节点表示，融合了来自不同卷积过程的最有价值的社会网络图信息，并具备较强的局部性。这种方法能够更有效地发现舆情传播中的关键局部链条，为舆情分析任务提供支持。

9.3.2　社会网络图自适应注意机制

从不同的图卷积网络层中提取多尺度的社会网络图节点特征，并将其转化为主特征感知的形式。然而，这些节点特征是冗余的，特征感知层之间的连接是一个通过动态路由机制进行的过程。如果主特征感知直接连接到冗余的特征感知，则很难训练不同特征感知层之间的重量分布，导致收敛困难和识别能力差，不利于发现舆情关键局部链条。为了解决上述问题，本节将提出一种面向社会网络图的图自适应注意机制来捕获不同关系层的依赖性，以解决特征感知连接任务，更好地建立局部性特征。具体来说，通过社会网络图数据的特征提取，可以获得不同图卷积网络层中的局部和空间节点特征。图自适应注意机制由节点注意机制和层注意机制两个步骤组成。节点注意机制能够在局部特征上建立丰富的上下文关系，从而增强其表示能力。此外，在主特征感知层与后续特征感知层之间，引入注意力机制，以建立局部结构的语义依赖关系。这不仅增强了对社会网络图中长期依赖关系的捕获能力，还提升了局部链条结构的鲁棒性，使得关键特征能够更稳定地用于舆情传播分析。

9.3.3 社会网络结构特征感知动态路由分类

特征感知的动态路由分类方法被提出并应用于图分类任务。该方法首先通过图自适应注意机制提取主特征，并将其传递至特征感知层。该机制具备灵活且有序的特性，能够确保感知得到的特征被正确传递至后续层级。在特征感知层中，下层中的活性特征感知通过动态路由机制运输到上层。其中，使用一个非线性压缩函数 squash 来保留特征感知节点的位置信息，以确保特征感知的输出保持向量方向不变，同时对数值进行一定范围的压缩。最后，再次应用特征感知层，以生成最终的类别特征表示，并使用边际损失函数计算分类损失，为发现舆情关键局部链条提供有效的数据支撑。

9.3.4 实验验证与结果分析

为了验证本节提出的特征感知图模型的有效性，我们在两个广泛使用的社会网络数据集上进行了实验，分别是 REDDIT-BINARY 和 IMDB-BINARY。这些数据集模拟了现实中的舆情传播和社会网络中的信息流动，为评估模型在舆情分析中的应用提供了基础。实验通过十折交叉验证对模型的表现进行评估，并与其他经典的图神经网络模型进行对比，包括图卷积网络和图同构网络等方法。

实验结果显示，本节提出的特征感知图模型在社会网络数据集上的表现优于传统模型，尤其是在舆情传播路径的识别方面具有显著优势。如表 9-3 所示，在 IMDB-BINARY 数据集上，本节提出的 Res-ACLGCN 模型的准确率达到了 77.43%，显著超过了图卷积网络等传统模型的表现。而在 REDDIT-BINARY 数据集中，Res-ACLGCN 模型的准确率更是达到了 92.79%，显著提升了对社会网络中舆情传播链条的识别精度。

表 **9-3**　社会网络数据集上不同模型的分类准确率

数据集	模型名称	准确率
IMDB-BINARY	Res-ACLGCN（本书方法） Dense-ACLGCN	77.43% 76.84%
REDDIT-BINARY	Res-ACLGCN（本书方法） Dense-ACLGCN	92.79% 92.15%

实验结果表明，特征感知节点和图自适应注意机制能够有效捕捉社会网络中的复杂依赖关系，提升了模型在舆情分析任务中的表现能力。这对于实际舆情管理中的关键链条发现和传播路径预警具有重要意义。因此，本节提出的基于特征感知的图神经网络模型，通过结合特征提取、图自适应注意机制和特征感知动态路由分类，有效解决了传统方法在舆情传播分析中的局限性。实验结果表明，本书模型在复杂的社会网络舆情传播任务中表现出色，能够精确识别关键传播链条和节点，为舆情管理中的传播路径分析和预警机制提供技术支持。

9.4　基于大规模社会网络群组的舆情热度互融研究

如何从社会网络中提取有效的结构特征，是网络研究领域的重要方向。然而，直接采用滑动窗口获取样本训练序列的方法，往往忽视了社会网络所具有的层次结构这一关键特征。在实际网络中，节点之间常依据不同的采样与划分标准被归类到不同群组，从而自然体现出群组层次结构的特性。因此，充分考虑社会网络中的群组层次结构，将有助于更准确地建模舆情的传播路径与动态特征。对此，本节提出一种基于衰减的社会网络嵌入模型，该模型通过对不同跳数距离的节点赋予不同强度的可信共现值来同时学习得到网络节点的深度群组层次特征和宽度群组层次特征，并以此将这两种类型的特征嵌入到同一个向量空间中，实现面向舆情事件的社会网络图数据群组层次特征嵌入。

9.4.1 基于群组层次特征影响力衰减的随机游走模型

在社会网络中，为了有效训练并模拟群组层次性，我们采用了基于宽度优先和深度优先的随机游走策略进行节点采样。这两种策略分别捕捉社会网络的宽度和深度群组层次特征，但过去常常未考虑节点间距离和跳数的影响变化，从而限制了层次特征的全面性。为了全面建模社会网络节点的群组层次性，本节将采用一种衰减式的采样策略，即根据节点间的距离赋予不同的衰减系数。这种方法假设节点间距离越大，共现概率的可信度越低。采样过程中，正采样样本根据距离的不同被赋予不同的衰减系数，使用指数函数等衰减函数来计算。通过实验探索不同类型的衰减函数对采样策略效果的影响，目的是为舆情分析提供更全面的群组层次性特征。

9.4.2 社会网络节点采样的覆盖性优化

在社会网络的舆情分析中，网络嵌入模型常常依赖于随机游走的节点采样方法来获取训练所需的数据序列。然而，许多现有的模型（如 DeepWalk、Node2Vec 等）在采样过程中仅考虑了每个节点的采样数目，忽视了整个采样节点相对于原始网络节点分布的差异。这种情况在舆情传播分析中尤其显著，因为舆情的传播路径和节点间的层次关系是反映社会网络结构的关键要素，而未充分考虑这些层次特征，可能会削弱模型在捕捉复杂舆情传播动态中的表现。

特别是在舆情热度互融分析中，群组层次结构的特征对舆情的传播轨迹和热度变化起着至关重要的影响。传统的随机游走策略虽然能够从个别节点层面捕获部分特征，但其忽视了网络的层次结构，导致群组特征被削弱，进而影响对舆情传播中关键节点和传播路径的识别。例如，DeepWalk 等模型在采样过程中，未能保持与原始网络拓扑结构一致的节点频度分布，导致嵌入的结构信息不够完整。而本书基于过往研究（Li et al.，2019；李志宇，2019）提出的 ARW（attribute-based representation for weighted entities，基于属性的加权实体表示）模型在采样中保留了更多原始网络的群组层次特征，进一步增强了模型对社会网络结构的理解能力。

正如图 9-3 所示，ARW 模型的节点采样分布与原始网络的拓扑结构频度分布更加接近，而 DeepWalk 模型的结果与原始结构存在较大偏差。这一现象表明，本书方法的采样方式能够更好地保留网络的群组层次特征，从而提升舆情传播路径和关键节点的识别能力。这对于舆情管理中的实时预警和舆情扩散预测具有重要意义。

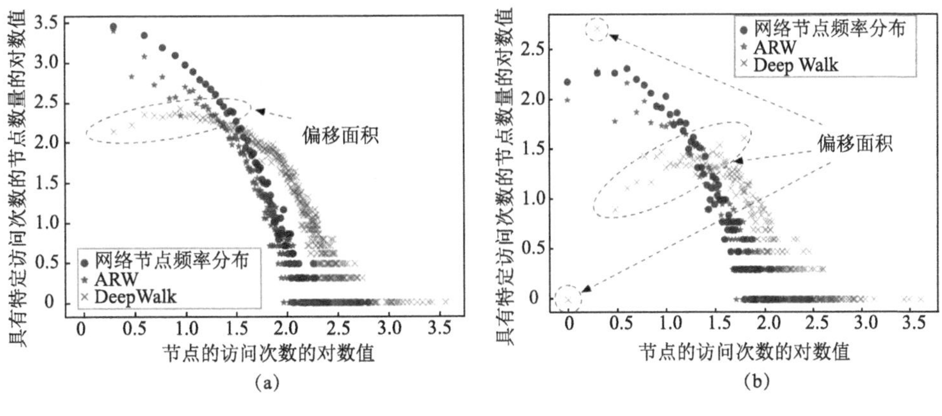

图 9-3　两个常用网络的节点访问频次

为了克服传统模型的不足，本节将设计两种优化策略，来进一步提升社会网络节点的采样质量。第一，对于随机游走中初始采样节点的选取问题，将原有模型中基于节点的选取方式转换为基于边的采样方式。这种方式不仅能够加速采样的过程，还能够有效地提升采样质量，使得原始分布拟合度更高和保留了群组层次性结构。第二，与指定的采样倍数不同，本节提出一个覆盖系数指标，用以表示已经采样的社会网络节点占总节点的覆盖比例，从而保证多数被采样的社会网络节点和群组层次结构能被有效覆盖。通过在训练过程中计算该指标，使得模型的迭代训练过程变成随着采样的进行而自动控制，而不是像已有方法一样，即人工指定每一个节点的采样次数。本书期望通过上述研究步骤，大幅度地提升社会网络图嵌入结果，并保证嵌入表示中的群组层次特征质量，从而提高舆情热度互融模型的效果。

本书模型的创新点主要体现在两方面：一是通过基于边的随机游走策略，更好地保持了网络的原始拓扑结构，从而使模型在应对复杂舆情传播路径时，能够捕捉到更多的群组层次特征；二是通过引入覆盖系数，模型在采样过程中自动调节采样节点的选择，使得采样结果更具代表性，避免了传统方法中对采样次数的人工设定。为了验证本书模型的有效性，我们选用多个真实社会网络数据集，包括 BlogCatalog 和 Flickr，并对比了 ARW 模型与其他经典模型的性能表现，如 DeepWalk 和 Node2Vec。

在多分类标签任务中，本书模型展现出了显著的优势。表 9-4 总结了本书模型与其他模型在不同训练比例下的 Macro-F1 和 Micro-F1 得分。在 BlogCatalog 数据集中，本书模型（ARW）的 Macro-F1 得分为 28.81%，相比于 DeepWalk 的 24.98%，提升显著；而在 Flickr 数据集中，本书模型的 Micro-F1 得分达到了 91.00%。这表明，本书模型在不同训练比例下，能够更好地保留网络的群组层次特征，从而在多分类任务中取得更好的表现。

表 **9-4**　不同模型多分类任务表现

数据集	模型名称	训练比例	Macro-F1	Micro-F1
BlogCatalog	ARW（本书模型）	70%	28.81%	42.22%
	DeepWalk	70%	24.98%	38.84%
	Node2Vec	70%	26.57%	40.32%
Flickr	ARW（本书模型）	70%	91.02%	91.00%

本节针对社会网络的群组层次特征在舆情传播中的重要作用，提出了基于边采样和覆盖系数的优化策略，旨在提升舆情热度互融模型的效果。传统的采样方法往往忽略了群组层次结构，导致对舆情传播路径和关键节点的识别不够准确。而本书模型通过引入基于边的随机游走策略，能够更好地保留网络原始的拓扑结构，确保网络中的层次特征得到充分体现。此外，覆盖系数的引入使得模型能够自动控制采样过程，保证采样的代表性和全面性。这些改进显著提高了模型在多分类任务和链接预测任务中的表现，有助于更准确地分析和预测舆情传播的路径和趋势。通过实验验证，本书模型在多个社会网络数据集上均展现出了显著的优势，尤其是在群组层次特征的保留和舆情传播分析中的表现更为突出，为舆情管理提供了更加精准和高效的工具。

第10章
知识图谱增强的数字社会舆情趋势预测

在当今信息化时代，舆情分析已成为企业、政府机构甚至个人重视的关键环节。随着大数据技术和人工智能的飞速发展，知识图谱技术被广泛应用于舆情分析中，以其独特的数据处理能力和深度学习机制，为舆情趋势预测提供了新的视角和方法。探讨如何利用知识图谱技术进行舆情趋势预测，分析其优势、应用场景及未来发展方向。知识图谱是一种将数据以图形方式表现出来的技术，通过定义实体（如人、地点、事件）及其之间的关系，形成复杂的网络结构。在舆情分析领域，知识图谱技术可以用来识别和构建新闻事件、公众人物、地理位置等实体及其相互之间的关联性，进而分析和预测舆情趋势。

10.1　舆情知识图谱趋势监测

舆情趋势监测是利用知识图谱技术分析和预测公众舆论变化趋势的重要应用之一。在当今信息快速流动的社会，能够实时准确地掌握舆情动态对于企业、政府机构甚至个人决策都至关重要。舆情趋势监测不仅能够帮助识别当前的舆论热点，还能够预测未来可能的舆论发展趋势，为决策提供有力的支持。本节将深入探讨舆情趋势监测的关键步骤、技术手段以及面临的挑战和未来发展方向。舆情趋势监测的关键步骤如下。

10.1.1　数据采集

舆情趋势监测的第一步是从各种渠道收集数据。这些渠道包括社交媒体平台、新闻网站、论坛、博客等。采集的数据类型主要是文本，但也可以包括图片、视频等多媒体内容。采集过程中，可以利用 API、网络爬虫等技术手段自动化地获取大量数据，这些都是公众情绪和态度的关键信息源，它们提供了更为正式和深入的报道，有助于理解舆情的背景和发展脉络。论坛和博客不可忽视，这些平台上的讨论往往更加深入和细致，能够提供关于特定主题或事件的详细见解和观点。

在数据采集阶段，不仅仅是文本数据被视为宝贵的信息源，图片和视频等多媒体内容也被纳入考虑范围。这些非文本数据通过视觉和听觉信息为舆情分析提供了全新的维度。尤其在当下，图片和视频在网络传播中具备迅速吸引公众注意力的特性，能够在短时间内实现广泛扩散。有效处理这些多样化的数据格式和来源，技术（如 API 和网络爬虫）显得尤为重要，它们自动化地采集互联网数据，为舆情分析提供了丰富的基础。这种自动化的数据采集过程不仅大大提高了效率，还保证了监测范围的广泛性和数据量的充足性，为深入分析舆情趋势提供了可能。

10.1.2　数据预处理

收集到的数据需要通过预处理环节，以便于进一步分析。预处理步骤包括文本清洗（去除噪声信息，如广告、无关字符等）、语言识别（区分不同语言的内容）、数据去重（删除重复内容）等，目的是提高数据质量，减少后续分析的误差。在舆情趋势监测的过程中，一旦完成了来自各种渠道的数据收集，接下来的重要步骤就是对这些收集到的数据进行预处理，这是为了确保数据的质量和一致性，从而为深入分析打好基础。

在预处理环节，因为原始数据往往杂乱无章，包含了大量不必要的信息，这些信息如果不加以清理，将直接影响后续分析的准确性和效率。文本清洗作为预处理的一部分，旨在去除数据中的噪声信息，比如广告内容、HTML 标签、特殊符号以及无关的字符等，这些都是分析过程中不必要的信息。通过精心设计的文本清洗流程，可以有效地提纯数据，留下更加纯净、有价值的内容。

此外，语言识别也是预处理过程中的一个关键环节。在全球化的今天，舆情数据往往包含多种语言，不同语言的内容需要采用不同的分析策略和工具，因此，正确识别文本的语言对于后续的文本分析至关重要。此步骤确保了每一份数据都能以最合适的方式被处理和分析。

数据去重也是一个不可或缺的预处理步骤。在广阔的互联网上，相同或极其相似的信息很可能在不同的平台和渠道上被重复发布，这些重复的内容如果不被清除，将导致分析结果的偏差，影响决策的准确性。通过数据去重，可以消除这一干扰，确保分析结果更加可靠和准确。整个预处理过程的目的是通过一系列精细的操作，提高数据质量，为后续的数据分析减少误差，建立可靠的数据分析基础。这不仅涉及技术处理的细节，更是对数据质量和分析准确性的一种负责任的态度，确保了数据处理流程的科学性和有效性。

10.1.3　实体和关系识别

自然语言处理技术在构建知识图谱中扮演着核心角色，通过从预处理后的文本中识别出关键实体（如人名、地点、组织名）及其属性，并分析这些实体之间的复杂关系（Krackhardt，2003），这一过程是从非结构化的文本数据转化为结构化知识的关键，极大地便利了后续的舆情分析和深度挖掘。这不仅仅是一个数据处理的过程，更是一次从非结构化到结构化知识转化的重要转折点，为后续的深度分析和理解奠定了基础。知识图谱技术在这一过程中起到了至关重要的作用，它不仅帮助我们识别和连接数据中的实体，更重要的是通过构建实体之间的关系网络，揭示了数据背后隐藏的知识结构和信息流动路径。自然语言处理技术通过如命名实体识别、关系抽取等方法，从文本中提取出有意义的信息。命名实体识别技术可以识别出文本中的具体实体，例如人名、地点和组织。关系抽取技术则进一步在这些实体之间建立联系，如揭示人物与组织的隶属关系或事件的具体发生地点。这些实体及其关系一旦被识别出来，就可以在知识图谱中以节点和边的形式被可视化，形成一个信息丰富、结构清晰的知识网络。

随着知识图谱技术的应用，这种结构化的知识可以进一步支持更复杂的查询和分析任务，如通过图算法探索实体间的最短路径、识别网络中的关键节点和子图等。这样不仅极大地丰富了我们对数据的理解，也为决策提供了有力的支持。例如，在处理公众舆论数据时，通过分析知识图谱，我们可以迅速识别出舆情中的核心人物、主要事件和关键地点，以及它们之间的相互作用和影响，从而深入理解舆情的本质和趋势。知识图谱技术的应用将非结构化的文本数据转化为了易于分析和理解的结构化关系网络，这对于深入挖掘舆情数据的价值，提高舆情分析的准确性和效率具有重要意义。通过构建和分析知识图谱，我们不仅能够捕捉到舆情的即时动态，更能洞察到舆情发展的深层次规律，为应对舆情挑战、制定有效策略提供了强有力的工具和方法。

10.1.4　趋势分析与模式识别

基于构建的知识图谱，运用图分析算法和机器学习模型来分析舆情趋势。这包括识别舆情热点、追踪舆情发展脉络、发现舆情传播路径等。通过分析知识图谱中实体和关系的动态变化，可以预测未来的舆情趋势。舆情趋势监测是知识图谱技术在舆情分析领域的重要应用之一。通过结构化处理非结构化数据，识别实体和关系，构建知识图谱，并运用先进的数据分析技术，可以有效地监测和预测舆情趋势（Carneiro and Mylonakis，2009）。面对数据质量、实时性和复杂性等挑战，未来的舆情趋势监测将朝着更加智能化、实时化和个性化的方向发展，为决策提供更加准确和及时的支持。在舆情分析领域，知识图谱技术的应用为舆情趋势的监测和预测提供了全新的解决方案。通过深入挖掘和结构化处理大量非结构化数据，构建出反映实体及其相互关系的知识图谱，这一过程不仅为数据提供了清晰的组织形式，还为深入分析打下了坚实基础。在此基础上，利用图分析算法和机器学习模型对知识图谱进行分析，成了揭示舆情趋势、识别热点话题、追踪舆情发展脉络以及发现信息传播路径的关键手段。

通过对构建的知识图谱进行细致分析，可以观察到实体间关系的动态变化，这些变化反映了舆情的发展趋势和公众关注的焦点转移。例如，图分析算法能够帮助识别在特定时间段内舆论中心或关键传播节点，这些节点往往是影响舆情走向的关键因素。同时，机器学习模型的应用使得从过去的舆情发展中进行学习成为可能，进而预测未来的舆情变化，为应对可能的舆情挑战提供了科学依据。舆情趋势监测作为知识图谱技术在舆情分析领域的重要应用，其核心在于将非结构化的大数据通过智能化的方式转化为可以分析和理解的结构化关系网络。随着技术的不断进步，这一过程正变得越来越自动化和智能化。面对数据来源的多样性、数据量的庞大以及信息更新的高速变化，未来的舆情趋势监测系统将更加依赖于知识图谱的动态更新能力、实时数据处理能力以及个性化分析功能。随着知识图谱技术的不断发展和完善，结合人工智能其他领域的最新成果，比如深度学习、自然语言处理技术的进步，舆情趋势监测的精准度和时效性将得到显著提升。这不仅能够帮助组织和个人更好地理解公众舆论、预测舆情走势，还能够在面对复杂多变的舆情环境时，提供更加科学、合理的决策支持，最终实现对舆情的有效管理和应对。

10.2　舆情知识图谱危机预警

危机预警系统在舆情趋势预测中扮演着至关重要的角色，特别是在快速变化的互联网时代，能够及时预警潜在的负面事件对于维护企业和机构的公众形象及减少经济损失至关重要（方思然等，2023）。通过利用知识图谱技术，危机预警系统能够有效地识别、分析和预测可能对组织产生负面影响的信息，从而在危机发生前采取相应措施。本节将深入探讨危机预警系统的关键组成部分、实现技术以及面临的挑战和未来发展趋势。

首先，数据采集与整合在知识图谱构建和舆情趋势预测中扮演着至关重要的角色。在面对潜在的危机时，危机预警系统的第一步通常是从多个渠道收集数据，这些渠道广泛分布于互联网的各个角落，包括但不限于社交媒体平台、新闻网站、在线论坛和博客等。这些渠道成了信息的宝库，它们实时更新，提供了关于公众情绪、趋势变化和即将出现的问题的第一手资料。通过技术手段集成这些不同的数据源，可以为系统构建一个全面的数据视图，这一点对于深入理解舆论态势、准确预测未来的趋势以及及时发现可能爆发的危机至关重要。

集成的数据视图允许分析师和决策者通过知识图谱的形式，更加直观地看到信息之间的联系，包括各种实体（如人物、地点、组织）和它们之间的关系。这种全面的理解不仅有助于准确地捕捉舆论的动态变化，还可以通过对过去事件的分析，预测未来可能发生的趋势。此外，这种方法还有助于识别那些在初始阶段可能不太明显的模式和链接，从而实现对潜在危机的早期预警。在这个过程中，数据的采集与整合成了连接实时监测和深入分析的桥梁，不仅加强了危机管理的前瞻性和预见性，也极大提升了响应的时效性和有效性。

其次，实时数据监控是构建高效危机预警系统的核心环节，它要求系统具备强大的能力，能够实时监控、处理和分析来自各种渠道的数据流。这一需求不仅涉及复杂的数据流处理技术，还包括对实时分析能力的高要求，以确保系统能够迅速而准确地发现异常模式或是正在形成的负面信息。在今天这个信息爆炸的时代，数据流以难以想象的速度产生和传播，这些数据来自社交媒体、新闻报道、论坛讨论、博客文章等多个来源，它们包含了关于公共事件、社会态度和公众情绪的丰富信息。因此，危机预警系统不仅要能够处理这些海量的数据，还要能够通过先进的算法和模型，从中快速识别出那些可能预示着潜在问题或负面趋势的信号。

为了实现这一点，系统通常结合了机器学习、自然语言处理、数据挖掘等技术，以提高其对数据的处理效率和分析准确度。这些技术能够帮助系统理解文本数据的含义，识别图像和视频中的关键信息（Zheng et al.，2019a），甚至是从复杂的数据模式中发现不易观察到的联系和趋势。通过这样的实时数据监控和分析，危机预警系统能够在危机发生的早期阶段就发出警报，为决策者提供宝贵的时间窗口来制定应对措施，减少或避免潜在的负面影响。

此外，与知识图谱和舆情趋势预测相结合，实时数据监控不仅能够提供关于当前情况的即时快照，还能通过对历史数据的分析，帮助预测未来的趋势。知识图谱作为一种强大的工具，能够将复杂的数据关系可视化，揭示实体之间的各种联系，从而增强系统识别模式和趋势的能力。这种结合使用实时监控和知识图谱的方法，不仅加深了我们对当前数据流动态的理解，也提高了预测未来事件的准确性，为舆情管理和危机预防提供了强有力的支持。通过这种方式，危机预警系统成了监测、预警和管理潜在危机的关键工具，它通过实时数据监控和深入的数据分析，为维护社会稳定和公共安全提供了坚实的基础。

最后，舆情分析与情感识别在现代危机预警系统中起到了不可或缺的作用，这一过程依赖于先进的自然语言处理和机器学习技术。通过这些技术，系统能够深入分析从各种渠道收集到的海量数据，精确识别出关键的实体、事件和话题，进一步解析和理解公众对这些实体与事件的情感倾向。情感分析，作为舆情分析的一个核心组成部分，使系统有能力将不同的舆论区分和归类为正面、中性或负面，这对于实时监测公众情绪、预测舆情趋势变化以及及时发现潜在危机具有至关重要的意义。

这一过程不仅涉及文本数据的处理和分析，还包括对语言的深度理解和情感的准确识别。自然语言处理技术使系统能够解析复杂的语言结构，理解含义和上下文，而机器学习技术则赋予系统从大量数据中学习和提取模式的能力。结合这两种技术，系统可以自动识别文本中提到的人名、地点、组织和事件等实体，以及这些实体之间的关系，同时评估相关讨论的情感色彩。这种分析不仅能帮助识别当前的舆论态势，而且还能预测未来可能的发展趋势。

进一步地，当舆情分析与知识图谱和舆情趋势预测相结合时，它能够提供更加深入和全面的洞见。知识图谱作为一种强有力的工具，能够可视化展现实体之间复杂的关系网，辅助分析师快速理解舆论的广度和深度。通过在知识图谱中整合情感分析的结果，可以更清晰地看到某一实体或事件在公众中的情感分布，识别出哪些领域或话题可能会激起强烈的情感反应，从而为早期识别潜在的舆情危机提供可能。

在这个过程中，情感分析不仅帮助区分了公众情绪的正负面，还能进一步细分不同层次和强度的情感，如愤怒、忧虑、喜悦等，从而为决策者提供更为精细化的数据支持。这种深层次的情感理解使得舆情管理变得更加有效，因为它允许组织在制定公关策略、应对危机或者优化服务时，能够更准确地把握和响应公众的情绪与需求。综上所述，舆情分析与情感识别通过利用自然语言处理和机器学习技术，为危机预警和舆情管理提供了一种强大的方法论，它通过深入分析和理解公众的情感反应，为维护社会稳定和组织形象提供了重要的支持。

危机预警系统是舆情管理中不可或缺的组成部分，通过实时监控、舆情分析、危机预测等技术手段，帮助组织提前识别并应对潜在的负面事件。尽管存在诸多挑战，但随着技术的不断进步和应用的深入，危机预警系统将变得更加智能和高效，为防范和管理舆论危机提供更加强大的支持。

10.3 舆情知识图谱趋势的影响力分析

舆情趋势的影响力分析是舆情管理和社会网络分析中的一个核心环节，其目的是评估特定事件、人物或话题在社会舆论中的影响力大小。在互联网和社交媒体时代，信息迅速传播，了解哪些因素或个体在舆论形成和变化中起到了关键作用，对于企业品牌管理、政策制定、市场营销策略实施等都有重要意义。利用知识图谱技术进行影响力分析，可以帮助我们从海量的数据中识别出关键的信息传播者，分析信息的传播路径，以及预测舆情的发展趋势。本节将详细讨论关键节点识别、信息传播路径分析以及节点影响力评估的方法。

10.3.1 关键节点识别

在知识图谱中，节点可以代表个人、组织、事件或话题等实体，边表示实体之间的各种关系。关键节点识别是通过分析节点的网络位置和连接性质，找出在信息传播网络中具有中心作用的节点。常用的方法包括度中心性（degree centrality）、接近中心性（closeness centrality）、介数中心性（betweenness centrality）等。

10.3.2 信息传播路径分析

通过分析知识图谱中的信息传播路径，可以了解信息是如何在网络中流动的，哪些节点在传播过程中起到了桥梁作用（Centola，2010）。这对于理解信息传播机制、优化传播策略具有重要意义。

10.3.3　影响力评估

评估节点影响力的大小不仅要考虑节点的中心性指标，还需要考虑信息的质量、受众的反应（如点赞、转发、评论量）等因素。综合这些因素，可以构建影响力评估模型，量化分析节点影响力大小（Zhao et al.，2013；Lü et al.，2016）。

影响力分析是一个复杂但极具价值的过程，它涉及数据采集、处理、分析和模型构建等多个环节。通过利用知识图谱技术和先进的分析方法，可以有效地进行影响力分析，为企业和组织提供有力的决策支持。随着技术的不断进步和应用的深入，影响力分析将变得更加精准和高效，为舆情管理、市场营销等领域带来更多的机遇和挑战。

10.4　舆情知识图谱趋势数据融合

在舆情分析和知识图谱构建的过程中，融合更多数据源是提高分析深度和广度的关键策略。随着互联网技术和社交媒体的迅速发展，数据源的种类和数量急剧增加，这些数据源不仅包括传统的文本信息，还有图像、视频、音频等多媒体信息，以及来自物联网设备的实时数据等。有效地融合这些多样化的数据源，可以极大地丰富知识图谱的内容，提升舆情分析的准确性和可靠性。以下是融合更多数据源进行舆情分析的具体探讨。

10.4.1　社交媒体数据

社交媒体平台如 X、Facebook、Instagram 等已成为获取公众舆论和情感的关键渠道。这些平台每天都涌现出海量的用户生成内容，包括文本、图片、视频等多种形式的信息。这些信息不仅数量庞大，而且更新速度快，能够提供即时的舆情动态和公众情感（曾子明等，2023）。

首先，文本内容在社交媒体上的广泛传播，使得用户可以直接表达对各种事件、话题或产品的看法和态度。X 的短文本限制和实时性，使得用户倾向于快速分享自己的想法和情绪，从而在短时间内形成一种即时的舆情态势。Facebook 则提供了更丰富的内容形式，用户可以通过长文、照片、视频等多种形式进行表达，这种多样化的内容形式为舆情分析提供了更加丰富的信息来源。其次，社交媒体上的图片和视频内容也是获取舆情的重要信息源。图片和视频往往能够更直观地传达信息，吸引更多的关注和互动。用户分享自己的生活照片、旅行视频、产品使用体验等，不仅展示了个人的生活和情感，也间接反映了对相关事件或话题的态度和看法（Su et al.，2016b）。例如，一个关于某产品的视频评测可能比文字评论更具说服力，能够更好地影响其他用户的购买决策。综上所述，社交媒体平台是一个信息获取的宝库，为舆情分析提供了丰富多样的数据来源。通过对这些平台上的文本、图片和视频等内容进行分析，可以更加全面地了解公众对各种事件、话题和产品的态度与情感。

10.4.2　新闻和博客文章

在线新闻网站和个人博客是了解公众议题与热点事件的重要来源，通过分析这些内容，可以获得舆情的背景和深度信息，有助于我们了解公众议题、热点事件以及各种话题的发展和变化。通过对这些内容进行分析，可以获得舆情的背景和深度信息，帮助分析人员更好地理解舆情现象的发生和演变过程。

首先，新闻网站是获取公众舆论和热点事件信息的主要渠道之一。传统媒体和在线新闻平台为我们提供了大量丰富的报道和分析，其涵盖了政治、经济、社会、文化等各个领域的事件和话题。这些报道往往由专业记者和编辑撰写，具有较高的权威性和可信度。通过分析新闻报道，可以了解事件的起因、发展过程、涉及的主要人物和组织，以及事件可能产生的影响和后果。这些信息对于把握舆情的整体走向和预测未来发展具有重要意义。其次，个人博客是另一个重要的信息来源。博客作为个人表达观点和思想的平台，往往能够提供更为直观和个性化的观点。博客作者通常会对某一领域或话题有深入的研究和思考，他们的观点和见解往往更加独特和富有创意。通过分析个人博客文章，可以了解公众对于特定话题或事件的立场、态度和情感倾向。此外，个人博客还可能提供一些与主流媒体不同的观点和信息，有助于我们获取更加多元化和全面的舆情信息。综上所述，新闻网站和个人博客作为舆情分析的重要信息来源，为我们提供了丰富多样的数据资源。通过对这些内容进行分析，可以深入了解公众关注的议题和事件，把握舆情的动态变化，从而更好地指导决策和应对挑战。

10.4.3　论坛和评论区数据

在线论坛和新闻评论区等平台聚集了大量用户讨论和观点交换，是捕捉舆情倾向和群体情绪的宝贵资源。首先，在线论坛是一个开放的讨论平台，用户可以在这里自由地表达自己的看法、分享经验和提出问题。不同于社交媒体上的即时性和短期性，论坛往往更加注重深度和持久性。用户在论坛上发表的内容通常更为详细和全面，包括对事件、产品或话题的深入讨论和分析。通过分析论坛数据，可以获取到更多的用户观点和见解，了解到不同用户群体的态度和立场，从而更准确地把握舆情的整体走向和发展趋势。其次，新闻评论区也是获取舆情信息的重要来源之一。新闻报道往往会引发广泛的讨论和评论，用户可以在评论区对新闻事件发表自己的看法。评论区的内容多样性和代表性较强，能够反映出不同群体的观点和情感倾向。通过分析新闻评论区的数据，可以了解公众对于特定事件或话题的反应和态度，发现其中隐藏的舆情信号，有助于把握舆情的动态变化和深层次含义。综上所述，在线论坛和新闻评论区数据为舆情分析提供了丰富多样的信息资源。通过分析这些数据，可以更全面地了解公众对不同话题和事件的态度和看法，抓住舆情的关键节点和发展趋势。

10.4.4 多媒体内容

图像和视频数据在现代舆情中发挥着独特的作用，尤其在情感表达和事件报道中，多媒体内容相较于文本数据具有更强的表现力。相比于纯文本数据，多媒体内容更具表现力，能够更直观地传达信息，因此在某些情感表达和事件报道中显得尤为重要。首先，图像和视频数据能够提供更直观、更生动的信息展示方式。一张图片或一个视频片段往往胜过千言万语，它们通过视觉和听觉的方式上直接触达观众，更容易引起人们的共鸣和共情。例如，一张展示自然灾害的照片或一个生动的视频报道，能够让观众更加深刻地感受到事件的严重性和影响力，从而激发出更强烈的情感和反应。其次，多媒体内容在舆情传播中具有更高的传播效率和影响力。随着社交媒体和视频分享平台的兴起，用户分享和传播多媒体内容的速度与范围也在不断扩大。一段引人入胜的视频或一张震撼的图片往往能够在短时间内引发广泛的关注和讨论，甚至在社交媒体上迅速走红。这种快速传播和广泛影响力使得多媒体内容成了舆情分析中不可忽视的重要信息来源。综上所述，多媒体内容在现代舆情分析中发挥着重要作用。通过分析图像和视频数据，我们能够更全面地了解事件的发展和影响，抓住舆情的关键节点和发展趋势。

10.4.5 公开数据集和报告

政府机构和研究机构发布的数据集和报告，具有官方统计和深入研究的视角，为舆情分析提供了可靠的参考和权威观点。这些数据集通常包括经济、社会、环境等领域的官方数据，不仅反映政策导向，也揭示社会热点，而深入的研究报告则提供前沿科技和市场动态等分析，增强舆情分析的深度和专业性。首先，政府机构发布的数据集通常包含了大量的官方统计数据，涵盖了各个领域的经济、社会、环境等方面的信息。这些数据集往往具有较高的权威性和可信度，是了解社会发展和民生状况的重要依据。通过分析政府发布的数据集，可以了解官方的态度和政策导向，把握社会热点和关键议题，为舆情分析提供重要的参考依据。其次，研究机构发布的报告往往具有较深入的研究和分析，涉及前沿科技、社会趋势、市场动态等方面的内容。这些报告往往基于大量的数据和实证研究，具有一定的权威性和可信度。通过分析研究机构发布的报告，可以了解到最新的研究成果和专业的分析观点，为舆情分析提供更加深入和专业的视角。综上所述，公开数据集和报告在舆情分析中具有不可替代的重要作用。通过分析政府机构发布的数据集和研究机构发布的报告，我们可以获取到官方统计和权威研究的信息，为舆情分析提供可靠的参考数据和深入的分析视角。知识图谱技术的应用能够帮助整合这些不同来源的数据，构建出更为全面和结构化的舆情知识图谱，为深入分析和精准预测舆情趋势提供有力支持。

在当今信息爆炸的时代，舆情监控与分析面临着前所未有的挑战与机遇。随着数据来源的多样化，单一数据源已无法满足对复杂舆情环境的深入分析需求。在这种背景下，融合多源数据进行舆情监控不仅能够提供一个更为全面的视角，还能够帮助分析师捕捉到那些可能在单一数据源中被遗漏的关键舆情信号。通过整合来自社交媒体、新闻网站、论坛和博客等多种渠道的数据，分析师能够获得一个宏观且全面的舆情画面，确保不会错过任何可能影响公众观点的微小变化或趋势。此外，深入的事件分析是理解和应对公众舆论的关键。每一个事件都是多维度的，不同的数据源能够揭示事件的不同侧面。例如，社交媒体可能反映出公众的即时反应和情绪，而新闻报道则提供事件的背景信息和详细经过。通过融合这些来自不同渠道的信息，分析师能够构建出一个立体的事件画面，深入理解事件的背景、影响力以及可能的发展趋势。这种深层次的理解对于制定有效的应对策略、指导决策制定具有重要价值。精准的情感识别则是连接公众情绪与事件本身的桥梁。在多源数据的基础上进行情感分析，结合文本、图像和视频等多种数据类型，不仅能够提高情感识别的准确度，还能够帮助分析师更好地理解和解读公众情绪的细微变化。不同的数据类型能够提供情感分析的不同维度，文本数据揭示直接的言语表达，而图像和视频则能够传达更为丰富和直观的情绪信息。这种综合性的情感分析使得舆情监控不仅限于表面的数字和趋势分析，而是能够深入到公众情绪的核心，为后续的公关策略提供更为精准的指导。

融合多源数据进行舆情监控和分析，在提供全面视角、深入事件分析和精准情感识别方面具有不可比拟的价值。这种方法能够帮助组织更有效地理解和应对复杂多变的舆情环境，制定更为科学合理的应对策略，使其最终在信息海洋中稳定掌舵，引领公众舆论走向正确方向。通过融合更多数据源，可以极大地丰富舆情分析的内容和视角，提升分析的深度和广度。然而，这也带来了数据处理的复杂性增加、数据质量控制等挑战。随着技术的进步，特别是在自然语言处理、计算机视觉和机器学习等领域的发展，预计这些挑战将得到有效解决，从而更好地利用丰富的数据资源，为舆情分析和决策提供强有力的支持。

10.5 智能化舆情知识图谱响应

智能化舆情响应通过知识图谱技术实现，结合了数据采集、自然语言处理、机器学习等先进技术，为组织提供了一种高效、自动化的舆情监测和管理工具。这种系统能够在第一时间识别舆情变化，分析其背后的趋势和影响因素，并自动生成响应策略，帮助组织及时、有效地处理公众舆论。以下是智能化舆情响应系统在知识图谱技术支持下的具体工作流程和实现细节。首先，系统从各种在线平台和社交媒体上收集数据，包括新闻文章、社交媒体帖子、论坛讨论等。这些数据不仅限于文本，还包括图片、视频等多媒体内容。收集到的数据经过预处理，包括清洗、去重和格式化，以便进一步分析。利用自然语言处理技术对文本数据进行分析，从中识别出实体（如个人、组织、地点、事件等）及其属性，并提取实体之间的关系。对于多媒体内容，则通过计算机视觉和语音识别技术进行处理，提取相关信息。将识别出的实体和关系整合构建成知识图谱。知识图谱以图的形式表示信息，节点代表实体，边代表实体间的关系。这个过程可能涉及实体对齐（合并指代同一实体的不同名称）、关系推理等操作，以增强知识图谱的准确性和丰富性（孙水发等，2023）。通过不断更新的知识图谱，系统可以实时监控舆情动态，识别舆论热点和关键话题。通过分析实体的出现频率和实体间的关系，系统能够捕捉到舆情的焦点和变化趋势。对知识图谱中的文本内容进行情感分析，判断公众对于特定事件或话题的情感倾向，如正面、负面或中立。情感分析结果有助于评估舆情的整体态度和情绪。利用机器学习算法分析知识图谱中的时间序列数据，预测舆情的发展趋势。这包括识别可能爆发的舆情危机、预测热点话题的持续时间等。根据舆情分析的结果，系统自动制定响应策略。这可能包括公关声明的草拟、社交媒体互动策略的制定等。系统可以根据不同的舆情场景，选择不同的模板和策略。

在某些情况下，系统还可以自动生成响应内容，如新闻稿、社交媒体帖子等，并在适当的平台上发布。这一步可以通过自然语言生成技术实现。智能化舆情响应系统通过构建和利用知识图谱，能够实现对舆情的全面监测、深入分析和及时响应。知识图谱的应用不仅提高了舆情管理的效率和准确性，还使得组织能够更加灵活和主动地处理公众舆论，有效维护社会形象和品牌声誉。随着技术的不断进步，智能化舆情响应将成为舆情管理不可或缺的工具。

利用知识图谱技术进行舆情趋势预测，不仅显著提升了舆情分析的效率和准确性，而且为决策者提供了深入而全面的洞见。这一技术通过整合和分析大量分散的数据，构建起实体之间复杂的关系网，使得从海量信息中识别模式、趋势以及潜在的危机变成可能。在当前快速变化的舆论环境中，这种能力尤其宝贵，因为它不仅可以帮助组织迅速反应，还能够在很大程度上预见并塑造舆论的发展方向。随着技术的不断进步和应用场景的日益拓展，知识图谱在舆情分析领域的作用越发显著。从传统的数据收集和分析，到复杂的情感识别和趋势预测，知识图谱技术的应用正变得越来越广泛，它的高度灵活性和强大的信息整合能力使得组织能够在复杂多变的信息环境中保持敏锐的洞察力。此外，知识图谱还能够帮助组织构建更为精准的目标受众画像，理解不同群体的舆论动态和情感倾向，从而制定更加有效的沟通和应对策略。在实践中，随着机器学习、自然语言处理等相关技术的进一步成熟，知识图谱的构建和应用变得更加高效和精确。这些技术的结合使用不仅加速了信息的处理速度，还提高了分析的深度和广度，使得组织可以在更短的时间内获得更加丰富和有价值的洞见。例如，通过分析公众对于某一事件的情感变化和讨论焦点的转移，组织可以及时调整其公关策略，更好地引导舆论的方向，或者提前做好危机应对的准备（侯艳辉等，2023）。

此外，随着大数据和云计算等技术的发展，知识图谱的规模和复杂度也在不断增长，这不仅提高和扩展了舆情分析的质量和深度，还为决策者提供了更加全面的数据支持，帮助他们从宏观的角度理解舆论的动态变化，预测未来的趋势，从而在策略制定和风险管理方面做出更加明智的决策。随着知识图谱技术的持续发展和完善，其在舆情分析领域的重要性将会进一步增强。这种技术的应用不仅能够帮助组织更有效地监测、分析和应对舆论，还能够在更广泛的范围内促进信息的透明度和公众参与的深度，为维护社会稳定、促进公共交流和理解提供强有力的支撑。随着技术的进步和应用场景的不断拓展，知识图谱将在帮助组织更深入地理解和应对复杂多变的舆论环境中发挥更为关键的作用。

第四篇　系统集成与舆情管理实践

第 11 章 舆情数据分析系统与决策支持

如何高效、准确地分析和引导网络舆情，成为政府和各相关部门面临的紧迫任务。本章旨在探讨舆情数据分析系统及其在决策支持中的应用。我们将详细介绍舆情数据分析的关键技术，包括数据采集、处理、分析和可视化等，以及如何通过这些技术手段提升舆情监控的实时性和准确性。同时，将探讨如何利用这些分析结果进行有效的舆情引导和决策支持，帮助决策者在复杂多变的信息环境中做出更为科学和合理的决策。此外，本章还将阐述舆情数据分析在实际应用中的具体案例，展示如何通过集成的数据分析系统预测舆情走势，评估政策效果，以及在危机管理中的关键作用。通过深入理解舆情数据分析的策略和工具，读者可以获得构建和运用高效舆情分析系统的实战知识，为处理和应对公共舆情问题提供坚实的技术支撑。

11.1 舆情数据分析系统的重要应用

舆情是由个人以及各种社会群体构成的公众，在一定社会空间内，对自己关心或与自身利益紧密相关的各种公共事务所持有的多种情绪、态度和意见交错的总和。网络舆情是社会舆情在互联网空间的映射，是社会舆情的直接反映。当前，网络舆情已然成为影响社会持续有序发展、维护社会和谐与稳定的重要因素，如何因势利导，提高新形势下舆情信息的分析能力，及时准确地掌握社会舆情动态，积极引导社会网络信息，成为政府和社会各部门所面临的重要问题。

互联网的普及为舆情安全大数据的产生和爆发提供了更广泛的传播渠道，以大数据、云计算等为代表的新模型，促进了网络舆情行业的深层次改革，网络舆情信息的传播流程较以往相比有着明显的区别和差异，呈现出多样性、复杂性等特点，使得社会问题朝着更加复杂化、公众化、热点化的趋势发展。现有的网络舆情研究有两个突出特征：①网络舆情在实际应对过程中，模型和数据的作用越发重要，网络舆情行业模型要求和数据需求越来越高；②网络舆情错综复杂，舆情分析亟须大量交叉性研究成果。

在网络舆情传播过程中，所有用户和转发、评论等行为可分别抽象为一个网络图中的节点和边，因此可在以节点和边构成的传播网络中挖掘舆情传播的特点，舆情、社会热点总是由一些关键用户通过各网络平台发出，称这些关键用户为关键节点，即那些能够让传播范围急剧扩大的影响力高的节点。另外，在网络随时间动态变化的过程中，早先时刻未能感知的发生变化的节点（未预知节点）也可能成为舆情后续发展的关键节点。对现有舆情传播过程中的关键节点以及未预知节点特征进行分析和评估影响力，对于掌握舆情主动权至关重要。国内对舆情安全大数据关键节点的分析研究主要有网络舆情安全大数据节点影响力分析、关键节点特征分析等，国外研究主要有对节点发布文本的情感分析、节点信赖度分析等（周东浩等，2015）。

11.2　舆情安全大数据的关键特征分析

本章的主要研究对象是网络舆情，主要内容包括网络舆情传播的关键节点及未预知节点的特征分析研究和网络舆情的应对研究，主要运用的方法为影响力分析方法和深度学习人工智能模型，并以真实舆情案例加以验证。图 11-1 为本章总体研究框架。

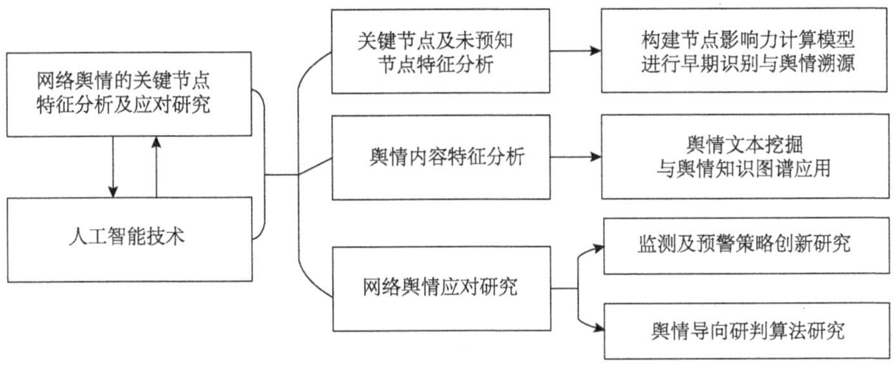

图 11-1　舆情安全大数据研究框架

对于关键节点及未预知节点特征的分析研究，本章通过构建节点影响力计算模型来识别在网络舆情传播过程中影响力巨大的关键节点以及未预知节点，进行影响力的动态更新以及增量式更新关键节点的集合，并通过真实舆情数据验证模型的有效性。网络舆情的应对研究主要分为两部分：一部分是监测及预警策略创新研究；另一部分是舆情导向研判策略研究，包括舆情词频图可视化分析、情感导向分析、传播规模估测。

11.2.1　研究难点

首先，在关键节点特征的分析研究中，重点在于如何对节点的影响力进行评估，从而优化关键节点的选择，使其在网络中的信息传播更具广度和效率。要在现阶段舆情传播关键节点识别研究之上取得突破性的进展，需同时在关键节点的分析及识别可靠性验证上有所创新，如何对新出现的未预知节点进行特征分析以及影响力更新，是模型上“未预知”的难题。

其次，在网络舆情安全大数据的监测预警策略创新研究中，网络舆情信息量巨大，更新速度不断增快，短时间内大量信息被冲掉，监听的节点信息过多、过少都难以使算法或系统有效运行，同时舆情监测过程会不断积压大量数据，存储空间消耗持续增加，导致监测系统难以有效运行。舆情预警过多，政府疲于应付使预警失去价值即政策上“疲于应付”的难题。

最后，在舆情导向研判策略研究中，政府人员应对网络舆情时面临人才能力不平均、专业性不足的问题，如何就网络舆情提供更清晰、准确和及时的舆情分析结果及应对方案，仍然是应用中的一大难题。

11.2.2 主要目标

目前，国内网络舆情安全大数据多数仅能通过关键字或大数据分析方法进行捕获和呈现，在提供传播动力学分析、识别关键节点以及智能一体化应对方面的交叉性成果薄弱，且表现亟待提高。因此，本章从网络传播关键节点着手，结合影响力分析理论、人工智能模型以及情感分析方法的交叉性研究，针对性地为网络舆情提供以下分析方法和应对策略。

首先，进一步提高识别网络舆情传播的关键节点的准确度，构建对网络舆情的一体化分析、监测预警及研判系统，仅对关键节点进行关联信息监测，并根据模型对未预知节点的影响力进行动态更新，有效缩小监测用户范围、监测信息广度，提高识别和监测的效率及准确度，根据舆情的生存期规律，设置监听期限，及时降低计算和存储成本，从而解决模型尚未预知的难题。

其次，根据传播动力学规律设置合理的舆情预警条件，在舆情尚未传播到所有关键节点，但监测期内已经迅速遍及半数关键节点之时，对该舆情进行及时预警。对于预警的舆情，应确保应对方案清晰明了，并以客观的方式呈现，同时通过可视化形式展示关键词频分布情况，从而帮助政府人员直观把握舆情关键内容和民众心声，从而解决政策上“疲于应付”的难题。

最后，对舆情传播过程中所体现的负面情绪进行等级评分，客观衡量该舆情的负面情感程度，从而为政府工作人员判断是否对该舆情给予高度重视提供有力的科学支撑，运用传播动力学对未来舆情将传播至何等范围进行模拟和预测，帮助政府工作人员及时掌握传播态势和关键节点，从而开展引导工作，解决应用上“不精准”的难题。

11.3　舆情数据分析及应对策略

本章在总体上采取理论研究与实证研究相结合的思路，首先对网络传播平台上的内容进行初步处理，在处理的舆情数据基础上构建传播网络图，根据具体的研究方向选取合适的模型对传播过程中关键节点的特征进行向量构建和降维，其次通过假设和模拟实验得到最符合实际传播情况的影响力计算模型，并在此基础上提出针对传播关键节点的舆情监测的创新策略，进行预警和舆情导向研究，实现一体化应对策略，图 11-2 为舆情分析系统研究思路流程图。

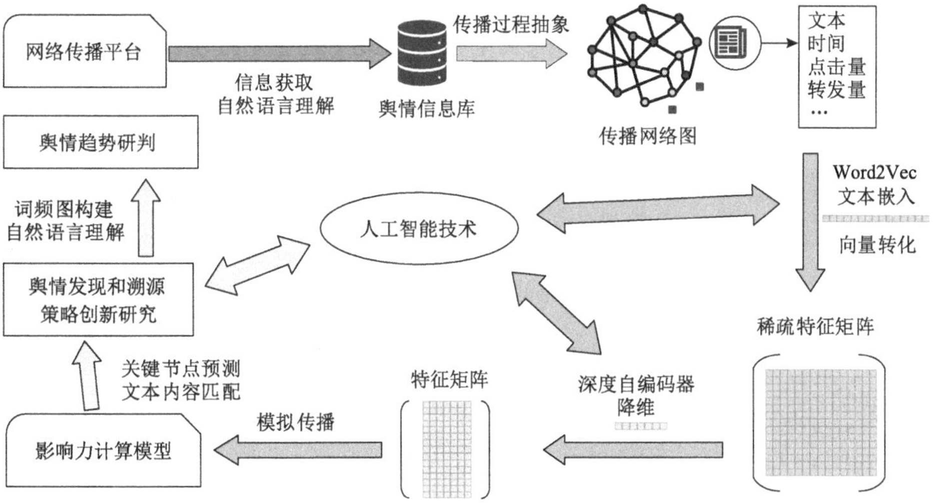

图 11-2　舆情分析系统研究思路流程图

11.3.1 网络舆情信息的计算机自动获取及信息的初步处理

本章利用计算机按照特定规则自动获取各地区网络传播平台上的高频率、高搜索量的新闻等信息，其中，需获取的信息有发布用户、发布时间、点击量、转发量、评论量、标题以及正文文本内容等。信息的初步处理主要包括对文本信息进行分词和关键词提取。

对文本信息进行分词是为了对文本内容进行关联搜索，因而需要利用分词方法对传播平台中的内容进行处理，将完整的句子以词为单位进行切断，例如，将“考生刷脸进考场”这句话切分为“/考生/刷脸/进考场/”这一过程可以使用 Python 编程语言中的中文分词工具完成。

关键词是指对于某文档或多个文档有代表性的词，能够直观显示文档的关注重点。关键词的获取主要采用自然语言处理方法，计算每个词的重要程度，认为同时具有高词语频率与低文档频率（文档频率为包含某词语的文档数目）的词具有较高的代表性，这种方法可以过滤掉常见的词语，保留重要的词语。

11.3.2 基于深度自编码器的舆情特征提取

深度学习是人工智能领域的核心方法，主要通过利用计算机构建复杂的动态人工神经网络，模拟人脑对数据、文本、图像等进行学习，深度学习具有高计算速度、高自主学习性以及一定的联想存储能力，自编码器是一种无监督的深度学习模型，由编码器函数和解码器函数构成。编码器函数将输入数据转换为新的向量表示，而解码器函数是将这个新的表示转换回输入。

舆情安全大数据的信息源发布后会在一定时间内产生影响效果，在传播过程中，用户的发布时间、点击量、转发量、评论量及发布文本内容等特征都会影响该信息的传播范围。在为每个节点构建出基本的特征向量后，向量维度高且十分稀疏，因此有必要对基本特征进行进一步的分析和提取。

深度自编码器擅长从高维度输入向量中学习到更抽象也更综合性的特征，并在尽量不损失蕴含的信息的情况下，将高维度输入转换成一个新的低维度向量表示。本章通过深度自编码学习并提取传播过程当中网络节点的综合特征，流程如下。

1. 构建舆情的传播网络图

舆情的传播过程构成了一个复杂网络，而复杂网络可用图来表示（Liu et al., 2013）。将每条经过分词处理的舆情信息进行归类，同一舆情信息进行合并。对每类舆情安全大数据以发布源头和传播者为节点，以转载和转述行为为边，构建该舆情的传播网络，其中每个节点具备大量特征，如发布文本、发布时间及转发量等。

2. 节点特征向量的构建和降维

因为节点特征种类不同，包括文本、数字、时间等，因此需要将非结构化的特征转化为数值或具有可区分度的向量。使用 Word2Vec 词嵌入方法将节点的文本特征转化为一个 N 维向量 $\left(v_1, v_2, v_3, \cdots, v_N\right)$，时间从发布源头开始计算，按照天、时、分、秒等转化为多个数值型变量，与其他数值型变量共同拼接成一个特征向量，所有节点的特征向量共同构成了一个稀疏矩阵。构建深度自编码器模型，将每个节点看作一个训练样本，而它的特征向量作为输入层的输入，通过无监督学习得到节点的低维向量表示。所有节点经过训练得到的向量表示中，每一维度都对应一个综合特征。利用深度学习方法提取节点综合特征向量的过程以及深度自编码器模型构造如图 11-3 所示。

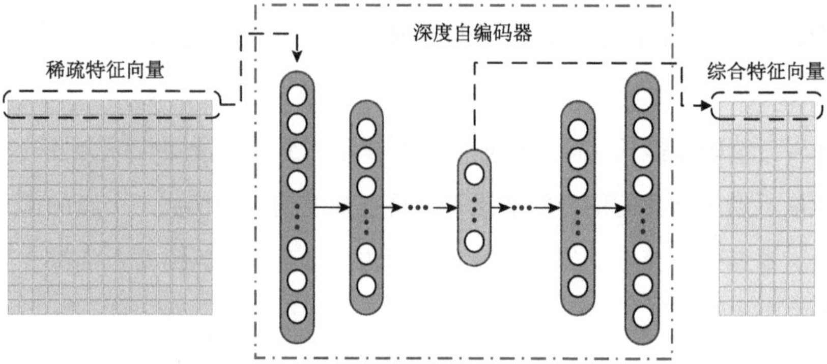

图 11-3 深度学习模型提取节点综合特征流程

11.3.3 关键节点的特征分析

在使用深度神经网络提取关键节点及未预知节点的综合特征后，这些特征对节点的关键程度，即影响力大小的贡献或重要性需要进一步分析。在评估节点的影响力时，主要使用节点的度数（即节点的连边数）、中心性、直接和间接邻居节点个数等指标。对综合特征的每一维度特征与各类影响力评估指标进行相关性分析，可得到具体指标与综合特征维度的关联程度，从而可参照评估指标的性能优劣对节点综合特征的重要程度进行假设。

本章将在舆情的传播网络中，根据舆情真实传播情况以及影响力传播理论，生成多个不同的关键节点选择策略假设，并对假设集合中的每个选择策略进行验证，以获得最接近真实传播范围的关键节点选择策略。模型建立的步骤如下。

（1）对于每个假设，按照该假设选定关键节点集合。

（2）对这些节点的每一维综合特征设置参数，用以体现该特征对节点影响力的贡献程度，从而构建影响力计算模型。根据计算得到节点影响力大小并选出影响力最大的前 K 个节点，以它们作为初始传播节点，通过独立级联传播模型进行模拟传播，计算模拟传播范围，并与舆情真实传播范围进行对比，模拟传播范围与真实传播范围越接近，说明影响力模型越有效。

（3）从每个假设得到的最有效的影响力模型中，选出最具效力的模型作为最终的影响力模型。

通过假设和模拟验证，获得最符合客观传播情况的影响力计算模型，从而获取传播过程中影响力最大的用户群体，即网络舆情的关键节点。

由于网络是随时间变化的，因此还需进一步对关键节点进行动态更新。本章将根据增量式的更新思路，首先对新的引起大量转发、点击的未预知节点的影响力进行更新，然后与已识别出的关键节点进行影响力比较，如果任一未预知节点的影响力超出模型已识别出的任一关键节点，则及时对关键节点集合进行更新，即淘汰集合中影响力最小的关键节点，同时将目前影响力最大的未预知节点补充识别到集合之中，解决未预知节点建模的难题，从而为后续制定精准政策提供良好基础。

11.3.4　网络舆情的应对策略研究

1. 舆情的监测和预警策略创新研究

网络舆情安全大数据的监测和预警是对网络舆情发生、发展和变化过程的影响因素的监测并向有关部门发出危机警报的体系。本节根据上述对关键节点构建出的影响力计算模型，在信息发布之后、舆情尚未形成之时计算出关键节点，并在接下来一段时间内对这些节点进行舆情监测，在舆情形成初期进行预警。步骤如下。

（1）当信息源发布之后，利用影响力计算模型选出舆情形成所需的关键节点，并只针对这些节点进行监测，且只监测与信息源头的文本内容相匹配的发布内容以及有关动态，该方法有助于保证在不降低准确性的同时降低监测的计算和存储成本，从而避免在政策应对上出现困难。

（2）若关键节点中超过半数发布或转载了与信息源内容相同或相似的信息，且点击量、转载量、点赞数、评论数急剧增长，则说明该信息源已有可能形成较大态势的舆情，应当进行舆情预警，提醒政府加以关注和应对。

（3）应当对监测期限进行限制。如果在监测期内并未形成舆情，则不再对该信息源的关键节点进行监测。如果放弃监测后有内容相似的信息源再次发布，则将其作为一个新的信息源重新进行监测。监测期应按照舆情的生命周期长短规律进行设置，从而在保证监测有效运作的同时，降低数据存储成本和计算成本。

2. 舆情导向的研判

网络舆情安全大数据中蕴含的公众情绪大体上分为正面情感和负面情感两类，其中舆情负面情感会对现实社会产生较为严重的影响，评估舆情的负面情感程度对判断舆情导向至关重要。本章对舆情导向进行研判，提供舆情安全大数据的词频图、负面程度及无干预情况下可达到的传播范围。政府可参考舆情的词频图、负面等级和预计传播范围对舆情导向进行科学判断，并采取行动及时应对和处理，从而达到精准的决策支持效果。模型建立步骤如下。

（1）舆情传播过程中出现次数较多的词语往往体现了大多数民众的关注点和舆情的核心内容。对于监测到的舆情，对其传播的信息源文本、关键节点发布的相关信息文本进行获取，并提取文本内容中的关键词和高频词，构建词频图，以可视化的方式直观呈现舆情安全大数据蕴含的重要信息。

（2）对舆情传播过程中的发布文本进行情感分析，设置词汇和情绪等级的对照表，并对文本中情绪的负面程度进行累计。根据其情绪负面程度对舆情进行评分，并将统计结果和综合评分以可视化的方式呈现该舆情的严重程度。

（3）根据独立级联传播模型，针对识别到的关键节点，进行传播模拟，计算预期传播范围，并以可视化的方式呈现该舆情未来的扩散趋势。

11.4　舆情安全大数据存储与融合

11.4.1　舆情安全离线数据存储

本章面向管理舆情公共安全数据，除了实时的现场数据外，还有很多与舆情公共安全事件相关的基础信息数据，如政府部门、学校、机场等重要基础设施信息数据，救助管理站、公园、防空洞等各类避难场所数据，地震/地质信息、气象/水文信息等专题信息数据。这些数据的处理分析结果通常在时间上没有严格的要求，可以采用离线处理的方式，一般可以采用先将数据存储到 Hadoop 分布式文件系统（Hadoop distributed file system，HDFS）或数据库中。离线数据存储流程如图 11-4 所示，数据集和文本文件经计算机引擎处理后，分别存储于分布式文件系统和数据库中，适用于无实时要求的大规模基础信息数据的存储和分析。

图 11-4　离线数据存储方案

11.4.2　舆情安全流式数据存储

为了做到对舆情公共安全事件的及时处理，首先需要对现场数据进行实时采集，然后将这些数据进行微处理之后实时存储到数据库中，因此本章提出了实时流数据的存储方案。以往的舆情公共安全事件更多专注事后对舆情公共安全数据的处理，然而当前舆情公共安全形势发生了深刻的变化，舆情公共安全事件管理和实时处理正逐渐成为下一阶段工作的重点内容。以往的舆情公共安全数据处理方式主要集中在批处理中，随着对舆情公共安全事件要求的不断提升，数据存储方式必然从批处理变换为流式数据存储，因此需要使用实时流式数据存储方式。舆情公共安全数据源通过消息队列进入实时存储系统后，进行统一流式处理，然后存储到数据库中。图 11-5 为流式数据存储架构图。

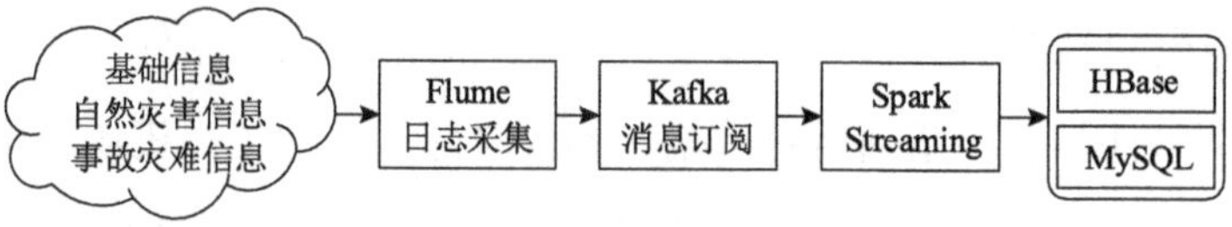

图 11-5　流式数据存储架构

1. 舆情公共安全数据来源多种多样

为保证多种数据采集的实时性，同时结合舆情公共安全大数据的特点，可以使用大数据组件 Flume 对数据进行采集。Flume 作为一个分布式海量日志采集系统，支持用户对各种数据源进行采集，例如端口数据、HTTP 源、系统日志、文件目录等数据，同时还可以对数据进行简单的微处理，适合海量数据的高可靠、高效率传输。

2. 数据预处理

当数据经过采集之后，所有的舆情公共安全数据将会汇总到消息队列系统中进行统一管理，消息队列系统必须要起到高吞吐、高效率的作用，特别是对接后续的实时数据处理要保证数据始终处于流动状态。因此，可以选用分布式发布订阅消息系统 Kafka 衔接数据采集和数据实时处理。

3. 海量数据高效处理

海量实时舆情公共安全数据的流式处理对系统的处理能力提出了挑战，如果流处理框架的能力不足，则可能会导致数据丢失，影响数据的完整性和可靠性。Spark Streaming 是 Spark 核心 API 的一个扩展，支持高吞吐量的数据处理，并具备容错机制，能够从多种数据源（如 Kafka、Flume 和 TCP Socket）获取数据，同时还可将数据处理结果存储到分布式文件系统、数据库和可视化工具中。使用 Spark Streaming 不仅能够满足舆情公共安全数据的实时处理，也能够无缝衔接 Spark 的其他组件。

4. 数据存储方案

在舆情公共安全大数据的存储中可以采用 HDFS+HBase+MySQL 的混合模式。基于 HDFS，将数据的吞吐及存储任务分散在大量服务器之中，在保证备份可靠性的同时还能随时访问大数据集群的各个服务器，通过分布式存储实现数据的备份并提升大数据的访问性能。非关系型数据库 HBase 是 NoSQL 数据库的一种，其结构化存储提供了安全、高效、可拓展的分布式结构化和半结构化的数据存储服务。MySQL 作为一种关系型数据库，结构简单，适合用于数据结构固定的舆情公共安全数据存储。

11.4.3　舆情安全与文本大数据融合方法

面向舆情公共安全事件的网络文本信息解析理论框架共分为四个部分：①舆情公共安全事件的分类；②舆情公共安全事件的语义框架建模；③基于事件的信息语料构建；④舆情公共安全事件文本的信息提取模型。以上四个部分的有机结合和逐级实现即可产生结构化的事件数据库，最终用于事件的可视化与知识发现，如图 11-6 所示。

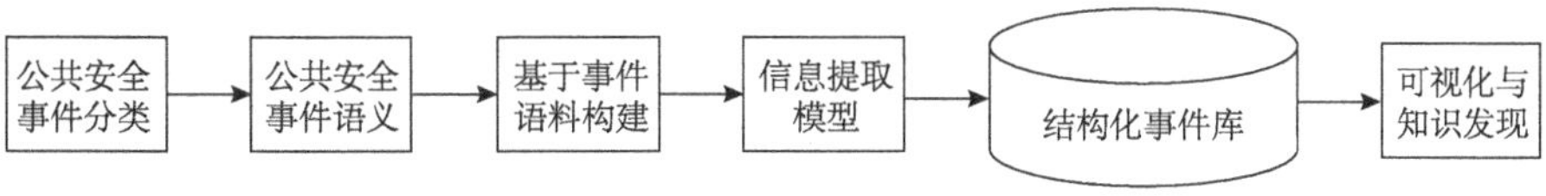

图 11-6　基于事件语义框架的文本信息结构化思路

1. 舆情公共安全事件的语义框架

构建舆情公共安全事件语义框架的进程实际上也是将其要素分类和清晰化的过程。该过程既是获取、描述和表达舆情公共安全事件要素信息的基础，也是相关语料标注的依据。舆情公共安全事件分为不同类型，而不同类型事件包含的要素也不尽相同。为规范事件要素的表达，需要通过以下步骤完成：首先，针对语料库中已有的专业术语，通过抽象与综合，形成术语集；其次，将术语归纳总结为要素集合；最后，确立集合中要素的关系，形成事件语义框架。总体上，将舆情公共安全事件分为类型、对象、编号、时间、空间、属性和来源七类基本要素。基本要素可以进一步细分为次级要素，以地震事件为例，空间包括震源位置、震中纬度、震中经度、地震深度等次级要素；属性可分为原因、结果、行为、影响四个次级要素，而结果、行为和影响又可以分为更细化一级的要素类别；来源包括发布时间、网址、可靠性三个次级要素。进一步而言，地震事件涉及多个具体的要素信息，如事件类型、地震名称、记录编号、发震时间、震源位置、震中纬度、震中经度、地震深度、地震成因、地震震级、地震烈度、死亡人数、受伤人数、失踪人数、受灾人数、安置人数、建筑损坏、经济损失、受灾范围、记录时间、震感程度、天气状况、救援方式、救援人数、救援资金、发布时间、信息网址、信息可靠性级别等。不同的要素在存储时，对应不同的层级和数据类型，以便后续的数据分析和处理。

2. 舆情公共安全事件训练语料的关联标注策略

文本标注的目的是进行事件要素解析模型的训练与结果的精度验证。现有的研究大多着眼于从文本中识别时间、地名等特定的要素信息，但对于这些要素是否对应某一具体事件，即要素与事件之间的关联关系鲜有深入探讨。究其根源，是在文本标注的阶段就缺乏相应的措施。为此，本章的思路是，在语料标注阶段，明晰要素与事件的关系，从而为系统解决文本信息的抽取与关系的识别奠定基础，具体的标注策略步骤如下：①文本预处理。选择合适的中文词法处理工具，对文本进行分词、词性标注等自然语言预处理。制定标注规范，使之与自然语言预处理结果的分词粒度、词性标注体系等保持一致。②设计事件要素的标注体系。标注体系按照事件要素类型分为事件类型标注模式、事件-属性关联（attribute link）标注模式、事件-时间关联（time link）标注模式和事件-位置关联（location link）标注模式四大类（图 11-7）。为了使标注结构化，并易于与其他语言进行格式交换，标注采用 XML Schema 的方式。③确定事件要素关联关系标注。对象、时间、空间以及属性是事件信息组成的独立要素单元。只有将事件要素与事件关联起来，才能够组成完整的事件信息。因此，我们实现了基于事件的关联标注体系，即在单个要素单元的标注基础上，实现了时空、属性信息与事件的关联。主要标签包括：事件-时间关联、事件-位置关联、事件-属性关联。通过上述标注，使用该语料训练的模型在文本解析时，不仅可以识别出要素信息，而且还可将其关联到特定的事件上，从而产生系统的事件结构化信息。

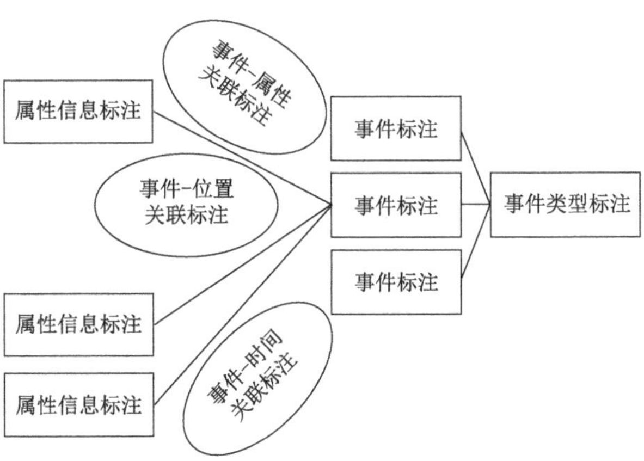

图 11-7　事件要素信息标注基本框架

3. 舆情公共安全事件的网页文本信息解析

面向舆情公共安全事件的网页文本解析主要包括五方面的内容：事件类别的识别、事件名称的识别、发生位置的识别、时间信息的提取、事件非时空属性的识别。在舆情公共安全事件关联标注的基础上，通过模型训练，可完成事件各要素的识别，并实现要素与事件的关联。

事件分类的任务是确定该文本是否包含目标舆情公共安全事件的类型。事件类别的识别分为两个步骤：语料的准备和模型的训练。在语料的准备中，从标注文本中选取事件触发词汇及其词性等特征，计算其与事件类型的互信息值，根据互信息值进行过滤，生成特征向量用于模型训练。在模型的训练中，选用稀疏化的支持向量机作为分类模型（Ma et al.，2018；Ma et al.，2021）。在对事件进行分类时，根据分词的结果获取待识别文本的特征向量，再应用训练好的支持向量机分类模型进行判别。

事件类别确定之后需要识别具体事件的名称，如“5・12”汶川地震、玉树地震等。考虑到标注的文本中包含了要素与事件之间的关联关系，我们采用条件随机场模型进行识别。这是因为条件随机场模型可以引入长距离特征，故在确定事件名称时，可综合考虑触发词汇，事件描述的左、右指界词等方面的信息，从而得到更加精确的识别结果。

事件要素的识别包括时间信息、位置信息、属性信息的提取。对于时间信息，可采用正则表达式匹配的方法进行抽取。由于采用了面向事件的关联标注策略，因此时间信息不仅被明确标注，同时还包含了事件-时间的关联信息，使时间信息能够与事件类型、名称相匹配。针对空间信息的识别，由于使用了基于事件-位置信息关联的语料，可确保地名的识别也与事件名称匹配。同样，对于属性的提取，采用了事件-属性信息关联的语料，通过 Bootstrapping 弱监督学习方法可实现事件属性信息的抽取，并同时获得属性与事件的关联信息。

11.5　社会网络舆情管理系统应用实例

本节探讨如何利用自然语言处理、文本挖掘和图谱检索技术，从社会网络中提取关键的舆情特征，并构建高效的社会网络舆情预警模型（图 11-8）。这一模型以层次分析法为基础，不仅去除了冗余特征，还为管理和疏导尚未扩散的舆情提供了科学依据。

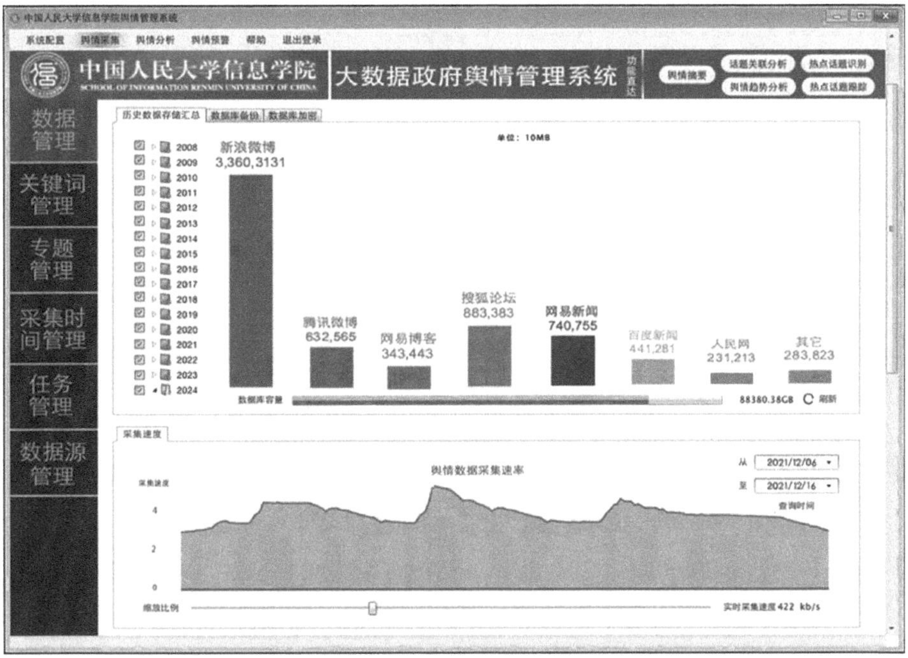

图 11-8　舆情大数据的收集和存储优化工具

与依赖单点专家经验的传统调控策略不同，本章所构建的系统运用爬虫技术、信息检索及专家知识库等工具，构建了一个动态的舆情特征调控策略知识库。这一知识库能够根据舆情的具体特征，实时提供关联要素，进行方法推荐和案例推送，实现精准而灵活的舆情管理。

针对社会网络舆情的多样性，本章所构建的系统提出了点调控、链路调控、主题调控和全局调控四个层次的自适应舆情调控策略。这些策略综合应用于本章构建的社会网络舆情全局精准调控与管理策略系统（图 11-9），有效整合了舆情监控、分析和应对措施。

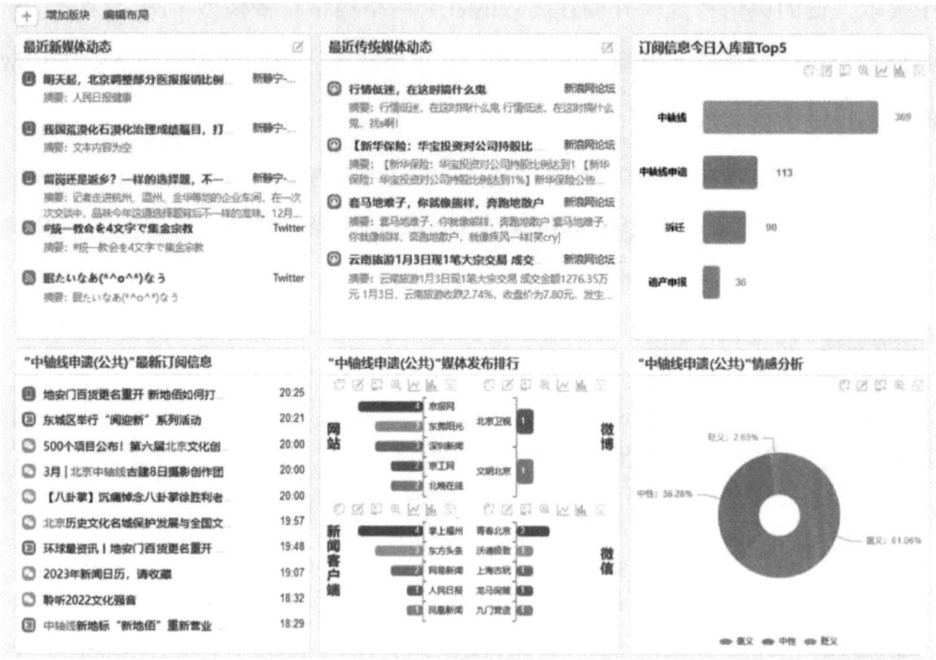

图 11-9　舆情全局精准调控与管理策略系统（2023 年 1 月 3 日统计）

本章所搭建的社会网络舆情管理的应用涵盖了系统部署与架构、运行与维护、更新与迭代以及应用服务四个主要方面。这一全面的管理流程确保了舆情文本和图谱的有效运用，从而提高了管理效率和准确性。

11.6　舆情数据分析与管理的未来

本章通过将人工智能方法及影响力分析方法应用到网络舆情关键节点的分

析、网络舆情的监测预警及研判中，构建了一体化舆情安全大数据应对系统。该系统能够预测舆情传播的关键节点，在舆情尚未形成较大态势、存在传播扩大可能性的时候对有关部门提出警示，并同时提供传播关键节点、该舆情的倾向、负面情绪化程度、未来可导致的传播规模等一系列智能评估，打造“智慧舆情”，形成以数据为核心的舆情管理一体化方法和系统，进而帮助各地方政府及时知悉舆情、判断是否需要应对该舆情、需要对哪些用户或媒体进行重点关注、准确把握舆情传递中民众的主要呼声和民意倾向，从而为政府政策制定和决策提供导向、参考及支持。

十年来，互联网管理工作不论从理论上还是实践上，都已经取得了长足的发展，绝大部分舆情问题都能得到基本的管理和引导。近几年，自然语言处理和文本挖掘取得了新的进展，包括知识图谱的应用，自然语言理解不仅在速度上，而且在精度上，都得到了进一步的提高。

在社会网络舆情主题图谱构建过程中，命名实体识别和分类是关键性方法。英语的命名实体识别相对容易，在英语书写中，单词之间具有明确的边界。此外，在英语文本中，专有名词的首字母通常大写，这使得实体的边界更容易确定。中文中的专有名词没有特殊标识，使得专有名词的识别与边界确定变得更加困难。利用深度学习的方法，可以尽可能提取专有名词的特征，并结合上下文信息，充分利用已有资源来提升识别效果。然而，大多数方法仍然依赖大量标注数据，而高精度识别所需的标注成本极高。因此，如何降低实体识别对标注数据的依赖，成为一个重要的挑战。

社会网络舆情在传播过程中并非孤立的，舆情之间的关联现象普遍存在。某一事件成为热点时，往往会通过共同主体或共同主题关联其他热点事件（孙倬等，2021）。而在目前研究中，每一舆情的传播网络、每一个节点都是孤立存在的，未考虑舆情传播过程中的耦合性、关联性特征以及网络中相邻节点和多个节点簇之间的合作与分享。因此，如何基于社会网络舆情主题图谱定量分析舆情传播之间的关联性、节点之间的合作与共享，进而更好地指导舆情主题图谱调控的适用性，是舆情主题图谱分析和推理过程中的难点问题。

在研究方法上，本章在网络舆情的关键节点特征分析的基础上，提出了改进的深度学习模型和与真实传播情况相适应的影响力计算模型，其能够动态、准确地识别舆情传播的关键节点。在网络舆情的应对策略创新研究中，提出了舆情监测预警策略和舆情导向研判策略，为政府科学应对舆情提供了策略创新和决策支持。在数字科技时代，对于及时预判、监测、引导并化解网络舆情危机来说，如何利用好深度学习方法提升政府网络舆情应对能力，是一个富有挑战、需要深入思考以及实践的重要课题。在学术思想上，如何在人工智能环境下，科学研判、主动分析和把握网络舆情走向，不仅是一个方法问题，更是一个涉及“超传统思维”的理论问题。在当下的互联网时代，网络舆情极易发生，网络信息溢出效应不容小觑。结合网络大数据挖掘以及科学分析把握正确的网络信息导向，实现方向性引导，是一种“网络执政模式”的理论创新。在实际运用上，本章以网络舆情为研究对象，利用改进的人工智能模型提高关键节点识别的精准度和舆情监测应对的科学性，能够在提高网络舆情管理效益的基础上，形成以数据为核心的舆情管理一体化方法和系统，进而为全国各地政府监测舆情安全大数据及应对策略提供及时、有效的预警和参考及决策支持，实现高效应用，并为决策提供有价值的支持。

目前的舆情预警研究大都将舆情情境下的舆情内容、舆情传播主体和行为等多个维度相分离，针对其中的某一维度依据专家主观经验构建预警模型，缺乏以数据驱动为基础的多维度之间客观影响规律的支撑。因此，如何基于社会网络舆情主题图谱提取有效的舆情特征，并在突发舆情发生的第一时间科学、动态、自适应地进行应对，同时针对不同特征的舆情实现精准调控，已经成为一个舆情管理部门面临的共同难题。

通过与舆情图谱结合，在信息推送和场景应用等方面建立相应的功能模块，为舆情管理部门提供强大的舆情分析服务。其研究难点主要在于现有方法和工具无法满足舆情图谱管理需要及分析和精准定位用户的需求。前者制约了舆情图谱管理效率，后者则对舆情图谱的应用面的延伸有较大的决定作用。因此，如何寻找新的方法和新的理念管理与开发舆情图谱，以及将舆情主题图谱的优势和特点转化为实际生产效能，并结合其他领域构建应用实践体系是一个值得深入探讨的重点和难点问题。随着近年来互联网的进一步普及和手机的应用，参与网络讨论的人群越来越庞大，各种需要管理的新类型帖子越来越多，这也对舆情安全大数据管理在方法上和管理策略上提出了新的要求。因此，如何自动、及时地发现数据库中预设管理舆情类型之外的新型舆情题材，已成为舆情管理中决策支持的重要问题。

第 12 章 舆情管理的大数据技术应用

本章基于某市大数据应用发展管理局的丰富经验和先进基础设施，探讨如何将舆情管理技术与实际应用场景有效融合。重点在于优化和扩展现有的大数据舆情分析与决策支持系统，通过集成大数据分析和人工智能技术，显著提升舆论监控与分析的精度与效率。本书构建的应用系统的开发和应用旨在支持政府决策过程，提供基于数据驱动的洞察，帮助政府及时响应公众关切，优化政策实施。同时，系统也致力于强化公共安全与网络稳定性监控，确保信息环境的健康与安全。通过实时分析大规模数据，本书构建的应用系统能够迅速识别潜在的风险和舆论波动，为政府机构提供预警，从而实现更为有效的舆情应对和危机管理。此外，本章还将展示该系统在实际运行中的应用案例，如何通过技术手段解决具体的舆情挑战，以及这些技术如何帮助政府和相关机构优化决策流程，增强对社会动态的控制与引导能力。通过深入解析这些案例，我们希望为如何利用技术赋能舆情管理与决策支持提供一个清晰的视角。

12.1 大数据与舆情管理的融合

在当今信息爆炸的数字时代，大数据技术与舆情管理的结合开辟了新的研究和实践领域。大数据，指的是体量巨大、类型多样且增长速度快的数据集合，其处理和分析超出了传统数据库软件的能力。在舆情管理领域，大数据技术的应用能够实现对社会网络平台产生的海量信息的快速采集、存储、处理和分析，帮助决策者从复杂的数据流中提取有价值的信息，进行有效的舆情监控和分析。基于这一背景，可以从以下几个方面探讨大数据与舆情管理的融合。

（1）技术与需求的驱动。在社会网络普及和数据量激增的背景下，传统的舆情分析方法逐渐显得力不从心，难以快速准确处理海量的数据和复杂的信息网络。大数据技术的引入，使得处理和分析大规模数据集成为可能，为舆情管理提供了新的技术支撑。

（2）数据的特点和挑战。大数据在舆情管理中的应用需要处理的信息具有“4V”特征：规模性（volume）、高速性（velocity）、多样性（variety）、价值稀缺性（value）。这些特点代表了舆情数据的广泛来源、快速更新和形式多样。这些特点带来了挑战，包括如何有效存储和快速处理数据，以及如何从杂乱无章的数据中提取有用的信息。

（3）融合的实践意义。大数据与舆情管理的融合，可以优化舆情监测的全过程，从数据采集、分析到决策支持，提高了舆情管理的实时性、准确性和全面性。例如，通过实时舆情监测，可以快速识别舆情趋势和热点，进行有效干预，减少不良舆情对社会的影响。

（4）技术融合的策略。在技术上，大数据舆情分析系统通常依赖于先进的数据处理架构（如 Hadoop 和 Spark），以及高效的数据分析工具（如 Elasticsearch、Kibana 等）。舆情管理策略也需要根据大数据分析的结果进行调整，如通过数据驱动的舆情研判模型，更科学地制定舆情引导和应对措施。

通过融合，大数据技术为舆情管理领域带来了革命性的变化，不仅极大地提高了信息处理的效率和效果，还增强了舆情研究的深度和广度，为实现更精细化、动态化和智能化的舆情管理提供了可能。

12.2 舆情管理中的图谱构建方法

大数据社会网络的兴起极大地丰富了人们获取、分享和传播知识的途径，越来越多的人愿意通过社会网络来发表自己最真实的想法，社会网络也逐渐成为舆情发生和发展的主要场所。①由于社会网络开放、自由和隐秘性的特点，舆情数据正在大规模爆发，社会网络中所包含的各类信息十分丰富，这些信息使得人们很难真实地获取自己需要的知识和数据，因为大量的信息往往将这些真实信息掩盖。②社会网络舆情大数据大都是分散、异构、多粒度的，并且缺乏统一的访问方式，人们要么无法获得其想了解的舆情信息或知识，要么仅仅获得了整个舆情的某一片段信息。③当前，社会网络舆情数据还很难为计算机所理解，无法通过计算机对社会网络舆情数据进行语义或知识层面的操作，难以实现舆情分析的智能化。因此，为了更加高效地分析和利用这些社会网络舆情数据，进行社会网络舆情关联和舆情分析，从而帮助政府更全面有效地掌握舆情发展态势，就需要对这些海量、分散、异构、多粒度的社会网络舆情大数据进行大规模的采集、抽取和关联，构建完成主题图谱，为社会网络舆情大数据关联演化分析和调控策略制定提供基础。

图谱构建是大数据驱动的社会网络舆情主题图谱构建和调控策略的起点，主要通过对社会网络舆情大数据进行语义揭示和语义关联，组织相关知识，形成覆盖网络的语义关联，为图谱挖掘提供高质量的数据资源，并为图谱分析做好准备。图谱构建主要以社会网络的非结构化舆情数据为研究对象，借助传播学、拓扑学、计算机科学、统计学、信息学等学科的相关理论和方法，对舆情主题图谱数据的采集和主题图谱的构建进行研究与探讨，为后续工作提供数据基础。图谱构建的质量直接影响舆情内容的精准调控、语义删帖的合理融合以及新型题材的自动发现等。因此，构建准确合理的图谱对于奠定良好的分析、决策和实践基础至关重要。

本章充分利用当前深度学习和人工智能等方法取得的重要成果，探索其在大数据采集、数据抽取领域的应用，以解决其中的关键模型问题。具体来说，本节包括以下几个方面的研究内容：①社会网络舆情大数据采集的新方法和新工具；②社会网络舆情大数据的语义抽取；③社会网络舆情大数据的语义标注；④社会网络舆情大数据的语义关联。其中，第一个方面的研究内容是解决数据的采集问题，提供基础数据支撑；后三个方面的研究内容是完成实体概念、实体属性以及实体关系等抽取工作，从而发现社会网络中重要的舆情线索以及数据要素之间的相互联系。

社会网络舆情图谱构建包括以下四个内容，沿着知识图谱构建流程（数据采集—语义抽取—语义标注—语义关联）的基本思路展开。

12.2.1　社会网络舆情大数据采集

针对社会网络舆情大数据所具有的海量性、分布式和高时效性等特点，数据采集环节需突破传统舆情分析中数据源单一、获取方式静态、时效性不足等局限。为此，相关研究提出了多种数据采集策略，如行为追踪法、增量采集法及跨平台匹配法，以提升舆情数据的覆盖范围、更新频率和结构完整性。

其中，增量采集法主要包括两种路径：一是基于固定时间步长的周期性采集；二是基于差异性检测的触发式采集，适用于快速变化的舆情事件追踪。另外，数据采集的兼容性设计强调不同平台间的数据互通、格式统一与语义对齐，以实现多源异构数据的协同整合。

有效的数据采集机制不仅为后续的语义抽取与图谱构建提供了坚实的基础，也保障了舆情图谱在实际应用中的广度与时效性。

12.2.2 社会网络舆情大数据的语义抽取

语义抽取是社会网络舆情大数据语义组织与语义关联的基础环节，其准确性直接影响图谱构建过程中实体标注和关系识别的质量。面对海量、分布式、短文本密集的舆情数据，传统的抽取方法（如基于词典或统计的方法）在覆盖率与适应性方面仍存在较大局限，难以满足对多源异构数据进行高效抽取的实际需求。

为提升抽取效果，近年来研究者广泛采用自然语言处理与机器学习技术，尤其是在短文本分析与命名实体识别方面不断取得进展。例如，结合频繁词组挖掘的命名实体识别模型可有效提取高频概念单元，配合基于词图的概念描述方法，能够增强语义结构识别能力。同时，借助深度学习模型对上下文窗口内的语义信息进行建模，可以提取不同层次的语义特征及其间的关联关系，从而更准确地识别出图谱构建所需的实体类别、属性与关系。

通过多源融合与深层特征建模，语义抽取技术正逐步向精细化、上下文敏感和结构感知方向发展，为舆情知识图谱构建奠定了坚实基础。

12.2.3 社会网络舆情大数据的语义标注

为解决社会网络舆情大数据的语义标注问题，本章借助实体关联、属性映射、类映射、形式化描述和机器学习等方法，基于社会网络舆情大数据的语义数据，对社会网络舆情中的实体、属性等对象之间的相似关系、时间关系、并发关系、因果关系、顺序关系、参考关系等多类型关系进行语义标注。

社会网络舆情大数据的语义标注是社会网络舆情知识进行关联分析的重要基础，是表达舆情大数据语义概念和语义关系等语义内容的过程。在社会网络舆情中，事件及其涉及的实体可能会与其他事件（或实体）相关，事件与事件之间也存在此类关系，这些关系可以是相似关系、时间关系、并发关系和因果关系。通过语义标注，我们可以得到相关舆情的关系集合。

12.2.4　社会网络舆情大数据的语义关联

为解决社会网络舆情大数据的语义关联问题，本章基于相似度计算、规则推理等方法和模型，根据上一步语义标注的结果，对社会网络舆情大数据的语义关联进行研究，从而生成一个社会网络舆情大数据关联网络，以达到构建社会网络舆情大数据主题图谱的目的。

社会网络舆情大数据的语义关联是指将来源于不同数据渠道、平台的社会网络舆情大数据根据语义标注的结果，从多个维度进行语义关联分析的基本过程。原有的有关舆情信息的组合多从宏观角度，对舆情数据进行融合，因此缺乏细粒度的舆情数据分析，难以体现舆情图谱的多维度特征，从而大大限制了数据的深度挖掘和分析，为解决这一问题，本章对基于相似度计算和基于规则的多维度关联方法进行研究，解决相关实体的多维度关联问题。具体来说，社会网络舆情大数据的语义关联包括两个层次：事件层的关联和话题层的关联。前者是基于同一事件内实体之间的多维度关联；后者则是基于相关话题之间的多维度关联。

12.3　敏感信息大数据图谱分析与推理

图谱分析是指大数据驱动的社会网络舆情主题图谱构建和调控策略的基础环节。通过研究大数据驱动的社会网络舆情主题图谱的分析和推理方法，图谱分析旨在从关键角色、关键节点、关键路径和趋势预测等多个维度，对社会网络舆情主题图谱进行全面深入的挖掘，最终实现将数据转化为知识的目标。

应用基于知识图谱的多维度人物和组织画像模型等有效方法，可以从非形式化的数据中抽取表达意义的核心要点，从而识别人物、组织和机构等实体之间的关系（田玲等，2021）。这一过程主要包括画像的建立、画像噪声消除、画像之间的对比、画像信息的扩展与推理以及画像的持续更新与学习等几个重要步骤。通过描述一条信息完整的扩散过程，然后基于度量节点传播能力的系列指标，从扩散规模、扩散的时空特征、扩散树的结果等多维度对该条信息进行测量（Li et al.，2021），以达到挖掘、分析关键扩散者（关键节点）的目的。鉴于社会网络中信息传播类似于液体在溶质中的渗透，本章在关键节点分析研究的基础上，采用渗透理论挖掘社会网络舆情大数据主题图谱中舆情传播的关键路径，为研究社会网络舆情大数据主题图谱调控策略提供重要依据。最后，基于多层耦合社会网络上的信息传播，通过分析和挖掘信息跨多个异质社会网络扩散时的多维传播特征，实现社会网络舆情主题图谱中趋势预测模型研究的目标。

社会网络舆情大数据主题图谱分析与推理是以 12.2 节构建的社会网络舆情大数据主题图谱为基础，借助复杂网络、拓扑学、传播学、社会学、心理学、统计学、信息科学等学科的相关理论和方法，对舆情主题图谱的静态结果和动态演变进行分析和推理（黄晓等，2023），研究如何对社会网络舆情大数据主题图谱进行更深层次的知识挖掘和更广泛的知识拓展。一方面，社会网络舆情主题、主体类型的多样性，使得企业或政府对舆情的管理有不同类型的知识需求，这给社会网络舆情大数据主题图谱分析带来了不小的困难。另一方面，由于 12.2 节所构建的舆情主题图谱仅为实体及其属性之间关系相连的一阶图谱，而舆情是时刻动态变化的，为了满足政府的舆情管理需求，需要对基于该舆情实体关系的一阶主题图谱进一步完善和挖掘，进行更深层次的知识挖掘与更广泛的知识拓展。为此，本章需要解决的问题是：①如何深入分析和挖掘社会网络舆情主题图谱中的关键人物、组织和机构及其相互之间的关系？②如何识别并分析社会网络舆情主题图谱中的关键路径？③如何基于社会网络舆情主题图谱进行舆情趋势预测并进行新型舆情题材的自动发现？

根据社会网络舆情大数据主题图谱的实体属性间的各类型关系、网络拓扑结构、时间演化规律等，可以将分析划分为“点”、“线”和“面”三个维度，每个维度又进一步围绕静态分析和推理以及动态分析和推理两个部分展开。

为解决上述问题，首先，本章依据社会网络舆情大数据主题图谱的特征、存在形式、演变过程等抽取出其核心元素：核心角色、关键节点、关键路径、发展趋势预测。其次，在对社会网络舆情主题图谱挖掘的相关方法和模型进行深入分析的基础上，分别探讨：①面向核心角色的人物和组织画像分析；②面向关键节点的社会网络舆情主题图谱分析；③面向关键路径的社会网络舆情主题图谱分析；④面向发展趋势预测的社会网络舆情主题图谱分析。依据 12.2 节构建的社会网络舆情主题图谱，我们采用“点”（关键节点）、“线”（关键路径）、“面”（社区发现）的研究思路循序渐进、抽丝剥茧地挖掘社会网络舆情主题图谱的内在特征和规律。社会网络舆情大数据主题图谱分析与推理包括以下四个方面内容。

12.3.1　面向核心角色的人物和组织画像分析

为解决社会网络舆情主题图谱的核心角色人物和组织画像分析问题，可以借助基于知识图谱的多维度人物和组织画像模型等有效方法，从非形式化的数据中抽取表达意义的核心要点，以达到对人物、组织和机构等实体之间的关系进行识别的目的。具体而言主要包括以下几项重要内容：画像的建立、画像噪声消除、画像对比算法、画像扩展及推理方法、画像更新学习方法。其中画像更新是对画像动态维护的结果。

舆情传播参与人物或组织分析是社会网络舆情抽象分析的重要内容，目前大量关于社会网络参与主体的分析工作都聚焦在用户自身的影响力度量和演化，以及用户及其邻居和所在社团之间的相互影响上，以用户群体为基本目标进行影响力分析以及用户和组织间的关联分析的研究还相对较少。对此，本章采用面向核心人物和组织的画像分析模型，通过对文本的学习，从其中抽取刻画人物和组织的重要因素，用来具体描述人物和组织的特征。同时通过图谱模型，把人物和组织在社会活动中的联系建立起来，形成一个巨大的链接网络。

12.3.2　面向关键节点的社会网络舆情主题图谱分析

为解决社会网络舆情主题图谱的关键节点分析问题，可以通过描述一条信息完整的扩散过程，然后基于度量节点传播能力的系列指标，从扩散规模、扩散的时空特征、扩散树的结果等多维度对该条信息进行测量，以达到挖掘、分析关键扩散者（关键节点）的目的。

基于社会网络的关键节点研究，目前有一种过于强调节点网络结构特征的趋势，而忽略了节点自身的其他特征可能对节点影响力造成的影响（Liu et al., 2016）。与基于网络结构的影响力分析比较，基于信息传播的影响力分析还相对比较薄弱。对此，本章在用户属性对信息传播影响分析的研究基础上，融合分布式特征学习模型，构建基于动态网络结构的增量式深度学习方法，挖掘社会网络舆情大数据主题图谱的关键节点和其信息传播模式，以及对语义删帖进行合理融合，找出舆情传播影响力的突破点，从而为资源优化分配及利用提供基础，并通过信息传播模式对舆情传播方向进行合理引导。

12.3.3　面向关键路径的社会网络舆情主题图谱分析

考虑到社会网络中信息传播类似于液体在溶质中的渗透，为解决社会网络舆情主题图谱关键路径分析问题，可以在关键节点分析研究的基础上，采用渗透理论挖掘社会网络舆情大数据主题图谱中舆情传播的关键路径，为研究社会网络舆情大数据主题图谱调控策略提供依据，同时基于语义删帖合理融合理论，构建完整的语义网络。

社会网络中存在着各式各样的社区结构，由于社区内部结构连接紧密，信息在社区内部传播迅速。因此，信息在不同社区之间进行传播的路径对舆情传播起着至关重要的作用。在跨两个社区的所有连接中，进出这两个社区的用户的度的总和最大的那些连接，是整个网络中舆情传播的关键路径。对此，可以围绕基于网络拓扑结构的静态关键路径和基于动态传播的关键路径两个维度分析社会网络舆情主题图谱中的关键路径。其中，基于网络拓扑结构的静态关键路径又可分为社区内关键路径和跨社区关键路径。基于动态传播的关键路径的分析，需要考虑传播信息最多的路径，其也分为社区内关键路径和跨社区关键路径。

12.3.4　面向发展趋势预测的社会网络舆情主题图谱分析

为解决社会网络舆情主题图谱趋势预测问题，以及新型舆情题材的自动发现，可以基于多层耦合社会网络上的信息传播，通过分析和挖掘信息跨多个异质社会网络扩散时的多维传播特征，达到社会网络舆情主题图谱中趋势预测模型研究的目的。借助自然语言处理在隐喻及关联题材研究方面的新成果，我们可以进一步探索社会网络中全新的未知题材的舆情自动发现方法。

社会网络信息参与度、传播链路权重以及个体接触信息的次数均会影响个体对于信息的决策，从而影响舆情扩散。社会网络信息参与度越高，信息在网络中成功扩散的概率就越大；在平均度和聚类系数较大的网络中，免疫节点起到信息防火墙的作用，能在一定程度上抑制信息扩散；社会网络信息参与度越大，个体接触信息的平均次数越少。

12.4　大数据舆情主题图谱的管理策略

互联网中某些突出的问题和事件容易引起网民的关注和讨论，而这种讨论往往表现为一种情绪的发泄，非理性的成分比较明显，最后往往形成比较极端化的观点，即出现网络舆情群体极化现象。当非理性的或者被误导的观点得到极化后，将会带来很大的不利影响，这主要体现在以下两个方面：一是网络暴力，即通过极端言论，对特定人展开群体攻击，致使其人身权利受到损害；二是舆情操控，即一些利益团体利用社会情绪操控网络情绪，制造群体极化言论以谋取自己的特殊利益。因此，运用合适的舆情精准调控策略对网络舆情进行引导和疏通对于构建和谐社会有重大意义。

在当今时代，面临海量的舆情数据，单靠人工去发现潜在舆情已不现实，将极端舆情扼杀在摇篮中，第一时间科学、动态自适性地去应对已发酵的舆情，以及有效精准调控不同特征的舆情已经成为舆情管理部门面临的共同难题。传统的舆情管理策略通常采用关键词/主题匹配的方法，在找出相关的舆情源后进行删除操作，这种操作策略虽然在一定程度上能够管理舆情传播，但却导致了舆情网络中传播节点的缺失，并对社会舆情的管理产生较大的负面影响。因此，一种好的舆情管理策略是使用正确的舆情源自适应地替换相应的“删除舆情源”，即语义删帖合理融合，从而构建一个完整的舆情传播网络。

如何动态提取舆情特征、构建舆情预警指标体系，以及正确识别这些特征，是制定有针对性的精准调控策略的基础。不同的舆情有不同的传播主体、传播社区、发酵阶段和传播主题等，如何基于社会网络舆情图谱，挖掘出有效舆情特征，对于构建舆情预警模型和提出舆情精准调控策略有重大意义。

目前的舆情预警研究大都将舆情情境下的舆情内容、舆情传播主体和行为等多个维度相分离，针对其中的某一维度依据专家主观经验构建预警模型，缺乏基于数据驱动的多维度之间客观影响规律的支持。舆情具有不同的传播主体、传播社区、发酵阶段和传播主题，甚至同一舆情在不同阶段的民众情绪也各不相同。因此，如何根据舆情特征自适应地提出或推荐合适的精准调控策略，在舆情调控工作中发挥着重要作用。本书认为可以首先根据舆情传播主体、传播路径和传播主题等特征进行分类，其次利用爬虫以及数据挖掘方法对现有的舆情精准调控策略进行结构化、数据化存储，最后通过主题提取、语义理解等方法，辅助以人工标注方法，对现有的不同调控策略进行分类并人工整合，针对不同的舆情特征运用推荐算法提出基于社会网络主题图谱的舆情点调控策略、舆情链路调控策略和舆情主题调控策略，并对全局的热点局面在三者基础上提出舆情全局精准调控策略。

12.5　舆情知识图谱的更新与推理

不同的舆情具有不同的传播主体、传播社区、发酵阶段和传播主题，甚至同一舆情所处阶段不同，其民众情绪也会有所不同，因此，如何动态提取舆情特征、构建舆情预警指标体系，以及如何针对舆情特征，自适应地提出或者推荐合适的调控策略在舆情调控工作中起到了重大作用，这是舆情知识图谱的更新与推理应着重解决的关键性问题。

12.5.1　大数据社会网络舆情图谱的知识更新

人类信息和知识量随时间持续增长，因此知识图谱的内容也必须不断更新，其构建过程是一个迭代更新的过程。根据知识图谱的逻辑结构，更新主要包括模式层的更新和数据层的更新。

模式层的更新涉及本体中元素的变化，包括概念的新增、修改和删除，概念属性的更新以及概念间上下位关系的调整。这些更新，尤其是概念属性的修改，会直接影响所有相关的子概念和实体。一般来说，模式层的增量更新消耗的资源相对较少，但大多数情况下需要人工干预，如人工定义规则、处理冲突等，因此实施较为复杂。

数据层的更新则集中在实体元素的变化，包括实体的新增、修改和删除，以及实体的基本信息和属性值更新。由于数据层更新对知识图谱整体影响较小，通常采用自动化方式完成，因此提高了更新的效率和准确性。

这种双层更新机制确保知识图谱能够动态适应新信息，保持与现实知识的同步发展。

12.5.2 大数据社会网络舆情图谱的知识推理

知识推理是从知识库中已有的实体和关系数据出发，通过计算推理生成新的实体关联，以扩展和丰富知识图谱。作为知识图谱构建的重要手段，知识推理能够从现有知识中挖掘出新的信息，为知识网络提供增量内容。知识库推理方法主要分为基于符号逻辑的推理和基于图的推理。

基于符号逻辑的推理通常依赖经典逻辑（如一阶谓词逻辑或命题逻辑）或其变体（如缺省逻辑），可以通过规则在知识图谱中推导出新的实体关系，甚至可以检测逻辑冲突。高性能计算平台 Cray XMT 已实现大规模 RDFS 本体推理，并通过强大的计算资源将推理任务集中在内存中完成。然而，对于资源有限的平台，内存优化成为必不可少的任务。

基于知识图谱的推理则更多依赖神经网络模型或 Path-Ranking 算法。通过将知识库中的实体表示为词向量，可以利用神经张量网络模型进行关系推理，WordNet 和 Freebase 等开放本体库上的实验表明，基于该方法的关系推理准确率可达 85.2%和 90.0%。此外，部分学者通过扩展描述逻辑的表现形式，提出了基于组合描述逻辑的算法，通过概念相似性关联不同领域的概念。实验表明，这种组合描述逻辑的推理方法能够利用跨知识库的已有知识进行推理，为跨知识库推理提供了新思路。

12.5.3 大数据社会网络图谱质量评估

质量评估是知识库构建中的关键步骤，尤其在开放域信息抽取模型生成的知识元素中，可能存在错误。此外，知识推理所产生的知识也可能缺乏质量保证。

因此，在将新的知识加入知识库之前，需要进行严格的质量评估。随着链接开放数据（linked open data，LOD）项目的推进，不同子项目所生成的知识库产品之间的质量差异不断加大，数据冲突问题逐渐增多，因此知识质量评估对于全局知识图谱的构建至关重要。

引入质量评估的核心意义在于：一方面可以量化知识的可信度，通过舍弃置信度较低的信息来提高知识库的整体质量；另一方面，能够在知识库的建设过程中进行更有效的数据筛选和优化。在具体实现方面，基于链接数据集成框架（linked data integration framework，LDIF），一种新的知识质量评估方法被提出。该方法允许用户根据业务需求自定义质量评估函数，或者通过整合多种评估方式得出知识的综合质量评分。通过这种评估流程，知识库构建者能够更加精准地控制知识质量，从而为知识图谱的长期稳定性和准确性提供保障。

12.6　大数据驱动的舆情管理应用

目前，知识图谱应用范围主要集中在以 Google、百度、搜狗为代表的信息搜索领域。在大部分情况下，舆情信息搜索是人们利用舆情主题图谱的首要目的。在信息搜索过程中，运用知识关联模型将完整的答案呈现给用户，解答问题。其次，舆情知识图谱应用实践不仅仅局限于信息搜索。舆情主题图谱在舆情分析和调控方面具有独特的优势，应用开发潜力巨大。如何将这些优势和特点转化为实际生产效能，并结合其他领域构建应用实践体系，是一个值得深入探讨和研究的问题。

图谱应用是指大数据驱动的社会网络舆情主题图谱构建和调控策略的主要目标，主要通过对社会网络舆情主题图谱的有效管理，探索其应用价值，分析社会网络舆情主题图谱在经济、政治、生活等方面的实践应用的科学性、有效性和适用性等。可以通过语义解析、场景构建、数据检索等手段，结合舆情主题图谱内容和特点，深入政治、经济和社会等领域，分析国家舆情管理部门的需求（刘玉华等，2023），提供信息搜索、舆情分析、知识问答、扩展接口等服务，以达到搭建舆情主题图谱综合应用系统框架的目的。

大数据驱动的社会网络舆情主题图谱的应用在已构建的舆情主题图谱的基础上，结合舆情图谱的特性和内容，探讨如何高效地利用舆情主题图谱，用于实践，并发挥价值。

首先，从理论上看，舆情知识图谱通过与知识图谱相结合，达到分析舆情的目的，也基于此制定出相应的调控策略。其次，一个系统能正常运行的前提是具备良好的部署和完善的配置。因此，本章有三个方面的问题需要解决：①如何有效利用社会网络舆情主题图谱？②社会网络舆情图谱有哪些方面的应用？③如何利用舆情图谱，更有效地完成舆情管理和预警工作？

如何有效利用社会网络舆情主题图谱涉及舆情图谱的管理，关键在于如何在有限的时间和空间范围内挖掘舆情图谱的价值，充分利用资源，为其应用提供基础。这一问题主要涉及两个方面。一是理论与实践的差别。在舆情图谱构建和舆情图谱分析中，对于知识图谱构建要素和理论方法进行详尽的研究，其构建和分析理论可以在实际应用中直接发挥指导作用。二是开发中的方法问题。在社会网络产生的庞大数据下，传统的模型和方法在很多情况下失去作用，通过高可控的管理达到良好收益的目标无法实现。因此要在旧有的瓶颈上进行突破，寻找新的模型和新的理念管理与开发舆情图谱。社会网络舆情图谱在运行周期上可以分为部署、运行和维护三个阶段。在这三个阶段中，通过分析每个阶段所面临的需求，确定舆情图谱构建中相应的理论观点，并在软硬件平台上寻找最优模型和方法，应用于舆情主题图谱的管理。在此基础上，实现舆情调控策略的自动化生成，并分析与舆情相关的政府部门和企业机构，探索其在经济、社会安全等领域的应用价值，最终构建一个全面而完整的应用实践体系。

为解决上述问题，本章根据舆情主题图谱的生命周期，将管理内容划分为三个部分：部署与架构、运行与维护、更新与迭代。接下来，将分别讨论这三个部分。

12.6.1　社会网络舆情主题图谱部署与架构

为了解决舆情主题图谱存储空间困难和网络洪峰问题，我们借助分布式文件存储、图模型管理、新型数据库、网络切分模型，通过设计合理的存储模式和网络结构，实现将舆情主题图谱部署到运行系统的目标。

社会网络舆情主题图谱部署与架构是指通过合理的架构设计，将已经构建好的模型按照一定的方法和步骤进行布置和安排，做好投入运行前的准备。该部分工作的意义在于联系了理论和实际。舆情主题图谱部署包括环境搭建和系统配置。在部署过程中，数据存储和网络架构设计是关键问题。面对社会网络大数据，传统文件存储的共享性差且并发性能不足。关系型数据库在处理数据密集型应用时显得力不从心，特别是在灵活性、扩展性和对非结构化数据的支持方面表现不佳。此外，集群式网络结构也不适合大规模数据的下载和处理。

上述难题的解决需要新的模型和方法。在文件存储方面，分布式文件存储系统具有将复杂任务分解为多项小任务的本领，能满足并发访问，具有较高的可靠性和安全性。

12.6.2　社会网络舆情主题图谱运行与维护

为了解决舆情主题图谱运行中的差错问题，本章借助批处理和流处理的评估机制，通过在线管理和离线分析对舆情主题图谱进行错误处理，利用众包反馈手段对舆情主题图谱分块纠错，以达到对舆情主题图谱维护的目的，确保舆情主题图谱时刻处于正常运行状态。

在部署完成后，舆情主题图谱投入运行。由于运行时可能存在未知的异常发生，对社会网络舆情主题图谱维护显得十分重要。在运行期，舆情主题图谱系统不断从微博等社会网络获取和存储文本数据来扩大自身规模，丰富语义网络。系统在对内容进行扩充时，会动态更新实体、属性和关系。尽管舆情主题图谱的构建具有理论上的完备性，但是由于实际面临的数据的复杂性和异构性，可能会出现其他差错，因此需要实时管理，根据不同的情景进行线上跟踪和线下处理。每一段时间做出基于日志的分析，确保舆情主题图谱系统运行状态处于正常。另外，在舆情主题图谱纠错中，由于图谱的复杂性，通过图网络扫描，对比已有知识库进行全局检测和检查的方式代价巨大。通过整合计算机和互联网上的广大用户，众包机制能够有效解决单一机器难以处理的任务。其处理流程是将整个结构划分为小的部分，由不同的人负责处理纠错工作，并将完成的结果提交给平台。众包方式通过群体智慧协同编辑，弥补了专业团队在舆情图谱集中管理与大众在分散式管理之间的差距，节省了资源和时间。

12.6.3 社会网络舆情主题图谱更新与迭代

为了解决舆情发展与图谱不同步的问题，本章借助网页重标注和版本迭代机制，进行实体更新、属性更新、关系更新、知识融合，以实现舆情主题图谱跟随舆情动态变化而调整内容和结构。

舆情主题图谱不会长时间保持同一个模式。在社会网络舆情变化中，它的结构和内容也在随之发生改变。设计健全的更新和迭代机制能让舆情主题图谱更好地进行舆情分析和提供服务。实践中的一个关键问题是，由于获取数据的网站发生变化，数据源丢失，人员会对网站进行不定期的更新，从而导致页面框架和内容发生变化，这种网站更新常常会导致原有的数据爬取模式失效。此时，需要对最新的页面进行重新标注，学习新的数据爬取模式，构建更新的包装器并重新爬取页面。在完成数据抽取后，随之对舆情图谱进行更新。由于舆情发展具有阶段性差异，通过不停地版本迭代扩建舆情主题图谱规模，使其能够全面反映舆情时间线上的所有关联事项，形成完整的舆情主题图谱。

12.6.4　基于社会网络舆情主题图谱的应用服务和实践

利用先进的语义解析技术、场景构建方法和强大的数据检索功能，能够针对政治、经济和社会领域的具体需求，提供一系列高度定制化的服务。这些技术能够从庞大的数据海洋中提取有价值的信息，精确构建与各种舆情主题相关的知识图谱。通过这种方式，不仅能追踪和分析舆情的流动和变化，而且能在发展趋势初露端倪时进行有效的干预。为了达到搭建一个舆情主题图谱综合应用系统框架的目的，在进行系统设计时考虑多方面的功能实现，包括实时数据监控、趋势预测、情感分析、主题识别及舆情影响评估等。此外，搭建的这个系统还支持跨部门和机构的数据共享与协作，通过集中管理和分析来自不同来源的数据，增强舆情分析的全面性和深度。这种综合应用系统的建设不仅优化了舆情管理流程，提高了应对公共危机的效率，也促进了政府透明度和公共参与度的提升，为构建一个更加开放和透明的社会治理环境贡献了力量。

12.7　某市大数据应用发展管理局的实践案例

某市大数据应用发展管理局采取了创新和前瞻的步骤来构建其舆情管理系统，将大数据技术与舆情分析紧密结合，以适应日益复杂的信息环境和提升舆情管理的效能。在构建舆情管理系统的过程中，数据中心的建设成为核心任务，它不仅是技术实施的基地，也是未来舆情分析和决策支持的中枢。为此，该局设计并建设了一个具有高度计算能力和大规模数据处理能力的数据中心，以支持舆情管理系统的运行和未来发展。数据中心配备了最新的高性能服务器，这些服务器具备处理和分析大规模数据集的能力，确保了舆情数据的实时处理和分析需求能够得到满足。同时，大容量的存储设施保障了海量数据的安全存储，不仅可以处理当前的数据量，也为未来数据增长留出了足够的空间。在软件配置方面，大数据应用发展管理局引入了高效的数据处理和分析软件，这些软件包括但不限于数据库管理系统、数据挖掘工具以及数据可视化平台。通过这些先进的软件工具，大数据应用发展管理局能够实现数据的快速处理、深入分析和直观展示，使得舆情的监测、分析和报告更加高效和准确。这个全面的数据中心不仅为大数据应用发展管理局的日常运营提供了强有力的技术支持，也成了推进舆情管理现代化的重要基石。通过这个数据中心，大数据应用发展管理局能够更好地捕捉社会网络上的舆情动态，及时识别和分析公众舆论的趋势和热点问题，从而为政府部门和相关机构提供科学的决策支持，增强舆情管理的预见性和主动性。该市大数据应用发展管理局的数据中心建设体现了对大数据技术在舆情管理应用的深度认识和积极探索，依托先进的硬件配置和高效的软件系统，以及强大的数据处理和分析能力，为实现更加精准和动态的舆情管理奠定了坚实的基础。这种创新的实践为其他地区或机构提供了宝贵的经验，也为社会网络舆情管理领域的发展贡献了新的思路和方法。

在大数据应用发展管理局的舆情管理系统中，数据中心的建设目标不仅限于收集各类社会网络数据，更重要的是实现这些数据的有效管理和深入分析。为了达成这一目标，大数据应用发展管理局特别开发了一套自动化的数据采集系统，这个系统能够持续监测包括微博、微信、贴吧、论坛、新闻网站等在内的多种社交媒体平台，实时采集与舆情相关的广泛信息。这套系统通过高效的网络爬虫技术，自动追踪和获取公开可用的舆情数据，包括文本、图片、视频等多种形式的内容。采集过程中，该系统可以根据预设的关键词、主题或用户行为等指标，对数据进行精确抓取，确保收集的信息与舆情分析的需求高度相关。数据采集之后，是一个复杂而精细的数据处理流程。首先，进行数据清洗，即移除无关信息、去除重复内容、过滤噪声数据，保证后续分析的质量和准确性。其次，通过数据归一化处理，将不同来源和格式的数据转换为统一的标准格式，以便进行统一的分析和处理。数据分类则根据舆情主题、情感倾向、影响力等维度，对数据进行系统分类，以支持更精细化的舆情分析。最后，这些处理过的数据将被存储在大数据应用发展管理局的高性能数据仓库中，为舆情分析和决策支持提供稳定、可靠的数据基础。通过这一系列的自动化和精细化的数据处理流程，大数据应用发展管理局建立了一个强大且可靠的数据基础，不仅大幅提高了数据处理的效率和质量，也为深度舆情分析、实时监测和趋势预测等后续工作奠定了坚实的基础。这不仅能够帮助政府和企业实时了解公众舆情，及时发现和应对潜在的舆情风险，还能够在更广泛的层面上，为社会稳定和公共安全提供有力的数据支持和分析服务。

在舆情管理的核心环节中，该市大数据应用发展管理局通过引入最新的技术手段，如文本挖掘和情感分析，构建了一个高度先进的舆情分析系统。这个系统的设计和开发基于对实时监控社会网络舆情动态的需求，它不仅具备高效识别网络舆论趋势和热点问题的能力，还能通过深度学习和算法模型预测舆情的可能发展方向，为政府和管理部门提供了一个强有力的决策支持工具。系统内部，通过文本挖掘技术，能够自动从海量的社交媒体帖子、新闻评论和论坛讨论中提取关键信息和观点，进而分析和总结出公众关注的焦点与议题。情感分析技术则进一步对提取的文本进行情绪倾向性判断，区分正面、负面或中性情绪，帮助理解公众对某一事件或话题的真实态度和情感倾向。该系统能够 24 小时不间断监控各大社交平台和新闻网站，实时捕获和分析舆情信息。通过设定的关键词、主题和算法模型，系统可以自动识别和追踪舆情动态，及时发现舆论趋势变化和热点问题的爆发，极大地提高舆情监控的时效性和准确性。除了舆情分析，该系统还为政府决策提供了科学的数据支持。根据舆情分析结果，该系统能够生成详尽的报告，指出潜在的风险和舆情控制建议，辅助政府快速做出响应和决策。同时，系统还涵盖了公共安全监控和网络稳定性评估功能，能够在突发事件或危机情况下，实时监控网络舆情的变化，进行突发事件管理，为维护社会稳定和公共安全提供重要信息。

该系统的开发和运用在提高舆情处理速度和精确度方面取得了显著成效，实现了政府决策过程中的快速响应和科学支持。通过实时监测和深度分析社会网络上的舆情动态，大数据应用发展管理局能够及时向决策者提供翔实的数据报告和情况分析，帮助政府更加高效和有力地处理公共危机和舆情事件。然而，在系统的实际运行中，面临的挑战也逐渐显现。如何保证数据质量成为一个关键问题，因为准确的舆情分析依赖于高质量的原始数据。分析深度和系统稳定性的不足，有时会影响到分析结果的可靠性和系统的持续运行能力。这些挑战促使大数据应用发展管理局反思并总结实践经验，从而制订更加有效的优化策略和发展规划。为了解决这些问题，大数据应用发展管理局计划进一步优化数据处理流程，通过引入更先进的数据清洗和处理技术，提高数据质量，确保分析结果的准确性。同时，将加强对分析模型的深度和广度的投资，采用更复杂的算法，如机器学习和深度学习，以捕捉更细微的舆情变化和趋势，增强预测的准确度和及时性。此外，大数据应用发展管理局还将重点提升系统的稳定性和可靠性。通过升级硬件设施、强化软件架构和提高系统冗余度，确保在面对大规模数据处理和复杂分析任务时，系统能够稳定运行，减少故障和中断的风险。

未来的规划中，大数据应用发展管理局不仅聚焦于技术和系统的优化，还将拓展舆情管理系统的应用范围。除了继续服务于政府的舆情管理需求外，还将向企业和公众开放，提供全面的舆情监控和分析服务，从而形成一个涵盖各个层面、多方参与的舆情管理体系。通过这种全方位、多层次的服务，旨在为各类用户提供更加科学、高效和全面的舆情管理解决方案，同时促进舆情管理技术和方法的创新发展，为数字社会的稳定和谐提供更有力的支撑。

第 13 章 舆情管理实践展望

13.1 理论回顾与实践应用总结

舆情管理是当前国家极为关注的重大问题，特别是在虚拟网络空间领域，它已成为国家重大安全问题之一。社会网络上引发的数字社会舆情突破了传统的信息感知范畴，对社会安全构成了严峻的挑战。在舆情管理领域，自然灾害、事故灾难、公共卫生事件以及社会安全事件均需要采取有效的应急处置措施。快速分析社会网络大数据，为管理者提供决策支持，已成为舆情管理的一大挑战。通过引入文本挖掘和知识图谱技术，本书旨在为准确的舆情演化分析赋能，同时加速舆情的分析和管理过程，为解决舆情管理领域的痛点问题及决策分析提供实用的依据。

本书融合了作者在文本挖掘和知识图谱领域的最新科研成果，应用于社会网络的舆情管理，利用文本挖掘和知识图谱强大的语义理解与互联组织能力，优化社会网络舆情信息，实现社会网络舆情大数据的增值。这不仅提升了舆情管理部门的可视化管理及趋势研判能力，也提高了数字社会的智能化治理水平。

在研究方法方面，本书是自然科学与社会科学大跨度交叉集成的研究成果，这一新型前沿学科交叉领域给专家和政府在舆情管理方面带来了前所未有的挑战。研究方法主要包括数学模型法（第三研究范式）、基于深层神经网络的大数据建模法（第四研究范式），并结合了实验法和典型案例法。依托于人工智能技术，特别是文本挖掘和知识图谱的构建与推理算法，本书从整体性、动态性、模型化等多角度出发，全面研究了社会网络上的舆情管理模型和策略，构建了一个完整的舆情管理理论体系，并通过实际构建的系统与平台的上线使用，验证了理论体系中模型和方法的可行性与有效性。

随着信息化和网络社会化水平的迅猛提升，互联网体系由原来少数精英者主导的自上而下的模式转变为广大“草根”用户主导的自下而上的模式，以社会网络为代表的新型社区革新了人们的社会交往方式（Allard et al.，2017），加剧了网络社会化的进程，也深刻影响了社会安全的管理。在近年来出现的一系列舆情中，由社会网络引发的网络舆情，扮演着越来越重要的角色，突破了传统的信息感知，逐渐开始与社会事件本身进行强烈的社会化互动，也对商业、社会乃至国家安全提出了严峻的挑战。舆情管理成了目前国家深切关注的问题，属于国家重大需求。

在大数据时代，如何快速地对虚拟世界的数据进行分析，并建立舆情管理和引导机制，从而为管理者提供决策支持是当前研究的热点和难点。大数据时代为我们提供了社会网络海量的研究数据，其数据容量大、流动快、形态多样、价值密度低以及真实性不高等特点，使得仅依据数据统计进行舆情管理的传统方法不再适用。相对于传统的互联网舆情分析，大数据时代的社会网络舆情分析更集中于对大量网络数据的搜集、存储、清洗并结合文本挖掘模型从大量低价值密度的数据中获取相关的舆情研究信息。如何浓缩海量信息，抵御“数据爆炸”，从而实现社会网络舆情大数据增值，提升高效文本挖掘和可视化主题图谱的趋势研判能力，是舆情分析面临的重大挑战（Papadopoulos et al.，2012）。本书创新性地提出了一种数据修正存储和搜索方法，以应对数据的海量化和管理上的复杂性，从而使敏感信息的舆情管理在新的技术环境下变得可行。此外，本书还探讨了在人工智能等新技术环境下，如何科学地研判、主动分析和把握舆情走向，这不仅是方法和管理的问题，更涉及“超传统思维”的哲学理论问题。通过深入研究，本书主要完成了以下几项工作。

13.1.1　综合近十年研究，构建社会网络舆情管理理论框架

本书探索的舆情管理议题，不仅横跨了社会科学与自然科学的多个前沿交叉学科领域，而且深入涉及了众多新兴的计算机技术和管理模型。面对这一极具挑战性的研究任务，本书采用跨学科的研究方法，有效地拓展了其在不同领域的应用可能，为舆情管理的理论与实践提供了新的视角和方法。

在研究方法上，本书通过综合运用文献计量学对现有文献进行了系统的梳理和分析，从而对社会网络和舆情管理的热点问题及其研究趋势进行了深入探讨。这种方法不仅有助于理解当前舆情研究的主要方向和焦点，还能为后续的研究提供坚实的理论基础和丰富的参考资源。本书进一步推动了舆情管理研究的深入发展，为舆情分析和管理领域提出了新的理论假设、分析模型和管理策略。同时，本书的研究成果也展示了如何将新兴计算机技术（如文本挖掘、知识图谱等）应用于社会网络舆情管理中，从而提高舆情分析的准确性和效率，为管理者在面对复杂多变的网络环境时提供更为科学、有效的决策支持。

当前社会网络舆情管理主要存在以下几方面的问题：舆情的大数据特征、舆情数据的多源异构性、舆情主题的多维关联性及舆情决策的多重可用性。针对以上问题，本书以社会网络舆情大数据为研究对象，以文本深度挖掘及知识图谱分析为手段，对大数据社会网络舆情图谱的构建和调控策略进行研究与探讨。针对社会网络舆情资源的大数据化、动态化、多维度等特征，从社会网络舆情大数据获取的新方法和新工具研究出发，探索构建大数据社会网络舆情图谱的理论方法和模型，以此为基础研究基于社会网络舆情图谱的舆情分析和推理方法，进而从舆情点、舆情链路、舆情主题、全局层面等多个维度讨论社会网络舆情图谱的调控策略，并结合舆情社会安全、舆情预警等特定领域、特定需求进行实践管理和应用研究。从理论和实践多方面、系统地探索了大数据社会网络舆情图谱的构建和调控问题，主要研究内容包括大数据社会网络舆情图

谱构建、大数据社会网络舆情图谱分析与推理、大数据社会网络舆情图谱的调控策略及大数据社会网络舆情图谱的应用实践。

在当前大数据和社会网络高度发展的背景下，舆情管理面临着前所未有的挑战。特别是在虚拟信息空间中，一旦发布了错误或不适宜的信息，它们可能会迅速传播，给国家或政府造成难以估量的负面影响。这些错误的信息在传统网络空间中可能通过技术手段进行删除或修正，但在一些特定的技术环境下，信息的不可篡改性给舆情管理带来了新的挑战。针对这一问题，本书创新性地提出了一种数据修正存储和搜索方法，使得对于敏感信息的舆情管理变得更为灵活和有效。通过这种方法，可以在保持数据真实性和不可篡改性的基础上，对舆情信息进行有效的管理和引导。

本书对作者近十年来在舆情管理领域的研究成果进行了全面总结，结合大量的国际前沿文献，全面探讨了社会网络舆情管理的理论和实践。全书共分为四篇，分别是舆情早期识别与数字社会监测、舆情溯源与舆情社区分析、舆情动态趋势分析与预测以及系统集成与舆情管理实践。每一篇从基础理论探索到深入的实践应用，逐步引领读者深入了解舆情管理领域的最新研究成果和前沿技术应用。通过这种结构安排，本书旨在提供一个全面而深入的视角，展现如何利用数字技术和数据分析方法，有效识别、追踪并预测社会网络中的舆情动态，从而为舆情管理实践提供科学的方法论和策略支持。

13.1.2　提出了一系列社会网络舆情管理模型

上述社会网络舆情管理理论体系包括 50 多种模型和方法，主要以下面 12 项典型创新模型为“轴心”。

（1）本书构建了一个面向社会网络用户微过程演化的多维自适应度量体系，旨在实时监测并促进社会网络的良性发展。传统舆情预警研究倾向于孤立考虑舆情内容、传播主体和行为，而本书通过整合社会网络舆情图谱中的关键特征，实现了对突发舆情的动态自适应响应和精确调控。鉴于社会网络中用户生成内容的演化性、复杂性和适应性，本书从内容质量和用户感受等多维度出发，综合评估其影响，构建了一个稳定的分析和管理框架。

（2）本书的研究发现社会网络有较明确的信息传播规律，给社会网络中的舆情管理提供了一定的经验支持，具有较强的实践指导价值。网络舆情管理的研究表明，网络舆情的爆发性和实时性使得对其管理和应对的方式需要具有不同的针对性，不仅要在舆情发生之后采取相应措施，还需要在舆情发生之前对其进行有效管理、预警和防范。

（3）考虑到社会网络的复杂性、动态性、分散性及其不断变化的特性，本书提出了一系列高效管理与分析方法，具体包括：针对多源异构和时变数据的管理策略、动态演变模式的分析方法以及微博信息传播模型，建立了舆情传播模型，以及社会网络用户身份识别及用户兴趣发现模型，这些模型结合深度学习技术，能够准确模拟复杂的舆情传播过程，并计算传播影响力，以适应实际的社会网络环境。

（4）本书提出基于跨平台好友关系的半监督与无监督关联用户挖掘方法，解决了传统需人工标注的问题，有效支持大数据环境下的舆情管理。通过整合多个社会网络平台的数据，这些方法不仅优化了用户行为分析，还加深了对社会网络结构的理解，促进了对人类社会行为的洞察。这些研究成果提供了理论与实践上的重要价值，为社会网络中的舆情管理提供了科学依据和有效工具。

（5）本书引入了社会网络双舆情概念，优化了舆情管理并实现了系统集成。所定义的社会网络双舆情指两个时间序列中紧密相连的企业相关舆情，展现出因素互动产生的时序耦合。此种耦合可能自然发生或由人为策略引导，旨在分散公众注意力，为政府或企业的舆情应对赢得宝贵时间。通过识别和管理这类复杂的舆情模式，本书为舆情处理提供了新的策略，并深化了对社会网络信息传播的理解。

（6）本书构建了一套自适应的用户生成网络内容指标体系和微过程评价模型。为评估用户生成内容的质量，形成自主线性加权综合度量模型，并通过自然语言处理与时间序列分析技术完善用户生成内容的评价系统。此外，本书开发了基于词语贡献特征矩阵的用户能力智能度量模型，用于对用户在内容生成过程中的能力进行识别与评估。通过集成用户生成与团队评价方法，本书提高了评价的准确性和可靠性，最终由系统服务团队对微过程评价结果进行综合分析和确认。

（7）本书通过建立过程演化模型和全景态势时空模型，有效应对用户生成内容社会网络在演化过程中的复杂性、边界模糊性、快速变化性。本书利用块模型、概率模型、主题模型、LSTM 模型和 GAN 模型等，系统地描述了用户生成内容的演化模式，并构建了知识图谱以精准预测舆情演化趋势。结合深度学习技术，研究针对社会网络的自学习性、复杂性、适应性、分散性和变粒度特性，发展了多维度自适应度量体系和评估方法。此外，本书从宏观的网络状态演化、微观的内部互动机制到边界影响因素等多个层面，探讨了内容社会网络演化的各阶段特征，并提出了相应的自调控策略。

（8）本书提出了不同风格舆情的无监督文本挖掘方法。采用文档嵌入技术，本书在神经网络中输入词汇，输出代表每个文档的多维向量，这些向量捕捉了作者的用词习惯和文档的主题语义特征。文档嵌入向量具有酉不变性，即在空间变换后保持相对位置和几何性质不变，从而实现风格相似文档的自动分类。此外，本书应用流形学习对高维文档嵌入矩阵进行非线性降维，以便更好地进行数据可视化，这有助于深入分析和理解大规模文本数据中的舆情特征。

（9）本书开发了汉字偏旁部首知识图谱，旨在提升计算机对汉字形似字的识别能力。在社会网络中，形似字常因偏旁部首错误而产生，虽然人类可以迅速通过上下文识别这些错误，但计算机则需依赖结构化数据进行处理。特别是在社会网络舆情分析中，形似字经常被用作绕过自动监测系统的手段，本知识图谱的建立，不仅强化了计算机对这类错误的识别能力，也有效防止了故意使用形似字以逃避监测的舆情信息扩散，从而提高了信息管理的精确性和应对策略的及时性，增强了舆情分析的准确性和适应性。通过这一创新，本书不仅丰富了舆情分析的技术工具，也提高了社会网络中信息管理的效率。

（10）本书研究了 AIGC 对社会舆情管理的影响，特别关注自动内容生成技术在社会网络中的应用及其带来的挑战。随着自然语言生成技术的快速发展，AI 产生的内容在社会网络中广泛传播，显著影响舆情的形成和变化。本书集中评估了 AIGC 对舆情趋势的影响及其对社会治理和公共决策的潜在影响。通过分析 AI 内容生成技术的机制和应用场景，评估了其在不同社会网络平台的效果，并探讨了如何有效监管和利用这些技术以促进社会稳定。此外，研究识别了 AI 内容可能引起的信息失真和误导性信息传播的问题，并提出了相应的管理策略和技术方法，旨在增强舆情管理的适应性和有效性。

（11）本书首次在国内建立了谐音字知识图谱，以应对中文敏感信息舆情管理中的挑战。研究团队收集并分析常用字拼音，依据谐音字规则提取相应谐音字集，经过筛选，排除非常用字，构建了以拼音声母和韵母为基础的知识图谱。在此图谱中，读音相近的声母和韵母形成了关联，从而促进了对谐音字敏感信息的精细化管理。这一创新性工作为舆情管理提供了新的技术手段，增强了对谐音字使用情境的理解和分析能力。

（12）本书还研究了舆情安全大数据可解释高阶语义理解模型，以及基于深度神经网络的互联网图像中自然场景文字的识别。该模型结合上下文编码，通过神经网络从像素中提取高层视觉特征，依据局部感知特性确定特征与像素的关系，捕获全局信息。利用文字解码实现识别，支持多维度身份布控及无感预警。提出跨模态多维度舆情数据的语义理解模型，实现系统搭建。针对数据的复杂性与冗余性，设计了多模态数据的张量表示和实体链接方法，实现信息整合映射至文本。

13.1.3　搭建了社会网络舆情管理系统

通过自然语言处理、文本挖掘、图谱检索模型从社会网络舆情中提取图谱特征，去除冗余特征，并在此基础上通过层次分析法构建了社会网络舆情预警模型，为管理和疏导未扩散化的舆情提供了科学依据。与传统的基于单点专家经验的调控策略不同，本书运用爬虫技术、信息检索以及专家知识库等模型，构建了舆情特征，即调控策略知识库，并能根据舆情特征实现关联要素、方法推荐和例案推送。基于此，针对社会网络舆情的不同特征，提出了社会网络舆情自适应的点调控策略、链路调控策略和主题调控策略，并在这三者的基础上搭建了综合的社会网络舆情全局精准调控与管理策略的舆情管理系统。

为了在有限的时间和空间内有效挖掘舆情价值并充分利用资源，本书还深入研究了舆情文本和图谱管理及应用体系的开发构建，充分挖掘了社会网络舆情文本和图谱的使用价值。社会网络舆情管理的应用包括以下四个方面的内容：社会网络舆情主题图谱的部署与架构；社会网络舆情主题图谱的运行与维护；社会网络舆情主题图谱的更新与迭代；以及基于社会网络舆情主题图谱的应用服务和实践。前三个方面关注舆情文本和图谱管理的全过程，从创建到运行及整体管理系统，以预防差错。最后一个方面探索了舆情文本和图谱系统的开发与利用，即社会网络舆情管理系统所能提供的服务。

13.1.4 创新与价值

在学术创新层面，本书全面且详细地总结了社会网络上的舆情管理理论和方法，基于文本挖掘和知识图谱方法，提出了分析社会网络数据的一系列新方法、新工具、新模型。本书介绍了如社会网络双舆情、跨社会网络平台关联模型、社会网络舆情信息传播模型、微博网络信息传播模型、中文偏旁部首知识图谱舆情管理策略等国内外新概念、新模型和新管理策略，有效地克服了社会网络大数据复杂耦合的难点（沈旺等，2023），为数字社会治理提供了一整套创新的模型和管理方法。通过深入的理论研究和模型构建，本书为社会网络舆情管理领域带来了新的视角和解决方案，特别是在处理大规模社会网络数据分析与管理方面展现了创新性的研究成果。这些成果不仅为学术界提供了丰富的研究资源，也为实践界提供了有效的舆情管理策略和工具，有助于提高社会网络环境下的舆情预警、分析和干预的效率和准确性，进而促进数字社会的健康发展。

在应用价值层面，本书系统地研究了多个社会网络舆情管理的应用案例，创制了基于社会网络的舆情管理系统等具有自主知识产权的新系统，对社会网络舆情管理的深入研究和应用具有战略性创新意义。本书课题组主要成员所在高校通过高层次人才带动科研创新，在学科融合、成果转化上取得了优势，使得本书作者所在单位能够完善从理论方法研究到社会科学多领域应用的层次结构，进行“大跨度”的交叉学科创新活动。本书的研究成果，也为加快培养舆情管理人才提供了一系列重要的理论基础支撑，为推动舆情管理人才培养发挥重要作用。

在社会影响及效益层面，发表论文 300 余篇，以第一作者或独立作者出版专著和教材 20 余部，获国家发明专利及美国和德国专利 30 余项。本书研究的基础模型部分获教育部自然科学奖（2019 年）、吴文俊人工智能科学技术奖（2020 年）、北京市自然科学奖（2021 年）、中国计算机学会科技成果奖（2022 年）、中国自动化学会自然科学奖（2023 年），应用成果获广西科学技术进步奖（2023 年）、中国商业联合会服务业科技创新奖（2023 年）。本书成果对我国社会网络舆情管理的方法升级进行了理论总结，推动了我国社会网络舆情管理的创新，在完善我国社会数字化治理等方面发挥了重要作用。

同时，本书对社会网络舆情管理系统进行了应用研究。在信息推送和场景应用等方面建立了相应的功能模块，构建了社会舆情管理系统，为舆情管理部门提供了强大的舆情分析服务。该系统充分融合了大数据文本挖掘方法和机器学习方法，面向“舆情管理”国家重大需求，完成舆情系统建设。

本书构建的舆情管理系统围绕数字社会中的舆情本体，深入分析事件发生的背景和性质，并梳理人物及相关机构间的关系脉络，为舆情管理部门提供“何人、何地、何时、何事”的全貌。在完成对事件的静态描述后，系统对舆情进行动态跟踪，持续关注事件的进展和变化，便于舆情管理部门掌握事件的演变过程及其潜在影响。通过用户行为分析，该系统帮助舆情管理部门构建适用于舆情的知识管理机制，以引导和管理舆情的发展，减少不良信息给社会带来的干扰。

本书“故事”的主要脉络和逻辑关系见图13-1。

图13-1　本书的主要逻辑

13.2　未来研究方向与对策建议

13.2.1　本书主要观点

本书深入探讨了舆情管理在政府数字化治理中的重要性与实践路径。随着社会网络、知识图谱、人工智能等新兴技术的发展，传统的舆情管理方法正面临前所未有的挑战与机遇。基于此，本书主要提出了以下四个方面的核心观点，以期为数智化背景下的舆情管理提供理论指导与实践参考。

第一，站在“政府数字治理”的高度研究舆情管理。本书基于此视角，认为只有采用这些前沿技术，才能真正实现习近平总书记提出的政府数字治理的要求，为舆情管理提供科学的决策支持。在这个数字化快速演变的时代，传统的舆情管理策略已无法满足现代社会的需求。因此，本书提出必须采用现代化的科技手段来应对舆情管理中的新挑战。通过结合社会网络分析技术保障信息的真实性、利用知识图谱帮助理解复杂信息的关联性，以及应用人工智能进行数据分析，我们能够更加精准、高效地进行舆情管理。这不仅是传统舆情管理方法的重大变革，也是政府数字治理实践中不可或缺的一部分。因此本书主张，面对新媒体时代舆情管理的新挑战，政府和相关管理机构应该积极拥抱新技术，利用这些技术的创新应用来提升舆情管理的质量和效率。只有通过这种方式，才能真正实现政府数字化治理的目标，有效引导和管理公共舆论，确保社会信息环境的健康发展。

第二，牢固树立“科学引导舆情”的舆情管理新理念，要科学“疏导”、精准调控、智能优化，以前沿科技管理前沿媒体。本书特别强调了“科学引导舆情”的重要性，主张使用科技手段进行细腻而精准的舆情调控。与传统的直接管理手段相比，如直接删除帖子等，科学引导舆情更注重运用文本挖掘等技术，理解并引导公众情感的倾向，实现对舆论的“润物细无声”的疏导和调控。

本书提出，通过现代化的技术工具和方法，如文本挖掘、情感分析等，可以有效地分析和理解社会网络上的舆论动态，从而进行更为精确的舆情管理。例如，通过分析社会网络中的文本内容，可以识别出需要注意或干预的舆情热点，进而采取合理的措施引导舆情的发展方向，而不是简单粗暴地删除帖子。更进一步，本书介绍了“轴心”模型的应用，识别并优化需要处理的网络节点，实现在不引起用户反感的情况下智能地修改或优化舆情内容，这种内容优化策略既能有效管理不良舆情，又能保障网络交流的自由和活跃。

“科学引导舆情”理念的核心在于利用前沿科技不断提升舆情管理的智能化和精准化水平，确保在尊重公众表达权利的基础上，有效维护良好的网络舆论环境。通过这种方式，不仅可以更有效地疏导和调控网络舆情，还可以促进网络文化的健康、理性建设。

第三，舆情识别不及时、处理延时是舆情处理中遇到的最根本的问题。及时识别和处理舆情是避免舆论危机升级的关键，而舆情识别不及时、处理延时则构成了舆情处理的最大难题。实际上，并非所有在线互动都会演化成为公众关注的舆情，关键在于管理者对初期舆情事件的意识和响应速度。一旦错过了初期干预的最佳时机，即便是小规模的舆情也可能迅速蔓延，演变为影响深远的公共舆情，进而触及更广泛的社会讨论，甚至挑战现有的社会制度和观念。

因此，加强舆情重要节点管理、及时识别舆情发展态势是治理之本，加强多平台、多维度的舆情数据共享，利用新方法研究舆情各参与方特征，使舆情处理更高效、更规范、更科学，是大数据时代公共舆情管理之基。

第四，必须加强舆情识别综合能力与管理体制机制建设。为了应对舆情演变的复杂性和不确定性，加强舆情识别的综合能力和完善管理体制机制的建设是至关重要的。识别和预警系统作为舆情管理的第一道防线，必须具备高度的敏感性和准确性，能够在舆情形成的最初阶段及时发现并发出预警，从而为后续的管理决策提供宝贵时间。

有效的舆情管理不仅仅是应对已经发生的舆情事件，更重要的是构建一套能够预见舆情趋势、预防舆情风险的长效机制。这包括但不限于对社会网络数据的深度监控、情感分析、舆论倾向预测等。此外，本书还特别强调了舆情管理过程中的理念更新，提倡科学、系统地处理舆情，采取精准的干预措施，避免一刀切的简单处理方法。

为实现这一目标，需要从制度和法律法规层面加强舆情管理体系的全面构建。这意味着，要系统地审视和完善与舆情管理相关的政策法规，确保管理措施的合法性和科学性。同时，还需建立起一套包含舆情识别、预警、干预和评估等多环节的综合舆情管理流程，确保舆情管理的有效性和可持续性。加强舆情管理的体制机制建设，不仅需要政府和相关管理部门的积极行动，也需要社会各界的共同参与和支持。通过建立开放、透明的舆情管理平台，鼓励公众、媒体和专家学者等多方面地参与和监督，可以更有效地收集和分析舆情信息，提高舆情管理的透明度和公众满意度。

构建一个科学、规范、高效的舆情管理体系，需要我们在理念更新、技术应用、制度建设等多方面做出努力。只有这样，才能在复杂多变的社会网络环境中，有效预防和应对各类舆情事件，维护社会稳定和谐，促进健康积极的网络文化发展。

13.2.2　未来对策建议

本书对未来舆情管理对策提出以下五个维度的建议。

第一，随着社会网络的广泛应用，传统的舆情管理方法逐渐显露出处理速度慢和精准度不足的局限性。而自然语言处理、文本挖掘和知识图谱技术的持续进展不仅显著提升了舆情分析的效率和精确度，还扩展了处理方法和应用场景的广度。随着政府舆情管理策略的不断更新及其发展进入新阶段，有必要利用自动化和智能化技术持续且精确地分析舆情内容，以应对不断变化的网络环境。本书建议通过整合自然语言处理与知识图谱，构建一个全面的舆情分析系统。该系统能自动监测网络中的趋势话题、情绪变动及具有显著影响力的信息，实现舆情的实时监控与动态调整。此外，系统利用深度学习模型预测舆情的发展趋势，并据此生成适时的应对策略，从而提高舆情管理的科学性和系统性。

第二，舆情管理面临的挑战要求我们开发出高度敏感且响应迅速的监测技术与系统。为解决社会网络中舆情信息快速变化的问题，本书提出利用社会网络的结构分析、用户行为模式识别及舆情文本的情绪和风格分析，综合这些维度对舆情的初期迹象进行实时识别和响应。通过运用知识图谱的数据关联和分析能力，构建一个早期舆情的敏感识别与预警机制，实现对社会网络中用户互动的实时监控。此外，建立跨平台的监测系统可实时追踪信息的传播途径和影响力，使政府与企业能在舆情形成初期迅速采取措施，有效管理并引导舆论方向。通过权威渠道及时发布官方信息，可阻止误导性或有害信息的扩散，保障信息环境的健康与稳定。

第三，精确追踪舆情的源头及其传播途径对于有效的舆情管理至关重要。为解决社会网络中舆情迅速传播的问题，本书建议采用机器学习和图论算法等技术，识别并分析网络中的用户社群结构，以揭示关键用户群体和影响力节点，从而明确舆情的传播网络和核心传播者。结合事理图谱构建和时空线索挖掘，进一步探讨如何从历史数据中提取舆情发展的模式和趋势，并通过事理关系推理舆情事件的潜在影响。通过深度舆情溯源分析，本书旨在提升对舆情起源的理解并预测其发展趋势，从而支持政府和企业构建更科学、更系统的舆情管理策略，实现从被动响应到主动管理的战略转变。

第四，为了全面掌控并准确预测社会网络中的舆情趋势，本书提出在现代信息技术的加持下，开发和实施一套包含多层次分析功能的监测和预测系统。这些系统用以实时跟踪舆情的发展，并通过舆情知识图谱加强趋势监测与危机预警的能力。通过知识图谱技术整合网络中分散的信息点，系统能识别并结构化关键实体和关系及其相互作用，从而在舆情形成广泛社会影响之前提供有效的预警。此外，应用机器学习和大数据分析技术，如特征感知图和元路径图表示学习，本书建议进一步研究舆情在社会网络中的传播模式和社区互动。这种分析不仅能增进对舆情传播机制的理解，也能提高舆情趋势预测的精确度，从而为舆情管理提供前瞻性和主动性策略。

第五，在实践上，本书提出融合社会网络的文本挖掘和知识图谱，进行舆情管理系统应用研究，在信息推送和场景应用等方面建立相应的功能模块，构建舆情管理系统，为社会网络舆情管理部门提供强大的舆情分析服务。本书的舆情研究针对数字社会的舆情本体，探究事件发生的性质，勾画人物和相关机构关系脉络，向社会网络舆情管理部门阐述“何人何地何时间发生何事”。在静态描述完毕后，对舆情进行跟踪，持续跟进事件发展动态和变化，让社会网络舆情管理部门可以获取事件的演化机理和相关影响，通过对用户行为的描述和引导调控网络舆情，帮助社会网络舆情管理部门构建面向舆情的知识管理机制，完善健康理性的网络文化建设。

参考文献

曹玖新, 闵绘宇, 徐顺, 等. 2016. 基于启发式和贪心策略的社交网络影响最大化算法[J]. 东南大学学报(自然科学版), 46(5): 950-956.

曹雷, 尚维, 谢士尧, 等. 2023. 基于 AGNN 舆情指数网络的价格指数预测研究[J]. 管理学报, 20(3): 411-421, 431.

曹树金, 岳文玉. 2020. 突发公共卫生事件微博舆情主题挖掘与演化分析[J]. 信息资源管理学报, 10(6): 28-37.

陈子睿, 王鑫, 王林, 等. 2021. 开放领域知识图谱问答研究综述[J]. 计算机科学与探索, 15(10): 1843-1869.

程兵, 孙少龙, 魏云捷. 2023. 文本数据的计量建模与分析专辑序言[J]. 计量经济学报, 3(2): 312-314.

邓君, 孙绍丹, 王阮, 等. 2020. 基于 Word2Vec 和 SVM 的微博舆情情感演化分析[J]. 情报理论与实践, 43(8): 112-119.

丁兆云, 周斌, 贾焰, 等. 2013. 微博中基于多关系网络的话题层次影响力分析[J]. 计算机研究与发展, 50(10): 2155-2175.

丁振国, 宋薇, 李婧. 2013. 基于序列模式挖掘的社交网络用户行为分析[J]. 现代情报, 33(3): 56-60, 65.

董向慧. 2020. 舆情视角下的突发公共卫生事件风险沟通框架建构[J]. 理论与改

革, (4): 14-23.

杜孟凯, 王蕾, 邸洋, 等. 2023. 基于文本挖掘的北京市属公立医院负面舆情研究[J]. 中国医药导报, 20(9): 190-193.

方思然, 郭明君, 魏云捷. 2023. 加入舆情信息是否可以有效提高汇率预测效果?[J]. 计量经济学报, 3(2): 464-486.

冯新翎, 何胜, 熊太纯, 等. 2017. "科学知识图谱"与"Google 知识图谱"比较分析: 基于知识管理理论视角[J]. 情报杂志, 36(1): 149-153.

高仰, 刘渊. 2023. 融合社交关系和知识图谱的推荐算法[J]. 计算机科学与探索, 17(1): 238-250.

郭毅可, 吴超. 2023. 元宇宙下的社会计算[J]. 自然杂志, 45(2): 89-92.

韩忠明, 许峰敏, 段大高. 2013. 面向微博的概率图水军识别模型[J]. 计算机研究与发展, 50(S2): 180-186.

何静, 郭进利, 徐雪娟. 2013. 微博用户行为统计特性及其动力学分析[J]. 现代图书情报技术, (Z1): 94-100.

侯艳辉, 管敏, 王家坤, 等. 2023. 全媒体时代基于微分博弈的网络舆情引导激励机制研究[J]. 中国管理科学, 31(8): 239-252.

胡峰. 2020. 重大疫情网络舆情演变机理及跨界治理研究: 基于"四点四阶段"演化模型[J]. 情报理论与实践, 43(6): 23-29, 55.

胡泽文, 孙建军, 武夷山. 2013. 国内知识图谱应用研究综述[J]. 图书情报工作, 57(3): 131-137, 84.

黄萍, 朱惠娟, 陈琳琳. 2021. 基于深度学习的情感分类技术在高校舆情分析中的应用研究[J].软件工程, 24(11): 59-62.

黄晓, 吴江, 贺超城, 等. 2023. 仿真模拟方法: 大数据时代图情学科复杂场景的系统建模[J]. 情报学报, 42(2): 136-149.

惠志斌. 2012. 面向网络传播形态的公共危机信息预警模式研究[J]. 图书情报工作, 56(2): 71-75.

贾中浩, 古天龙, 宾辰忠, 等. 2019. 旅游知识图谱特征学习的景点推荐[J]. 智能系统学报, 14(3): 430-437.

金兼斌, 李子玄. 2020. 社会计算领域的跨学科合作研究: 基于两大文献数据库的社会网络分析[J]. 南京邮电大学学报(社会科学版), 22(2): 38-54, 84.

李继光, 杨迪. 2019. 大数据背景下数据挖掘及处理分析[M]. 青岛: 中国海洋大学出版社.

李世宝, 张益维, 刘建航, 等. 2021. 基于知识图谱共同邻居排序采样的推荐模型[J]. 电子与信息学报, 43(12): 3522-3529.

李志宇. 2019. 大规模动态社会网络分布式特征表示学习研究[D]. 北京: 中国人民大学.

李志宇, 梁循, 周小平, 等. 2016. 一种大规模网络中基于节点结构特征映射的链接预测方法[J]. 计算机学报, 39(10): 1947-1964.

刘柳. 2018. 知识图谱的行业应用与未来发展[J]. 互联网经济, (4): 16-21.

刘梦迪, 梁循. 2021. 基于偏旁部首知识表示学习的汉字字形相似度计算方法[J]. 中文信息学报, 35(12): 47-59.

刘峤, 李杨, 段宏, 等. 2016. 知识图谱构建技术综述[J]. 计算机研究与发展, 53(3): 582-600.

刘甜甜. 2023. 新媒体时代基层政府应对网络舆情的现实困境和对策研究[J]. 网络安全技术与应用, (3): 143-145.

刘宇, 梁循, 杨小平. 2018. 基于 Petri 网的微博网络信息传播模型[J]. 中国管理科学, 26(12): 158-167.

刘玉华, 翟如钰, 张翔, 等. 2023. 知识图谱可视分析研究综述[J]. 计算机辅助设计与图形学学报, 35(1): 23-36.

马宁, 刘怡君, 李凉凉. 2023. 重大突发事件舆情风险点预测研究[J]. 中国管理科学, 31(11): 58-66.

欧阳剑, 梁珠芳, 任树怀. 2021. 大规模中国历代存世典籍知识图谱构建研究[J]. 图书情报工作, 65(5): 126-135.

彭程, 祁凯, 黎冰雪. 2020. 基于 SIR-EGM 模型的复杂网络舆情传播与预警机制研究[J]. 情报科学, 38(3): 145-153.

祁凯, 杨志. 2020. 突发危机事件网络舆情治理的多情景演化博弈分析[J]. 中国管理科学, 28(3): 59-70.

邱瑞, 朱振华. 2018. 知识图谱在公共安全方面的应用[J]. 电脑知识与技术, 14(35): 196-199.

沈旺, 时倩如, 王俊尧, 等. 2023. 基于超图的在线社交网络信息传播模型研究[J]. 情报学报, 42(3): 354-364.

史伟, 薛广聪, 何绍义. 2023. 基于偏差规则马尔可夫模型的网络舆情情感预测研究[J]. 情报学报, 42(9): 1065-1077.

孙水发, 李小龙, 李伟生, 等. 2023. 图神经网络应用于知识图谱推理的研究综述[J]. 计算机科学与探索, 17(1): 27-52.

孙倬, 赵红, 王宗水. 2021. 网络舆情研究进展及其主题关联关系路径分析[J]. 图书情报工作, 65(7): 143-154.

田玲, 张谨川, 张晋豪, 等. 2021. 知识图谱综述: 表示、构建、推理与知识超图理论[J]. 计算机应用, 41(8): 2161-2186.

田世海, 王春梦, 杨文蕊. 2023. 基于 ANP 和随机 Petri 网的突发事件网络舆情危机预警机制研究[J]. 中国管理科学, 31(10): 215-224.

涂贵宇, 潘文林, 张天军. 2023. 基于超网络的新冠肺炎舆情关键节点识别研究[J].

计算机与数字工程, 51(1): 219-225.

王晨旭, 管晓宏, 秦涛, 等. 2015. 微博消息传播中意见领袖影响力建模研究[J]. 软件学报, 26(6): 1473-1485.

王晰巍, 邢云菲, 张柳, 等. 2017. 社交媒体环境下的网络舆情国内外发展动态及趋势研究[J]. 情报资料工作, (4): 6-14.

王怡, 梁循, 付虹蛟, 等. 2017. 社会网络中信息的扩散机理及其定量建模[J]. 中国管理科学, 25(12): 147-157.

王怡, 梁循, 周小平. 2016. 基于统计的新浪微博动态传播规律研究[J]. 中文信息学报, 30(5): 36-46.

王英杰, 胡漠, 张津赫, 等. 2021. 信息疫情下短视频网络舆情预警指标体系构建研究[J]. 情报科学, 39(11): 38-44.

吴骏, 曹杰, 王崇骏, 等. 2024. 一种基于算法机制设计的社会法则合成方法[J]. 软件学报, 35(3): 1440-1465.

邢鹏飞, 李鑫鑫. 2020. 重大疫情防控中网络舆情形成机制及引导策略研究: 基于新冠肺炎疫情期间网络舆情文本的质性分析[J]. 情报杂志, 39(7): 67-74, 158.

徐增林, 盛泳潘, 贺丽荣, 等. 2016. 知识图谱技术综述[J]. 电子科技大学学报, 45(4): 589-606.

许莉薇, 韩明星, 裘江南. 2023. EID 事件情境下情绪对信息分享行为的动态影响: 人格特质的调节作用[J]. 信息资源管理学报, 13(3): 79-99.

许媛, 梁循, 程恒超, 等. 2018. 时序紧密耦合的社会网络企业双舆情分析[J]. 情报学报, 37(5): 503-511.

薛扬, 梁循, 谢华伦, 等. 2020. 基于最优文档嵌入的《红楼梦》作者辨析[J]. 中文信息学报, 34(9): 97-110.

杨博, 蔡东风, 杨华. 2014. 开放式信息抽取研究进展[J].中文信息学报, 28(4): 1-11, 36.

杨阳, 王杰. 2020. 情绪因素影响下的突发事件网络舆情演化研究[J]. 情报科学, 38(3): 35-41, 69.

叶瑾玫, 程科. 2022. 基于密度峰值优化 K-means 聚类算法的微博舆情分析[J]. 计算机与数字工程, 50(4): 726-729, 735.

余益民, 陈韬伟, 段正泰, 等. 2019. 基于区块链的政务信息资源共享模型研究[J]. 电子政务, (4): 58-67.

虞金中, 杨先凤, 陈雁, 等. 2018. 基于混合模型的新闻事件要素提取方法[J]. 计算机系统应用, 27(12): 169-174.

昝红英, 窦华溢, 贾玉祥, 等. 2020. 基于多来源文本的中文医学知识图谱的构建[J]. 郑州大学学报(理学版), 52(2): 45-51.

曾子明, 孙守强, 李青青. 2023. 基于融合策略的突发公共卫生事件网络舆情多模态负面情感识别[J]. 情报学报, 42(5): 611-622.

张绍武, 尹杰, 林鸿飞,等. 2015. 基于用户分析的微博用户影响力度量模型[J]. 中文信息学报, 29(4): 59-66.

张树森, 梁循, 弭宝瞳, 等. 2019. 基于内容的社交网络用户身份识别方法[J]. 计算机学报, 42(8): 1739-1754.

郑香平. 2023. 面向图结构表示学习关键技术研究[D]. 北京: 中国人民大学.

周东浩, 韩文报, 王勇军. 2015. 基于节点和信息特征的社会网络信息传播模型[J]. 计算机研究与发展, 52(1): 156-166.

周涛, 高馨, 罗家德. 2022. 社会计算驱动的社会科学研究方法[J]. 社会学研究, 37(5): 130-155, 228-229.

Airoldi E M, Blei D M, Fienberg S E, et al. 2008. Mixed membership stochastic blockmodels[J]. Journal of Machine Learning Research, 9: 1981-2014.

Akritidis L, Katsaros D, Bozanis P. 2011. Identifying the productive and influential bloggers in a community[J]. IEEE Transactions on Systems, Man, and Cybernetics, Part C (Applications and Reviews), 41(5): 759-764.

Alam M M, Rony M R A H, Nayyeri M, et al. 2022. Language model guided knowledge graph embeddings[J]. IEEE Access, 10: 76008-76020.

Allard A, Serrano M Á, García-Pérez G, et al. 2017. The geometric nature of weights in real complex networks[J]. Nature Communications, 8: 14103.

Arbane M, Benlamri R, Brik Y, et al. 2023. Social media-based COVID-19 sentiment classification model using Bi-LSTM[J]. Expert Systems with Applications, 212: 118710.

Augenstein I, Derczynski L, Bontcheva K. 2017. Generalisation in named entity recognition: a quantitative analysis[J]. Computer Speech and Language, 44: 61-83.

Ausat A M A. 2023. The role of social media in shaping public opinion and its influence on economic decisions[J]. Technology and Society Perspectives (TACIT), 1(1): 35-44.

Baek J, Kang M, Hwang S J. 2021. Accurate learning of graph representations with graph multiset pooling[EB/OL]. https: //arxiv.org/abs/2102.11533v4[2024-12-09].

Bai X. 2011. Predicting consumer sentiments from online text[J]. Decision Support Systems, 50(4): 732-742.

Bambauer-Sachse S, Mangold S. 2011. Brand equity dilution through negative online word-of-mouth communication[J]. Journal of Retailing and Consumer Services,

18(1): 38-45.

Barabási A L, Albert R. 1999. Emergence of scaling in random networks[J]. Science, 286(5439): 509-512.

Bayes R, Bolsen T, Druckman J N. 2020. A research agenda for climate change communication and public opinion: the role of scientific consensus messaging and beyond[J]. Environmental Communication, 17(1): 16-34.

Bengesi S, Oladunni T, Olusegun R, et al. 2023. A machine learning-sentiment analysis on monkeypox outbreak: an extensive dataset to show the polarity of public opinion from Twitter tweets[J]. IEEE Access, 11: 11811-11826.

Bergquist M, Nilsson A, Harring N, et al. 2022. Meta-analyses of fifteen determinants of public opinion about climate change taxes and laws[J]. Nature Climate Change, 12(3): 235-240.

Berkhin P. 2005. A survey on PageRank computing[J]. Internet Mathematics, 2(1): 73-120.

Bian J W, Yang Y, Chua T S. 2014. Predicting trending messages and diffusion participants in microblogging network[R]. The 37th International ACM SIGIR Conference on Research and Development in Information Retrieval.

Blei D M, Ng A Y, Jordan M I. 2003. Latent Dirichlet allocation[J]. The Journal of Machine Learning Research, 3: 993-1022.

Borgatti S P. 2005. Centrality and network flow[J]. Social Networks, 27: 55-71.

Borgatti S P, Everett M G. 1992. Notions of position in social network analysis[J]. Sociological Methodology, 22: 1-35.

Borge-Holthoefer J, Meloni S, Gonçalves B, et al. 2013. Emergence of influential spreaders in modified rumor models[J]. Journal of Statistical Physics, 151(1):

383-393.

Cai H Y, Zheng V W, Chang K C C. 2018. A comprehensive survey of graph embedding: problems, techniques, and applications[J]. IEEE Transactions on Knowledge and Data Engineering, 30(9): 1616-1637.

Carneiro H A, Mylonakis E. 2009. Google trends: a web-based tool for real-time surveillance of disease outbreaks[J]. Clinical Infectious Diseases, 49(10): 1557-1564.

Centola D. 2010. The spread of behavior in an online social network experiment[J]. Science, 329(5996): 1194-1197.

Chen L, Chen J G, Xia C H. 2022. Social network behavior and public opinion manipulation[J]. Journal of Information Security and Applications, 64: 103060.

Chen W L, Yeo C K, Lau C T, et al. 2016. Behavior deviation: an anomaly detection view of rumor preemption[R]. IEEE 7th Annual Information Technology, Electronics and Mobile Communication Conference.

Chu G Y, Wang X, Shi C, et al. 2021. CuCo: graph representation with curriculum contrastive learning[EB/OL]. https: //www.ijcai.org/proceedings/2021/0317.pdf [2024-12-03].

Clauset A. 2005. Finding local community structure in networks[J]. Physical Review E, Statistical, Nonlinear, and Soft Matter Physics, 72(2 Pt 2): 026132.

Clauset A, Newman M E J, Moore C. 2004. Finding community structure in very large networks[J]. Physical Review E, Statistical, Nonlinear, and Soft Matter Physics, 70(6 Pt 2): 066111.

Cobb W N W. 2023. Public opinion of commercial space exploration[J]. Astropolitics, 21(2/3): 164-178.

Coulom R. 2007. Efficient selectivity and backup operators in Monte-Carlo tree search[M]//van den Herik H J, Ciancarini P, Donkers H H L M. Lecture Notes in Computer Science. Heidelberg: Springer, 4630: 72-83.

Cui P B, Tang M, Wu Z X. 2014. Message spreading in networks with stickiness and persistence: large clustering does not always facilitate large-scale diffusion[J]. Scientific Reports, 4: 6303.

Datta S, Das S. 2019. Multiobjective support vector machines: handling class imbalance with Pareto optimality[J]. IEEE Transactions on Neural Networks and Learning Systems, 30(5): 1602-1608.

Ding Y, Yan E, Frazho A, et al. 2009. PageRank for ranking authors in co-citation networks[J]. Journal of the American Society for Information Science and Technology, 60(11): 2229-2243.

Fischbach S, Zarzosa J. 2018. Big data on a smaller scale: a social media analytics assignment[J]. Journal of Education for Business, 93(3): 142-148.

Foos F, Bischof D. 2022. Tabloid media campaigns and public opinion: quasi-experimental evidence on Euroscepticism in England[J]. American Political Science Review, 116(1): 19-37.

Forestier M, Stavrianou A, Velcin J, et al. 2012a. Roles in social networks: methodologies and research issues[J]. Web Intelligence and Agent Systems, 10(1): 117-133.

Forestier M, Velcin J, Zighed D. 2012b. Analyzing social roles using enriched social network on on-line sub-communities[R]. The Sixth International Conference on Digital Society.

Forman G. 2003. An extensive empirical study of feature selection metrics for text classification[J]. Journal of Machine Learning Research, 3: 1289-1305.

Girvan M, Newman M E J. 2002. Community structure in social and biological networks[J]. Proceedings of the National Academy of Sciences of the United States of America, 99(12): 7821-7826.

Goyal A, Bonchi F, Lakshmanan L V S. 2010. Learning influence probabilities in social networks[R]. Third ACM International Conference on Web Search and Data Mining.

Gu B, Ye Q. 2014. First step in social media: measuring the influence of online management responses on customer satisfaction[J]. Production and Operations Management, 23(4): 570-582.

Gunasekara R C, Mehrotra K, Mohan C K. 2015. Multi-objective optimization to identify key players in large social networks[J]. Social Network Analysis and Mining, 5(1): 21.

Gyarmati L, Trinh T A. 2010. Measuring user behavior in online social networks[J]. IEEE Network, 24(5): 26-31.

Hamidian S, Diab M T. 2015. Rumor detection and classification for Twitter data[EB/OL]. https: //arxiv.org/pdf/1912.08926v1[2024-12-03].

Han Z M, Wu Y, Tan X S, et al. 2015. Ranking key nodes in complex networks by considering structural holes[J]. Acta Physica Sinica, 64(5): 058902.

Handcock M S, Raftery A E, Tantrum J M. 2007. Model-based clustering for social networks[J]. Journal of the Royal Statistical Society, Series A (Statistics in Society), 170(2): 301-354.

Hochreiter S, Schmidhuber J. 1997. Long short-term memory[J]. Neural Computation, 9(8): 1735-1780.

Hu Q C, Gao Y, Ma P F, et al. 2013. A new approach to identify influential spreaders in complex networks[M]//Wang J Y, Xiong H, Ishikawa Y, et al. Lecture Notes in Computer Science. Heidelberg: Springer, 7923: 99-104.

Huang J M, Li C, Wang W Q, et al. 2014. Temporal scaling in information propagation[J]. Scientific Reports, 4: 5334.

Huberman B A, Romero D M, Wu F. 2008. Social networks that matter: Twitter under the microscope[EB/OL]. https: //arxiv.org/abs/0812.1045v1[2024-12-09].

Kitsak M, Gallos L K, Havlin S, et al. 2010. Identification of influential spreaders in complex networks[EB/OL]. https: //arxiv.org/abs/1001.5285v3[2024-12-09].

Klemm K, Serrano M Á, Eguíluz V M, et al. 2012. A measure of individual role in collective dynamics[J]. Scientific Reports, 2: 292.

Kolouri S, Naderializadeh N, Rohde G, et al. 2020. Wasserstein embedding for graph learning[R]. International Conference on Learning Representations.

Krackhardt D. 2003. The strength of strong ties: the importance of philos in organizations[M]//Cross R, Parker A, Sasson L. Networks in the Knowledge Economy. Oxford: Oxford University Press: 82-105.

Laurent A, Camelin N, Raymond C. 2014. Boosting bonsai trees for efficient features combination: application to speaker role identification[EB/OL]. https: //inria.hal.science/hal-01025171v1/file/interspeech2014.pdf[2024-12-02].

Lazer D, Pentland A, Adamic L, et al. 2009. Life in the network: the coming age of computational social science[J]. Science, 323(5915): 721-723.

Lewis S C, Zamith R, Hermida A. 2013. Content analysis in an era of big data: a hybrid approach to computational and manual methods[J]. Journal of Broadcasting and Electronic Media, 57(1): 34-52.

Li J R, Zhang C, Tan H, et al. 2019. Complex networks of characters in fictional novels[R]. IEEE/ACIS 18th International Conference on Computer and Information Science (ICIS).

Li Q, Zhou T, Lü L Y, et al. 2014. Identifying influential spreaders by weighted LeaderRank[J]. Physica A: Statistical Mechanics and Its Applications, 404: 47-55.

Li Y M, Li T Y. 2013. Deriving market intelligence from microblogs[J]. Decision Support Systems, 55(1): 206-217.

Li Z X, Jin X L, Li W, et al. 2021. Temporal knowledge graph reasoning based on evolutional representation learning[R]. The 44th International ACM SIGIR Conference on Research and Development in Information Retrieval.

Lin L L, Xu Z M, Ding Y, et al. 2013. Finding topic-level experts in scholarly networks[J]. Scientometrics, 97(3): 797-819.

Lin X X. 2012. Networking groups opinion leader identification algorithms based on sentiment analysis[J]. Computer Science, 39(2): 34-33.

Lin Z H, Tian C X, Hou Y P, et al. 2022. Improving graph collaborative filtering with neighborhood-enriched contrastive learning[R]. The ACM Web Conference.

Liu J, Liu L Y, Tu Y, et al. 2022. Multi-stage Internet public opinion risk grading analysis of public health emergencies: an empirical study on microblog in COVID-19[J]. Information Processing and Management, 59(1): 102796.

Liu J G, Lin J H, Guo Q, et al. 2016. Locating influential nodes via dynamics-sensitive centrality[J]. Scientific Reports, 6: 21380.

Liu J G, Ren Z M, Guo Q. 2013. Ranking the spreading influence in complex networks[J]. Physica A: Statistical Mechanics and Its Applications, 392(18):

4154-4159.

Liu X M, Nourbakhsh A, Li Q Z, et al. 2015b. Real-time rumor debunking on Twitter[R]. The 24th ACM International Conference on Information and Knowledge Management.

Liu Y, Tang M, Zhou T, et al. 2015a. Core-like groups result in invalidation of identifying super-spreader by k-shell decomposition[J]. Scientific Reports, 5: 9602.

Liu Y J, Li Q Q, Tang X Y, et al. 2014. Superedge prediction: what opinions will be mined based on an opinion supernetwork model?[J]. Decision Support Systems, 64: 118-129.

Long X, Zhuang L S, Li A, et al. 2024. KGDM: a diffusion model to capture multiple relation semantics for knowledge graph embedding[EB/OL]. http: //staff.ustc.edu. cn/~lszhuang/Doc/2024-AAAI-KGDM.pdf[2024-12-04].

Lü L Y, Zhou T, Zhang Q M, et al. 2016. The H-index of a network node and its relation to degree and coreness[J]. Nature Communications, 7: 10168.

Lu Y F, Jiang X Q, Fang Y, et al. 2021. Learning to pre-train graph neural networks[R]. The Thirty-Fifth AAAI Conference on Artificial Intelligence.

Ma J, Gao W, Wei Z Y, et al.2015. Detect rumors using time series of social context information on microblogging websites[R]. The 24th ACM International Conference on Information and Knowledge Management.

Ma Y F, Liang X, Kwok J T, et al. 2018. Fast-solving quasi-optimal LS-S^3VM based on an extended candidate set[J]. IEEE Transactions on Neural Networks and Learning Systems, 29(4): 1120-1131.

Ma Y F, Liang X, Sheng G, et al. 2021. Noniterative sparse LS-SVM based on globally representative point selection[J]. IEEE Transactions on Neural Networks and Learning Systems, 32(2): 788-798.

Mahdikhani M. 2022. Predicting the popularity of tweets by analyzing public opinion and emotions in different stages of COVID-19 pandemic[J]. International Journal of Information Management Data Insights, 2(1): 100053.

McCallum A, Wang X, Corrada-Emmanuel A. 2007. Topic and role discovery in social networks with experiments on enron and academic email[J]. Journal of Artificial Intelligence Research, 30: 249-272.

Meng L L, Huang R Q, Gu J Z. 2013. A review of semantic similarity measures in WordNet[EB/OL]. https: //gvpress.com/journals/IJHIT/vol6_no1/1.pdf[2024-12-03].

Mitropoulou K, Kokkinos P, Soumplis P, et al. 2024. Anomaly detection in cloud computing using knowledge graph embedding and machine learning mechanisms[J]. Journal of Grid Computing, 22(1): 6.

Mucha P J, Richardson T, Macon K, et al. 2010. Community structure in time-dependent, multiscale, and multiplex networks[J]. Science, 328(5980): 876-878.

Muroya Y, Enatsu Y, Li H X. 2014. Global stability of a delayed SIRS computer virus propagation model[J]. International Journal of Computer Mathematics, 91: 347-367.

Newman M E J, Girvan M. 2004. Finding and evaluating community structure in networks[J]. Physical Review E, Statistical, Nonlinear, and Soft Matter Physics, 69(2 Pt 2): 026113.

Newman M E J, Watts D J. 1999. Renormalization group analysis of the small-world network model[J]. Physics Letters A, 263(4/5/6): 341-346.

Nigam K, McCallum A K, Thrun S, et al. 2000. Text classification from labeled and unlabeled documents using EM[J]. Machine Learning, 39(2): 103-134.

Pan J X, Nayyeri M, Li Y N, et al. 2023. HGE: embedding temporal knowledge graphs in a product space of heterogeneous geometric subspaces[EB/OL]. https://arxiv.org/pdf/2312.13680[2024-12-04].

Papadopoulos F, Kitsak M, Serrano M Á, et al. 2012. Popularity versus similarity in growing networks[J]. Nature, 489(7417): 537-540.

Peng C Y, Xia F, Naseriparsa M, et al. 2023. Knowledge graphs: opportunities and challenges[J]. Artificial Intelligence Review, 56: 13071-13102.

Qin D, Zhou X M, Chen L, et al. 2020. Dynamic connection-based social group recommendation[J]. IEEE Transactions on Knowledge and Data Engineering, 32(3): 453-467.

Red V, Kelsic E D, Mucha P J, et al. 2011. Comparing community structure to characteristics in online collegiate social networks[J]. SIAM Review, 53(3): 526-543.

Rodriguez M G, Leskovec J, Balduzzi D, et al. 2014. Uncovering the structure and temporal dynamics of information propagation[J]. Network Science, 2(1): 26-65.

Sadeghian A, Armandpour M, Colas A, et al. 2021. Chronor: rotation based temporal knowledge graph embedding[EB/OL]. https://arxiv.org/pdf/2103.10379[2024-12-04].

Schieber T A, Carpi L, Díaz-Guilera A, et al. 2017. Quantification of network structural dissimilarities[J]. Nature Communications, 8: 13928.

Seth S, Bhattacharyya D, Kim T H. 2014. CBACCN: constraint based community discovery in complex networks[J]. International Journal of Applied Engineering

Research, 9(23): 18115-18127.

Shah D, Zaman T. 2011. Rumors in a network: who's the culprit?[J]. IEEE Transactions on Information Theory, 57(8): 5163-5181.

Shah D, Zaman T. 2012. Rumor centrality: a universal source detector[J]. ACM SIGMETRICS Performance Evaluation Review, 40(1): 199-210.

Shokrzadeh Z, Feizi-Derakhshi M R, Balafar M A, et al. 2024. Knowledge graph-based recommendation system enhanced by neural collaborative filtering and knowledge graph embedding[J]. Ain Shams Engineering Journal, 15(1): 102263.

Su S L, Wan C, Hu Y X, et al. 2016b. Characterizing geographical preferences of international tourists and the local influential factors in China using geo-tagged photos on social media[J]. Applied Geography, 73: 26-37.

Su Z, Xu Q C, Qi Q F. 2016a. Big data in mobile social networks: a QoE-oriented framework[J]. IEEE Network, 30(1): 52-57.

Sun S Y, Liu H Y, He J, et al. 2013. Detecting event rumors on Sina Weibo automatically[M]//Ishikawa Y, Li J, Wang W, et al. Lecture Notes in Computer Science. Heidelberg: Springer, 7808: 120-131.

Tang L, Liu H. 2010. Community Detection and Mining in Social Media[M]. San Francisco: Morgan and Claypool Publishers.

Tian R Y, Liu Y J. 2014. Isolation, insertion, and reconstruction: three strategies to intervene in rumor spread based on supernetwork model[J]. Decision Support Systems, 67: 121-130.

Trusov M, Bodapati A V, Bucklin R E. 2010. Determining influential users in Internet social networks[J]. Journal of Marketing Research, 47(4): 643-658.

van der Maaten L, Hinton G. 2008. Visualizing data using t-SNE[J]. Journal of

Machine Learning Research, 9(86): 2579-2605, 2008.

Wang J L, Ding K Z, Zhu Z W, et al. 2021. Session-based recommendation with hypergraph attention networks[EB/OL]. https: //arxiv.org/pdf/2112.14266[2024-12-16].

Wang J X, Zhang Q, Shi F B, et al. 2023b. Knowledge graph embedding model with attention-based high-low level features interaction convolutional network[J]. Information Processing and Management, 60(4): 103350.

Wang Q, Mao Z D, Wang B, et al. 2017. Knowledge graph embedding: a survey of approaches and applications[J]. IEEE Transactions on Knowledge and Data Engineering, 29(12): 2724-2743.

Wang X, Lyu S F, Wang X Y, et al. 2023a. Temporal knowledge graph embedding via sparse transfer matrix[J]. Information Sciences, 623: 56-69.

Watts D J, Strogatz S H. 1998. Collective dynamics of ‘small-world’ networks[J]. Nature, 393(6684): 440-442.

Wlezien C. 2024. News and public opinion: which comes first?[J]. The Journal of Politics, 86(1): 1-17.

Wu K, Yang S, Zhu K Q. 2015. False rumors detection on Sina Weibo by propagation structures[EB/OL]. https: //www.cs.sjtu.edu.cn/~kzhu/papers/kzhu-rumor.pdf[2024-12-04].

Wu X M, Wang J M. 2014. Micro-blog in China: identify influential users and automatically classify posts on sina micro-blog[J]. Journal of Ambient Intelligence and Humanized Computing, 5(1): 51-63.

Wu Z H, Pan S R, Chen F W, et al. 2021. A comprehensive survey on graph neural networks[J]. IEEE Transactions on Neural Networks and Learning Systems,

32(1): 4-24.

Xiong F, Liu Y, Zhang Z J, et al. 2012. An information diffusion model based on retweeting mechanism for online social media[J]. Physics Letters A, 376(30/31): 2103-2108.

Xu K Q, Li J X, Song Y X. 2012. Identifying valuable customers on social networking sites for profit maximization[J]. Expert Systems with Applications, 39(17): 13009-13018.

Xu W D, Tan Y. 2020. Semisupervised text classification by variational autoencoder[J]. IEEE Transactions on Neural Networks and Learning Systems, 31(1): 295-308.

Yang H, Zhong J F, Ha D, et al. 2016. Rumor propagation detection system in social network services[M]//Nguyen H, Snasel V. Lecture Notes in Computer Science. Berlin: Springer, 9795: 86-98.

Yang Y H, Huang C, Xia L H, et al. 2023. Knowledge graph self-supervised rationalization for recommendation[R]. The 29th ACM SIGKDD Conference on Knowledge Discovery and Data Mining.

Yang Y K, Niu K, He Z Q. 2015. Exploiting the topology property of social network for rumor detection[R]. 12th International Joint Conference on Computer Science and Software Engineering (JCSSE).

Zaman T R, Herbrich R, van Gael J, et al. 2014. Predicting information spreading in Twitter[EB/OL]. https: //mitsloan.mit.edu/shared/ods/documents?DocumentID=4313[2021-12-04].

Zhang C, Ma N, Sun G H. 2022a. Using grounded theory to identify online public opinion in China to improve risk management: the case of COVID-19[J].

International Journal of Environmental Research and Public Health, 19(22): 14754.

Zhang H, Yao Q M, Kwok J T, et al. 2023b. Searching a high performance feature extractor for text recognition network[J]. IEEE Transactions on Pattern Analysis and Machine Intelligence, 45(5): 6231-6246.

Zhang H Y, Zhou C X, Liang X, et al. 2015. A novel edge weighting method to enhance network community detection[R]. IEEE International Conference on Systems, Man, and Cybernetics.

Zhang Q J, Wang R G, Yang J, et al. 2022b. Knowledge graph embedding by reflection transformation[J]. Knowledge-Based Systems, 238: 107861.

Zhang S S, Liang X, Tang H, et al. 2023a. DuCape: dual quaternion and capsule network-based temporal knowledge graph embedding[J]. ACM Transactions on Knowledge Discovery from Data, 17(7): 1-19.

Zhang S S, Liang X, Wei Y D, et al. 2020. On structural features, user social behavior, and kinship discrimination in communication social networks[J]. IEEE Transactions on Computational Social Systems, 7(2): 425-436.

Zhang S S, Liang X, Zhang X, et al. 2018. On identification of organizational and individual users based on social content measurements[J]. IEEE Transactions on Computational Social Systems, 5(4): 961-972.

Zhang X, Liu Y, Zhao Z H. 2024. Semantics driven multi-view knowledge graph embedding for cross-lingual entity alignment[R]. ICASSP 2024 - 2024 IEEE International Conference on Acoustics, Speech and Signal Processing (ICASSP).

Zhao J, Yu L, Li J R. 2013. Node influence calculation mechanism based on Bayesian and semiring algebraic model in social networks[J]. Acta Physica Sinica, 62(13): 130201.

Zhao N, Long Z, Wang J, et al. 2023b. AGRE: a knowledge graph recommendation algorithm based on multiple paths embeddings RNN encoder[J]. Knowledge-Based Systems, 259: 110078.

Zhao Y, Du H M, Liu Y, et al. 2023a. Stock movement prediction based on bi-typed hybrid-relational market knowledge graph via dual attention networks[J]. IEEE Transactions on Knowledge and Data Engineering, 35(8): 8559-8571.

Zheng C, Wang S R, Liu Y L, et al. 2019b. A novel equivalent model of active distribution networks based on LSTM[J]. IEEE Transactions on Neural Networks and Learning Systems, 30(9): 2611-2624.

Zheng J W, Cao X B, Zhang B C, et al. 2019a. Deep ensemble machine for video classification[J]. IEEE Transactions on Neural Networks and Learning Systems, 30(2): 553-565.

Zheng Y H, Sun L, Wang S F, et al. 2019c. Spatially regularized structural support vector machine for robust visual tracking[J]. IEEE Transactions on Neural Networks and Learning Systems, 30(10): 3024-3034.

Zhiyuli A, Liang X, Chen Y F, et al. 2019. Modeling large-scale dynamic social networks via node embeddings[J]. IEEE Transactions on Knowledge and Data Engineering, 31(10): 1994-2007.

Zhou X P, Liang X, Du X Y, et al. 2018. Structure based user identification across social networks[J]. IEEE Transactions on Knowledge and Data Engineering, 30(6): 1178-1191.

Zhou X P, Liang X, Zhang H Y, et al. 2016. Cross-platform identification of anonymous identical users in multiple social media networks[J]. IEEE Transactions on Knowledge and Data Engineering, 28(2): 411-424.

Zhou Z P, Zhou X N, Chen Y D, et al. 2024. Evolution of online public opinions on major accidents: Implications for post-accident response based on social media network[J]. Expert Systems with Applications, 235: 121307.

Zhu J, Huang C Q, de Meo P. 2023a. DFMKE: a dual fusion multi-modal knowledge graph embedding framework for entity alignment[J]. Information Fusion, 90: 111-119.

Zhu X R, Li G Y, Hu W, et al. 2023b. Heterogeneous federated knowledge graph embedding learning and unlearning[R]. The ACM Web Conference.

Zhu Y S, Zhang W, Chen M Y, et al. 2022. DualDE: dually distilling knowledge graph embedding for faster and cheaper reasoning[EB/OL]. https: //arxiv.org/pdf/2009.05912[2024-12-04].

索 引